广州市轨道交通工程质量技术资料统一用表

（机电分册）

广州地铁集团有限公司
广东省建筑科学研究院集团股份有限公司
主编

中国建筑工业出版社

图书在版编目（CIP）数据

广州市轨道交通工程质量技术资料统一用表（机电分册）/ 广州地铁集团有限公司，广东省建筑科学研究院集团股份有限公司主编. — 北京：中国建筑工业出版社，2019.4

ISBN 978-7-112-23566-7

Ⅰ. ①广… Ⅱ. ①广…②广… Ⅲ. ①城市铁路 — 轨道交通 — 机电工程 — 工程质量 — 表格 — 广州 Ⅳ. ① U239.5

中国版本图书馆CIP数据核字（2019）第062866号

本书为广州地铁集团有限公司和广东省建筑科学研究院集团股份有限公司以《广东省房屋建筑工程竣工验收技术资料统一用表（2016版）》为基础，并结合国家和广东省、广州市的有关法律、法规和行政规章以及广东省住建厅等主管部门对机电设备工程质量技术资料的具体要求编制。

全书由轨道交通机电设备工程质量技术用表组成。主要包括：屏蔽门系统、供电工程系统、信号工程系统、自动售检票系统、通信工程系统、轨道工程系统等共六个部分。

本书可供轨道交通建设人员、管理人员阅读使用。

责任编辑：付 娇 兰丽婷
书籍设计：韩蒙恩
责任校对：王 烨

广州市轨道交通工程质量技术资料统一用表（机电分册）

广州地铁集团有限公司
广东省建筑科学研究院集团股份有限公司 **主编**

*

中国建筑工业出版社出版、发行（北京海淀三里河路9号）
各地新华书店、建筑书店经销
北京点击世代文化传媒有限公司制版
北京建筑工业印刷厂印刷

*

开本：880×1230毫米 1/16 印张：29½ 字数：897千字
2019年9月第一版 2019年9月第一次印刷
定价：128.00 元

ISBN 978-7-112-23566-7
（33855）

编委会人员名单

主编单位：广州地铁集团有限公司
　　　　　广东省建筑科学研究院集团股份有限公司

主　　编：陈乔松　苏振宇　王　颖　汪良旗　王　晖　张作萍　孙　晖
参编人员：刘　丽　吴　丹　陈志伟　金　辉　夏　冬　冯　泽　蔡博达
　　　　　路　阳　柴　波　黄　玲　王旭东　高　聪　蔡文豪

前言 / PREFACE

为加强我市轨道交通机电设备工程质量技术资料管理，保障质量技术资料齐全有效，提高质量技术资料收集管理水平，广州地铁集团有限公司联合广东省建筑科学研究院集团股份有限公司共同编制《广州市轨道交通工程质量技术资料统一用表（机电分册）》（以下简称《机电分册统表》）。本书以《广东省房屋建筑工程竣工验收技术资料统一用表（2016 版）》（以下简称《房建统表》）为基础，结合国家和广东省、广州市的有关法律、法规和行政规章以及广东省住建厅等主管部门对机电设备工程质量技术资料的具体要求对表格进行了研究编制，归纳整理了 1 个管理、10 个分部工程用表，补充完善了 6 个分部工程用表。其中，归纳整理的表格为设备安装工程综合管理、给水排水工程、电气工程、智能工程、通风与空调工程、电梯工程、自动喷水灭火工程、气体灭火工程、泡沫灭火工程、火灾自动报警系统工程、节能工程等共 11 个部分；补充完善的表格为屏蔽门系统、供电工程系统、信号工程系统、自动售检票系统、通信工程系统、轨道工程系统共 6 个部分。除设备安装工程综合管理外，其他每个分部工程的质量技术资料分为分部施工质量验收用表，产品质量证明文件、施工记录、第三方对实体质量检测的报告、分项工程及检验批质量验收记录。

《机电分册统表》共六章一个附录，沿用房建统表 516 份表格，新增 367 份表格，涵盖了机电设备工程施工验收全过程的质量技术用表。其中，沿用表格的表格编码与《房建统表》一致，新增表格的专业表格编码为：DT 代表地铁，GZ 代表广州，P 代表屏蔽门，D 代表供电，S 代表自动售检票，T 代表通信系统，X 代表信号系统，G 代表轨道。

《机电分册统表》在编制过程中，得到了广州市建设工程质量监督站、广州市市政工程安全质量监督站的指导，以及有关施工单位、监理单位的大力支持，在此对所有支持、帮助本次编制工作的单位和个人表示衷心感谢。由于轨道交通机电设备工程涉及的专业门类多，新技术、新工艺多，使用的技术标准、规范和设计要求也较繁杂，加上编制的水平有限，《机电分册统表》难免出现错漏，故在使用过程中，对书中不妥之处，恳请广大读者批评指正。

广州地铁集团有限公司

广东省建筑科学研究院集团股份有限公司

2018 年 11 月

目录 / CONTENTS

第一章　屏蔽门系统

附录　广州市轨道交通机电设备工程质量技术资料组卷目录与索引

第一章

屏蔽门系统

CHAPTER ONE

设备及主要材料（配件）产品质量证明文件汇总表

DT（GZ）P 0201

单位（子单位）工程名称					
分部工程名称 / 分项工程名称					
施工部位					
施工单位				项目负责人	
执行的技术标准名称、编号及设计图号					
序号	设备或主要材料（配件）的名称 / 型号 / 规格	产品质量证明文件名称（含生产厂家出厂合格证及检验报告、产品质检部门的检验报告或第三方检测机构的检测报告、相关管理部门认证文件等）	文件份数	代表使用数量	卷内页码
施工单位检查结果	专业工长（施工员）（签名）		材料管理负责人（签名）		
	项目专业质量检查员（签名）: 年 月 日				
监理（建设）单位验收结论	专业监理工程师（签名）: （建设单位项目专业技术负责人签名）: 年 月 日				

设备及主要材料（配件）进场检查验收记录汇总表

DT（GZ）P 0202

<table>
<tr><td colspan="2">单位（子单位）工程名称</td><td colspan="4"></td></tr>
<tr><td colspan="2">分部工程名称 / 分项工程名称</td><td colspan="4"></td></tr>
<tr><td colspan="2">施工部位（层、区、段、房、室）</td><td colspan="4"></td></tr>
<tr><td colspan="2">施工单位</td><td colspan="2"></td><td>项目负责人</td><td></td></tr>
<tr><td colspan="2">执行的技术标准名称、
编号及设计图号</td><td colspan="4"></td></tr>
<tr><td>序号</td><td>设备或主要材料
（配件）
的名称 / 型号 / 规格</td><td>数量</td><td>产品质量证明文件名称</td><td>进场检查日期
（年、月、日）</td><td>检查结论
（通过 / 不通过）</td></tr>
<tr><td></td><td></td><td></td><td></td><td></td><td></td></tr>
<tr><td></td><td></td><td></td><td></td><td></td><td></td></tr>
<tr><td></td><td></td><td></td><td></td><td></td><td></td></tr>
<tr><td></td><td></td><td></td><td></td><td></td><td></td></tr>
<tr><td></td><td></td><td></td><td></td><td></td><td></td></tr>
<tr><td></td><td></td><td></td><td></td><td></td><td></td></tr>
<tr><td></td><td></td><td></td><td></td><td></td><td></td></tr>
<tr><td></td><td></td><td></td><td></td><td></td><td></td></tr>
<tr><td></td><td></td><td></td><td></td><td></td><td></td></tr>
<tr><td></td><td></td><td></td><td></td><td></td><td></td></tr>
<tr><td rowspan="2" colspan="2">施工单位检查结果</td><td colspan="2">专业工长（施工员）
（签名）</td><td>施工班组长
（签名）</td><td></td></tr>
<tr><td colspan="4">项目专业质量检查员（签名）:　　　　年　月　日</td></tr>
<tr><td colspan="2">监理（建设）单位
验收结论</td><td colspan="4">专业监理工程师（签名）:
（建设单位项目专业技术负责人签名）:　　　　年　月　日</td></tr>
</table>

设备及主要材料（配件）进场复验抽检报告汇总表

DT（GZ）P 0203

<table>
<tr><td colspan="2">单位（子单位）工程名称</td><td colspan="4"></td></tr>
<tr><td colspan="2">分部工程名称 / 分项工程名称</td><td colspan="4"></td></tr>
<tr><td colspan="2">施工部位</td><td colspan="4"></td></tr>
<tr><td colspan="2">施工单位</td><td colspan="2"></td><td>项目负责人</td><td></td></tr>
<tr><td colspan="2">执行的技术标准名称、编号及设计图号</td><td colspan="4"></td></tr>
<tr><td>序号</td><td>设备或主要材料（配件）的名称 / 型号 / 规格</td><td>生产厂家全称 / 商标</td><td>检验类别</td><td>检验报告编号 / 检验结论</td><td>卷内页码</td></tr>
<tr><td></td><td></td><td></td><td></td><td></td><td></td></tr>
<tr><td></td><td></td><td></td><td></td><td></td><td></td></tr>
<tr><td></td><td></td><td></td><td></td><td></td><td></td></tr>
<tr><td></td><td></td><td></td><td></td><td></td><td></td></tr>
<tr><td></td><td></td><td></td><td></td><td></td><td></td></tr>
<tr><td></td><td></td><td></td><td></td><td></td><td></td></tr>
<tr><td></td><td></td><td></td><td></td><td></td><td></td></tr>
<tr><td></td><td></td><td></td><td></td><td></td><td></td></tr>
<tr><td></td><td></td><td></td><td></td><td></td><td></td></tr>
<tr><td></td><td></td><td></td><td></td><td></td><td></td></tr>
<tr><td rowspan="2">施工单位检查结果</td><td>专业工长（施工员）（签名）</td><td></td><td>材料管理负责人（签名）</td><td colspan="2"></td></tr>
<tr><td colspan="5">项目专业质量检查员（签名）: 年 月 日</td></tr>
<tr><td>监理（建设）单位验收结论</td><td colspan="5">专业监理工程师（签名）:
（建设单位项目专业技术负责人签名）: 年 月 日</td></tr>
</table>

合格证细则表

DT（GZ）P 0204

工程名称		产品名称		型号规格	
使用部位（系统）		代表数量		出厂编号	
进场日期		原件存放何处			

1. 按照《广州市城市轨道交通工程质量监督与验收管理办法》的规定，全线屏蔽门安装确定为单位工程，每一个车站屏蔽门安装确定为分部工程。生产厂家可按每个车站单独出具整机产品合格证，也可以出具全线屏蔽门整机产品合格证（列出各站名称）。
2. 重要部件（如门机、门体、玻璃、电线、电缆等）产品质量证明文件，如有进口产品，还需提供原产地（附中文翻译）的产品质量证明文件、海关报验文件及商检报告。

设备材料（配件）进场（开箱）检查验收记录

DT（GZ）P 0205

<table>
<tr><td>单位（子单位）工程名称</td><td colspan="4"></td></tr>
<tr><td>分部工程名称 / 分项工程名称</td><td colspan="4"></td></tr>
<tr><td>施工部位</td><td colspan="4"></td></tr>
<tr><td>施工单位</td><td colspan="2"></td><td>项目负责人</td><td></td></tr>
<tr><td>执行的技术标准名称、
编号及设计图号</td><td colspan="4"></td></tr>
<tr><td>材料（配件）名称 / 型号 / 规格</td><td colspan="2"></td><td>数量</td><td></td></tr>
<tr><td>生产厂家全称 / 商标</td><td colspan="4"></td></tr>
<tr><td>进场检查日期</td><td colspan="4">从　年　月　日起至　年　月　日止</td></tr>
<tr><td colspan="5">包装及其完好的情况：</td></tr>
<tr><td colspan="5">说明书、产品质量证明文件、供货清单（装箱单）等技术文件是否齐备：</td></tr>
<tr><td colspan="5">材料（配件）外观质量检查（有否损伤、锈蚀等质量缺陷情况，零部件是否已装配齐全等）：</td></tr>
<tr><td colspan="5">随材料（配件）进场的附件、工具和备件等是否齐备（按供货清单或装箱单检查）：</td></tr>
<tr><td colspan="5">对材料（配件）及其技术文件、附件、工具、备件等缺损的处理意见：</td></tr>
<tr><td colspan="5">备注：</td></tr>
<tr><td>生产厂家（供应商）
检查意见</td><td colspan="4">生产厂家（供应商）代表（签名）：　年　月　日</td></tr>
<tr><td rowspan="2">施工单位检查结果</td><td>专业工长（施工员）
（签名）</td><td></td><td>材料管理负责人
（签名）</td><td></td></tr>
<tr><td colspan="4">项目专业质量检查员（签名）：　年　月　日</td></tr>
<tr><td>监理（建设）单位
验收结论</td><td colspan="4">专业监理工程师（签名）：
（建设单位项目专业技术负责人签名）：　年　月　日</td></tr>
</table>

屏蔽门立柱垂直度测量记录

DT（GZ）P 0206

<table>
<tr><td colspan="2">单位（子单位）工程名称</td><td colspan="4"></td></tr>
<tr><td colspan="2">分部工程名称 / 分项工程名称</td><td colspan="4"></td></tr>
<tr><td colspan="2">施工部位</td><td colspan="4"></td></tr>
<tr><td colspan="2">施工单位</td><td colspan="2"></td><td>项目负责人</td><td></td></tr>
<tr><td colspan="2">执行的技术标准名称、编号及设计图号</td><td colspan="4"></td></tr>
<tr><td colspan="2" rowspan="2">立柱位置</td><td colspan="2">X 方向（车行方向）</td><td colspan="2">Y 方向（站台方向）</td></tr>
<tr><td>左线</td><td>右线</td><td>左线</td><td>右线</td></tr>
<tr><td rowspan="14"></td><td></td><td></td><td></td><td></td><td></td></tr>
<tr><td></td><td></td><td></td><td></td><td></td></tr>
<tr><td></td><td></td><td></td><td></td><td></td></tr>
<tr><td></td><td></td><td></td><td></td><td></td></tr>
<tr><td></td><td></td><td></td><td></td><td></td></tr>
<tr><td></td><td></td><td></td><td></td><td></td></tr>
<tr><td></td><td></td><td></td><td></td><td></td></tr>
<tr><td></td><td></td><td></td><td></td><td></td></tr>
<tr><td></td><td></td><td></td><td></td><td></td></tr>
<tr><td></td><td></td><td></td><td></td><td></td></tr>
<tr><td></td><td></td><td></td><td></td><td></td></tr>
<tr><td></td><td></td><td></td><td></td><td></td></tr>
<tr><td></td><td></td><td></td><td></td><td></td></tr>
<tr><td></td><td></td><td></td><td></td><td></td></tr>
<tr><td colspan="2">允许偏差值</td><td colspan="2"></td><td colspan="2"></td></tr>
<tr><td rowspan="2">施工单位检查结果</td><td>专业工长（施工员）
（签名）</td><td></td><td>检查测试负责人
（签名）</td><td colspan="2"></td></tr>
<tr><td colspan="5">项目专业质量检查员（签名）:　　　　年　　月　　日</td></tr>
<tr><td>监理（建设）单位
验收结论</td><td colspan="5">专业监理工程师（签名）:
（建设单位项目专业技术负责人签名）:　　　　年　　月　　日</td></tr>
</table>

屏蔽门立柱间距测量记录

DT（GZ）P 0207

单位（子单位）工程名称					
分部工程名称 / 分项工程名称					
施工部位					
施工单位				项目负责人	
执行的技术标准名称、编号及设计图号					
立柱位置		立柱顶部		立柱底部	
		左线	右线	左线	右线
允许偏差值					

施工单位检查结果	专业工长（施工员）（签名）		检查测试负责人（签名）	
	项目专业质量检查员（签名）: 年 月 日			
监理（建设）单位验收结论	专业监理工程师（签名）: （建设单位项目专业技术负责人签名）: 年 月 日			

屏蔽门门槛偏移量检测记录

DT（GZ）P 0208

<table>
<tr><td colspan="2">单位（子单位）工程名称</td><td colspan="6"></td></tr>
<tr><td colspan="2">分部工程名称 / 分项工程名称</td><td colspan="6"></td></tr>
<tr><td colspan="2">施工部位</td><td colspan="6"></td></tr>
<tr><td colspan="2">施工单位</td><td colspan="3"></td><td>项目负责人</td><td colspan="2"></td></tr>
<tr><td colspan="2">执行的技术标准名称、
编号及设计图号</td><td colspan="6"></td></tr>
<tr><td colspan="2" rowspan="2">门槛位置</td><td colspan="3">从门槛包板边缘到轨道中心线的距离</td><td colspan="3">从门槛包板表面到轨道顶面的距离</td></tr>
<tr><td>左</td><td>中</td><td>右</td><td>左</td><td>中</td><td>右</td></tr>
<tr><td rowspan="14"></td><td></td><td></td><td></td><td></td><td></td><td></td><td></td></tr>
<tr><td></td><td></td><td></td><td></td><td></td><td></td><td></td></tr>
<tr><td></td><td></td><td></td><td></td><td></td><td></td><td></td></tr>
<tr><td></td><td></td><td></td><td></td><td></td><td></td><td></td></tr>
<tr><td></td><td></td><td></td><td></td><td></td><td></td><td></td></tr>
<tr><td></td><td></td><td></td><td></td><td></td><td></td><td></td></tr>
<tr><td></td><td></td><td></td><td></td><td></td><td></td><td></td></tr>
<tr><td></td><td></td><td></td><td></td><td></td><td></td><td></td></tr>
<tr><td></td><td></td><td></td><td></td><td></td><td></td><td></td></tr>
<tr><td></td><td></td><td></td><td></td><td></td><td></td><td></td></tr>
<tr><td></td><td></td><td></td><td></td><td></td><td></td><td></td></tr>
<tr><td></td><td></td><td></td><td></td><td></td><td></td><td></td></tr>
<tr><td></td><td></td><td></td><td></td><td></td><td></td><td></td></tr>
<tr><td></td><td></td><td></td><td></td><td></td><td></td><td></td></tr>
<tr><td colspan="2">设计允许偏差值</td><td colspan="3"></td><td colspan="3"></td></tr>
<tr><td colspan="2" rowspan="2">施工单位检查结果</td><td colspan="2">专业工长（施工员）
（签名）</td><td></td><td>检查测试负责人
（签名）</td><td colspan="2"></td></tr>
<tr><td colspan="6">项目专业质量检查员（签名）:　　　　年　　月　　日</td></tr>
<tr><td colspan="2">监理（建设）单位
验收结论</td><td colspan="6">专业监理工程师（签名）:
（建设单位项目专业技术负责人签名）:　　　　年　　月　　日</td></tr>
</table>

滑动门门槛间隙检测记录

DT（GZ）P 0209

单位（子单位）工程名称			
分部工程名称 / 分项工程名称			
施工部位			
施工单位		项目负责人	
执行的技术标准名称、编号及设计图号			

滑动门位置	左线						右线					
	1	2	3	4	5	6	1	2	3	4	5	6
允许偏差值												

施工单位检查结果	专业工长（施工员）（签名）		检查测试负责人（签名）	
	项目专业质量检查员（签名）: 年 月 日			
监理（建设）单位验收结论	专业监理工程师（签名）: （建设单位项目专业技术负责人签名）: 年 月 日			

滑动门门框到轨道中心线的距离检测记录

DT（GZ）P 0210

单位（子单位）工程名称			
分部工程名称 / 分项工程名称			
施工部位			
施工单位		项目负责人	
执行的技术标准名称、编号及设计图号			

滑动门位置	左线		右线		滑动门位置	左线		右线	
	左滑动门	右滑动门	左滑动门	右滑动门		左滑动门	右滑动门	左滑动门	右滑动门
允许偏差值									

施工单位检查结果	专业工长（施工员）（签名）		检查测试负责人（签名）	
	项目专业质量检查员（签名）： 年 月 日			
监理（建设）单位验收结论	专业监理工程师（签名）： （建设单位项目专业技术负责人签名）： 年 月 日			

滑动门宽度测量记录

DT（GZ）P 0211

单位（子单位）工程名称			
分部工程名称 / 分项工程名称			
施工部位			
施工单位		项目负责人	
执行的技术标准名称、编号及设计图号			

滑动门位置	左线		右线		滑动门位置	左线		右线	
	上部	下部	上部	下部		上部	下部	上部	下部
允许偏差值									

施工单位检查结果	专业工长（施工员）（签名）		检查测试负责人（签名）	
	项目专业质量检查员（签名）: 年 月 日			
监理（建设）单位验收结论	专业监理工程师（签名）: （建设单位项目专业技术负责人签名）: 年 月 日			

滑动门开门和关门阻止力检测记录

DT（GZ）P 0301

单位（子单位）工程名称			
分部工程名称 / 分项工程名称			
施工部位			
施工单位		项目负责人	
执行的技术标准名称、 编号及设计图号			

滑动门位置		左线		右线		滑动门位置		左线		右线	
		开门力	关门力	开门力	关门力			开门力	关门力	开门力	关门力
	左侧门						左侧门				
	右侧门						右侧门				
	左侧门						左侧门				
	右侧门						右侧门				
	左侧门						左侧门				
	右侧门						右侧门				
	左侧门						左侧门				
	右侧门						右侧门				
	左侧门						左侧门				
	右侧门						右侧门				
	左侧门						左侧门				
	右侧门						右侧门				
	左侧门						左侧门				
	右侧门						右侧门				
设计允许偏差值											

施工单位检查结果	专业工长（施工员） （签名）		检查测试负责人 （签名）	
	项目专业质量检查员（签名）: 年 月 日			
监理（建设）单位 验收结论	专业监理工程师（签名）: （建设单位项目专业技术负责人签名）: 年 月 日			

滑动门手动/钥匙解锁力检测记录

DT（GZ）P 0302

单位（子单位）工程名称			
分部工程名称/分项工程名称			
施工部位			
施工单位		项目负责人	
执行的技术标准名称、编号及设计图号			

滑动门位置	左线		右线		滑动门位置	左线		右线	
	轨道侧测试	站台侧测试	轨道侧测试	站台侧测试		轨道侧测试	站台侧测试	轨道侧测试	站台侧测试
允许偏差值					允许偏差值				

施工单位检查结果	专业工长（施工员）（签名）		检查测试负责人（签名）	
	项目专业质量检查员（签名）: 年 月 日			
监理（建设）单位验收结论	专业监理工程师（签名）: （建设单位项目专业技术负责人签名）: 年 月 日			

应急门（端门）手动 / 钥匙开门力检测记录

DT（GZ）P 0303

单位（子单位）工程名称			
分部工程名称 / 分项工程名称			
施工部位			
施工单位		项目负责人	
执行的技术标准名称、编号及设计图号			

门体位置	左线		右线		门体位置	左线		右线	
	轨道侧测试	站台侧测试	轨道侧测试	站台侧测试		轨道侧测试	站台侧测试	轨道侧测试	站台侧测试
允许偏差值					允许偏差值				

施工单位检查结果	专业工长（施工员）（签名）		检查测试负责人（签名）	
	项目专业质量检查员（签名）: 年 月 日			
监理（建设）单位验收结论	专业监理工程师（签名）: （建设单位项目专业技术负责人签名）: 年 月 日			

供配电线路绝缘电阻检测记录

DT（GZ）P 0304

单位（子单位）工程名称			
分部工程名称 / 分项工程名称			
施工部位			
施工单位		项目负责人	
执行的技术标准名称、编号及设计图号			

检测时间：从　年　月　日　时　分起到　年　月　日　时　分（共　h）

回路名称 / 编号	相线—相线（MΩ）			相线—零（中性）线（MΩ）			相线—保护（地）线（MΩ）			零（中线）—保护（地）线（MΩ）
	A–B	B–C	C–A	A–N	B–N	C–N	A–PE	B–PE	C–PE	N–PE

施工单位检查结果	专业工长（施工员）（签名）		检查测试负责人（签名）	
	项目专业质量检查员（签名）：　　年　月　日			
监理（建设）单位验收结论	专业监理工程师（签名）： （建设单位项目专业技术负责人签名）：　　年　月　日			

门体系统绝缘电阻检测记录（一）

DT（GZ）P 0305

单位（子单位）工程名称			
分部工程名称 / 分项工程名称			
施工部位			
施工单位		项目负责人	
执行的技术标准名称、编号及设计图号			

检测时间：从　年　月　日　时　分起到　年　月　日　时　分止（共　h）

门体编号	左线（MΩ）						门体编号	右线（MΩ）					
	1	2	3	4	5	6		1	2	3	4	5	6

施工单位检查结果	专业工长（施工员）（签名）		检查测试负责人（签名）	
	项目专业质量检查员（签名）：　年　月　日			
监理（建设）单位验收结论	专业监理工程师（签名）： （建设单位项目专业技术负责人签名）：　年　月　日			

门体系统绝缘电阻检测记录（二）

DT（GZ）P 0305/1

单位（子单位）工程名称			
分部工程名称 / 分项工程名称			
施工部位			
施工单位		项目负责人	
执行的技术标准名称、编号及设计图号			

检测时间：从　　年　　月　　日　　时　　分起到　　年　　月　　日　　时　　分止（共　　h）

测试点名称（部位）	实测值	测试点名称（部位）	实测值
设计要求	≥　　MΩ	设计要求	≥　　MΩ

施工单位检查结果	专业工长（施工员）（签名）		检查测试负责人（签名）	
	项目专业质量检查员（签名）：　　年　　月　　日			
监理（建设）单位验收结论	专业监理工程师（签名）： （建设单位项目专业技术负责人签名）：　　年　　月　　日			

电气接地（等电位）电阻检测记录

DT（GZ）P 0306

单位（子单位）工程名称			
分部工程名称 / 分项工程名称			
施工部位			
施工单位		项目负责人	
执行的技术标准名称、编号及设计图号			

检测时间：从　年　月　日　时　分起到　年　月　日　时　分止（共　h）

测试点名称（部位）	实测值	测试点名称（部位）	实测值
设计要求	≤　Ω	设计要求	≤　Ω

施工单位检查结果	专业工长（施工员）（签名）		检查测试负责人（签名）	
	项目专业质量检查员（签名）：　年　月　日			
监理（建设）单位验收结论	专业监理工程师（签名）： （建设单位项目专业技术负责人签名）：　年　月　日			

电气照明系统通电运行试验记录

DT（GZ）P 0307

单位（子单位）工程名称			
分部工程名称 / 分项工程名称			
施工部位			
施工单位		项目负责人	
执行的技术标准名称、编号及设计图号			

检测时间：从　年　月　日　时　分起到　年　月　日　时　分止（共　h）

运行时间	电压（V）						电流（A）				运行过程状态
	相线与相线间			相线与零线间			A相	B相	C相	N	
	A-B	B-C	C-A	A-N	B-N	C-N					

施工单位检查结果	专业工长（施工员）（签名）		检查测试负责人（签名）	
	项目专业质量检查员（签名）：　年　月　日			
监理（建设）单位验收结论	专业监理工程师（签名）： （建设单位项目专业技术负责人签名）：　年　月　日			

系统调试记录

DT（GZ）P 0308

<table>
<tr><td>单位（子单位）工程名称</td><td colspan="4"></td></tr>
<tr><td>分部工程名称 / 分项工程名称</td><td colspan="4"></td></tr>
<tr><td>施工部位</td><td colspan="4"></td></tr>
<tr><td>施工单位</td><td colspan="2"></td><td>项目负责人</td><td></td></tr>
<tr><td>执行的技术标准名称、
编号及设计图号</td><td colspan="4"></td></tr>
<tr><td colspan="5">调试时间：从　　年　　月　　日　　时　　分起到　　年　　月　　日　　时　　分止（共　　h）</td></tr>
<tr><td colspan="5"></td></tr>
<tr><td rowspan="2">施工单位检查结果</td><td>专业工长（施工员）
（签名）</td><td></td><td>检查测试负责人
（签名）</td><td></td></tr>
<tr><td colspan="4">项目专业质量检查员（签名）：　　年　　月　　日</td></tr>
<tr><td>监理（建设）单位
验收结论</td><td colspan="4">专业监理工程师（签名）：
（建设单位项目专业技术负责人签名）：　　年　　月　　日</td></tr>
</table>

屏蔽门 5000 次循环试验测试记录

DT（GZ）P 0309

<table>
<tr><td colspan="2">单位（子单位）工程名称</td><td colspan="4"></td></tr>
<tr><td colspan="2">分部工程名称 / 分项工程名称</td><td colspan="4"></td></tr>
<tr><td colspan="2">施工部位</td><td colspan="4"></td></tr>
<tr><td colspan="2">施工单位</td><td colspan="2"></td><td>项目负责人</td><td></td></tr>
<tr><td colspan="2">执行的技术标准名称、
编号及设计图号</td><td colspan="4"></td></tr>
<tr><td>门体
位置</td><td colspan="2">运行记录</td><td colspan="3">运行情况</td></tr>
<tr><td>左线</td><td colspan="2">运行日期：
计数器开始数：
开始时间：
计数器结束数：
结束时间：</td><td colspan="3"></td></tr>
<tr><td>右线</td><td colspan="2">运行日期：
计数器开始数：
开始时间：
计数器结束数：
结束时间：</td><td colspan="3"></td></tr>
<tr><td colspan="2" rowspan="2">施工单位检查结果</td><td>专业工长（施工员）
（签名）</td><td></td><td>检查测试负责人
（签名）</td><td></td></tr>
<tr><td colspan="4">项目专业质量检查员（签名）：　　　　年　　月　　日</td></tr>
<tr><td colspan="2">监理（建设）单位
验收结论</td><td colspan="4">专业监理工程师（签名）：
（建设单位项目专业技术负责人签名）：　　　　年　　月　　日</td></tr>
</table>

门槛安装检验批质量验收记录

DT（GZ）P 0401

<table>
<tr><td colspan="3">单位（子单位）工程名称</td><td colspan="6"></td></tr>
<tr><td colspan="3">分部工程名称 / 分项工程名称</td><td colspan="6"></td></tr>
<tr><td colspan="3">检验批部位</td><td colspan="2"></td><td colspan="2">检验批容量</td><td colspan="2"></td></tr>
<tr><td colspan="3">施工单位</td><td colspan="4"></td><td>项目负责人</td><td></td></tr>
<tr><td colspan="3">执行的技术标准名称、编号及设计图号</td><td colspan="6"></td></tr>
<tr><td colspan="3">验收依据</td><td colspan="6"></td></tr>
<tr><td rowspan="9">主控项目</td><td colspan="2">验收项目</td><td>设计要求及标准规定</td><td>最小 / 实际抽样数量</td><td>检查记录</td><td colspan="3">检查结果</td></tr>
<tr><td>1</td><td>门槛靠轨道侧到轨道中心线的距离 1500mm</td><td></td><td></td><td></td><td colspan="3"></td></tr>
<tr><td>2</td><td>门槛顶面到轨道顶面的距离 1050mm</td><td></td><td></td><td></td><td colspan="3"></td></tr>
<tr><td>3</td><td>门槛安装牢固，且滑动门、应急门、端门相应处有防滑措施</td><td></td><td></td><td></td><td colspan="3"></td></tr>
<tr><td>4</td><td>门槛与支撑间固定螺栓紧固力矩</td><td></td><td></td><td></td><td colspan="3"></td></tr>
<tr><td>5</td><td>门槛支撑组件上下 T 形板连接螺栓紧固力矩</td><td></td><td></td><td></td><td colspan="3"></td></tr>
<tr><td>6</td><td>滑动门门槛凹槽间隙 8mm</td><td></td><td></td><td></td><td colspan="3"></td></tr>
<tr><td>7</td><td></td><td></td><td></td><td></td><td colspan="3"></td></tr>
<tr><td>8</td><td></td><td></td><td></td><td></td><td colspan="3"></td></tr>
<tr><td rowspan="6">一般项目</td><td>1</td><td>相邻门槛平整</td><td></td><td></td><td></td><td colspan="3"></td></tr>
<tr><td>2</td><td></td><td></td><td></td><td></td><td colspan="3"></td></tr>
<tr><td>3</td><td></td><td></td><td></td><td></td><td colspan="3"></td></tr>
<tr><td>4</td><td></td><td></td><td></td><td></td><td colspan="3"></td></tr>
<tr><td>5</td><td></td><td></td><td></td><td></td><td colspan="3"></td></tr>
<tr><td>6</td><td></td><td></td><td></td><td></td><td colspan="3"></td></tr>
<tr><td colspan="3" rowspan="2">施工单位检查结果</td><td>专业工长（施工员）（签名）</td><td colspan="2"></td><td colspan="2">施工班组长（签名）</td><td></td></tr>
<tr><td colspan="6">项目专业质量检查员（签名）:　　　　年　月　日</td></tr>
<tr><td colspan="3">监理单位验收结论</td><td colspan="6">专业监理工程师（签名）:　　　　年　月　日</td></tr>
</table>

上部结构安装检验批质量验收记录

DT（GZ）P 0402

<table>
<tr><td colspan="3">单位（子单位）工程名称</td><td colspan="5"></td></tr>
<tr><td colspan="3">分部工程名称 / 分项工程名称</td><td colspan="5"></td></tr>
<tr><td colspan="3">检验批部位</td><td colspan="2"></td><td colspan="2">检验批容量</td><td></td></tr>
<tr><td colspan="3">施工单位</td><td colspan="3"></td><td>项目负责人</td><td></td></tr>
<tr><td colspan="3">执行的技术标准名称、
编号及设计图号</td><td colspan="5"></td></tr>
<tr><td colspan="3">验收依据</td><td colspan="5"></td></tr>
<tr><td rowspan="9">主控项目</td><td colspan="2">验收项目</td><td>设计要求及标准规定</td><td>最小 / 实际抽样数量</td><td>检查记录</td><td colspan="2">检查结果</td></tr>
<tr><td>1</td><td>上部结构轨道侧到轨道中心线的水平距离</td><td></td><td></td><td></td><td colspan="2"></td></tr>
<tr><td>2</td><td>上部结构下表面到轨道顶面的垂直距离</td><td></td><td></td><td></td><td colspan="2"></td></tr>
<tr><td>3</td><td>上部结构与预埋件之间的连接</td><td></td><td></td><td></td><td colspan="2"></td></tr>
<tr><td>4</td><td>绝缘件的安装</td><td></td><td></td><td></td><td colspan="2"></td></tr>
<tr><td>5</td><td>上部结构螺栓的紧固力矩</td><td></td><td></td><td></td><td colspan="2"></td></tr>
<tr><td>6</td><td>顶部连接板组件与端门混凝土梁之间的连接</td><td></td><td></td><td></td><td colspan="2"></td></tr>
<tr><td>7</td><td>端门顶部结构支撑件和顶部连接板组件连接螺栓的紧固力矩</td><td></td><td></td><td></td><td colspan="2"></td></tr>
<tr><td>8</td><td></td><td></td><td></td><td></td><td colspan="2"></td></tr>
<tr><td rowspan="6">一般项目</td><td>1</td><td>螺母紧固后螺栓应露出两个螺距以上</td><td></td><td></td><td></td><td colspan="2"></td></tr>
<tr><td>2</td><td>顶部结构件表面处理是否光洁，符合设计要求</td><td></td><td></td><td></td><td colspan="2"></td></tr>
<tr><td>3</td><td>加强筋焊接点是否良好，无腐蚀现象</td><td></td><td></td><td></td><td colspan="2"></td></tr>
<tr><td>4</td><td></td><td></td><td></td><td></td><td colspan="2"></td></tr>
<tr><td>5</td><td></td><td></td><td></td><td></td><td colspan="2"></td></tr>
<tr><td>6</td><td></td><td></td><td></td><td></td><td colspan="2"></td></tr>
<tr><td colspan="2" rowspan="2">施工单位检查结果</td><td>专业工长（施工员）
（签名）</td><td colspan="2"></td><td>施工班组长
（签名）</td><td colspan="2"></td></tr>
<tr><td colspan="6">项目专业质量检查员（签名）:　　　　年　　月　　日</td></tr>
<tr><td colspan="2">监理单位验收结论</td><td colspan="6">专业监理工程师（签名）:　　　　年　　月　　日</td></tr>
</table>

门体结构安装检验批质量验收记录

DT（GZ）P 0403

<table>
<tr><td colspan="3">单位（子单位）工程名称</td><td colspan="4"></td></tr>
<tr><td colspan="3">分部工程名称 / 分项工程名称</td><td colspan="4"></td></tr>
<tr><td colspan="3">检验批部位</td><td></td><td>检验批容量</td><td colspan="2"></td></tr>
<tr><td colspan="3">施工单位</td><td></td><td>项目负责人</td><td colspan="2"></td></tr>
<tr><td colspan="3">执行的技术标准名称、
编号及设计图号</td><td colspan="4"></td></tr>
<tr><td colspan="3">验收依据</td><td colspan="4"></td></tr>
<tr><td rowspan="9">主控项目</td><td colspan="2">验收项目</td><td>设计要求及标准规定</td><td>最小 / 实际抽样数量</td><td>检查记录</td><td>检查结果</td></tr>
<tr><td>1</td><td>滑动门立柱间距</td><td></td><td></td><td></td><td></td></tr>
<tr><td>2</td><td>端门立柱间距</td><td></td><td></td><td></td><td></td></tr>
<tr><td>3</td><td>门机梁至立柱控制距离：导轨前边缘面到立柱后侧面</td><td></td><td></td><td></td><td></td></tr>
<tr><td>4</td><td>门机梁顶面到门槛顶面的距离</td><td></td><td></td><td></td><td></td></tr>
<tr><td>5</td><td>立柱的垂直度</td><td></td><td></td><td></td><td></td></tr>
<tr><td>6</td><td>靠近轨道侧立柱到轨道中心线的距离</td><td></td><td></td><td></td><td></td></tr>
<tr><td>7</td><td>单个门单元绝缘≥ 500MΩ</td><td></td><td></td><td></td><td></td></tr>
<tr><td>8</td><td></td><td></td><td></td><td></td><td></td></tr>
<tr><td rowspan="6">一般项目</td><td>1</td><td>横梁与立柱的连接</td><td></td><td></td><td></td><td></td></tr>
<tr><td>2</td><td>门机梁与立柱、横梁的连接</td><td></td><td></td><td></td><td></td></tr>
<tr><td>3</td><td>立柱包板的安装</td><td></td><td></td><td></td><td></td></tr>
<tr><td>4</td><td>立柱包板固定处铆钉连接是否牢固</td><td></td><td></td><td></td><td></td></tr>
<tr><td>5</td><td></td><td></td><td></td><td></td><td></td></tr>
<tr><td>6</td><td></td><td></td><td></td><td></td><td></td></tr>
<tr><td colspan="2" rowspan="2">施工单位检查结果</td><td>专业工长（施工员）
（签名）</td><td colspan="2"></td><td>施工班组长
（签名）</td><td></td></tr>
<tr><td colspan="5">项目专业质量检查员（签名）:　　　年　月　日</td></tr>
<tr><td colspan="2">监理单位验收结论</td><td colspan="5">专业监理工程师（签名）:　　　年　月　日</td></tr>
</table>

固定门安装检验批质量验收记录

DT（GZ）P 0404

<table>
<tr><td colspan="3">单位（子单位）工程名称</td><td colspan="5"></td></tr>
<tr><td colspan="3">分部工程名称 / 分项工程名称</td><td colspan="5"></td></tr>
<tr><td colspan="3">检验批部位</td><td colspan="2"></td><td>检验批容量</td><td colspan="2"></td></tr>
<tr><td colspan="3">施工单位</td><td colspan="3"></td><td>项目负责人</td><td></td></tr>
<tr><td colspan="3">执行的技术标准名称、
编号及设计图号</td><td colspan="5"></td></tr>
<tr><td colspan="3">验收依据</td><td colspan="5"></td></tr>
<tr><td rowspan="9">主控项目</td><td colspan="2">验收项目</td><td>设计要求及标准规定</td><td>最小 / 实际抽样数量</td><td>检查记录</td><td colspan="2">检查结果</td></tr>
<tr><td>1</td><td>固定门是否安装牢固</td><td></td><td></td><td></td><td colspan="2"></td></tr>
<tr><td>2</td><td>门体垂直度</td><td></td><td></td><td></td><td colspan="2"></td></tr>
<tr><td>3</td><td>固定门玻璃是否无缺损</td><td></td><td></td><td></td><td colspan="2"></td></tr>
<tr><td>4</td><td></td><td></td><td></td><td></td><td colspan="2"></td></tr>
<tr><td>5</td><td></td><td></td><td></td><td></td><td colspan="2"></td></tr>
<tr><td>6</td><td></td><td></td><td></td><td></td><td colspan="2"></td></tr>
<tr><td>7</td><td></td><td></td><td></td><td></td><td colspan="2"></td></tr>
<tr><td>8</td><td></td><td></td><td></td><td></td><td colspan="2"></td></tr>
<tr><td rowspan="6">一般项目</td><td>1</td><td>两固定门结合处，上、下间距</td><td></td><td></td><td></td><td colspan="2"></td></tr>
<tr><td>2</td><td>密封胶条的安装</td><td></td><td></td><td></td><td colspan="2"></td></tr>
<tr><td>3</td><td></td><td></td><td></td><td></td><td colspan="2"></td></tr>
<tr><td>4</td><td></td><td></td><td></td><td></td><td colspan="2"></td></tr>
<tr><td>5</td><td></td><td></td><td></td><td></td><td colspan="2"></td></tr>
<tr><td>6</td><td></td><td></td><td></td><td></td><td colspan="2"></td></tr>
<tr><td colspan="3" rowspan="2">施工单位检查结果</td><td>专业工长（施工员）
（签名）</td><td></td><td>施工班组长
（签名）</td><td colspan="2"></td></tr>
<tr><td colspan="5">项目专业质量检查员（签名）:　　　　年　　月　　日</td></tr>
<tr><td colspan="3">监理单位验收结论</td><td colspan="5">专业监理工程师（签名）:　　　　年　　月　　日</td></tr>
</table>

滑动门安装检验批质量验收记录

DT（GZ）P 0405

<table>
<tr><td colspan="3">单位（子单位）工程名称</td><td colspan="5"></td></tr>
<tr><td colspan="3">分部工程名称 / 分项工程名称</td><td colspan="5"></td></tr>
<tr><td colspan="3">检验批部位</td><td colspan="2"></td><td colspan="2">检验批容量</td><td></td></tr>
<tr><td colspan="3">施工单位</td><td colspan="3"></td><td>项目负责人</td><td></td></tr>
<tr><td colspan="3">执行的技术标准名称、
编号及设计图号</td><td colspan="5"></td></tr>
<tr><td colspan="3">验收依据</td><td colspan="5"></td></tr>
<tr><td rowspan="9">主控项目</td><td colspan="2">验收项目</td><td>设计要求及标准规定</td><td>最小 / 实际抽样数量</td><td>检查记录</td><td colspan="2">检查结果</td></tr>
<tr><td>1</td><td>门框轨道侧到轨道中心的距离</td><td></td><td></td><td></td><td colspan="2"></td></tr>
<tr><td>2</td><td>门体与立柱的间隙</td><td></td><td></td><td></td><td colspan="2"></td></tr>
<tr><td>3</td><td>门体与门槛的间隙</td><td></td><td></td><td></td><td colspan="2"></td></tr>
<tr><td>4</td><td>滑动门轨道侧和站台侧手动解锁装置功能</td><td></td><td></td><td></td><td colspan="2"></td></tr>
<tr><td>5</td><td>滑动门的净开度</td><td></td><td></td><td></td><td colspan="2"></td></tr>
<tr><td>6</td><td>滑动门关闭后中间橡胶部分不透光</td><td></td><td></td><td></td><td colspan="2"></td></tr>
<tr><td>7</td><td></td><td></td><td></td><td></td><td colspan="2"></td></tr>
<tr><td>8</td><td></td><td></td><td></td><td></td><td colspan="2"></td></tr>
<tr><td rowspan="6">一般项目</td><td>1</td><td>两滑动门关门后结合处的上、下间距</td><td></td><td></td><td></td><td colspan="2"></td></tr>
<tr><td>2</td><td>两扇滑动门在关闭状态下应为同一平面</td><td></td><td></td><td></td><td colspan="2"></td></tr>
<tr><td>3</td><td></td><td></td><td></td><td></td><td colspan="2"></td></tr>
<tr><td>4</td><td></td><td></td><td></td><td></td><td colspan="2"></td></tr>
<tr><td>5</td><td></td><td></td><td></td><td></td><td colspan="2"></td></tr>
<tr><td>6</td><td></td><td></td><td></td><td></td><td colspan="2"></td></tr>
<tr><td colspan="3" rowspan="2">施工单位检查结果</td><td>专业工长（施工员）
（签名）</td><td></td><td colspan="2">施工班组长
（签名）</td><td></td></tr>
<tr><td colspan="5">项目专业质量检查员（签名）:　　年　月　日</td></tr>
<tr><td colspan="3">监理单位验收结论</td><td colspan="5">专业监理工程师（签名）:　　年　月　日</td></tr>
</table>

应急门安装检验批质量验收记录

DT（GZ）P 0406

<table>
<tr><td colspan="3">单位（子单位）工程名称</td><td colspan="5"></td></tr>
<tr><td colspan="3">分部工程名称 / 分项工程名称</td><td colspan="5"></td></tr>
<tr><td colspan="3">检验批部位</td><td colspan="2"></td><td colspan="2">检验批容量</td><td></td></tr>
<tr><td colspan="3">施工单位</td><td colspan="3"></td><td>项目负责人</td><td></td></tr>
<tr><td colspan="3">执行的技术标准名称、编号及设计图号</td><td colspan="5"></td></tr>
<tr><td colspan="3">验收依据</td><td colspan="5"></td></tr>
<tr><td rowspan="9">主控项目</td><td colspan="2">验收项目</td><td>设计要求及标准规定</td><td>最小 / 实际抽样数量</td><td>检查记录</td><td colspan="2">检查结果</td></tr>
<tr><td>1</td><td>应急门可开启，并定位于 90°</td><td></td><td></td><td></td><td colspan="2"></td></tr>
<tr><td>2</td><td>应急门轨道侧、站台侧手动解锁装置应灵活、可靠</td><td></td><td></td><td></td><td colspan="2"></td></tr>
<tr><td>3</td><td>门体垂直度</td><td></td><td></td><td></td><td colspan="2"></td></tr>
<tr><td>4</td><td>门体与门槛的间隙</td><td></td><td></td><td></td><td colspan="2"></td></tr>
<tr><td>5</td><td>应急门是否可以完全关闭且锁紧</td><td></td><td></td><td></td><td colspan="2"></td></tr>
<tr><td>6</td><td></td><td></td><td></td><td></td><td colspan="2"></td></tr>
<tr><td>7</td><td></td><td></td><td></td><td></td><td colspan="2"></td></tr>
<tr><td>8</td><td></td><td></td><td></td><td></td><td colspan="2"></td></tr>
<tr><td rowspan="6">一般项目</td><td>1</td><td>开、关门应灵活可靠</td><td></td><td></td><td></td><td colspan="2"></td></tr>
<tr><td>2</td><td>行程开关的安装</td><td></td><td></td><td></td><td colspan="2"></td></tr>
<tr><td>3</td><td>密封胶、毛刷的安装</td><td></td><td></td><td></td><td colspan="2"></td></tr>
<tr><td>4</td><td></td><td></td><td></td><td></td><td colspan="2"></td></tr>
<tr><td>5</td><td></td><td></td><td></td><td></td><td colspan="2"></td></tr>
<tr><td>6</td><td></td><td></td><td></td><td></td><td colspan="2"></td></tr>
<tr><td colspan="2" rowspan="2">施工单位检查结果</td><td>专业工长（施工员）
（签名）</td><td colspan="2"></td><td colspan="2">施工班组长
（签名）</td><td></td></tr>
<tr><td colspan="6">项目专业质量检查员（签名）:　　年　月　日</td></tr>
<tr><td colspan="2">监理单位验收结论</td><td colspan="6">专业监理工程师（签名）:　　年　月　日</td></tr>
</table>

顶箱盖板安装检验批质量验收记录

DT（GZ）P 0407

<table>
<tr><td colspan="3">单位（子单位）工程名称</td><td colspan="4"></td></tr>
<tr><td colspan="3">分部工程名称 / 分项工程名称</td><td colspan="4"></td></tr>
<tr><td colspan="3">检验批部位</td><td colspan="2"></td><td>检验批容量</td><td></td></tr>
<tr><td colspan="3">施工单位</td><td colspan="2"></td><td>项目负责人</td><td></td></tr>
<tr><td colspan="3">执行的技术标准名称、
编号及设计图号</td><td colspan="4"></td></tr>
<tr><td colspan="3">验收依据</td><td colspan="4"></td></tr>
<tr><td rowspan="9">主
控
项
目</td><td colspan="2">验收项目</td><td>设计要求及标准规定</td><td>最小 / 实际抽样数量</td><td>检查记录</td><td>检查结果</td></tr>
<tr><td>1</td><td>轨道侧下盖板到轨道中心线的距离</td><td></td><td></td><td></td><td></td></tr>
<tr><td>2</td><td>轨道侧下盖板底部与门槛顶面的距离</td><td></td><td></td><td></td><td></td></tr>
<tr><td>3</td><td>活动盖板底部与门槛顶面的距离</td><td></td><td></td><td></td><td></td></tr>
<tr><td>4</td><td>顶箱前盖板是否可以顺利开启</td><td></td><td></td><td></td><td></td></tr>
<tr><td>5</td><td>滑动门顶箱前盖板开启后是否可以定位</td><td></td><td></td><td></td><td></td></tr>
<tr><td>6</td><td>顶箱前盖板“盖板锁”功能是否正常</td><td></td><td></td><td></td><td></td></tr>
<tr><td>7</td><td></td><td></td><td></td><td></td><td></td></tr>
<tr><td>8</td><td></td><td></td><td></td><td></td><td></td></tr>
<tr><td rowspan="6">一
般
项
目</td><td>1</td><td>相邻盖板色差不明显且平整</td><td></td><td></td><td></td><td></td></tr>
<tr><td>2</td><td>相邻盖板的间距</td><td></td><td></td><td></td><td></td></tr>
<tr><td>3</td><td>顶箱前盖板保护良好，无刮花损伤，无弯曲变形</td><td></td><td></td><td></td><td></td></tr>
<tr><td>4</td><td></td><td></td><td></td><td></td><td></td></tr>
<tr><td>5</td><td></td><td></td><td></td><td></td><td></td></tr>
<tr><td>6</td><td></td><td></td><td></td><td></td><td></td></tr>
<tr><td colspan="2" rowspan="2">施工单位检查结果</td><td>专业工长（施工员）
（签名）</td><td colspan="2"></td><td>施工班组长
（签名）</td><td></td></tr>
<tr><td colspan="5">项目专业质量检查员（签名）:　　　　年　月　日</td></tr>
<tr><td colspan="2">监理单位验收结论</td><td colspan="5">专业监理工程师（签名）:　　　　年　月　日</td></tr>
</table>

端门活动门安装检验批质量验收记录

DT（GZ）P 0408

<table>
<tr><td colspan="3">单位（子单位）工程名称</td><td colspan="4"></td></tr>
<tr><td colspan="3">分部工程名称 / 分项工程名称</td><td colspan="4"></td></tr>
<tr><td colspan="3">检验批部位</td><td colspan="2"></td><td>检验批容量</td><td></td></tr>
<tr><td colspan="3">施工单位</td><td colspan="2"></td><td>项目负责人</td><td></td></tr>
<tr><td colspan="3">执行的技术标准名称、编号及设计图号</td><td colspan="4"></td></tr>
<tr><td colspan="3">验收依据</td><td colspan="4"></td></tr>
<tr><td rowspan="9">主控项目</td><td colspan="2">验收项目</td><td>设计要求及标准规定</td><td>最小 / 实际抽样数量</td><td>检查记录</td><td>检查结果</td></tr>
<tr><td>1</td><td>门体垂直度</td><td></td><td></td><td></td><td></td></tr>
<tr><td>2</td><td>门体与门槛的间隙</td><td></td><td></td><td></td><td></td></tr>
<tr><td>3</td><td>门体开启角度大于等于 90°时，在 90°位置可靠定位；开启角度小于 90°时，门体自动关闭</td><td></td><td></td><td></td><td></td></tr>
<tr><td>4</td><td></td><td></td><td></td><td></td><td></td></tr>
<tr><td>5</td><td></td><td></td><td></td><td></td><td></td></tr>
<tr><td>6</td><td></td><td></td><td></td><td></td><td></td></tr>
<tr><td>7</td><td></td><td></td><td></td><td></td><td></td></tr>
<tr><td>8</td><td></td><td></td><td></td><td></td><td></td></tr>
<tr><td rowspan="6">一般项目</td><td>1</td><td>开、关门应灵活可靠</td><td></td><td></td><td></td><td></td></tr>
<tr><td>2</td><td>行程开关的安装</td><td></td><td></td><td></td><td></td></tr>
<tr><td>3</td><td>密封胶、毛刷的安装</td><td></td><td></td><td></td><td></td></tr>
<tr><td>4</td><td></td><td></td><td></td><td></td><td></td></tr>
<tr><td>5</td><td></td><td></td><td></td><td></td><td></td></tr>
<tr><td>6</td><td></td><td></td><td></td><td></td><td></td></tr>
<tr><td colspan="2" rowspan="2">施工单位检查结果</td><td>专业工长（施工员）
（签名）</td><td colspan="2"></td><td>施工班组长
（签名）</td><td></td></tr>
<tr><td colspan="5">项目专业质量检查员（签名）:　　　　年　月　日</td></tr>
<tr><td colspan="2">监理单位验收结论</td><td colspan="5">专业监理工程师（签名）:　　　　年　月　日</td></tr>
</table>

电线、电缆穿管和线槽敷线检验批质量验收记录

DT（GZ）P 0409

单位（子单位）工程名称					
分部工程名称 / 分项工程名称					
检验批部位		检验批容量			
施工单位			项目负责人		
执行的技术标准名称、编号及设计图号					
验收依据					

		验收项目	设计要求及标准规定	最小 / 实际抽样数量	检查记录	检查结果
主控项目	1	三相或单相交流单芯电缆穿于钢管敷设的限制要求（不得单独穿于钢导管内）				
	2	不同回路、不同电压等级、交流与直流的电线不穿于同一管内；同一交流回路的电线穿于同一金属管内；管内不得有接头				
	3					
一般项目	1	电线、电缆穿管前，管内的清扫及管口的保护；穿入线缆后，管口的密封				
	2	同一建（构）筑物内电线绝缘层颜色的选择（导线色标）规定				
	3	线槽敷线关于：导线余量、槽内无接头、回路标识、分段绑扎，同回路相、零线在同一金属线槽内敷，以及对同电源不同回路无抗干扰要求线路、有抗干扰要求线路的规定（措施）				
	4					

施工单位检查结果	专业工长（施工员）（签名）		施工班组长（签名）	
	项目专业质量检查员（签名）： 年 月 日			
监理单位验收结论	专业监理工程师（签名）： 年 月 日			

配电柜、控制柜和配电箱安装检验批质量验收记录

DT（GZ）P 0410

<table>
<tr><td colspan="3">单位（子单位）工程名称</td><td colspan="6"></td></tr>
<tr><td colspan="3">分部工程名称 / 分项工程名称</td><td colspan="6"></td></tr>
<tr><td colspan="3">检验批部位</td><td colspan="2"></td><td>检验批容量</td><td colspan="3"></td></tr>
<tr><td colspan="3">施工单位</td><td colspan="3"></td><td>项目负责人</td><td colspan="2"></td></tr>
<tr><td colspan="3">执行的技术标准名称、
编号及设计图号</td><td colspan="6"></td></tr>
<tr><td colspan="3">验收依据</td><td colspan="6"></td></tr>
<tr><td rowspan="6">主控项目</td><td colspan="2">验收项目</td><td>设计要求及标准规定</td><td>最小 / 实际抽样数量</td><td colspan="2">检查记录</td><td colspan="2">检查结果</td></tr>
<tr><td>1</td><td>金属框架及基础型钢的接地或接零；门的接地跨接及其标识</td><td></td><td></td><td colspan="2"></td><td colspan="2"></td></tr>
<tr><td>2</td><td>防止电击伤害的保护可靠；保护导体的端子设置及导体的截面积</td><td></td><td></td><td colspan="2"></td><td colspan="2"></td></tr>
<tr><td>3</td><td>柜、屏、台、箱、盘之间的连接及其与基础型钢的连接</td><td></td><td></td><td colspan="2"></td><td colspan="2"></td></tr>
<tr><td>4</td><td>柜、屏、台、箱、盘间馈电和二次控制线路绝缘电阻测试</td><td></td><td></td><td colspan="2"></td><td colspan="2"></td></tr>
<tr><td>5</td><td>箱（盘）内配线与接线连接（含防松措施及设零线和保护地线汇流排）；开关（含断路器及漏电保护装置等）动作</td><td></td><td></td><td colspan="2"></td><td colspan="2"></td></tr>
<tr><td rowspan="4">一般项目</td><td>1</td><td>柜、屏、台、箱、盘内元（器）件、装置、接线的选用及其动作、标识的检查试验</td><td></td><td></td><td colspan="2"></td><td colspan="2"></td></tr>
<tr><td>2</td><td>柜、屏、台、箱、盘间馈电和二次控制回路的配线选用，二次控制回路连线的绑扎、固定和标识</td><td></td><td></td><td colspan="2"></td><td colspan="2"></td></tr>
<tr><td>3</td><td>柜、屏、台、箱、盘可动面板（门）上所装电器的连接线选用及其敷设长度裕量、加强绝缘的外护套、线端固定和连接</td><td></td><td></td><td colspan="2"></td><td colspan="2"></td></tr>
<tr><td>4</td><td>箱（盘）材质选用，安装位置，箱体开孔适配，涂镀层，箱（盘）内接线及其回路标识</td><td></td><td></td><td colspan="2"></td><td colspan="2"></td></tr>
<tr><td colspan="2" rowspan="2">施工单位检查结果</td><td>专业工长（施工员）
（签名）</td><td colspan="2"></td><td colspan="2">施工班组长
（签名）</td><td colspan="2"></td></tr>
<tr><td colspan="7">项目专业质量检查员（签名）:　　　　年　　月　　日</td></tr>
<tr><td colspan="2">监理单位验收结论</td><td colspan="7">专业监理工程师（签名）:　　　　年　　月　　日</td></tr>
</table>

接地装置安装检验批质量验收记录

DT（GZ）P 0411

单位（子单位）工程名称						
分部工程名称 / 分项工程名称						
检验批部位				检验批容量		
施工单位					项目负责人	
执行的技术标准名称、编号及设计图号						
验收依据						
		验收项目	设计要求及标准规定	最小 / 实际抽样数量	检查记录	检查结果
主控项目	1	接地电阻值测试				
	2	接地装置测试点的设置				
	3					
	4					
	5					
	6					
一般项目	1	接地装置选用的材质和允许的最小规格、尺寸				
	2					
	3					
	4					
	5					
	6					

施工单位检查结果	专业工长（施工员）（签名）		施工班组长（签名）	
	项目专业质量检查员（签名）: 年 月 日			
监理单位验收结论	专业监理工程师（签名）: 年 月 日			

中央接口盘（PSC）安装检验批质量验收记录

DT（GZ）P 0412

<table>
<tr><td colspan="3">单位（子单位）工程名称</td><td colspan="5"></td></tr>
<tr><td colspan="3">分部工程名称 / 分项工程名称</td><td colspan="5"></td></tr>
<tr><td colspan="3">检验批部位</td><td colspan="2"></td><td>检验批容量</td><td colspan="2"></td></tr>
<tr><td colspan="3">施工单位</td><td colspan="3"></td><td>项目负责人</td><td></td></tr>
<tr><td colspan="3">执行的技术标准名称、
编号及设计图号</td><td colspan="5"></td></tr>
<tr><td colspan="3">验收依据</td><td colspan="5"></td></tr>
<tr><td rowspan="6">主控项目</td><td colspan="2">验收项目</td><td>设计要求及标准规定</td><td>最小 / 实际抽样数量</td><td>检查记录</td><td colspan="2">检查结果</td></tr>
<tr><td>1</td><td>PSC 柜内接线端子排列整齐，且无破损，各接线电缆具备标签</td><td></td><td></td><td></td><td colspan="2"></td></tr>
<tr><td>2</td><td>控制柜安装及接地连接正确</td><td></td><td></td><td></td><td colspan="2"></td></tr>
<tr><td>3</td><td>PSC 柜内电气元件安装布局合理，元件无破损，均能正常工作</td><td></td><td></td><td></td><td colspan="2"></td></tr>
<tr><td>4</td><td>控制柜控制系统能正常工作</td><td></td><td></td><td></td><td colspan="2"></td></tr>
<tr><td>5</td><td></td><td></td><td></td><td></td><td colspan="2"></td></tr>
<tr><td rowspan="4">一般项目</td><td>1</td><td>PSC 柜外表平整完好，表面无破损</td><td></td><td></td><td></td><td colspan="2"></td></tr>
<tr><td>2</td><td>PSC 柜铭牌完整，柜面指示灯均能正常工作</td><td></td><td></td><td></td><td colspan="2"></td></tr>
<tr><td>3</td><td></td><td></td><td></td><td></td><td colspan="2"></td></tr>
<tr><td>4</td><td></td><td></td><td></td><td></td><td colspan="2"></td></tr>
<tr><td colspan="2" rowspan="2">施工单位检查结果</td><td>专业工长（施工员）
（签名）</td><td colspan="2"></td><td>施工班组长
（签名）</td><td colspan="2"></td></tr>
<tr><td colspan="6">项目专业质量检查员（签名）:　　年　月　日</td></tr>
<tr><td colspan="2">监理单位验收结论</td><td colspan="6">专业监理工程师（签名）:　　年　月　日</td></tr>
</table>

电源系统安装检验批质量验收记录

DT（GZ）P 0413

<table>
<tr><td colspan="3">单位（子单位）工程名称</td><td colspan="4"></td></tr>
<tr><td colspan="3">分部工程名称 / 分项工程名称</td><td colspan="4"></td></tr>
<tr><td colspan="3">检验批部位</td><td></td><td>检验批容量</td><td colspan="2"></td></tr>
<tr><td colspan="3">施工单位</td><td colspan="2"></td><td>项目负责人</td><td></td></tr>
<tr><td colspan="3">执行的技术标准名称、编号及设计图号</td><td colspan="4"></td></tr>
<tr><td colspan="3">验收依据</td><td colspan="4"></td></tr>
<tr><td></td><td colspan="2">验收项目</td><td>设计要求及标准规定</td><td>最小 / 实际抽样数量</td><td>检查记录</td><td>检查结果</td></tr>
<tr><td rowspan="5">主控项目</td><td>1</td><td>站台门直流驱动电源工作正常 110V</td><td></td><td></td><td></td><td></td></tr>
<tr><td>2</td><td>站台门交流控制电源工作正常 48V</td><td></td><td></td><td></td><td></td></tr>
<tr><td>3</td><td>站台门直流控制电源工作正常 24V</td><td></td><td></td><td></td><td></td></tr>
<tr><td>4</td><td>驱动电源的备用电源容量满足 30min 内本站全部滑动门开关 3 次的需要</td><td></td><td></td><td></td><td></td></tr>
<tr><td>5</td><td>控制电源的备用电源容量满足系统负载持续工作 30min 的需要</td><td></td><td></td><td></td><td></td></tr>
<tr><td rowspan="5">一般项目</td><td>1</td><td>供电系统柜体完整无破损</td><td></td><td></td><td></td><td></td></tr>
<tr><td>2</td><td>供电系统各开关完整无破损、动作正常</td><td></td><td></td><td></td><td></td></tr>
<tr><td>3</td><td>供电系统仪表工作正常</td><td></td><td></td><td></td><td></td></tr>
<tr><td>4</td><td>对备用电源蓄电池进行充放电，蓄电池放电前后的电压正常</td><td></td><td></td><td></td><td></td></tr>
<tr><td>5</td><td>蓄电池与外部接口电缆安装正确、牢固</td><td></td><td></td><td></td><td></td></tr>
<tr><td colspan="2" rowspan="2">施工单位检查结果</td><td>专业工长（施工员）（签名）</td><td></td><td>施工班组长（签名）</td><td colspan="2"></td></tr>
<tr><td colspan="5">项目专业质量检查员（签名）:　　　　年　月　日</td></tr>
<tr><td colspan="2">监理单位验收结论</td><td colspan="5">专业监理工程师（签名）:　　　　年　月　日</td></tr>
</table>

系统调试检验批质量验收记录

DT（GZ）P 0414

单位（子单位）工程名称							
分部工程名称 / 分项工程名称							
检验批部位				检验批容量			
施工单位					项目负责人		
执行的技术标准名称、编号及设计图号							
验收依据							
	验收项目		设计要求及标准规定	最小 / 实际抽样数量	检查记录	检查结果	
主控项目	1	滑动门、应急门功能					
	2	IBP、LCB、DOI、PSL、SMT 功能					
	3	通电前检查中央接口盘、配电柜、蓄电池柜及就地控制盘壳体与车站地之间的接地电阻值					
	4	通电前检查站台门与轨道连接的等电位电阻值					
	5	整列门体在 500VDC 电压下进行测试的绝缘电阻值					
	6	5000 次循环测试					
	7	IBP 联调					
	8	ISCS 联调					
	9	信号联调					
一般项目	1						
	2						
	3						
	4						
施工单位检查结果	专业工长（施工员）（签名）			施工班组长（签名）			
	项目专业质量检查员（签名）: 年 月 日						
监理单位验收结论	专业监理工程师（签名）: 年 月 日						

第二章

供电工程系统

CHAPTER TWO

设备基础预埋件检验批质量验收记录

DT（GZ）D 0401

<table>
<tr><td colspan="2">单位（子单位）
工程名称</td><td></td><td>分部（子分部）
工程名称</td><td></td><td>分项工程名称</td><td></td></tr>
<tr><td colspan="2">施工单位</td><td></td><td>项目负责人</td><td></td><td>检验批容量</td><td></td></tr>
<tr><td colspan="2">分包单位</td><td></td><td>分包单位项目负责人</td><td></td><td>检验批部位</td><td></td></tr>
<tr><td colspan="2">施工依据</td><td colspan="2"></td><td>验收依据</td><td colspan="2"></td></tr>
<tr><td></td><td colspan="2">验收项目</td><td>设计要求及规范规定</td><td>最小/实际抽样数量</td><td>检查记录</td><td>检查结果</td></tr>
<tr><td rowspan="3">主控项目</td><td>1</td><td>各设备基础预埋件的材料、规格、尺寸、制作、安装方式（其中，整流器柜、直流开关柜、负极柜设备采用绝缘安装方式）及预埋位置应符合设计要求</td><td></td><td></td><td></td><td></td></tr>
<tr><td>2</td><td>所内供电设备的基础预埋件平行度、平直度及水平度误差不能大于 1mm / m，全长范围内总误差不大于 2mm；预埋件与其相应安装设备之间的接触面应平整且符合设计要求</td><td></td><td></td><td></td><td></td></tr>
<tr><td>3</td><td>设备基础预埋件应可靠接地，接地方式、接地数量应满足设计要求。有绝缘安装要求时基础槽钢的预埋件不应接地，并应避免与建筑结构钢筋发生电气连接</td><td></td><td></td><td></td><td></td></tr>
<tr><td rowspan="2">一般项目</td><td>1</td><td>设备基础预埋件的外观表面应平整光洁，涂漆均匀、无漏涂现象</td><td></td><td></td><td></td><td></td></tr>
<tr><td>2</td><td>设备基础预埋件安装的质量检验应符合下列规定：
（1）设备基础预埋件所有焊接处应牢固，焊接应饱满，不应有裂缝、气孔及脱焊现象，更不得有假焊或漏焊现象。
（2）设备基础预埋件与地面固定牢固可靠并经防腐处理，不得有锈蚀，应符合设计要求</td><td></td><td></td><td></td><td></td></tr>
<tr><td colspan="2">施工单位检查结果</td><td colspan="5">专业工长:
项目专业质量检查员:　　　　年　　月　　日</td></tr>
<tr><td colspan="2">监理单位验收结论</td><td colspan="5">专业监理工程师:　　　　年　　月　　日</td></tr>
</table>

网栅检验批质量验收记录

DT（GZ）D 0402

<table>
<tr><td colspan="2">单位（子单位）工程名称</td><td></td><td>分部（子分部）工程名称</td><td></td><td>分项工程名称</td><td></td></tr>
<tr><td colspan="2">施工单位</td><td></td><td>项目负责人</td><td></td><td>检验批容量</td><td></td></tr>
<tr><td colspan="2">分包单位</td><td></td><td>分包单位项目负责人</td><td></td><td>检验批部位</td><td></td></tr>
<tr><td colspan="2">施工依据</td><td colspan="2"></td><td>验收依据</td><td colspan="2"></td></tr>
<tr><td></td><td colspan="2">验收项目</td><td>设计要求及规范规定</td><td>最小 / 实际抽样数量</td><td>检查记录</td><td>检查结果</td></tr>
<tr><td rowspan="5">主控项目</td><td>1</td><td>网栅到达现场后应进行检查，其表面应光滑、无毛刺、无变形、防腐层良好，型号、规格应符合设计要求</td><td></td><td></td><td></td><td></td></tr>
<tr><td>2</td><td>整流变压器室中的高压防护网栅，其安装位置及高度应符合设计要求</td><td></td><td></td><td></td><td></td></tr>
<tr><td>3</td><td>防护网栅的门扇开闭应灵活，防止误入带电间隔的闭锁装置安装应牢固，闭锁应正确可靠</td><td></td><td></td><td></td><td></td></tr>
<tr><td>4</td><td>网栅与带电体的距离应符合设计要求。设计无要求时应符合室内配电装置的最小安全净距的规定</td><td></td><td></td><td></td><td></td></tr>
<tr><td>5</td><td>网栅的接地连接可靠，凡可开启的门扇与整体结构间均用铜编织带可靠连接。严禁将网栅的接地线与二次回路的接地体连接</td><td></td><td></td><td></td><td></td></tr>
<tr><td rowspan="3">一般项目</td><td>1</td><td>网栅立柱的埋设应垂直牢固，高度一致，同一直线上的立柱应在同一平面内，同类间隔的装配方式统一</td><td></td><td></td><td></td><td></td></tr>
<tr><td>2</td><td>板网结构件的钢板或钢板网应平整，板网与边框的焊接牢固，且无外露尖角及毛刺。当板网与边框采用螺栓连接方式时，螺栓和钢板网（网目）的规格及数量应符合设计要求</td><td></td><td></td><td></td><td></td></tr>
<tr><td>3</td><td>网栅整体结构的焊接牢固可靠，金属表面的防腐层完好，网板与边框、栅栏与立柱均应安装牢固</td><td></td><td></td><td></td><td></td></tr>
<tr><td colspan="2">施工单位检查结果</td><td colspan="5">专业工长：
项目专业质量检查员：　　　　年　　月　　日</td></tr>
<tr><td colspan="2">监理单位验收结论</td><td colspan="5">专业监理工程师：　　　　年　　月　　日</td></tr>
</table>

接地装置检验批质量验收记录（变电所检测）（一）

DT（GZ）D 0403

<table>
<tr><td>单位（子单位）工程名称</td><td></td><td>分部（子分部）工程名称</td><td></td><td>分项工程名称</td><td colspan="2"></td></tr>
<tr><td>施工单位</td><td></td><td>项目负责人</td><td></td><td>检验批容量</td><td colspan="2"></td></tr>
<tr><td>分包单位</td><td></td><td>分包单位项目负责人</td><td></td><td>检验批部位</td><td colspan="2"></td></tr>
<tr><td>施工依据</td><td colspan="2"></td><td>验收依据</td><td colspan="3"></td></tr>
<tr><td colspan="3">验收项目</td><td>设计要求及规范规定</td><td>最小/实际抽样数量</td><td>检查记录</td><td>检查结果</td></tr>
<tr><td rowspan="4">主控项目</td><td>1</td><td>土建承包商移交的综合接地装置的接地电阻值应符合设计要求</td><td></td><td></td><td></td><td></td></tr>
<tr><td>2</td><td>接地干线、支线及接地引线敷设位置及所用材料的规格尺寸应符合设计要求</td><td></td><td></td><td></td><td></td></tr>
<tr><td>3</td><td>接地干线至少应在不同的两点与接地网相连接，每一设备的工作接地和保护接地应单独与接地干线可靠连接，严禁将几个部件串联接地。所有设备接地线其露出地面部分及埋入地下部分均应做防腐处理</td><td></td><td></td><td></td><td></td></tr>
<tr><td>4</td><td>变电所内干线接地扁钢沿墙敷设距地面垂直高度、距墙水平距离、接地扁钢支持件的安装距离应符合设计要求。接地扁钢（线）应平直、美观，不应有高低起伏及弯曲等现象</td><td></td><td></td><td></td><td></td></tr>
<tr><td colspan="2">施工单位检查结果</td><td colspan="5">专业工长：
项目专业质量检查员：　　　　年　　月　　日</td></tr>
<tr><td colspan="2">监理单位验收结论</td><td colspan="5">专业监理工程师：　　　　年　　月　　日</td></tr>
</table>

接地装置检验批质量验收记录表（变电所检测）（二）

DT（GZ）D 0403/1

<table>
<tr><td>单位（子单位）工程名称</td><td></td><td>分部（子分部）工程名称</td><td></td><td>分项工程名称</td><td colspan="2"></td></tr>
<tr><td>施工单位</td><td></td><td>项目负责人</td><td></td><td>检验批容量</td><td colspan="2"></td></tr>
<tr><td>分包单位</td><td></td><td>分包单位项目负责人</td><td></td><td>检验批部位</td><td colspan="2"></td></tr>
<tr><td>施工依据</td><td colspan="2"></td><td>验收依据</td><td colspan="3"></td></tr>
<tr><td></td><td colspan="2">验收项目</td><td>设计要求及规范规定</td><td>最小/实际抽样数量</td><td>检查记录</td><td>检查结果</td></tr>
<tr><td rowspan="6">一般项目</td><td>1</td><td>接地体的连接应采用电焊搭接连接。搭接长度：扁钢为其宽度的两倍（至少焊接三个棱边），扁钢与角钢连接时，除在扁钢两侧焊接外，还应将扁钢本体弯成直角形（或加焊L形扁钢）与角钢焊接成一个整体。所有焊接处应牢固，不得有假焊或漏焊现象，焊接部位应做防腐处理</td><td></td><td></td><td></td><td></td></tr>
<tr><td>2</td><td>变电所内接地母排至少在不同的两点与接地网连接，接地母排固定于侧墙上，距地面垂直高度约0.3m</td><td></td><td></td><td></td><td></td></tr>
<tr><td>3</td><td>有需要悬挂临时接地线的地点均应设置接地螺栓或接线板。接地螺栓或接线板应符合设计要求</td><td></td><td></td><td></td><td></td></tr>
<tr><td>4</td><td>变电所内干线接地扁钢表面均匀刷涂以100 mm宽度相等的绿色和黄色相同的条纹标识</td><td></td><td></td><td></td><td></td></tr>
<tr><td>5</td><td>干线接地扁钢穿墙敷设时，应有防护套管加以防护</td><td></td><td></td><td></td><td></td></tr>
<tr><td>6</td><td>接地扁钢及其安装卡子，电缆支架应热浸镀锌防腐，镀锌后应表面光滑，镀锌厚度满足设计值。所有紧固件具备防松动功能，材质不锈钢</td><td></td><td></td><td></td><td></td></tr>
<tr><td colspan="2">施工单位检查结果</td><td colspan="5">专业工长：
项目专业质量检查员：　　　　年　月　日</td></tr>
<tr><td colspan="2">监理单位验收结论</td><td colspan="5">专业监理工程师：　　　　年　月　日</td></tr>
</table>

变压器安装检验批质量验收记录（一）

DT（GZ）D 0404

<table>
<tr><td>单位（子单位）工程名称</td><td colspan="2"></td><td>分部（子分部）工程名称</td><td></td><td>分项工程名称</td><td></td></tr>
<tr><td>施工单位</td><td colspan="2"></td><td>项目负责人</td><td></td><td>检验批容量</td><td></td></tr>
<tr><td>分包单位</td><td colspan="2"></td><td>分包单位项目负责人</td><td></td><td>检验批部位</td><td></td></tr>
<tr><td>施工依据</td><td colspan="3"></td><td>验收依据</td><td colspan="2"></td></tr>
<tr><td></td><td colspan="2">验收项目</td><td>设计要求及规范规定</td><td>最小/实际抽样数量</td><td>检查记录</td><td>检查结果</td></tr>
<tr><td rowspan="5">主控项目</td><td>1</td><td>设备运达现场应进行检查，其质量应符合下列规定:
（1）变压器的型号、规格应符合设计要求，环氧树脂外壳器身无损伤、无异常；器身漆层完整、无锈蚀，附件及配件数量齐全，与装箱单相符；铭牌齐全，各部螺栓紧固。
（2）高低压套管的瓷套表面光滑，无裂纹；磁铁粘合牢固，无锈蚀</td><td></td><td></td><td></td><td></td></tr>
<tr><td>2</td><td>变压器母线相间及对地的安全净距:
（1）36kV 不小于 300 mm
（2）1500V 不小于 100 mm</td><td></td><td></td><td></td><td></td></tr>
<tr><td>3</td><td>变压器及其附件（含变压器外壳、温控器、网栅、变压器电缆固定支架、温控器电缆敷设用钢管等）外壳和其他非带电金属部分，均应有可靠的接地，动力变压器中性点应单独与接地母排相连，必须符合规范规定</td><td></td><td></td><td></td><td></td></tr>
<tr><td>4</td><td>变压器电气试验应符合国家标准（《电气装置安装工程电气设备交接试验标准》GB 50150）的规定</td><td></td><td></td><td></td><td></td></tr>
<tr><td>5</td><td>变压器铁芯应可靠接地，接地电阻应满足工厂说明书要求</td><td></td><td></td><td></td><td></td></tr>
<tr><td colspan="2">施工单位检查结果</td><td colspan="5">专业工长:
项目专业质量检查员:　　　　年　月　日</td></tr>
<tr><td colspan="2">监理单位验收结论</td><td colspan="5">专业监理工程师:　　　　年　月　日</td></tr>
</table>

变压器安装检验批质量验收记录（二）

DT（GZ）D 0404/1

<table>
<tr><td colspan="2">单位（子单位）工程名称</td><td></td><td>分部（子分部）工程名称</td><td></td><td colspan="2">分项工程名称</td><td></td></tr>
<tr><td colspan="2">施工单位</td><td></td><td>项目负责人</td><td></td><td colspan="2">检验批容量</td><td></td></tr>
<tr><td colspan="2">分包单位</td><td></td><td>分包单位项目负责人</td><td></td><td colspan="2">检验批部位</td><td></td></tr>
<tr><td colspan="2">施工依据</td><td colspan="2"></td><td>验收依据</td><td colspan="3"></td></tr>
<tr><td></td><td colspan="2">验收项目</td><td>设计要求及规范规定</td><td>最小/实际抽样数量</td><td>检查记录</td><td colspan="2">检查结果</td></tr>
<tr><td rowspan="5">一般项目</td><td>1</td><td>变压器各部安装尺寸应符合设计要求，并应按生产厂家的技术说明书要求安装，变压器应与基础预埋件固定牢固可靠，高低压电缆支架等应安装牢靠</td><td></td><td></td><td></td><td colspan="2"></td></tr>
<tr><td>2</td><td>变压器及其外壳安装时应牢固可靠、连接紧密。器身及外壳表面应干净清洁、油漆完整无锈蚀。线圈绕组绝缘应完整，无缺损、位移现象，并且各绕组应排列整齐。铁芯无锈蚀，铭牌齐全，相色标志正确</td><td></td><td></td><td></td><td colspan="2"></td></tr>
<tr><td>3</td><td>变压器外连接线路连接应符合以下规定：
（1）变压器的温控装置、热敏电阻应安装正确，动作灵敏，布线合理，连接可靠。
（2）连接螺栓的锁紧装置齐全，引入、引出端子便于接线，外连接线应准确无误，器身各附件间连接的导线应有保护管，接线固定牢固可靠。
（3）套管及绝缘柱应完好、无损伤，连接母线后无松动且不应使套管受力</td><td></td><td></td><td></td><td colspan="2"></td></tr>
<tr><td>4</td><td>所有母线搭接面的连接螺栓用力矩扳手紧固，其紧固力矩值应符合标准规定</td><td></td><td></td><td></td><td colspan="2"></td></tr>
<tr><td>5</td><td>变压器安装允许偏差值应符合标准规定</td><td></td><td></td><td></td><td colspan="2"></td></tr>
<tr><td colspan="3">施工单位检查结果</td><td colspan="5">专业工长：
项目专业质量检查员：　　　　年　　月　　日</td></tr>
<tr><td colspan="3">监理单位验收结论</td><td colspan="5">专业监理工程师：　　　　年　　月　　日</td></tr>
</table>

整流器柜、负极柜安装检验批质量验收记录（一）

DT（GZ）D 0405

<table>
<tr><td colspan="3">单位（子单位）工程名称</td><td></td><td>分部（子分部）工程名称</td><td></td><td>分项工程名称</td><td colspan="2"></td></tr>
<tr><td colspan="3">施工单位</td><td></td><td>项目负责人</td><td></td><td>检验批容量</td><td colspan="2"></td></tr>
<tr><td colspan="3">分包单位</td><td></td><td>分包单位项目负责人</td><td></td><td>检验批部位</td><td colspan="2"></td></tr>
<tr><td colspan="3">施工依据</td><td colspan="2"></td><td>验收依据</td><td colspan="3"></td></tr>
<tr><td></td><td colspan="3">验收项目</td><td>设计要求及规范规定</td><td>最小 / 实际抽样数量</td><td>检查记录</td><td colspan="2">检查结果</td></tr>
<tr><td rowspan="4">主控项目</td><td>1</td><td colspan="2">硅整流器柜、负极柜外形尺寸、柜内设备规格、型号、安装位置必须符合设计要求</td><td></td><td></td><td></td><td colspan="2"></td></tr>
<tr><td>2</td><td colspan="2">整流器柜柜体采用绝缘法安装并经框架保护接地，整流器柜体对地绝缘电阻值应符合设计要求（2500V，0.5MΩ；2500V/1min）。绝缘安装方式满足供货商要求，并得到其安装督导人员的确认</td><td></td><td></td><td></td><td colspan="2"></td></tr>
<tr><td>3</td><td colspan="2">硅整流器的试验、调整及整机检查结果必须符合设计要求、施工规范和产品技术文件的要求</td><td></td><td></td><td></td><td colspan="2"></td></tr>
<tr><td>4</td><td colspan="2">整流器管单个参数、配对结果应符合设计及产品技术要求，快速熔断器表面无裂纹、破损，绝缘部件完整</td><td></td><td></td><td></td><td colspan="2"></td></tr>
<tr><td>一般项目</td><td>1</td><td colspan="2">整流柜本体及其附件安装应符合以下规定:（1）整流柜内、外应清除干净，临时固定器件的绳索标签等应拆除，盘面清洁。柜体安装排列整齐，表面油漆色泽一致，完好，标识正确。（2）柜内元、器件应完整无损并固定牢固。（3）端子排等无断裂变形，接触弹簧片应有弹性。（4）元、器件出厂时调整的定位标准应无错位现象。（5）柜、绝缘板与基础槽钢间连接紧密，固定牢固</td><td></td><td></td><td></td><td colspan="2"></td></tr>
<tr><td colspan="3">施工单位检查结果</td><td colspan="6">专业工长:
项目专业质量检查员:　　　　年　　月　　日</td></tr>
<tr><td colspan="3">监理单位验收结论</td><td colspan="6">
专业监理工程师:　　　　年　　月　　日</td></tr>
</table>

整流器柜、负极柜安装检验批质量验收记录（二）

DT（GZ）D 0405/1

<table>
<tr><td colspan="3">单位（子单位）工程名称</td><td></td><td>分部（子分部）工程名称</td><td colspan="2"></td><td>分项工程名称</td><td></td></tr>
<tr><td colspan="3">施工单位</td><td></td><td>项目负责人</td><td colspan="2"></td><td>检验批容量</td><td></td></tr>
<tr><td colspan="3">分包单位</td><td></td><td>分包单位项目负责人</td><td colspan="2"></td><td>检验批部位</td><td></td></tr>
<tr><td colspan="3">施工依据</td><td colspan="2"></td><td>验收依据</td><td colspan="3"></td></tr>
<tr><td></td><td colspan="2">验收项目</td><td>设计要求及规范规定</td><td>最小/实际抽样数量</td><td colspan="2">检查记录</td><td colspan="2">检查结果</td></tr>
<tr><td rowspan="6">一般项目</td><td>1</td><td>整流柜内设备接线应符合以下规定:（1）二次回路应满足设计要求功能，与外壳绝缘良好。各项保护、信号功能良好、完整齐全、固定牢固，操动部分动作灵活、准确。（2）二次接线正确，固定牢靠，导线与电器或端子排的连接紧密，标志清晰、齐全，焊接连接的导线应无脱焊、毛刺、碰壳、短路。（3）一、二次电缆接线正确，连接紧固。（4）柜内连接母线应平齐，接触面已按要求处理，连接符合要求。（5）硅二极管接线端的极性必须相同。（6）非带电部分需接地时，应符合接地装置的规定</td><td></td><td></td><td colspan="2"></td><td colspan="2"></td></tr>
<tr><td>2</td><td>整流器柜安装允许偏差应符合标准规定</td><td></td><td></td><td colspan="2"></td><td colspan="2"></td></tr>
<tr><td>3</td><td>整流器柜内、外及盘面应清洁，油漆完整。柜门开启自如，门与柜体间连接软导线应安装牢固</td><td></td><td></td><td colspan="2"></td><td colspan="2"></td></tr>
<tr><td>4</td><td>柜上的标志牌、标志框齐全、清晰、正确</td><td></td><td></td><td colspan="2"></td><td colspan="2"></td></tr>
<tr><td>5</td><td>二次回路允许采用线槽或线把布线形式，接线方式应根据设备实际情况分别采用插接、焊锡连接及压接端子连接；当采用压接端子连接方式时，压接端子的规格应与导线规格匹配，压接牢固；二次回路接线固定牢靠，排列整齐；回路编号正确、字迹清晰</td><td></td><td></td><td colspan="2"></td><td colspan="2"></td></tr>
<tr><td>6</td><td>二次回路配线应满足以下要求:（1）端子号清晰、牢固;（2）每个接线端子同一侧所接芯线不得超过两根</td><td></td><td></td><td colspan="2"></td><td colspan="2"></td></tr>
<tr><td colspan="3">施工单位检查结果</td><td colspan="6">专业工长:
项目专业质量检查员:　　　　年　月　日</td></tr>
<tr><td colspan="3">监理单位验收结论</td><td colspan="6">专业监理工程师:　　　　年　月　日</td></tr>
</table>

轨电位限制装置检验批质量验收记录（一）

DT（GZ）D 0406

单位（子单位）工程名称		分部（子分部）工程名称			分项工程名称		
施工单位		项目负责人			检验批容量		
分包单位		分包单位项目负责人			检验批部位		
施工依据			验收依据				
		验收项目	设计要求及规范规定	最小 / 实际抽样数量	检查记录		检查结果
主控项目	1	设备运达现场应进行检查，其质量应符合下列规定： （1）轨电位限制装置、排流柜设备的规格、型号应符合设计规定。 （2）设备表面油漆涂层完整，无锈蚀及损伤等缺陷。电器产品的规格、型号与原理图规定一致。产品的背面接线图与设计原理接线图经核对互相一致。 （3）各种接线端子的排列顺序及绝缘间隔与端子排接线图统一。 （4）二次回路串接的熔断器，其规格、型号应符合设计要求，且导通检查良好。 （5）设备上安装的元、器件应完好无损、固定牢靠，二次回路接线正确，连接可靠					
	2	钢轨电位限制装置各连线接线应正确，铜排及电缆与铜排连接应符合设计规定					
	3	轨电位限制装置的现场试验应满足下列要求：（1）设定值测试：电压继电器的定值应准确，三段电位动作保护应正确；（2）功能试验：轨电位限制装置的动作特性和闭锁功能应符合产品技术标准，且动作可靠					
施工单位检查结果	专业工长： 项目专业质量检查员：　　　　年　月　日						
监理单位验收结论	专业监理工程师：　　　　年　月　日						

轨电位限制装置检验批质量验收记录（二）

DT（GZ）D 0406/1

<table>
<tr><td colspan="2">单位（子单位）工程名称</td><td></td><td>分部（子分部）工程名称</td><td></td><td>分项工程名称</td><td colspan="2"></td></tr>
<tr><td colspan="2">施工单位</td><td></td><td>项目负责人</td><td></td><td>检验批容量</td><td colspan="2"></td></tr>
<tr><td colspan="2">分包单位</td><td></td><td>分包单位项目负责人</td><td></td><td>检验批部位</td><td colspan="2"></td></tr>
<tr><td colspan="2">施工依据</td><td colspan="2"></td><td>验收依据</td><td colspan="3"></td></tr>
<tr><td></td><td colspan="2">验收项目</td><td>设计要求及规范规定</td><td>最小 / 实际抽样数量</td><td>检查记录</td><td colspan="2">检查结果</td></tr>
<tr><td rowspan="4">一般项目</td><td>1</td><td>各类配电柜、盘（箱）与基础或构件间的连接应固定牢固，所有紧固件为镀锌制品且防松零件齐全，盘、柜内清洁、无杂物</td><td></td><td></td><td></td><td colspan="2"></td></tr>
<tr><td>2</td><td>在现场安装配电柜、盘（箱）上的电气设备和元件应符合设计要求，动作可靠；计量回路的表计应符合现行国家计量标准规定</td><td></td><td></td><td></td><td colspan="2"></td></tr>
<tr><td>3</td><td>配电柜、盘（箱）上的标识器件标明被控设备编号及名称，标志牌、标志框齐全、清晰、正确且清晰、工整、不易脱色</td><td></td><td></td><td></td><td colspan="2"></td></tr>
<tr><td>4</td><td>二次回路允许采用线槽或线把布线形式，接线方式应根据设备实际情况分别采用插接、焊锡连接及压接端子连接；当采用压接端子连接方式时，压接端子的规格应与导线规格匹配，接线后压接端子的握着力及接触电阻值应符合成品的规定；每个接线端子所接芯线不得超过两根；强电、弱电端子隔离布置；二次回路接线固定牢靠，排列整齐；回路编号正确、字迹清晰</td><td></td><td></td><td></td><td colspan="2"></td></tr>
<tr><td colspan="3">施工单位检查结果</td><td colspan="5">专业工长：
项目专业质量检查员：　　　　年　　月　　日</td></tr>
<tr><td colspan="3">监理单位验收结论</td><td colspan="5">专业监理工程师：　　　　年　　月　　日</td></tr>
</table>

轨电位限制装置检验批质量验收记录（三）

DT（GZ）D 0406/2

<table>
<tr><td>单位（子单位）工程名称</td><td colspan="3"></td><td>分部（子分部）工程名称</td><td></td><td>分项工程名称</td><td></td></tr>
<tr><td>施工单位</td><td colspan="3"></td><td>项目负责人</td><td></td><td>检验批容量</td><td></td></tr>
<tr><td>分包单位</td><td colspan="3"></td><td>分包单位项目负责人</td><td></td><td>检验批部位</td><td></td></tr>
<tr><td>施工依据</td><td colspan="4"></td><td>验收依据</td><td colspan="2"></td></tr>
<tr><td></td><td colspan="3">验收项目</td><td>设计要求及规范规定</td><td>最小 / 实际抽样数量</td><td>检查记录</td><td>检查结果</td></tr>
<tr><td rowspan="4">一般项目</td><td>5</td><td colspan="2">各类配电柜、盘（箱）与基础或构件间的连接应固定牢固，所有紧固件为镀锌制品且防松零件齐全，盘、柜内清洁、无杂物</td><td></td><td></td><td></td><td></td></tr>
<tr><td>6</td><td colspan="2">在现场安装配电柜、盘（箱）上的电气设备和元件应符合设计要求，动作可靠；计量回路的表计应符合现行国家计量标准规定</td><td></td><td></td><td></td><td></td></tr>
<tr><td>7</td><td colspan="2">对用于静态保护回路及采用计算机技术的自动化系统中的接地线应单独与接地体连接，电缆的屏蔽措施应符合相应设备的有关规定</td><td></td><td></td><td></td><td></td></tr>
<tr><td>8</td><td colspan="2">柜与柜之间的连接方法正确，母线连接牢固、可靠，符合产品技术条件规定</td><td></td><td></td><td></td><td></td></tr>
<tr><td colspan="2">施工单位检查结果</td><td colspan="6">专业工长：
项目专业质量检查员：　　　　年　　月　　日</td></tr>
<tr><td colspan="2">监理单位验收结论</td><td colspan="6">专业监理工程师：　　　　年　　月　　日</td></tr>
</table>

36kVGIS 开关柜安装检验批质量验收记录（一）

DT（GZ）D 0407

<table>
<tr><td>单位（子单位）工程名称</td><td></td><td>分部（子分部）工程名称</td><td></td><td>分项工程名称</td><td colspan="2"></td></tr>
<tr><td>施工单位</td><td></td><td>项目负责人</td><td></td><td>检验批容量</td><td colspan="2"></td></tr>
<tr><td>分包单位</td><td></td><td>分包单位项目负责人</td><td></td><td>检验批部位</td><td colspan="2"></td></tr>
<tr><td>施工依据</td><td colspan="2"></td><td>验收依据</td><td colspan="3"></td></tr>
</table>

<table>
<tr><td colspan="3">验收项目</td><td>设计要求及规范规定</td><td>最小/实际抽样数量</td><td>检查记录</td><td>检查结果</td></tr>
<tr><td rowspan="4">主控项目</td><td>1</td><td>36kVGIS 开关柜运达现场应进行检查，其质量应符合下列规定:（1）设备的规格、型号应符合设计规定。（2）设备表面油漆涂层完整，无锈蚀及损伤等缺陷。电器产品的规格、型号与原理图规定一致。产品的背面接线图与设计原理接线图经核对互相一致。（3）设备上安装的元、器件应完好无损、固定牢靠，二次回路接线正确，连接可靠。（4）各种接线端子的排列顺序及绝缘间隔与端子排接线图一致。（5）二次回路串接的熔断器，其规格、型号应符合设计要求，且导通检查良好</td><td></td><td></td><td></td><td></td></tr>
<tr><td>2</td><td>成列开关柜安装位置应正确，排列整齐；安装的允许偏差符合标准规定</td><td></td><td></td><td></td><td></td></tr>
<tr><td>3</td><td>柜与柜之间的连接方法正确，母线连接牢固、可靠，符合产品技术条件规定</td><td></td><td></td><td></td><td></td></tr>
<tr><td>4</td><td>成套柜内安装的 36kV 断路器、三位置隔离开关、电压（流）互感器、电流传感器、避雷器、微机测控保护装置、差动保护装置、电缆插头、光纤转接箱等设备的型号、规格应符合设计规定</td><td></td><td></td><td></td><td></td></tr>
</table>

<table>
<tr><td>施工单位检查结果</td><td>专业工长:
项目专业质量检查员:　　　　年　月　日</td></tr>
<tr><td>监理单位验收结论</td><td>专业监理工程师:　　　　年　月　日</td></tr>
</table>

36kVGIS 开关柜安装检验批质量验收记录（二）

DT（GZ）D 0407/1

<table>
<tr><td>单位（子单位）工程名称</td><td></td><td>分部（子分部）工程名称</td><td></td><td>分项工程名称</td><td></td></tr>
<tr><td>施工单位</td><td></td><td>项目负责人</td><td></td><td>检验批容量</td><td></td></tr>
<tr><td>分包单位</td><td></td><td>分包单位项目负责人</td><td></td><td>检验批部位</td><td></td></tr>
<tr><td>施工依据</td><td colspan="2"></td><td>验收依据</td><td colspan="2"></td></tr>
</table>

<table>
<tr><td></td><td colspan="2">验收项目</td><td>设计要求及规范规定</td><td>最小 / 实际抽样数量</td><td>检查记录</td><td>检查结果</td></tr>
<tr><td rowspan="4">主控项目</td><td>5</td><td>36kV 断路器、三位置隔离开关的辅助开关及闭锁装置动作灵活，准确可靠，触头接触紧密，所有传动部位无卡阻现象，合闸时相间的同期性应符合产品的技术规定。位置指示器与开关的实际位置相符</td><td></td><td></td><td></td><td></td></tr>
<tr><td>6</td><td>36kV 开关柜采用非绝缘法安装，本体直接接地且接地可靠，可开启的门与框架的接地端子间应用裸编织铜线连接</td><td></td><td></td><td></td><td></td></tr>
<tr><td>7</td><td>36kV 开关主回路及二次回路电气试验合格，电气试验主要项目应符合设备采购合同规定</td><td></td><td></td><td></td><td></td></tr>
<tr><td>8</td><td>微机测控保护装置、光纤差动保护装置与变电所综合自动化（PSCADA）系统主控单元的接口应符合设计要求，且具有下列功能:（1）保护功能、保护整定值满足设计要求;（2）信息采集功能;（3）可编程及控制功能;（4）备用电源自动投入功能;（5）当地和远方的通信功能;（6）测量功能;（7）跳闸回路监视功能;（8）事件记录与故障录波功能;（9）人机接口功能</td><td></td><td></td><td></td><td></td></tr>
<tr><td colspan="2">施工单位检查结果</td><td colspan="5">专业工长:
项目专业质量检查员:　　　　年　月　日</td></tr>
<tr><td colspan="2">监理单位验收结论</td><td colspan="5">专业监理工程师:　　　　年　月　日</td></tr>
</table>

36kVGIS 开关柜安装检验批质量验收记录（三）

DT（GZ）D 0407/2

单位（子单位）工程名称		分部（子分部）工程名称		分项工程名称	
施工单位		项目负责人		检验批容量	
分包单位		分包单位项目负责人		检验批部位	
施工依据			验收依据		

		验收项目	设计要求及规范规定	最小 / 实际抽样数量	检查记录	检查结果
一般项目	1	36kV 开关柜与基础的连接应固定牢固，所有紧固件应作防腐处理，柜内清洁、无杂物				
	2	36kV 真空断路器、三位置隔离开关的操动机构分合闸及闭锁装置动作灵活、可靠，复位准确，扣合可靠，符合生产厂家的技术标准				
	3	柜内母线与母线、母线与电气接线端子用螺栓搭接时应紧密，连接螺栓应采用力矩扳手紧固，其紧固力矩应符合产品说明书的要求，无要求时符合标准的规定				
	4	柜上的标志牌、标志框齐全、清晰、正确				
	5	二次回路允许采用线槽或线把布线形式，接线方式应根据设备实际情况分别采用插接、焊锡连接及压接端子连接；当采用压接端子连接方式时，压接端子的规格应与导线规格匹配，压接牢固；二次回路接线固定牢靠，排列整齐；回路编号正确、字迹清晰				
	6	二次回路配线应满足以下要求：（1）端子号清晰、牢固；（2）每个接线端子同一侧所接芯线不得超过两根				

施工单位检查结果	专业工长： 项目专业质量检查员：　　年　月　日
监理单位验收结论	专业监理工程师：　　年　月　日

DC1500V 开关柜安装检验批质量验收记录（一）

DT（GZ）D 0408

<table>
<tr><td>单位（子单位）工程名称</td><td></td><td>分部（子分部）工程名称</td><td></td><td>分项工程名称</td><td></td></tr>
<tr><td>施工单位</td><td></td><td>项目负责人</td><td></td><td>检验批容量</td><td></td></tr>
<tr><td>分包单位</td><td></td><td>分包单位项目负责人</td><td></td><td>检验批部位</td><td></td></tr>
<tr><td>施工依据</td><td colspan="2"></td><td>验收依据</td><td colspan="2"></td></tr>
</table>

<table>
<tr><td></td><td colspan="2">验收项目</td><td>设计要求及规范规定</td><td>最小 / 实际抽样数量</td><td>检查记录</td><td>检查结果</td></tr>
<tr><td rowspan="5">主控项目</td><td>1</td><td>1500V 直流开关柜运达现场应进行检查，其质量应符合下列规定:（1）设备的规格、型号应符合设计规定。（2）设备表面油漆涂层完整，无锈蚀及损伤等缺陷。电器产品的规格、型号与原理图规定一致。产品的背面接线图与设计原理接线图经核对互相一致。（3）设备上安装的元、器件应完好无损、固定牢靠，二次回路接线正确，连接可靠。（4）各种接线端子的排列顺序及绝缘间隔与端子排接线图一致。（5）二次回路串接的熔断器，其规格、型号应符合设计要求，且导通检查良好</td><td></td><td></td><td></td><td></td></tr>
<tr><td>2</td><td>1500V 开关柜采用绝缘法安装，接框架保护接地，柜体对地绝缘标准为 1000V 兆欧表测量时不小于 500kΩ</td><td></td><td></td><td></td><td></td></tr>
<tr><td>3</td><td>柜与柜之间的连接方法正确，母线连接牢固、可靠，符合产品技术条件规定</td><td></td><td></td><td></td><td></td></tr>
<tr><td>4</td><td>成套 1500V 直流开关柜中的断路器、手动隔离开关、微机测控、保护装置等的型号、规格应符合设计规定</td><td></td><td></td><td></td><td></td></tr>
<tr><td>5</td><td>1500V 直流断路器、手动隔离开关的辅助开关及闭锁装置动作灵活，准确可靠，触头接触紧密，所有传动部位无卡阻现象，位置指示器与开关的实际位置相符；同规格、型号手车式设备的互换性应良好</td><td></td><td></td><td></td><td></td></tr>
<tr><td colspan="2">施工单位检查结果</td><td colspan="5">专业工长:
项目专业质量检查员:　　　　年　　月　　日</td></tr>
<tr><td colspan="2">监理单位验收结论</td><td colspan="5">专业监理工程师:　　　　年　　月　　日</td></tr>
</table>

DC1500V 开关柜安装检验批质量验收记录（二）

DT（GZ）D 0408/1

单位（子单位）工程名称		分部（子分部）工程名称		分项工程名称	
施工单位		项目负责人		检验批容量	
分包单位		分包单位项目负责人		检验批部位	
施工依据			验收依据		

		验收项目	设计要求及规范规定	最小 / 实际抽样数量	检查记录	检查结果
主控项目	6	1500V 直流断路器、手动隔离开关的辅助开关及闭锁装置动作灵活，准确可靠，触头接触紧密，所有传动部位无卡阻现象，位置指示器与开关的实际位置相符；同规格、型号手车式设备的互换性应良好				
	7	主回路及二次回路电气试验合格，电气试验主要项目应符合设备采购合同规定。其主要项目如下:（1）主回路耐压试验;（2）主回路电阻测量;（3）机械操作试验;（4）脱扣装置试验;（5）控制、信号与保护功能试验;（6）绝缘电阻测量				
	8	微机测控保护装置与变电所综合自动化（PSCADA）系统主控单元的接口应符合设计要求；各种保护的整定值满足设计要求，且具有下列功能:（1）保护功能：①反映电流上升率 di/dt 和电流增量 ΔI 的保护；②静态过流保护 I_{max}；③直流双边联跳保护；④反映热效应的过负荷保护；⑤双边联跳和框架故障保护联跳；⑥定时限过流保护；⑦馈线电压监视。（2）信息采集功能。（3）控制功能。（4）自动装置功能（带故障性法判断的自动重合闸功能，仅馈线柜有）。（5）测量功能。（6）显示功能。（7）当地和远方的通信功能。（8）记录功能。（9）故障录波功能。（10）保护动作复归（当地 / 远方）（仅馈线柜有此功能）				

施工单位检查结果	专业工长： 项目专业质量检查员： 年 月 日
监理单位验收结论	专业监理工程师： 年 月 日

DC1500V 开关柜安装检验批质量验收记录（三）

DT（GZ）D 0408/2

单位（子单位）工程名称		分部（子分部）工程名称		分项工程名称	
施工单位		项目负责人		检验批容量	
分包单位		分包单位项目负责人		检验批部位	
施工依据			验收依据		

	验收项目		设计要求及规范规定	最小 / 实际抽样数量	检查记录	检查结果
一般项目	1	成列开关柜安装位置应正确，排列整齐；安装的允许偏差应符合标准规定				
	2	1500V 直流开关柜与基础的连接应固定牢固，所有紧固件应作防腐处理，柜内清洁、无杂物				
	3	500V 直流断路器、手动隔离开关的操动机构分、合闸及闭锁装置动作灵活、可靠，复位准确，扣合可靠				
	4	1500V 直流柜中的手车式设备，在柜体内推拉应轻便灵活；安全隔板应能随车体的进出而自动开闭，且动作灵活、可靠。主触头的动、静触头中心线应一致，接触紧密，同规格、型号手车式设备的互换性应良好。有可靠措施，确保推动断路器小车进出开关柜柜体时平顺、便捷				
	5	柜内母线与母线、母线与电气接线端子用螺栓搭接时应紧密，连接螺栓应采用力矩扳手紧固，其紧固力矩应符合厂家安装说明书要求，无要求时应符合表 3.1.8.11 的规定				

施工单位检查结果	专业工长： 项目专业质量检查员：　　　　年　　月　　日
监理单位验收结论	专业监理工程师：　　　　年　　月　　日

DC1500V 开关柜安装检验批质量验收记录（四）

DT（GZ）D 0408/3

单位（子单位）工程名称		分部（子分部）工程名称		分项工程名称	
施工单位		项目负责人		检验批容量	
分包单位		分包单位项目负责人		检验批部位	
施工依据			验收依据		

		验收项目	设计要求及规范规定	最小 / 实际抽样数量	检查记录	检查结果
一般项目	6	开关柜上的设备编号及名称，标志牌、标志框齐全、清晰、正确、不易脱色				
	7	二次回路允许采用线槽或线把布线形式，接线方式应根据设备实际情况分别采用插接、焊锡连接及压接端子连接；当采用压接端子连接方式时，压接端子的规格应与导线规格匹配，压接牢固；二次回路接线固定牢靠，排列整齐；回路编号正确、字迹清晰				
	8	二次回路配线应满足以下要求:（1）端子号清晰、牢固;（2）每个接线端子同一侧所接芯线不得超过两根				

施工单位检查结果	专业工长: 项目专业质量检查员:　　　　年　月　日
监理单位验收结论	专业监理工程师:　　　　年　月　日

交直流电源装置安装检验批质量验收记录（一）

DT（GZ）D 0409

<table>
<tr><td colspan="3">单位（子单位）工程名称</td><td></td><td>分部（子分部）
工程名称</td><td></td><td>分项工程名称</td><td></td></tr>
<tr><td colspan="3">施工单位</td><td></td><td>项目负责人</td><td></td><td>检验批容量</td><td></td></tr>
<tr><td colspan="3">分包单位</td><td></td><td>分包单位项目负
责人</td><td></td><td>检验批部位</td><td></td></tr>
<tr><td colspan="3">施工依据</td><td colspan="2"></td><td>验收依据</td><td colspan="2"></td></tr>
<tr><td></td><td colspan="2">验收项目</td><td>设计要求及
规范规定</td><td>最小 / 实际
抽样数量</td><td>检查记录</td><td colspan="2">检查结果</td></tr>
<tr><td rowspan="3">主控项目</td><td>1</td><td>交、直流电源装置运达现场应进行检查，其质量应符合下列规定：
（1）交、直流盘中的设备、元器件规格型号、参数、安装尺寸均应符合设计规定。
（2）直流盘中的充电装置和蓄电池盘柜应符合设计和产品规定。
（3）充电装置具备的各种状态下的充电功能及装置正负极对地的绝缘电阻值应符合产品的技术规定</td><td></td><td></td><td></td><td colspan="2"></td></tr>
<tr><td>2</td><td>具有自动控制功能的充电装置尚应符合下列规定：
（1）装置能根据产品的技术要求，蓄电池在正常充电情况下，装置应由恒流限压状态自动向恒压充电、浮充电正常运行状态转换，且转换过程和持续时间符合技术规定。
（2）自动控制功能应自动定期对蓄电池组进行均衡充电，确保电池组随时具备额定容量。
（3）满足综合自动化系统运行要求，具备由远方对电压、电流进行遥信、遥测的功能。
（4）在故障状态下，装置应自动或经手动切换到“当地”运行方式</td><td></td><td></td><td></td><td colspan="2"></td></tr>
<tr><td>3</td><td>蓄电池的规格、容量和电池数量应符合设计规定</td><td></td><td></td><td></td><td colspan="2"></td></tr>
<tr><td colspan="3">施工单位检查结果</td><td colspan="5">专业工长：
项目专业质量检查员：　　　　年　　月　　日</td></tr>
<tr><td colspan="3">监理单位验收结论</td><td colspan="5">专业监理工程师：　　　　年　　月　　日</td></tr>
</table>

交直流电源装置安装检验批质量验收记录（二）

DT（GZ）D 0409/1

<table>
<tr><td>单位（子单位）工程名称</td><td></td><td>分部（子分部）工程名称</td><td></td><td>分项工程名称</td><td colspan="2"></td></tr>
<tr><td>施工单位</td><td></td><td>项目负责人</td><td></td><td>检验批容量</td><td colspan="2"></td></tr>
<tr><td>分包单位</td><td></td><td>分包单位项目负责人</td><td></td><td>检验批部位</td><td colspan="2"></td></tr>
<tr><td>施工依据</td><td colspan="2"></td><td>验收依据</td><td colspan="3"></td></tr>
<tr><td></td><td colspan="2">验收项目</td><td>设计要求及规范规定</td><td>最小/实际抽样数量</td><td>检查记录</td><td>检查结果</td></tr>
<tr><td rowspan="4">主控项目</td><td>4</td><td>随直流电源屏供货的蓄电池制造厂尚应提供产品合格证、试验报告</td><td></td><td></td><td></td><td></td></tr>
<tr><td>5</td><td>蓄电池组在屏内台架上安装应稳固、排列整齐，端子连接紧密、正确、可靠，无锈蚀，每只（组）蓄电池间应保持一定间距</td><td></td><td></td><td></td><td></td></tr>
<tr><td>6</td><td>蓄电池组的充放电容量或倍率校验等应符合产品的技术规定</td><td></td><td></td><td></td><td></td></tr>
<tr><td>7</td><td>交流盘中的各项报警、各种保护及两路进线电源自动切换装置应符合设计要求</td><td></td><td></td><td></td><td></td></tr>
<tr><td colspan="2">施工单位检查结果</td><td colspan="5">专业工长：
项目专业质量检查员：　　　　年　　月　　日</td></tr>
<tr><td colspan="2">监理单位验收结论</td><td colspan="5">专业监理工程师：　　　　年　　月　　日</td></tr>
</table>

交直流电源装置安装检验批质量验收记录（三）

DT（GZ）D 0409/2

单位（子单位）工程名称		分部（子分部）工程名称		分项工程名称	
施工单位		项目负责人		检验批容量	
分包单位		分包单位项目负责人		检验批部位	
施工依据			验收依据		

		验收项目	设计要求及规范规定	最小/实际抽样数量	检查记录	检查结果
一般项目	1	交、直流配电屏的安装允许误差及屏间连接应符合标准的规定				
	2	基础槽钢安装应符合标准的规定				
	3	蓄电池连接条（线）及抽头的连接部分应涂敷电力复合脂				
	4	直流屏内母线排列整齐，连接应符合规定要求，采用线槽或线把布线的回路接线固定牢固，编号正确、清晰，端子及插件连接良好；直流屏外接母线及电缆应固定牢固，极性标志正确，直流输出电压等级有明显标志				
	5	充电后蓄电池的外壳清洁、干燥，电池编号的位置和颜色醒目，电池组对地（盘）的绝缘电阻值不应小于0.5MΩ				
	6	二次回路配线应满足以下要求：（1）端子号清晰、牢固；（2）每个接线端子同一侧所接芯线不得超过两根				
	7	直流屏电池安装应符合下列规定：（1）电池排列整齐，稳固，标志正确清晰、编号正确；（2）绝缘子绝缘垫板等无破损、裂纹；（3）容器本体无渗漏，极性正确，螺栓、螺母无锈蚀；（4）电缆的引出线极性连接正确，颜色标志正确				

施工单位检查结果	专业工长： 项目专业质量检查员：　　　　年　月　日
监理单位验收结论	专业监理工程师：　　　　年　月　日

电缆支（桥）架安装检验批质量验收记录（一）

单位（子单位）工程名称			分部（子分部）工程名称		分项工程名称	
施工单位			项目负责人		检验批容量	
分包单位			分包单位项目负责人		检验批部位	
施工依据				验收依据		
	验收项目		设计要求及规范规定	最小/实际抽样数量	检查记录	检查结果
主控项目	1	电缆支架、桥架、桥架支持装置及附件的规格、型号、承载力、材质、耐腐蚀性符合设计要求				
	2	电缆支架、桥架、桥架支持装置的固定方式、径路、支吊跨距应符合设计要求，安装位置正确，连接可靠，固定牢固。各支架的层间横档应在同一水平面上，托架支吊架沿桥架走向左右的偏差不应大于10mm				
	3	金属电缆支架、桥架、支持装置等接地连接可靠。且必须符合下列规定：（1）金属电缆桥架及其支架全长应不少于2处与接地干线相连接。（2）镀锌电缆桥架间连接板的两端不跨接接地线，但连接板两端不少于2个有防松螺母或防松垫圈的连接固定螺栓。（3）电缆支架上接地扁钢自上而下第二层敷设，扁钢与托架间可靠电气连接，接地扁钢间焊接且全线电气贯通				
	4	电缆桥支/桥架安装应符合设计规定：支架安装于电缆夹层、站台板外沿下、规定电缆竖井内，水平布置时相邻支架的跨距不大于1m				
施工单位检查结果	专业工长： 项目专业质量检查员：　　年　月　日					
监理单位验收结论	专业监理工程师：　　年　月　日					

电缆支（桥）架安装检验批质量验收记录（二）

<table>
<tr><td>单位（子单位）
工程名称</td><td colspan="2"></td><td colspan="2">分部（子分部）
工程名称</td><td></td><td>分项工程名称</td><td></td></tr>
<tr><td>施工单位</td><td colspan="2"></td><td colspan="2">项目负责人</td><td></td><td>检验批容量</td><td></td></tr>
<tr><td>分包单位</td><td colspan="2"></td><td colspan="2">分包单位项目负责人</td><td></td><td>检验批部位</td><td></td></tr>
<tr><td>施工依据</td><td colspan="4"></td><td>验收依据</td><td colspan="2"></td></tr>
<tr><td></td><td colspan="2">验收项目</td><td>设计要求及规范规定</td><td>最小/实际抽样数量</td><td colspan="2">检查记录</td><td>检查结果</td></tr>
<tr><td rowspan="3">一般项目</td><td>1</td><td>电缆支架、桥架支持装置、桥架的表面光滑无毛刺，切口处应无卷边、毛刺；钢支架应焊接牢固，无显著扭曲，耐久稳固、外观平齐、无锈蚀</td><td></td><td></td><td colspan="2"></td><td></td></tr>
<tr><td>2</td><td>电缆桥架转弯处的转弯半径，不应小于该桥架上的电缆最小允许弯曲半径的最大值</td><td></td><td></td><td colspan="2"></td><td></td></tr>
<tr><td>3</td><td>接地扁钢及其安装卡子，电缆支架应热浸镀锌防腐，镀锌后应表面光滑，镀锌厚度满足设计值</td><td></td><td></td><td colspan="2"></td><td></td></tr>
<tr><td colspan="2">施工单位检查结果</td><td colspan="6">专业工长：
项目专业质量检查员：　　　　年　月　日</td></tr>
<tr><td colspan="2">监理单位验收结论</td><td colspan="6">专业监理工程师：　　　　年　月　日</td></tr>
</table>

电力电缆及控制电缆检验批质量验收记录（变电所检测）（一）

DT（GZ）D 0411

<table>
<tr><td>单位（子单位）工程名称</td><td></td><td>分部（子分部）工程名称</td><td></td><td>分项工程名称</td><td></td></tr>
<tr><td>施工单位</td><td></td><td>项目负责人</td><td></td><td>检验批容量</td><td></td></tr>
<tr><td>分包单位</td><td></td><td>分包单位项目负责人</td><td></td><td>检验批部位</td><td></td></tr>
<tr><td>施工依据</td><td colspan="2"></td><td>验收依据</td><td colspan="2"></td></tr>
</table>

<table>
<tr><td></td><td colspan="2">验收项目</td><td>设计要求及规范规定</td><td>最小/实际抽样数量</td><td>检查记录</td><td>检查结果</td></tr>
<tr><td rowspan="2">主控项目</td><td>1</td><td>材料运达现场应进行检查，电力电缆及控制电缆的规格、型号、长度及电压等级应符合设计要求。电力电缆及控制电缆的绝缘电阻应符合采购合同规定。电缆中间接头及终端头的附件规格、型号及电压等级与电缆的规格、型号互相吻合，且符合设计要求</td><td></td><td></td><td></td><td></td></tr>
<tr><td>2</td><td>电力电缆敷设应符合下列规定：
（1）电缆按进场批次进行检查，电缆外表应无绞拧、铠装压扁、护层断裂和表面严重划伤等缺陷，电缆的绝缘试验合格。（2）电缆的敷设路径、终端位置符合设计要求；通过道路及构筑物时应穿管保护，并应有径路示意图，电缆敷设任何情况下不得侵入限界。电缆敷设时应采用蛇形敷设，支架高度变化时应保证电缆坡度平缓，施工单位可根据现场情况，微调电缆支架敷设高度。（3）敷设好的电缆外表无绞拧、铠装压扁、护层断裂和表面严重划伤等缺陷。（4）电缆沟、电缆隧道内的电缆竖井以及进出建（构）筑物等的电缆通道均应按设计要求进行防火封堵。（5）电力电缆与设备的连接方法正确，固定牢固，绝缘良好，终端头接地可靠，33kV 环网电缆的金属屏蔽层和铠装层采用两端接地方式，在电缆的始端和末端 33kV 开关柜处与接地母排可靠连接，严禁环网电缆的金属屏蔽和铠装与 33kV 开关柜的电缆终端的金属套筒电气连接。各类电缆在终端处留有适当的备用长度</td><td></td><td></td><td></td><td></td></tr>
<tr><td colspan="3">施工单位检查结果</td><td colspan="4">专业工长：
项目专业质量检查员：　　　　年　　月　　日</td></tr>
<tr><td colspan="3">监理单位验收结论</td><td colspan="4">专业监理工程师：　　　　年　　月　　日</td></tr>
</table>

电力电缆及控制电缆检验批质量验收记录（变电所检测）（二）

DT（GZ）D 0411/1

<table>
<tr><td>单位（子单位）工程名称</td><td colspan="2"></td><td>分部（子分部）工程名称</td><td></td><td>分项工程名称</td><td></td></tr>
<tr><td>施工单位</td><td colspan="2"></td><td>项目负责人</td><td></td><td>检验批容量</td><td></td></tr>
<tr><td>分包单位</td><td colspan="2"></td><td>分包单位项目负责人</td><td></td><td>检验批部位</td><td></td></tr>
<tr><td>施工依据</td><td colspan="3"></td><td>验收依据</td><td colspan="2"></td></tr>
<tr><td></td><td colspan="2">验收项目</td><td>设计要求及规范规定</td><td>最小/实际抽样数量</td><td>检查记录</td><td>检查结果</td></tr>
<tr><td rowspan="3">主控项目</td><td>3</td><td>控制电缆敷设应符合下列规定：
（1）所有保护、控制电缆、低压电力电缆光缆规格、型号及敷设路径，均应符合设计要求，电缆表面无严重破损、无大面积污染、不得出现拧绞、压扁、护层断裂等缺陷。（2）保护控制电缆敷设排列整齐，绑扎牢固，在电缆架上放置应符合设计要求，引入盘柜电缆应避免交叉，便于绑扎固定。（3）保护控制电缆与设备连接应正确可靠，绝缘良好，所内电缆不应有中间接头，电缆芯线的所配导线端部均应有回路编号，字迹清晰。（4）保护控制电缆在终端头处应预留适当备用长度，并按大于最小允许半径绑扎</td><td></td><td></td><td></td><td></td></tr>
<tr><td>4</td><td>电缆敷设的最小弯曲半径应符合下列规定：
（1）多芯控制电缆的允许倍值为10。
（2）多芯交联聚乙烯电缆的允许倍值为15。
（3）单芯交联聚乙烯电缆的允许倍值为20</td><td></td><td></td><td></td><td></td></tr>
<tr><td>5</td><td>电缆中间接头不应设置在车站范围和排管内，并列敷设的电缆，其中间接头应错开放置，且不得设置在倾斜位置上，同沟敷设两条以上电缆时，不得重叠、交叉和扭绞</td><td></td><td></td><td></td><td></td></tr>
<tr><td colspan="2">施工单位检查结果</td><td colspan="5">专业工长：
项目专业质量检查员：　　　　年　　月　　日</td></tr>
<tr><td colspan="2">监理单位验收结论</td><td colspan="5">专业监理工程师：　　　　年　　月　　日</td></tr>
</table>

电力电缆及控制电缆检验批质量验收记录（变电所检测）（三）

DT（GZ）D 0411/2

单位（子单位）工程名称		分部（子分部）工程名称		分项工程名称	
施工单位		项目负责人		检验批容量	
分包单位		分包单位项目负责人		检验批部位	
施工依据			验收依据		

		验收项目	设计要求及规范规定	最小 / 实际抽样数量	检查记录	检查结果
主控项目	6	电缆头的制作应符合下列规定： （1）电缆头及附件现场应检查规格、型号，应与电缆一致，零部件完整齐全，其规格、型号符合设计要求，主要性能应符合相应产品国家标准的规定。 （2）电缆终端和中间接头应采取加强绝缘、密封防潮、机械保护措施，并确保外绝缘材相间和对地距离。 （3）电缆头制作完后绝缘良好，试验合格，电力电缆终端头的相色标志应与系统相位一致，各带电部位应满足相应电压等级的电气距离规定。且保证电缆头表面清洁、无杂物。相间及对地的安全净距应满足《电气装置安装工程母线装置施工及验收规范》GB 50149—2010 中的要求： 1）33kV 不小于 300mm。 2）1500V 不小于 100mm。 3）0.4kV 不小于 20mm。 （4）电缆终端头与设备连接的金具应符合设计要求，连接正确，固定牢靠。 （5）电缆试验绝缘电阻、直流耐压与泄漏电流等应符合下列规定： 1）AC36kV20 ℃ ≥ 3000MΩ/km；AC0.4kV20℃≥ 0.5MΩ/km。 2）DC1500V20℃≥ 40MΩ/km。 3）AC33kV 84kV 1min。 4）DC1500V 7.2kV 1min				

施工单位检查结果	专业工长： 项目专业质量检查员：　　　　年　月　日
监理单位验收结论	专业监理工程师：　　　　年　月　日

电力电缆及控制电缆检验批质量验收记录（变电所检测）（四）

DT（GZ）D 0411/3

<table>
<tr><td>单位（子单位）工程名称</td><td></td><td>分部（子分部）工程名称</td><td></td><td>分项工程名称</td><td></td></tr>
<tr><td>施工单位</td><td></td><td>项目负责人</td><td></td><td>检验批容量</td><td></td></tr>
<tr><td>分包单位</td><td></td><td>分包单位项目负责人</td><td></td><td>检验批部位</td><td></td></tr>
<tr><td>施工依据</td><td colspan="2"></td><td>验收依据</td><td colspan="2"></td></tr>
</table>

<table>
<tr><td></td><td colspan="2">验收项目</td><td>设计要求及规范规定</td><td>最小 / 实际抽样数量</td><td>检查记录</td><td>检查结果</td></tr>
<tr><td rowspan="4">一般项目</td><td>1</td><td>电缆在支架或桥架上的敷设应符合下列规定：
（1）电缆在支架上的排列层次符合设计要求。
（2）控制电缆在每层支架上的排列不宜超过 1 层，在桥架上的排列不宜超过 2 层。
（3）电缆在支架或桥架上排列整齐，不宜交叉，绑扎牢固</td><td></td><td></td><td></td><td></td></tr>
<tr><td>2</td><td>电缆固定方式应符合设计规定：
（1）电缆在每个支撑点处均进行固定。电缆进出设备处，电缆进出支 / 桥架处，电缆转弯处及垂直敷设时，直线段每隔 10m 左右需用非铁磁性材料刚性电缆卡子固定，其余每个支撑点用电缆卡带固定。
（2）单芯电缆的固定应符合设计要求，电缆固定牢固</td><td></td><td></td><td></td><td></td></tr>
<tr><td>3</td><td>电力电缆终端头的接地线的截面选用标准：当电缆截面为 150mm^2 及以上时，接地线的截面不得小于 25mm^2。当电缆截面为 120mm^2 及以下时，接地线的截面不得小于 16mm^2；控制电缆接地线的截面不得小于 2.5mm^2</td><td></td><td></td><td></td><td></td></tr>
<tr><td>4</td><td>电缆标志牌的装设应在每条电缆终端头、电缆接头、拐弯处、电缆穿墙板处、夹层内、隧道及竖井的两端、人井内的显著部位均挂有标志牌（区间按 500m 间隔挂一个标志牌），标志牌的字迹应清晰、不易脱落</td><td></td><td></td><td></td><td></td></tr>
<tr><td colspan="2">施工单位检查结果</td><td colspan="5">专业工长：
项目专业质量检查员：　　　　　　　　年　　月　　日</td></tr>
<tr><td colspan="2">监理单位验收结论</td><td colspan="5">专业监理工程师：　　　　　　　　年　　月　　日</td></tr>
</table>

电力电缆及控制电缆检验批质量验收记录（变电所检测）（五）

DT（GZ）D 0411/4

<table>
<tr><td>单位（子单位）
工程名称</td><td colspan="2"></td><td colspan="2">分部（子分部）
工程名称</td><td></td><td>分项工程名称</td><td></td></tr>
<tr><td>施工单位</td><td colspan="2"></td><td colspan="2">项目负责人</td><td></td><td>检验批容量</td><td></td></tr>
<tr><td>分包单位</td><td colspan="2"></td><td colspan="2">分包单位项目负责人</td><td></td><td>检验批部位</td><td></td></tr>
<tr><td>施工依据</td><td colspan="4"></td><td>验收依据</td><td colspan="2"></td></tr>
<tr><td></td><td colspan="2">验收项目</td><td>设计要求及规范规定</td><td colspan="2">最小 / 实际抽样数量</td><td>检查记录</td><td>检查结果</td></tr>
<tr><td>一般项目</td><td>5</td><td>电缆头和中间接头安装应符合下列规定：
（1）电缆两端终端头应有明显的相色标志，且与系统的相位一致。电缆线芯压接后端子或连接管上的凸痕应修理光滑，且保证电缆头表面清洁、无杂物。（2）电缆头应安装固定牢固，电缆头的防振措施应符合设计要求，设置在区间电缆中间接头，三相接头位置错开，其距离不应小于 0.5m。（3）电缆头连接金具规格应与电缆总线规格一致，交流单相电缆头固定用夹具和支架不应形成闭合磁路。（4）电缆头和中间接头严格按照使用说明书和供货商的指导进行。（5）控制电缆采用干包或热塑形式制作终端头，其性能应保证终端头绝缘可靠，密封良好。控制电缆在制造长度内不允许有中间接头。（6）电力电缆头附近的电缆应有适当预留长度。（7）电缆终端头和中间接头的电缆护层剥切长度、绝缘包扎长度及芯线连接强度应符合电缆头制作工艺要求。（8）电缆端头和中间接头与屏蔽层及铠装层连接处采用软铜编织带，软铜编织带应沿电缆尽可能蛇形敷设，避免电缆绝缘或护套收缩时拉断。电缆附件热缩护套与电缆外护套的重叠长度，每处不得小于 500mm，保证均匀可靠收缩。（9）电缆终端的接线鼻子和电缆中间接头的连接管与电缆导体的压接采用围压，终端头不得少于 2 处，中间接头不得少于 4 处（每侧各 2 处）。（10）电缆中间接头位置采用绝缘托板固定，在电缆头两侧各作一处刚性固定</td><td></td><td colspan="2"></td><td></td><td></td></tr>
<tr><td colspan="2">施工单位检查结果</td><td colspan="6">专业工长：
项目专业质量检查员：　　　　年　　月　　日</td></tr>
<tr><td colspan="2">监理单位验收结论</td><td colspan="6">
专业监理工程师：　　　　年　　月　　日</td></tr>
</table>

电力电缆及控制电缆检验批质量验收记录（变电所检测）（六）

DT（GZ）D 0411/5

<table>
<tr><td>单位（子单位）工程名称</td><td></td><td>分部（子分部）工程名称</td><td></td><td>分项工程名称</td><td colspan="2"></td></tr>
<tr><td>施工单位</td><td></td><td>项目负责人</td><td></td><td>检验批容量</td><td colspan="2"></td></tr>
<tr><td>分包单位</td><td></td><td>分包单位项目负责人</td><td></td><td>检验批部位</td><td colspan="2"></td></tr>
<tr><td>施工依据</td><td colspan="2"></td><td>验收依据</td><td colspan="3"></td></tr>
<tr><td></td><td colspan="2">验收项目</td><td>设计要求及规范规定</td><td>最小 / 实际抽样数量</td><td>检查记录</td><td>检查结果</td></tr>
<tr><td rowspan="2">一般项目</td><td>6</td><td>敷设后的电缆在站台两端与隧道连接处应有保护措施；电缆经隔离开关上网处的电缆支架安装位置，应便于隔离开关检修</td><td></td><td></td><td></td><td></td></tr>
<tr><td>7</td><td>电缆穿管敷设应符合《电气装置安装工程电缆线路施工及验收规范》GB 50168—2006：
（1）穿入保护管中的电缆数量应符合设计要求；交流单芯电缆不得单独穿入金属保护管内。
（2）利用电缆保护管作接地线时，接地线应焊接良好。有丝扣的管接头处应用跳线焊接。接地线和跳线的规格应符合设计规定。
（3）敷设在室内、隧道内的电缆固定处应有相应的保护措施。
（4）对可能受到机械损伤及行人易接近的电缆，在地面至高度为 2m 穿过楼板、地板、墙壁等处时，应有可靠的保证措施</td><td></td><td></td><td></td><td></td></tr>
<tr><td colspan="2">施工单位检查结果</td><td colspan="5">专业工长：
项目专业质量检查员：　　　　年　　月　　日</td></tr>
<tr><td colspan="2">监理单位验收结论</td><td colspan="5">专业监理工程师：　　　　年　　月　　日</td></tr>
</table>

变电所综合自动化检验批质量验收记录（一）

DT（GZ）D 0412

单位（子单位）工程名称		分部（子分部）工程名称		分项工程名称	
施工单位		项目负责人		检验批容量	
分包单位		分包单位项目负责人		检验批部位	
施工依据			验收依据		

		验收项目	设计要求及规范规定	最小/实际抽样数量	检查记录	检查结果
主控项目	1	变电所综合自动化（PSCADA）设备的安装应符合下列要求：（1）综合自动化系统设备到达现场应进行检查，设备及附件齐全，外表完好，无破损现象。其规格、型号应符合设计要求，各种接插件的规格应与设备接口互相一致，且符合订货合同要求。（2）监控系统各个模块单元的安装应符合产品说明书和设计文件的规定，监控功能完好，系统运行正常，各类数值与现场显示一致。监控主机及其外设的配置方案和位置应便于维护人员操作及监视，所有通信端口的连接应符合产品规定。（3）自动化系统的操作系统软件和应用软件安装应符合设计和产品技术要求。（4）监控终端各输入接口与遥控、遥测、遥信对象的输出接口相互对应。监控终端交、直流输入电源的电压和极性符合产品的技术规定。（5）电缆连线正确，接线无误，插件连接紧密可靠。（6）变电所综合自动化系统设备接地应符合设计要求，接地可靠				
	2	变电所综合自动化系统调试应符合下列规定：（1）综合自动化系统的当地监控、当地维护、数据采集与传输、数据预处理及当地和远程通信功能应符合设计规定。（2）综合自动化系统应能自动接受并正确执行电力调度所下达的全部指令。（3）各种保护功能应符合设计要求				

施工单位检查结果	专业工长： 项目专业质量检查员：　　年　月　日
监理单位验收结论	专业监理工程师：　　年　月　日

变电所综合自动化检验批质量验收记录（二）

DT（GZ）D 0412/1

<table>
<tr><td colspan="2">单位（子单位）工程名称</td><td colspan="2"></td><td>分部（子分部）工程名称</td><td></td><td>分项工程名称</td><td></td></tr>
<tr><td colspan="2">施工单位</td><td colspan="2"></td><td>项目负责人</td><td></td><td>检验批容量</td><td></td></tr>
<tr><td colspan="2">分包单位</td><td colspan="2"></td><td>分包单位项目负责人</td><td></td><td>检验批部位</td><td></td></tr>
<tr><td colspan="2">施工依据</td><td colspan="3"></td><td>验收依据</td><td colspan="2"></td></tr>
<tr><td></td><td colspan="2">验收项目</td><td>设计要求及规范规定</td><td>最小/实际抽样数量</td><td colspan="2">检查记录</td><td>检查结果</td></tr>
<tr><td rowspan="3">主控项目</td><td>3</td><td>正式向控制信号柜及监控主机送电前，对二次回路配线或数据传输电缆进行详细检查及有关的绝缘测试。确认合格后，方可送电</td><td></td><td></td><td colspan="2"></td><td></td></tr>
<tr><td>4</td><td>根据产品的技术规定，通过当地监控主机或利用便携机通过应急控制模块单元分别对每一个间隔内的电气装置进行单体传动试验及相互的闭锁功能检查，应符合设计规定</td><td></td><td></td><td colspan="2"></td><td></td></tr>
<tr><td>5</td><td>变电所各种信号装置的显示应满足下列规定:（1）配电装置各种保护功能的投入与撤除，能够按规定在控制装置的状态显示窗口准确显示。（2）电气设备的位置信号能够在该设备的控制装置及变电所的中央信号控制盘或模拟盘上及远动终端准确显示。（3）预告及事故音响信号能够在变电所内按规定的方式正确表示。具有自动复归功能的音响信号能够按规定时限自动返回或停止。（4）各种信号装置反映的信息应能够完整准确地向上级管理中心传输，并正确再现</td><td></td><td></td><td colspan="2"></td><td></td></tr>
<tr><td colspan="2">施工单位检查结果</td><td colspan="6">专业工长:
项目专业质量检查员:　　　　年　　月　　日</td></tr>
<tr><td colspan="2">监理单位验收结论</td><td colspan="6">专业监理工程师:　　　　年　　月　　日</td></tr>
</table>

变电所综合自动化检验批质量验收记录（三）

DT（GZ）D 0412/2

单位（子单位）工程名称		分部（子分部）工程名称		分项工程名称	
施工单位		项目负责人		检验批容量	
分包单位		分包单位项目负责人		检验批部位	
施工依据				验收依据	

		验收项目	设计要求及规范规定	最小 / 实际抽样数量	检查记录	检查结果
一般项目	1	变电所内任何智能电子装置发生故障，均应报警，单个智能电子装置的故障，不影响整个网络的运行。任何智能电子装置的故障报警信息均能在控制中心监控系统的综合自动化结构画面上显示并报警				
	2	变电所内智能设备网络通信接口模块以及用于所内监控、软件维护、设备调试的人机接口等的组成应符合设计要求				
	3	变电所的 36kV 交流和 1500V 直流系统采用的保护测控一体设备，实现对供电系统设备的控制和监视及运行数据的测量应符合设计要求				
	4	当地监控主机功能应满足下列规定:（1）当地监控主机的控制、测量、信号显示功能应符合设计要求。（2）所有回路的保护装置能够自动记录定值修改及保护装置的动作状况，并在当地监控主机中形成事件报告，供随时查询。（3）馈出线保护装置在馈出线出现故障时应能够自动形成故障波形、故障报告等一系列事件报告，并在当地监控主机中自动保存，供随时查询。（4）在当地监控主机上可以任意查询和打印本变（配）电所的所有按规定保存的操作记录、越限记录、事件记录及其他历史记录				
	5	综合自动化系统的设备标识清晰，连接线连接正确，排列整齐				

施工单位检查结果	专业工长: 项目专业质量检查员: 年 月 日
监理单位验收结论	专业监理工程师: 年 月 日

供电系统调试检验批质量验收记录

DT（GZ）D 0413

单位（子单位）工程名称		分部（子分部）工程名称		分项工程名称	
施工单位		项目负责人		检验批容量	
分包单位		分包单位项目负责人		检验批部位	
施工依据			验收依据		

		验收项目	设计要求及规范规定	最小/实际抽样数量	检查记录	检查结果
主控项目	1	所内系统调试： （1）36kV GIS 柜间的联锁、闭锁关系调试。 （2）36kV Ⅰ、Ⅱ号进线故障母联自动投入调试。 （3）36kV 馈线断路器、整流机组、直流进线断路器、负极隔离开关间的联锁调试。 （4）1500V 直流馈线开关与接触网电动隔离开关联动调试。 （5）1500V 直流框架保护联跳调试。 （6）再生能量回馈装置调试				
主控项目	2	所间系统调试： （1）所间纵联差动保护调试。 （2）所间直流联跳调试（越区供电）。 （3）1500V 直流馈线断路器与越区隔离开关的闭锁关系调试。 （4）动力变 36kV Ⅰ、Ⅱ号进线断路器、0.4kV Ⅰ、Ⅱ号进线断路器联跳及 0.4kV 母联自动投入调试				

施工单位检查结果	专业工长： 项目专业质量检查员：　　　　年　月　日
监理单位验收结论	专业监理工程师：　　　　年　月　日

变电所附属设施检验批质量验收记录

DT（GZ）D 0414

<table>
<tr><td colspan="2">单位（子单位）工程名称</td><td></td><td>分部（子分部）工程名称</td><td></td><td colspan="2">分项工程名称</td><td></td></tr>
<tr><td colspan="2">施工单位</td><td></td><td>项目负责人</td><td></td><td colspan="2">检验批容量</td><td></td></tr>
<tr><td colspan="2">分包单位</td><td></td><td>分包单位项目负责人</td><td></td><td colspan="2">检验批部位</td><td></td></tr>
<tr><td colspan="2">施工依据</td><td colspan="2"></td><td>验收依据</td><td colspan="3"></td></tr>
<tr><td></td><td colspan="2">验收项目</td><td>设计要求及规范规定</td><td>最小/实际抽样数量</td><td>检查记录</td><td colspan="2">检查结果</td></tr>
<tr><td>主控项目</td><td>1</td><td>干粉灭火器、操作手柄和钥匙、绝缘垫、操作模拟屏、临时调度电话已配置，并能完好使用</td><td></td><td></td><td></td><td colspan="2"></td></tr>
<tr><td>一般项目</td><td>1</td><td>防鼠板、检修孔盖板、爬梯等已安装，进出变电所管线孔洞已（防火）封堵；变电所操作记录本和进所作业登记簿、操作安全手套、绝缘鞋、安全警示已配置，并能完好使用</td><td></td><td></td><td></td><td colspan="2"></td></tr>
<tr><td colspan="3">施工单位检查结果</td><td colspan="5">专业工长：
项目专业质量检查员：　　　　年　月　日</td></tr>
<tr><td colspan="3">监理单位验收结论</td><td colspan="5">专业监理工程师：　　　　年　月　日</td></tr>
</table>

变电所启动试运行及送电开通检验批质量验收记录（一）

DT（GZ）D 0415

单位（子单位）工程名称			分部（子分部）工程名称		分项工程名称	
施工单位			项目负责人		检验批容量	
分包单位			分包单位项目负责人		检验批部位	
施工依据				验收依据		

		验收项目	设计要求及规范规定	最小 / 实际抽样数量	检查记录	检查结果
主控项目	1	变电所在受电前变压器、断路器、馈线及相关设备的绝缘电阻合格。受电时，其高压侧母线电压、相位及相序，低压侧母线电压、相位以及所用电电压、相位、相序均符合设计要求。变压器、电容补偿装置冲击合闸试验无异常				
	2	变电所在启动前应进行传动试验检查，检查试验的项目应保证变电所能可靠地投入运行并满足设计说明书的要求，在变电所启动前应进行下列试验： （1）确认每台电气设备均能进行可靠的操作，按设计说明书规定的运行条件及设备操作对象表的顺序，在控制室逐一对本所的所有电气设备进行传动检查。 （2）在配备综合自动化功能的变电所，除进行上述试验项目外，尚应根据计算机操作菜单显示的功能，进行相应电气设备的顺序操作及程序操作功能的检查。 （3）对于配备远动操作系统的变电所，除进行上述两项试验检查外，尚应根据设计要求，对操作对象的位置信号、故障信号、预告信号等配合在电力监控调度中心进行检查确认				
	3	变电所开关动作准确无误，闭锁功能符合设计规定要求。各种声光信号显示正确，测量仪表指示准确				

施工单位检查结果	专业工长： 项目专业质量检查员：　　　　年　　月　　日
监理单位验收结论	专业监理工程师：　　　　年　　月　　日

变电所启动试运行及送电开通检验批质量验收记录（二）

DT（GZ）D 0415/1

单位（子单位）工程名称		分部（子分部）工程名称		分项工程名称	
施工单位		项目负责人		检验批容量	
分包单位		分包单位项目负责人		检验批部位	
施工依据			验收依据		

		验收项目	设计要求及规范规定	最小/实际抽样数量	检查记录	检查结果
主控项目	4	各种保护装置动作准确可靠，保护范围符合设计规定				
	5	对于具有远动操作功能的变电所，其“三遥”及程序控制功能符合设计规定				
	6	送电后带负荷运行 24h，全所功能满足设计要求且无异常				
一般项目	1	变电所启动试运行及送电开通前准备工作应符合下列程序： （1）变电所内设备应按规定项目进行单体试验和整组试验，试验单位、试验人员均应具备国家认证和资质考核，试验有试验报告，并由试验人员和单位签章。 （2）试验仪表应定期检测合格，试验顺序符合规定，高压试验应有围护和各类绝缘工具，并配有操作人员和监护人员。 （3）系统调试前应编制调试大纲，对各类保护、控制、信号的功能及联锁、联动、预警、操作、保护按设计及有关规定进行系统调试。 （4）变电所启动前应编制启动大纲，对有关组织、顺序、人员分工、有关注意事项提出严格规定，包括：核对进线相序，符合设计规定要求，对变压器和受电设备进行绝缘测试，确认所有开关设备位置正确，检查各类安全消防、通信设施完备良好				

施工单位检查结果	专业工长： 项目专业质量检查员：　　　　年　月　日
监理单位验收结论	专业监理工程师：　　　　年　月　日

复合材料疏散平台检验批质量验收记录（一）

DT（GZ）D 0416

<table>
<tr><td colspan="2">单位（子单位）工程名称</td><td></td><td>分部（子分部）工程名称</td><td></td><td>分项工程名称</td><td></td></tr>
<tr><td colspan="2">施工单位</td><td></td><td>项目负责人</td><td></td><td>检验批容量</td><td></td></tr>
<tr><td colspan="2">分包单位</td><td></td><td>分包单位项目负责人</td><td></td><td>检验批部位</td><td></td></tr>
<tr><td colspan="2">施工依据</td><td colspan="2"></td><td>验收依据</td><td colspan="2"></td></tr>
<tr><td></td><td colspan="2">验收项目</td><td>设计要求及规范规定</td><td>最小 / 实际抽样数量</td><td>检查记录</td><td>检查结果</td></tr>
<tr><td rowspan="5">主控项目</td><td>1</td><td>锚固螺栓载荷检测应符合设计要求，化学锚固螺栓所使用的化学填充剂必须在有效期内使用，对已锚固的锚栓应进行抗拔承载力检测</td><td></td><td></td><td></td><td></td></tr>
<tr><td>2</td><td>疏散平台支架规格、型号、材质符合设计要求，横梁长度、斜撑长度符合要求</td><td></td><td></td><td></td><td></td></tr>
<tr><td>3</td><td>疏散平台横梁必须保持与轨道中心线垂直，平台支架允许上翘 0°～3°，相邻平台面应在同一平面上</td><td></td><td></td><td></td><td></td></tr>
<tr><td>4</td><td>疏散平台顶面距轨面标高的垂直距离为 900mm，允许误差 ±20mm；疏散平台踏板边缘至线路中心线水平距离（限界）为设计值，允许误差 ±10mm</td><td></td><td></td><td></td><td></td></tr>
<tr><td>5</td><td>疏散平台总体检查：踏板安装后应稳固、平顺，踏板两端在支架上搭接长度为不小于 35mm。踏板宽度方向必须完全支撑在平台支架上，踏板内侧与隧道结构壁的水平空隙不得大于 53 mm，踏板外侧到线路中心的距离须满足限界要求，平台踏板与每一支架连接扣件不少于 3 个，均匀分布。平台安装后整体构件外边缘不得侵入设备限界</td><td></td><td></td><td></td><td></td></tr>
<tr><td colspan="3">施工单位检查结果</td><td colspan="4">专业工长：
项目专业质量检查员：　　　　年　　月　　日</td></tr>
<tr><td colspan="3">监理单位验收结论</td><td colspan="4">专业监理工程师：　　　　年　　月　　日</td></tr>
</table>

复合材料疏散平台检验批质量验收记录（二）

DT（GZ）D 0416/1

<table>
<tr><td>单位（子单位）工程名称</td><td></td><td>分部（子分部）工程名称</td><td></td><td>分项工程名称</td><td></td></tr>
<tr><td>施工单位</td><td></td><td>项目负责人</td><td></td><td>检验批容量</td><td></td></tr>
<tr><td>分包单位</td><td></td><td>分包单位项目负责人</td><td></td><td>检验批部位</td><td></td></tr>
<tr><td>施工依据</td><td colspan="2"></td><td>验收依据</td><td colspan="2"></td></tr>
</table>

<table>
<tr><td></td><td colspan="2">验收项目</td><td>设计要求及规范规定</td><td>最小 / 实际抽样数量</td><td>检查记录</td><td>检查结果</td></tr>
<tr><td rowspan="4">一般项目</td><td>1</td><td>化学锚固螺栓孔化学药剂填充密实</td><td></td><td></td><td></td><td></td></tr>
<tr><td>2</td><td>平台支架紧固螺栓之间间距应符合设计要求，位置允许偏差为 5mm；锚栓埋设深度应满足 12d 或 10d 的有效锚固深度，需调整时应有充分的实验依据及可靠的工程经验并经国家指定机构认证许可，埋设深度允许偏差 +5mm；垂直度允许偏差 2°</td><td></td><td></td><td></td><td></td></tr>
<tr><td>3</td><td>疏散平台支架间距符合设计要求，正常不大于 1000mm，特殊情况不得大于 1100mm，不得安装在盾构管片接缝和隧道结构接缝处并满足锚栓安装最小边距要求</td><td></td><td></td><td></td><td></td></tr>
<tr><td>4</td><td>复合材料平台支架横梁及斜撑均必须为方形闭合结构，横梁长边≥ 80mm，斜撑短边必须≥ 40mm。横梁与斜撑夹角必须大于等于 40°，并按设计建议取 45°左右</td><td></td><td></td><td></td><td></td></tr>
<tr><td colspan="2">施工单位检查结果</td><td colspan="5">专业工长:
项目专业质量检查员:　　　　年　　月　　日</td></tr>
<tr><td colspan="2">监理单位验收结论</td><td colspan="5">专业监理工程师:　　　　年　　月　　日</td></tr>
</table>

平台扶手检验批质量验收记录

DT（GZ）D 0417

<table>
<tr><td colspan="3">单位（子单位）工程名称</td><td></td><td>分部（子分部）工程名称</td><td></td><td>分项工程名称</td><td></td></tr>
<tr><td colspan="3">施工单位</td><td></td><td>项目负责人</td><td></td><td>检验批容量</td><td></td></tr>
<tr><td colspan="3">分包单位</td><td></td><td>分包单位项目负责人</td><td></td><td>检验批部位</td><td></td></tr>
<tr><td colspan="3">施工依据</td><td colspan="2"></td><td>验收依据</td><td colspan="2"></td></tr>
<tr><td></td><td colspan="2">验收项目</td><td>设计要求及规范规定</td><td>最小/实际抽样数量</td><td>检查记录</td><td colspan="2">检查结果</td></tr>
<tr><td rowspan="2">主控项目</td><td>1</td><td>平台扶手杆件、扶手紧固件、紧固锚栓规格、材质符合设计要求。扶手紧固件与结构墙连接，沿线路纵向布置间距为1500mm，特殊情况可调整，但须小于等于1700mm，每组2孔中心线应尽量保证平行</td><td></td><td></td><td></td><td colspan="2"></td></tr>
<tr><td>2</td><td>平台扶手管中心距平台踏板高度为950mm，允许公差为±90mm，扶手管中心距混凝土墙面90mm</td><td></td><td></td><td></td><td colspan="2"></td></tr>
<tr><td rowspan="2">一般项目</td><td>1</td><td>平台扶手沿平台、平台步梯内侧全长布置。扶手为复合材料，安装完毕后扶手杆件应无水平滑动或可转动现象</td><td></td><td></td><td></td><td colspan="2"></td></tr>
<tr><td>2</td><td>平台扶手紧固螺栓采用M12膨胀型，最小有效锚固深度72mm，连接螺栓为M5，长度按被连接件厚度而定</td><td></td><td></td><td></td><td colspan="2"></td></tr>
<tr><td colspan="3">施工单位检查结果</td><td colspan="5">专业工长：
项目专业质量检查员：　　　　年　　月　　日</td></tr>
<tr><td colspan="3">监理单位验收结论</td><td colspan="5">专业监理工程师：　　　　年　　月　　日</td></tr>
</table>

平台步梯检验批质量验收记录

DT（GZ）D 0418

<table>
<tr><td>单位（子单位）工程名称</td><td></td><td>分部（子分部）工程名称</td><td></td><td>分项工程名称</td><td></td></tr>
<tr><td>施工单位</td><td></td><td>项目负责人</td><td></td><td>检验批容量</td><td></td></tr>
<tr><td>分包单位</td><td></td><td>分包单位项目负责人</td><td></td><td>检验批部位</td><td></td></tr>
<tr><td>施工依据</td><td colspan="2"></td><td>验收依据</td><td colspan="2"></td></tr>
</table>

<table>
<tr><td></td><td colspan="2">验收项目</td><td>设计要求及规范规定</td><td>最小 / 实际抽样数量</td><td>检查记录</td><td>检查结果</td></tr>
<tr><td rowspan="3">主控项目</td><td>1</td><td>平台步梯支架紧固锚栓为 M16 化学粘结锚栓，螺栓最小有效锚固深度 125mm，螺杆为 $h_{ef}=12d$，锚孔深度允许偏差为 +10mm，垂直度允许偏差为 20</td><td></td><td></td><td></td><td></td></tr>
<tr><td>2</td><td>平台步梯每一级高度应符合设计要求，步梯踏板宽度为 260mm，应保证平台步级水平，平台步梯末端复合材料水沟盖板规格质量符合技术要求，与水沟的混凝土面结合平稳牢固</td><td></td><td></td><td></td><td></td></tr>
<tr><td>3</td><td>复合材料平台步梯的材质、性能、规格符合设计要求，安装牢固可靠，平台步梯边缘距线路中心线距离符合设计要求</td><td></td><td></td><td></td><td></td></tr>
<tr><td rowspan="2">一般项目</td><td>1</td><td>复合材料平台步梯外观颜色均匀一致，无翘曲、裂纹等缺陷，平台步梯安装水平，高度位置合适，安装稳固可靠</td><td></td><td></td><td></td><td></td></tr>
<tr><td>2</td><td>水沟盖板规格符合设计要求，紧固锚栓采用敲击式，其材质采用 A2-70 不锈钢膨胀型锚栓</td><td></td><td></td><td></td><td></td></tr>
<tr><td colspan="2">施工单位检查结果</td><td colspan="5">专业工长：
项目专业质量检查员：　　　　年　　月　　日</td></tr>
<tr><td colspan="2">监理单位验收结论</td><td colspan="5">专业监理工程师：　　　　年　　月　　日</td></tr>
</table>

电缆防护管检验批质量验收记录（一）

DT（GZ）D 0419

<table>
<tr><td>单位（子单位）工程名称</td><td colspan="2"></td><td>分部（子分部）工程名称</td><td></td><td>分项工程名称</td><td colspan="2"></td></tr>
<tr><td>施工单位</td><td colspan="2"></td><td>项目负责人</td><td></td><td>检验批容量</td><td colspan="2"></td></tr>
<tr><td>分包单位</td><td colspan="2"></td><td>分包单位项目负责人</td><td></td><td>检验批部位</td><td colspan="2"></td></tr>
<tr><td>施工依据</td><td colspan="3"></td><td>验收依据</td><td colspan="3"></td></tr>
<tr><td></td><td colspan="2">验收项目</td><td>设计要求及规范规定</td><td>最小/实际抽样数量</td><td>检查记录</td><td colspan="2">检查结果</td></tr>
<tr><td rowspan="5">主控项目</td><td>1</td><td>电缆保护管应无穿孔、裂缝及凸凹不平等缺陷，电缆保护管的型号、规格、质量应符合设计要求和相关产品标准的规定</td><td></td><td></td><td></td><td colspan="2"></td></tr>
<tr><td>2</td><td>电缆保护管内壁和管口光滑，无毛刺，固定牢靠，防腐良好；弯曲半径不小于电缆的最小允许弯曲半径，出入电缆夹层、建筑物和轨道道床下的保护管口应封堵严密</td><td></td><td></td><td></td><td colspan="2"></td></tr>
<tr><td>3</td><td>地中埋设的保护管和沿道床下过轨的保护管，应分别满足埋深下的抗压要求和列车在轨道上运行时的抗压要求，并都具有耐环境腐蚀性</td><td></td><td></td><td></td><td colspan="2"></td></tr>
<tr><td>4</td><td>保护管内径不应小于电缆外径或多根电缆包络外径的 1.5 倍</td><td></td><td></td><td></td><td colspan="2"></td></tr>
<tr><td>5</td><td>电缆保护管应接地可靠，电缆管管口封堵严密</td><td></td><td></td><td></td><td colspan="2"></td></tr>
<tr><td rowspan="3">一般项目</td><td>1</td><td>电缆保护管弯曲处无明显的皱折和不平，明设部分横平竖直，成排敷设的排列整齐</td><td></td><td></td><td></td><td colspan="2"></td></tr>
<tr><td>2</td><td>引至设备的电缆管管口位置，应便于电缆与设备的连接，并不妨碍设备进出，并列敷设的电缆管管口高度应一致</td><td></td><td></td><td></td><td colspan="2"></td></tr>
<tr><td>3</td><td>电缆防护管应安装牢固，各支持点间的距离符合设计要求</td><td></td><td></td><td></td><td colspan="2"></td></tr>
<tr><td colspan="2">施工单位检查结果</td><td colspan="6">专业工长：
项目专业质量检查员：　　　　年　月　日</td></tr>
<tr><td colspan="2">监理单位验收结论</td><td colspan="6">专业监理工程师：　　　　年　月　日</td></tr>
</table>

电缆防护管检验批质量验收记录（二）

DT（GZ）D 0419/1

<table>
<tr><td>单位（子单位）工程名称</td><td></td><td>分部（子分部）工程名称</td><td></td><td>分项工程名称</td><td colspan="2"></td></tr>
<tr><td>施工单位</td><td></td><td>项目负责人</td><td></td><td>检验批容量</td><td colspan="2"></td></tr>
<tr><td>分包单位</td><td></td><td>分包单位项目负责人</td><td></td><td>检验批部位</td><td colspan="2"></td></tr>
<tr><td>施工依据</td><td colspan="2"></td><td>验收依据</td><td colspan="3"></td></tr>
<tr><td></td><td colspan="2">验收项目</td><td>设计要求及规范规定</td><td>最小/实际抽样数量</td><td>检查记录</td><td>检查结果</td></tr>
<tr><td rowspan="2">一般项目</td><td>4</td><td>电缆保护管采用大一级短管套接方法进行连接时，短管两端接头处应密封良好，短管长度不应小于电缆保护管外径的 2.2 倍，满足《电气装置安装工程电缆线路施工及验收规范》GB 50168—2006</td><td></td><td></td><td></td><td></td></tr>
<tr><td>5</td><td>电缆保护管安装应符合下列规定：
（1）安装牢固，各支持点间的距离符合设计要求。
（2）当塑料管的直线长度超过 30m 时，宜加装伸缩节。
（3）电缆管的支持点距离应满足《电气装置安装工程电缆线路施工及验收规范》GB 50168—2006 中的规定，不宜超过 30m</td><td></td><td></td><td></td><td></td></tr>
<tr><td colspan="2">施工单位检查结果</td><td colspan="5">专业工长：
项目专业质量检查员：　　　　年　　月　　日</td></tr>
<tr><td colspan="2">监理单位验收结论</td><td colspan="5">专业监理工程师：　　　　年　　月　　日</td></tr>
</table>

电缆支架制作及安装检验批质量验收记录（一）

DT（GZ）D 0420

<table>
<tr><td>单位（子单位）工程名称</td><td colspan="2"></td><td>分部（子分部）工程名称</td><td></td><td>分项工程名称</td><td colspan="2"></td></tr>
<tr><td>施工单位</td><td colspan="2"></td><td>项目负责人</td><td></td><td>检验批容量</td><td colspan="2"></td></tr>
<tr><td>分包单位</td><td colspan="2"></td><td>分包单位项目负责人</td><td></td><td>检验批部位</td><td colspan="2"></td></tr>
<tr><td>施工依据</td><td colspan="3"></td><td>验收依据</td><td colspan="3"></td></tr>
<tr><td></td><td colspan="2">验收项目</td><td>设计要求及规范规定</td><td>最小/实际抽样数量</td><td>检查记录</td><td colspan="2">检查结果</td></tr>
<tr><td rowspan="4">主控项目</td><td>1</td><td>隧道内电缆支架和附件的材质、规格、型号、承载力、耐腐蚀性应符合设计要求和相关产品标准的规定。复合绝缘材料电缆支架应平直，无断裂、无显著扭曲变形</td><td></td><td></td><td></td><td colspan="2"></td></tr>
<tr><td>2</td><td>电缆支架的安装应符合下列要求：
（1）电缆支架的安装路径、位置符合设计要求，安装应横平竖直、牢固，特殊部位的安装固定方法应符合设计要求。
（2）隧道内电缆支架不得侵入建筑限界内。复合绝缘材料电缆固定支架下端距钢轨面应符合设计要求。
（3）安装后的复合材料电缆支架横臂容许上翘 3°～5°，电缆固定支架与隧道壁应紧密相贴</td><td></td><td></td><td></td><td colspan="2"></td></tr>
<tr><td>3</td><td>电缆支架锚固螺栓载荷检测应符合设计要求，对已锚固的锚栓应进行抗拔承载力检测</td><td></td><td></td><td></td><td colspan="2"></td></tr>
<tr><td>4</td><td>电缆的敷设安装方式应符合设计要求，电缆安放应靠近电缆支架根部位置，电缆中间接头的安装位置固定方式应符合设计要求，电缆支架应与贯通的接地扁钢可靠连接，其支架全长应不少于 2 处与接地（PE）或接零（PEN）干线相连接</td><td></td><td></td><td></td><td colspan="2"></td></tr>
<tr><td colspan="2">施工单位检查结果</td><td colspan="6">专业工长：
项目专业质量检查员：　　　　年　　月　　日</td></tr>
<tr><td colspan="2">监理单位验收结论</td><td colspan="6">专业监理工程师：　　　　年　　月　　日</td></tr>
</table>

电缆支架制作及安装检验批质量验收记录（二）

DT（GZ）D 0420/1

<table>
<tr><td>单位（子单位）工程名称</td><td></td><td>分部（子分部）工程名称</td><td></td><td>分项工程名称</td><td></td></tr>
<tr><td>施工单位</td><td></td><td>项目负责人</td><td></td><td>检验批容量</td><td></td></tr>
<tr><td>分包单位</td><td></td><td>分包单位项目负责人</td><td></td><td>检验批部位</td><td></td></tr>
<tr><td>施工依据</td><td colspan="2"></td><td>验收依据</td><td colspan="2"></td></tr>
</table>

<table>
<tr><td></td><td colspan="2">验收项目</td><td>设计要求及规范规定</td><td>最小/实际抽样数量</td><td>检查记录</td><td>检查结果</td></tr>
<tr><td rowspan="3">主控项目</td><td>5</td><td>电缆支架、桥架支持装置的固定方式、路径、支吊跨距应符合设计要求，环网电缆支架采用复合材料支架＋钢支架的组合方案，在区间及车站轨行区旁侧墙及站台板下侧墙的环网电缆支架为每隔9个复合材料支架安装一个钢支架的方案；电缆敷设时采用电缆绑带与每个电缆支架固定，每隔9个复合材料支架采用非磁性刚性金属电缆卡子在钢支架上固定一次，安装位置正确，连接可靠、固定牢固</td><td></td><td></td><td></td><td></td></tr>
<tr><td>6</td><td>电缆支架、桥架支持装置间距符合设计要求的1000mm，特殊情况下（盾构区间）水平间距不大于1100mm、垂直间距不大于1500mm</td><td></td><td></td><td></td><td></td></tr>
<tr><td>7</td><td>电缆支架、桥架间距及垂直距离、最上层和最下层支架与沟顶、楼板或沟底、地面最小净距及电缆隧道宽度应符合设计要求，满足《电气装置安装工程电缆线路施工及验收规范》GB 50168—2006中的规定</td><td></td><td></td><td></td><td></td></tr>
</table>

<table>
<tr><td>施工单位检查结果</td><td>专业工长：
项目专业质量检查员：　　　　年　　月　　日</td></tr>
<tr><td>监理单位验收结论</td><td>专业监理工程师：　　　　年　　月　　日</td></tr>
</table>

电缆支架制作及安装检验批质量验收记录（三）

DT（GZ）D 0420/2

单位（子单位）工程名称		分部（子分部）工程名称		分项工程名称	
施工单位		项目负责人		检验批容量	
分包单位		分包单位项目负责人		检验批部位	
施工依据			验收依据		

		验收项目	设计要求及规范规定	最小/实际抽样数量	检查记录	检查结果
一般项目	1	电缆支架紧固锚栓螺孔深度允许偏差为 +5mm，成组杆件个体相对间距允许偏差为 ±5mm。对于打孔时废弃的孔洞，应用高强度的水泥砂浆填实				
	2	金属电缆支架外观平齐，表面光滑无毛刺，切口处应无卷边、毛刺、焊接牢固，镀锌层厚度符合设计值				
	3	贯通区间的接地扁钢应符合下列规定： （1）接地扁钢连接应采用搭接焊接（特殊地段允许栓接，但应满足搭接长度要求），搭接长度不小于扁钢宽度的 2 倍，三面施焊。 （2）焊接头表面应光滑、平整、牢固，表面应进行防锈处理				

施工单位检查结果	专业工长： 项目专业质量检查员：　　　　年　月　日
监理单位验收结论	专业监理工程师：　　　　年　月　日

电缆支架制作及安装检验批质量验收记录（四）

DT（GZ）D 0420/3

单位（子单位）工程名称		分部（子分部）工程名称		分项工程名称	
施工单位		项目负责人		检验批容量	
分包单位		分包单位项目负责人		检验批部位	
施工依据				验收依据	

		验收项目	设计要求及规范规定	最小/实际抽样数量	检查记录	检查结果
一般项目	4	电缆桥架安装应符合下列规定：（1）直线段钢制电缆桥架长度超过 30m、铝合金电缆桥架长度超过 15m 设伸缩节；电缆桥架跨越建筑物变形缝处设置补偿装置。（2）桥架与支架间螺栓、桥架连接板螺栓固定紧固无遗漏，螺母位于桥架外侧；当铝合金桥架与钢支架固定时，有相互间绝缘的防电腐蚀措施。（3）钢支架应焊接牢固，各横撑间的垂直净距误差不应大于 5mm。（4）电缆支架立柱沿走向左右偏移应小于 10mm，安装垂直，托臂固定牢固，同一层托臂在同一水平面上，高度偏差应小于 5mm，并满足《电气装置安装工程电缆线路施工及验收规范》GB 50168—2006 中的规定。（5）敷设在竖井内和穿越不同防火区的桥架，按设计要求位置，应有防火隔堵措施。（6）支架与预埋件膨胀螺栓固定时，选用螺栓适配，连接紧固，防松零件齐全。（7）金属电缆支架、桥架支持装置、桥架等的接地连接可靠。金属电缆桥架及其支架和引入或引出的金属电缆导管必须接地可靠，且必须符合下列规定：① 金属电缆桥架及其支架全长应不少于 2 处与接地干线相连接。② 非镀锌电缆桥架间连接板的两端跨接铜芯接地线，接地线最小允许截面积不小于 4mm。③ 镀锌电缆桥架间连接板的两端不跨接接地线，但连接板两端不少于 2 个有防松螺母或防松垫圈的连接固定螺栓（《电气装置安装工程接地装置施工及验收规范》GB 50169—2016）				

施工单位检查结果	专业工长： 项目专业质量检查员：　　　　年　　月　　日
监理单位验收结论	专业监理工程师：　　　　年　　月　　日

接地装置检验批质量验收记录（环网检测批）（一）

DT（GZ）D 0422

单位（子单位）工程名称		分部（子分部）工程名称		分项工程名称	
施工单位		项目负责人		检验批容量	
分包单位		分包单位项目负责人		检验批部位	
施工依据			验收依据		

		验收项目	设计要求及规范规定	最小/实际抽样数量	检查记录	检查结果
主控项目	1	33kV 环网电缆（包括铠装层和屏蔽层）的接地应符合设计要求: （1）各车站变电所间 33kV 环网电缆两端就近接地，如设有电缆中间接头，中间接头两侧的电缆铠装层/屏蔽层应分别连接良好，不得中断，跨接线等效截面不应小于电缆铠装层/屏蔽层截面。 （2）变电所内部的 33kV 馈线电缆在始端就近接地。 （3）去跟随式变电所的 33kV 馈线电缆始端就近接地。 （4）由主站馈出的 33kV 电缆，以主站为起点，每两段（配盘长）电缆为一组，在该组电缆的始末两端接地，中间接头处电缆铠装层/屏蔽层连通;如最后仅剩一段电缆其两端均接地。 （5）33kV 电缆单端接地时，非接地端电缆铠装层/屏蔽层处理同接地端，以便于电缆试验。 （6）33kV 电缆屏蔽层的等效截面及铠装层的等效截面按生产厂家技术要求进行施工				

施工单位检查结果	专业工长: 项目专业质量检查员: 年 月 日
监理单位验收结论	专业监理工程师: 年 月 日

接地装置检验批质量验收记录（环网检测批）（二）

DT（GZ）D 0422/1

<table>
<tr><td>单位（子单位）工程名称</td><td></td><td>分部（子分部）工程名称</td><td></td><td>分项工程名称</td><td></td></tr>
<tr><td>施工单位</td><td></td><td>项目负责人</td><td></td><td>检验批容量</td><td></td></tr>
<tr><td>分包单位</td><td></td><td>分包单位项目负责人</td><td></td><td>检验批部位</td><td></td></tr>
<tr><td>施工依据</td><td colspan="2"></td><td>验收依据</td><td colspan="2"></td></tr>
</table>

<table>
<tr><td colspan="3">验收项目</td><td>设计要求及规范规定</td><td>最小 / 实际抽样数量</td><td>检查记录</td><td>检查结果</td></tr>
<tr><td>主控项目</td><td>2</td><td>低压电力电缆（包括铠装层和屏蔽层）的接地应符合设计要求。
（1）当采用金属铠装的电力电缆，连接变电所内外设备时，铠装层要两端接地。
（2）铠装层一端接地时，交流设备与交流设备间的电缆在始端就近接地，交流设备与直流设备间的电缆在交流侧就近接地，直流设备与直流设备间的电缆在始端接地。
（3）电力电缆单芯截面不大于相线 16mm^2 时，接地线截面为 4mm^2。相线电缆截面大于 16mm^2 而小于 120mm^2 时，接地线截面为 16mm^2。</td><td></td><td></td><td></td><td></td></tr>
<tr><td colspan="3">施工单位检查结果</td><td colspan="4">专业工长：
项目专业质量检查员：　　　　年　　月　　日</td></tr>
<tr><td colspan="3">监理单位验收结论</td><td colspan="4">专业监理工程师：　　　　年　　月　　日</td></tr>
</table>

接地装置检验批质量验收记录（环网检测批）（三）

DT（GZ）D 0422/2

单位（子单位）工程名称		分部（子分部）工程名称		分项工程名称	
施工单位		项目负责人		检验批容量	
分包单位		分包单位项目负责人		检验批部位	
施工依据			验收依据		

		验收项目	设计要求及规范规定	最小/实际抽样数量	检查记录	检查结果
主控项目	3	控制电缆（包括铠装层和屏蔽层）的接地应符合设计要求。 （1）屏蔽层接地：屏蔽层所内为一端接地，所间两端分别接地，交流设备与交流设备间的电缆在始端就近接地。交流设备与直流设备间的电缆在交流侧就近接地，直流设备与直流设备间的电缆在始端接地。 （2）铠装层接地：电缆连接变电所内部设备时，铠装层要一端接地，另一端浮空；连接变电所内、外设备时，铠装层要两端接地。 （3）控制电缆接地线截面为 $4mm^2$。 （4）铠装层一端接地时：交流设备与交流设备间的电缆在始端就近接地，交流设备与直流设备间的电缆在交流侧就近接地，直流设备与直流设备间的电缆在始端接地。 （5）电力电缆单芯截面不大于相线 $16mm^2$ 时，接地线截面为 $4mm^2$。相线电缆截面大于 $16mm^2$ 而小于 $120mm^2$ 时，接地线截面为 $16mm^2$				
一般项目	1	引出的 33kV 电缆铠装层和屏蔽层应排列整齐，端头包扎完好，绑扎牢固，接地牢靠，标志清晰				
	2	引出的 1500V 电缆铠装层应排列整齐，端头包扎完好，绑扎牢固，与接地电缆连接可靠，标志清晰				
	3	各种孔洞的封堵应满足消防验收的要求				

施工单位检查结果	专业工长： 项目专业质量检查员： 年 月 日
监理单位验收结论	专业监理工程师： 年 月 日

埋入杆件及底座填充检验批质量验收记录

DT（GZ）D 0423

单位（子单位）工程名称			分部（子分部）工程名称		分项工程名称		
施工单位			项目负责人		检验批容量		
分包单位			分包单位项目负责人		检验批部位		
施工依据				验收依据			
		验收项目	设计要求及规范规定	最小 / 实际抽样数量	检查记录		检查结果
主控项目	1	埋入杆件的埋设位置、埋设深度、规格型号应符合设计要求	第 4.1.2.1 条				
	2	埋入杆件载荷检测应符合设计要求，化学锚固螺栓所使用的化学填充剂必须在有效期内使用	第 4.1.2.2 条				
一般项目	1	锚栓螺纹及镀锌层完好，化学锚固螺栓孔填充密实。螺纹外露部分应涂油防腐	第 4.1.2.3 条				
	2	埋入杆件的施工允许偏差应符合表 4.2.4 的规定	第 4.1.2.4 条				
	3	与隧道壁相贴近的底座，在与隧道壁的接触面上刷防腐漆	第 4.1.2.5 条				
	4	与隧道壁贴近的高净空吊柱底座应采用 C30 混凝土填充密实，表面光洁平整，无裂缝	第 4.1.2.6 条				
施工单位检查结果		专业工长： 项目专业质量检查员：　　　　年　　月　　日					
监理单位验收结论		专业监理工程师：　　　　年　　月　　日					

支持悬挂装置检验批质量验收记录（一）

DT（GZ）D 0424

单位（子单位）工程名称		分部（子分部）工程名称		分项工程名称	
施工单位		项目负责人		检验批容量	
分包单位		分包单位项目负责人		检验批部位	
施工依据			验收依据		

		验收项目	设计要求及规范规定	最小/实际抽样数量	检查记录	检查结果
主控项目	1	刚性悬挂支持装置型号应符合设计，槽钢底座、悬吊槽钢、绝缘横撑、悬垂吊柱、T形头螺栓等合格，紧固件齐全，安装稳固可靠	第4.1.3.1条			
	2	槽钢底座应水平安装；悬吊槽钢、绝缘横撑与安装地点的轨道平面应平行；平坡线路上悬垂吊柱及T形头螺栓应铅垂安装，倾斜度误差一般均应不大于1°，但位于坡道上的悬垂吊柱及T形头螺栓顺线路方向铅垂度偏差应以汇流排安装在悬挂金具内能保证汇流排伸缩为原则	第4.1.3.2条			
	3	绝缘子最小泄漏距离不小于250mm，绝缘电阻抽样试验合格，浇筑水泥部分不得有松动和辐射性裂纹。紧固件齐全，安装稳固可靠。预埋螺栓防腐性能好，且垂直于绝缘子本体，倾斜度误差应≤1°	第4.1.3.3条			
	4	弹性绝缘悬挂组件应无裂纹和伤痕、表面匀称，安装方式和绝缘性能应符合产品安装使用说明书的要求。汇流排卡槽、垫片及卡槽锁紧螺栓完好无损	第4.1.3.4条			
	5	在隧道净空≤4400mm处采用的硅橡胶绝缘横撑应符合产品技术条件，金属连接件与芯棒连接可靠，密封良好，硅橡胶伞裙完整无破损，C形汇流排定位线夹的U形螺栓距接地体、接地线一般情况下不得小于150mm，困难情况下，特殊处理	第4.1.3.5条			

施工单位检查结果	专业工长： 项目专业质量检查员：　　　　年　月　日
监理单位验收结论	专业监理工程师：　　　　年　月　日

支持悬挂装置检验批质量验收记录（二）

DT（GZ）D 0424/1

<table>
<tr><td colspan="3">单位（子单位）工程名称</td><td></td><td>分部（子分部）工程名称</td><td></td><td>分项工程名称</td><td colspan="2"></td></tr>
<tr><td colspan="3">施工单位</td><td></td><td>项目负责人</td><td></td><td>检验批容量</td><td colspan="2"></td></tr>
<tr><td colspan="3">分包单位</td><td></td><td>分包单位项目负责人</td><td></td><td>检验批部位</td><td colspan="2"></td></tr>
<tr><td colspan="3">施工依据</td><td colspan="2"></td><td>验收依据</td><td colspan="3"></td></tr>
<tr><td></td><td colspan="2">验收项目</td><td>设计要求及规范规定</td><td>最小 / 实际抽样数量</td><td colspan="2">检查记录</td><td colspan="2">检查结果</td></tr>
<tr><td>主控项目</td><td>6</td><td>汇流排悬挂定位线夹材质、规格、尺寸符合设计要求。表面无裂纹、无缺损。紧固件、内衬尼龙垫齐全、无松动，可旋转部位无阻滞现象。留有因温度变化使汇流排产生位移而需要的间隙</td><td>第 4.1.3.6 条</td><td></td><td colspan="2"></td><td colspan="2"></td></tr>
<tr><td rowspan="4">一般项目</td><td>1</td><td>槽钢底座、悬吊槽钢、绝缘横撑、悬垂吊柱、T 形头螺栓等构件无变形，镀锌层完整，应有不少于 15mm 的调节余量（净空限制地段除外）</td><td>第 4.1.3.7 条</td><td></td><td colspan="2"></td><td colspan="2"></td></tr>
<tr><td>2</td><td>槽钢底座与混凝土的接触面上应涂隧道内防腐漆。T 形头螺栓的头部长边应基本垂直于安装槽道方向，螺纹部分应涂油防腐</td><td>第 4.1.3.8 条</td><td></td><td colspan="2"></td><td colspan="2"></td></tr>
<tr><td>3</td><td>绝缘子安装端正，绝缘子瓷釉表面光滑、清洁，无裂纹、缺釉、斑点、气泡等缺陷，瓷釉剥落总面积不大于 30mm^2</td><td>第 4.1.3.9 条</td><td></td><td colspan="2"></td><td colspan="2"></td></tr>
<tr><td>4</td><td>支持装置的跨距应符合设计图纸要求，允许误差 ±500mm；道岔、关节等特殊处所，允许误差 ±200mm。调整后的跨距不得大于设计最大跨距值，并满足相邻跨距比的原则</td><td>第 4.1.3.10 条</td><td></td><td colspan="2"></td><td colspan="2"></td></tr>
<tr><td colspan="3">施工单位检查结果</td><td colspan="6">专业工长：
项目专业质量检查员：　　　　年　　月　　日</td></tr>
<tr><td colspan="3">监理单位验收结论</td><td colspan="6">专业监理工程师：　　　　年　　月　　日</td></tr>
</table>

汇流排架设及调整检验批质量验收记录

DT（GZ）D 0425

<table>
<tr><td colspan="2">单位（子单位）
工程名称</td><td colspan="2"></td><td>分部（子分部）
工程名称</td><td></td><td>分项工程名称</td><td></td></tr>
<tr><td colspan="2">施工单位</td><td colspan="2"></td><td>项目负责人</td><td></td><td>检验批容量</td><td></td></tr>
<tr><td colspan="2">分包单位</td><td colspan="2"></td><td>分包单位项目负责人</td><td></td><td>检验批部位</td><td></td></tr>
<tr><td colspan="2">施工依据</td><td colspan="3"></td><td>验收依据</td><td colspan="2"></td></tr>
<tr><td></td><td colspan="2">验收项目</td><td>设计要求及规范规定</td><td>最小/实际抽样数量</td><td colspan="2">检查记录</td><td>检查结果</td></tr>
<tr><td rowspan="4">主控项目</td><td>1</td><td>汇流排、材质、制造精度应符合设计和产品制造技术条件要求</td><td>第 4.1.4.1 条</td><td></td><td colspan="2"></td><td></td></tr>
<tr><td>2</td><td>汇流排无明显转折角，表面光洁，无缺损、无毛刺、无污迹、无腐蚀</td><td>第 4.1.4.2 条</td><td></td><td colspan="2"></td><td></td></tr>
<tr><td>3</td><td>连接板及汇流排两端连接孔的尺寸误差符合产品质量要求</td><td>第 4.1.4.3 条</td><td></td><td colspan="2"></td><td></td></tr>
<tr><td>4</td><td>连接件的接触面清洁，汇流排连接缝两端夹持接触线的齿槽连接处平顺光滑，不平顺度不大于 0.3mm。汇流排连接端缝平均宽度不大于 1mm，紧固件齐全，螺栓紧固力矩为 22N· m</td><td>第 4.1.4.4 条</td><td></td><td colspan="2"></td><td></td></tr>
<tr><td rowspan="3">一般项目</td><td>1</td><td>汇流排中轴线应垂直于所在处的轨道平面，偏斜不应大于 1°</td><td>第 4.1.4.5 条</td><td></td><td colspan="2"></td><td></td></tr>
<tr><td>2</td><td>汇流排悬挂线夹应能水平灵活转动，两片线夹安装平整，不得相互错位，在温度变化时汇流排能顺线路方向自由滑动</td><td>第 4.1.4.6 条</td><td></td><td colspan="2"></td><td></td></tr>
<tr><td>3</td><td>汇流排终端安装预留量符合设计要求，螺栓安装紧固力矩符合产品安装技术要求</td><td>第 4.1.4.7 条</td><td></td><td colspan="2"></td><td></td></tr>
<tr><td colspan="3">施工单位检查结果</td><td colspan="5">专业工长：
项目专业质量检查员：　　　　年　　月　　日</td></tr>
<tr><td colspan="3">监理单位验收结论</td><td colspan="5">专业监理工程师：　　　　年　　月　　日</td></tr>
</table>

架空地线架设及调整检验批质量验收记录

DT（GZ）D 0426

单位（子单位）工程名称		分部（子分部）工程名称		分项工程名称		
施工单位		项目负责人		检验批容量		
分包单位		分包单位项目负责人		检验批部位		
施工依据			验收依据			

		验收项目	设计要求及规范规定	最小 / 实际抽样数量	检查记录	检查结果
主控项目	1	架空地线及其所用金具的规格、类型符合设计要求。架空地线不得有两股以上的断股，一个耐张段内，断股补强和接头均不超过一个	第 4.1.7.1 条			
	2	架空地线的弛度应符合安装曲线，其允许偏差为 + 5% ~ 2.5%，且最大弛度时，必须保证架空地线及其相连金具距接触网带电体不小于 150mm；对运行车辆受电弓的距离不小于 100mm。架空地线内张力偏差为≤ ±5%	第 4.1.7.2 条			
一般项目	1	架空地线底座、地线线夹和安装在架空地线上的电连接线夹的螺栓紧固力矩应符合规范要求。架空地线下锚处调整螺栓长度处于许可范围内，并有不少于 30mm 的调节余量	第 4.1.7.3 条			
	2	架空地线与接触网支持结构及设备底座的连接应为紧密连接	第 4.1.7.4 条			
	3	地线线夹安装端正，地线线夹中的铜垫片安放齐全、正确	第 4.1.7.5 条			

施工单位检查结果	专业工长： 项目专业质量检查员： 年 月 日
监理单位验收结论	专业监理工程师： 年 月 日

接触线架设及调整检验批质量验收记录

DT（GZ）D 0427

<table>
<tr><td>单位（子单位）
工程名称</td><td colspan="2"></td><td colspan="2">分部（子分部）
工程名称</td><td></td><td>分项工程名称</td><td></td></tr>
<tr><td>施工单位</td><td colspan="2"></td><td colspan="2">项目负责人</td><td></td><td>检验批容量</td><td></td></tr>
<tr><td>分包单位</td><td colspan="2"></td><td colspan="2">分包单位项目负
责人</td><td></td><td>检验批部位</td><td></td></tr>
<tr><td>施工依据</td><td colspan="4"></td><td>验收依据</td><td colspan="2"></td></tr>
<tr><td></td><td colspan="2">验收项目</td><td>设计要求及
规范规定</td><td>最小 / 实际
抽样数量</td><td>检查记录</td><td colspan="2">检查结果</td></tr>
<tr><td rowspan="2">主控项目</td><td>1</td><td>接触线型号、规格、材质、制造精度应符合设计和产品制造技术条件要求</td><td>第 4.1.6.1 条</td><td></td><td></td><td colspan="2"></td></tr>
<tr><td>2</td><td>接触线应可靠嵌入汇流排内，在锚段内无接头、无硬弯、无损伤、无跳线</td><td>第 4.1.6.2 条</td><td></td><td></td><td colspan="2"></td></tr>
<tr><td rowspan="3">一般项目</td><td>1</td><td>接触线安装高度和拉出值应满足设计要求。悬挂点接触线绝对高度允许安装误差为 ±5mm，相邻的悬挂点相对高差一般不得超过所在跨距值的 0.5‰（国标为 1‰），设计变坡段不应超过 1‰。跨中弛度不得大于跨距值的 1‰，且不应出现负弛度。接触线拉出值误差不应大于 ±10mm</td><td>第 4.1.6.3 条</td><td></td><td></td><td colspan="2"></td></tr>
<tr><td>2</td><td>锚段长度符合设计要求，汇流排终端到相邻悬挂点的距离为 1800mm，允许误差：-100 ~ +200mm</td><td>第 4.1.6.4 条</td><td></td><td></td><td colspan="2"></td></tr>
<tr><td>3</td><td>接触线在锚段末端汇流排外余长为 100mm ~ 150mm，沿汇流排终端方向顺延，一般情况下对接地体的距离不应小于 150mm</td><td>第 4.1.6.5 条</td><td></td><td></td><td colspan="2"></td></tr>
<tr><td colspan="2">施工单位检查结果</td><td colspan="6">专业工长：
项目专业质量检查员：　　　　年　月　日</td></tr>
<tr><td colspan="2">监理单位验收结论</td><td colspan="6">专业监理工程师：　　　　年　月　日</td></tr>
</table>

中心锚结检验批质量验收记录

DT（GZ）D 0428

<table>
<tr><td>单位（子单位）
工程名称</td><td></td><td>分部（子分部）
工程名称</td><td></td><td>分项工程名称</td><td colspan="2"></td></tr>
<tr><td>施工单位</td><td></td><td>项目负责人</td><td></td><td>检验批容量</td><td colspan="2"></td></tr>
<tr><td>分包单位</td><td></td><td>分包单位项目负责人</td><td></td><td>检验批部位</td><td colspan="2"></td></tr>
<tr><td>施工依据</td><td colspan="2"></td><td>验收依据</td><td colspan="3"></td></tr>
<tr><td colspan="2">验收项目</td><td>设计要求及规范规定</td><td>最小 / 实际抽样数量</td><td>检查记录</td><td colspan="2">检查结果</td></tr>
<tr><td rowspan="2">主控项目</td><td>1　中心锚结形式应符合设计，应安装在设计指定位置上，并且处于汇流排中心线的正上方，基座中心偏离汇流排中心不大于 ±30mm</td><td>第 4.1.8.1 条</td><td></td><td></td><td colspan="2"></td></tr>
<tr><td>2　中心锚结绝缘子（棒）型号应符合设计和产品技术条件，表面无损伤，带电端至接地体，接地端至带电体（汇流排）距离应不小于 150mm；中心锚结线夹处接触线应平顺、无负弛度</td><td>第 4.1.8.2 条</td><td></td><td></td><td colspan="2"></td></tr>
<tr><td rowspan="2">一般项目</td><td>1　中心锚结绝缘子（棒）及拉杆受力均衡适度，与汇流排的夹角不大于 45°；中心锚结与汇流排固定牢固，螺栓紧固力矩符合设计要求；调整螺栓处于可调状态</td><td>第 4.1.8.3 条</td><td></td><td></td><td colspan="2"></td></tr>
<tr><td>2　中心锚结两端底座距中心锚固点的距离相等，其安装允许误差 ±100mm</td><td>第 4.1.8.4 条</td><td></td><td></td><td colspan="2"></td></tr>
<tr><td colspan="2">施工单位检查结果</td><td colspan="5">专业工长：
项目专业质量检查员：　　　　年　　月　　日</td></tr>
<tr><td colspan="2">监理单位验收结论</td><td colspan="5">专业监理工程师：　　　　年　　月　　日</td></tr>
</table>

分段绝缘器检验批质量验收记录

DT（GZ）D 0429

<table>
<tr><td colspan="2">单位（子单位）工程名称</td><td></td><td>分部（子分部）工程名称</td><td></td><td>分项工程名称</td><td colspan="2"></td></tr>
<tr><td colspan="2">施工单位</td><td></td><td>项目负责人</td><td></td><td>检验批容量</td><td colspan="2"></td></tr>
<tr><td colspan="2">分包单位</td><td></td><td>分包单位项目负责人</td><td></td><td>检验批部位</td><td colspan="2"></td></tr>
<tr><td colspan="2">施工依据</td><td colspan="2"></td><td>验收依据</td><td colspan="3"></td></tr>
<tr><td></td><td colspan="2">验收项目</td><td>设计要求及规范规定</td><td>最小/实际抽样数量</td><td>检查记录</td><td colspan="2">检查结果</td></tr>
<tr><td rowspan="3">主控项目</td><td>1</td><td>刚性悬挂分段绝缘器安装位置应符合设计要求，安装方式和绝缘性能应符合产品安装使用说明书的要求。分段绝缘器中心线与受电弓中心线重合，偏离受电弓中心线不应超过 50mm</td><td>第 4.2.2.1 条</td><td></td><td></td><td colspan="2"></td></tr>
<tr><td>2</td><td>分段绝缘器紧固件应齐全，连接牢固可靠。分段绝缘器与接触线连接处应平滑，与受电弓接触部分与轨面连线平行，车辆双向行驶均不打弓</td><td>第 4.2.2.2 条</td><td></td><td></td><td colspan="2"></td></tr>
<tr><td>3</td><td>刚性悬挂分段绝缘器带电体距接地体或不同供电分区带电体、不同供电分区运行车辆受电弓的距离符合设计要求：静态不小于 150mm；动态不小于 100mm</td><td>第 4.2.2.3 条</td><td></td><td></td><td colspan="2"></td></tr>
<tr><td rowspan="2">一般项目</td><td>1</td><td>分段绝缘器距相邻刚性悬挂定位点的距离符合设计要求，允许误差 ±200mm</td><td>第 4.2.2.4 条</td><td></td><td></td><td colspan="2"></td></tr>
<tr><td>2</td><td>分段绝缘器绝缘件表面清洁，整体安装美观</td><td>第 4.2.2.5 条</td><td></td><td></td><td colspan="2"></td></tr>
<tr><td colspan="2">施工单位检查结果</td><td colspan="6">专业工长：
项目专业质量检查员：　　　　年　月　日</td></tr>
<tr><td colspan="2">监理单位验收结论</td><td colspan="6">专业监理工程师：　　　　年　月　日</td></tr>
</table>

锚段关节检验批质量验收记录

DT（GZ）D 0430

<table>
<tr><td colspan="2">单位（子单位）工程名称</td><td></td><td>分部（子分部）工程名称</td><td></td><td>分项工程名称</td><td colspan="2"></td></tr>
<tr><td colspan="2">施工单位</td><td></td><td>项目负责人</td><td></td><td>检验批容量</td><td colspan="2"></td></tr>
<tr><td colspan="2">分包单位</td><td></td><td>分包单位项目负责人</td><td></td><td>检验批部位</td><td colspan="2"></td></tr>
<tr><td colspan="2">施工依据</td><td colspan="2"></td><td>验收依据</td><td colspan="3"></td></tr>
<tr><td></td><td colspan="2">验收项目</td><td>设计要求及规范规定</td><td>最小 / 实际抽样数量</td><td>检查记录</td><td colspan="2">检查结果</td></tr>
<tr><td rowspan="5">主控项目</td><td>1</td><td>锚段关节处的两支接触线在关节中间悬挂点处应等高，转换悬挂点处非工作支不得低于工作支，可以比工作支高出 1 ~ 3mm</td><td>第 4.1.9.1 条</td><td></td><td></td><td colspan="2"></td></tr>
<tr><td>2</td><td>非绝缘锚段关节两支悬挂点的拉出值应符合设计要求，一般分别为 ±100mm，中心线之间距离为 200mm，允许误差 ±20mm</td><td>第 4.1.9.2 条</td><td></td><td></td><td colspan="2"></td></tr>
<tr><td>3</td><td>绝缘锚段关节两支悬挂点的拉出值应符合设计要求，一般分别为 ±150mm，中心线之间距离为 300mm，允许误差 ±20mm</td><td>第 4.1.9.3 条</td><td></td><td></td><td colspan="2"></td></tr>
<tr><td>4</td><td>贯通的接触线下锚处绝缘子边缘距受电弓包络线应不小于 100mm，刚性悬挂带电体距柔性悬挂下锚底座、下锚支悬挂等接地体应不小于 150mm。受电弓距柔性悬挂下锚底座、下锚支悬挂等接地体应不小于 100mm</td><td>第 4.1.9.4 条</td><td></td><td></td><td colspan="2"></td></tr>
<tr><td>5</td><td>在冷滑试验中受电弓通过时应平滑无撞击，热滑试验中不应出现固定拉弧点</td><td>第 4.1.9.5 条</td><td></td><td></td><td colspan="2"></td></tr>
<tr><td rowspan="2">一般项目</td><td>1</td><td>刚性悬挂与相邻柔性悬挂导线不应相互摩擦</td><td>第 4.1.9.6 条</td><td></td><td></td><td colspan="2"></td></tr>
<tr><td>2</td><td>刚柔过渡处的电连接线、接地线应完整无遗漏，安装牢固，符合设计要求</td><td>第 4.1.9.7 条</td><td></td><td></td><td colspan="2"></td></tr>
<tr><td colspan="3">施工单位检查结果</td><td colspan="5">专业工长：
项目专业质量检查员：　　　　年　　月　　日</td></tr>
<tr><td colspan="3">监理单位验收结论</td><td colspan="5">专业监理工程师：　　　　年　　月　　日</td></tr>
</table>

膨胀接头检验批质量验收记录

DT（GZ）D 0431

<table>
<tr><td>单位（子单位）工程名称</td><td></td><td>分部（子分部）工程名称</td><td></td><td>分项工程名称</td><td colspan="2"></td></tr>
<tr><td>施工单位</td><td></td><td>项目负责人</td><td></td><td>检验批容量</td><td colspan="2"></td></tr>
<tr><td>分包单位</td><td></td><td>分包单位项目负责人</td><td></td><td>检验批部位</td><td colspan="2"></td></tr>
<tr><td>施工依据</td><td colspan="3"></td><td>验收依据</td><td colspan="2"></td></tr>
<tr><td></td><td colspan="2">验收项目</td><td>设计要求及规范规定</td><td>最小/实际抽样数量</td><td>检查记录</td><td>检查结果</td></tr>
<tr><td rowspan="4">主控项目</td><td>1</td><td>膨胀接头的规格、型号应符合设计要求，其质量应符合设计和产品技术要求</td><td>第 4.1.5.1 条</td><td></td><td></td><td></td></tr>
<tr><td>2</td><td>膨胀接头安装位置应符合设计要求，膨胀接头两端接触线高度和拉出值应符合设计和产品技术要求，膨胀接头与汇流排连接应呈直线状态，膨胀接头不应受外力弯曲</td><td>第 4.1.5.2 条</td><td></td><td></td><td></td></tr>
<tr><td>3</td><td>膨胀接头的安装间隙应符合设计安装曲线的规定</td><td>第 4.1.5.3 条</td><td></td><td></td><td></td></tr>
<tr><td>4</td><td>膨胀接头安装应符合产品技术要求，膨胀接头与受电弓接触部分与轨面平行，受电弓双向通过时均应平顺、无打弓现象</td><td>第 4.1.5.4 条</td><td></td><td></td><td></td></tr>
<tr><td rowspan="3">一般项目</td><td>1</td><td>膨胀接头总长为 1015mm，最大伸缩量为 600mm</td><td>第 4.1.5.5 条</td><td></td><td></td><td></td></tr>
<tr><td>2</td><td>膨胀接头应安装在轨道上尽可能直的中轴线、拉出值为零的位置上</td><td>第 4.1.5.6 条</td><td></td><td></td><td></td></tr>
<tr><td>3</td><td>膨胀接头安装在 4m 的跨距点上，其两边相邻跨距符合设计要求，拉出值都为零</td><td>第 4.1.5.7 条</td><td></td><td></td><td></td></tr>
<tr><td colspan="2">施工单位检查结果</td><td colspan="5">专业工长：
项目专业质量检查员：　　　年　月　日</td></tr>
<tr><td colspan="2">监理单位验收结论</td><td colspan="5">专业监理工程师：　　　年　月　日</td></tr>
</table>

电连接检验批质量验收记录

DT（GZ）D 0432

单位（子单位）工程名称		分部（子分部）工程名称		分项工程名称			
施工单位		项目负责人		检验批容量			
分包单位		分包单位项目负责人		检验批部位			
施工依据			验收依据				
		验收项目	设计要求及规范规定	最小/实际抽样数量	检查记录	检查结果	
主控项目	1	电连接线所用型号、材质、数量应符合设计要求，并预留因温度变化使接触悬挂产生伸缩而需要的长度	第 4.1.11.1 条				
主控项目	2	电连接线夹规格、型号应符合设计要求	第 4.1.11.2 条				
一般项目	1	电连接线的安装位置应符合设计要求，允许偏差为 ±200mm，在任何情况下均应满足带电距离要求	第 4.1.11.3 条				
一般项目	2	$150mm^2$ 软电缆绝缘层剥开长度为 70mm；$400mm^2$ 电缆绝缘层剥开长度为 90mm。电缆导体不得被损伤	第 4.1.11.4 条				
一般项目	3	电连接线与接线端子压接应良好，握紧力不小于 6.9kN。电连接线夹与电连接线接触良好，接触面涂电力复合脂，线夹安装应端正牢固，螺栓紧固力矩应符合要求	第 4.1.11.5 条				
一般项目	4	刚柔过渡电连接线的安装应符合设计要求，电连接线在柔性悬挂承力索上除需用线夹连接外，还需在线夹两端用直径为 1.5mm 的铜线进行绑扎。绑扎应紧密，绑扎长度为 90~100mm，电连接线的长度应满足接触悬挂伸缩的需要	第 4.1.11.6 条				
一般项目	5	连接电缆在隧道顶部的固定应符合设计要求，牢固、不易脱落，转弯处弯曲自然，布线美观	第 4.1.11.7 条				
施工单位检查结果	专业工长： 项目专业质量检查员：　　年　月　日						
监理单位验收结论	专业监理工程师：　　年　月　日						

接地安装检验批质量验收记录

DT（GZ）D 0433

单位（子单位）工程名称		分部（子分部）工程名称		分项工程名称	
施工单位		项目负责人		检验批容量	
分包单位		分包单位项目负责人		检验批部位	
施工依据			验收依据		

		验收项目	设计要求及规范规定	最小 / 实际抽样数量	检查记录	检查结果
主控项目	1	支持装置底座、设备底座、开关接地刀闸等均应按设计要求接地；接地线材质和截面应满足设计要求；与隧道壁密贴并应固定牢固，固定卡间距一般为 600~800mm；接地电缆敷设应符合电缆施工及验收规范要求，在电缆支架上敷设时应绑扎稳固，两端连接牢固可靠	第 4.1.13.1 条			
	2	接地线及其固定螺栓、卡子等对接触网带电体的距离应不小于 150mm，对受电弓的瞬时距离应不小于 100mm，且不得侵入设备限界	第 4.1.13.2 条			
	3	汇流排接地挂环安装位置符合设计要求，安装稳固，连接可靠	第 4.1.13.3 条			
一般项目	1	接地跳线或电缆接续规范，线夹端正，布线美观，余长适度	第 4.1.13.4 条			
	2	接地挂环与汇流排连接处的接触面应清洁，均匀涂抹薄层电力复合脂	第 4.1.13.5 条			

施工单位检查结果	专业工长： 项目专业质量检查员：　　　年　月　日
监理单位验收结论	专业监理工程师：　　　年　月　日

线岔检验批质量验收记录

DT（GZ）D 0434

单位（子单位）工程名称		分部（子分部）工程名称		分项工程名称	
施工单位		项目负责人		检验批容量	
分包单位		分包单位项目负责人		检验批部位	
施工依据			验收依据		

		验收项目	设计要求及规范规定	最小/实际抽样数量	检查记录	检查结果
主控项目	1	道岔处在受电弓可能同时接触两支接触线范围内，两支接触线应等高，在受电弓始触点渡线接触线应与正线接触线等高或高出正线接触线 1mm	第 4.1.10.1 条			
	2	单开道岔，悬挂点的拉出值距正线汇流排中心线一般为 200mm，允许误差 ±20mm	第 4.1.10.2 条			
	3	交叉渡线道岔在交叉渡线两线路中心的交叉点处，两支悬挂的汇流排中心线分别距交叉点 100mm。允许误差 ±20mm	第 4.1.10.3 条			
	4	在冷滑试验中受电弓通过时应平滑、无撞击，热滑试验中不应出现固定拉弧点	第 4.1.10.4 条			
一般项目	1	道岔处电连接线、接地线应完整无遗漏，安装牢固，符合设计要求	第 4.1.10.5 条			

施工单位检查结果	专业工长： 项目专业质量检查员：　　年　月　日
监理单位验收结论	专业监理工程师：　　年　月　日

电缆敷设检验批质量验收记录

DT（GZ）D 0435

单位（子单位）工程名称		分部（子分部）工程名称		分项工程名称	
施工单位		项目负责人		检验批容量	
分包单位		分包单位项目负责人		检验批部位	
施工依据			验收依据		

		验收项目	设计要求及规范规定	最小/实际抽样数量	检查记录	检查结果
主控项目	1	电缆的规格、型号及敷设路径、终端位置应符合设计要求	第 4.1.12.1 条			
	2	电缆与设备（隔离开关）的连接正确，固定牢靠，连接时不应对隔离开关产生扭力	第 4.1.12.2 条			
	3	电缆端头的标志应符合国家施工规范的要求，各带电部位应满足相应电压等级的电气距离规定	第 4.1.12.3 条			
一般项目	1	电缆敷设应排列整齐，绑扎牢固，标志清晰	第 4.1.12.4 条			

施工单位检查结果	专业工长： 项目专业质量检查员：　　年　月　日
监理单位验收结论	专业监理工程师：　　年　月　日

刚柔过渡安装检验批质量验收记录

DT（GZ）D 0436

单位（子单位）工程名称		分部（子分部）工程名称		分项工程名称	
施工单位		项目负责人		检验批容量	
分包单位		分包单位项目负责人		检验批部位	
施工依据			验收依据		

		验收项目	设计要求及规范规定	最小 / 实际抽样数量	检查记录	检查结果
主控项目	1	贯通式刚柔过渡的质量要求： （1）两支刚性悬挂接触线应等高。 （2）刚柔过渡交界处，汇流排对接触线不应产生下压或上抬。 （3）连接线夹的螺栓紧固力矩应符合产品说明书要求。 （4）防护罩对露天汇流排覆盖完全，防护罩安装稳固，性能满足设计要求。 （5）两支悬挂点的拉出值为 ±100mm，间距为 200mm，允许误差 ±20mm。 （6）过渡元件底面的接触线固定夹设置完好	第 4.1.14.1 条			
	2	刚性悬挂与相邻柔性悬挂导线不应相互摩擦	第 4.1.14.2 条			
	3	刚柔过渡处的电连接线、接地线应完整无遗漏，安装牢固，符合设计要求	第 4.1.14.3 条			
	4	刚柔过渡段在冷滑试验中受电弓通过时应平滑、无撞击，热滑试验中不应出现固定拉弧点	第 4.1.14.4 条			

施工单位检查结果	专业工长： 项目专业质量检查员：　　　　年　　月　　日
监理单位验收结论	专业监理工程师：　　　　年　　月　　日

隔离开关检验批质量验收记录

DT（GZ）D 0437

<table>
<tr><td>单位（子单位）工程名称</td><td colspan="2"></td><td>分部（子分部）工程名称</td><td></td><td>分项工程名称</td><td></td></tr>
<tr><td>施工单位</td><td colspan="2"></td><td>项目负责人</td><td></td><td>检验批容量</td><td></td></tr>
<tr><td>分包单位</td><td colspan="2"></td><td>分包单位项目负责人</td><td></td><td>检验批部位</td><td></td></tr>
<tr><td>施工依据</td><td colspan="3"></td><td>验收依据</td><td colspan="2"></td></tr>
<tr><td></td><td colspan="2">验收项目</td><td>设计要求及规范规定</td><td>最小/实际抽样数量</td><td>检查记录</td><td>检查结果</td></tr>
<tr><td rowspan="5">主控项目</td><td>1</td><td>隔离开关运达现场应进行检查，其质量应符合设计规定和产品技术条件要求</td><td>第 4.2.1.1 条</td><td></td><td></td><td></td></tr>
<tr><td>2</td><td>隔离开关型号、安装位置及各部件安装尺寸应符合设计要求</td><td>第 4.2.1.2 条</td><td></td><td></td><td></td></tr>
<tr><td>3</td><td>隔离开关绝缘性能应符合设计要求。电动隔离开关的电源和控制回路接线正确，在允许电压波动范围内能正确、可靠动作。隔离开关机械联锁应正确可靠。机构的分、合闸指示与开关的实际状态一致</td><td>第 4.2.1.3 条</td><td></td><td></td><td></td></tr>
<tr><td>4</td><td>操动机构传动操作应轻便灵活，隔离开关应分合顺利可靠，分、合位置正确，触头接触良好</td><td>第 4.2.1.4 条</td><td></td><td></td><td></td></tr>
<tr><td>5</td><td>隔离开关安装后，在任何情况下带电体对地的最小净距均应满足带电距离要求</td><td>第 4.2.1.5 条</td><td></td><td></td><td></td></tr>
<tr><td rowspan="3">一般项目</td><td>1</td><td>开关底座安装应调平、安装牢固，接地良好。并列三联隔离开关的底座应在同一垂直高度上安装水平、牢固。隔离开关与底座连接应牢固</td><td>第 4.2.1.6 条</td><td></td><td></td><td></td></tr>
<tr><td>2</td><td>隔离开关引线连接正确牢固，布线规整</td><td>第 4.2.1.7 条</td><td></td><td></td><td></td></tr>
<tr><td>3</td><td>隔离开关接地的安装方式及接地电阻应符合设计规定，接地电阻值应不大于 10Ω</td><td>第 4.2.1.8 条</td><td></td><td></td><td></td></tr>
<tr><td colspan="2">施工单位检查结果</td><td colspan="5">专业工长：
项目专业质量检查员：　　　　年　　月　　日</td></tr>
<tr><td colspan="2">监理单位验收结论</td><td colspan="5">专业监理工程师：　　　　年　　月　　日</td></tr>
</table>

均、回流电缆敷设及箱体安装检验批质量验收记录

DT（GZ）D 0438

<table>
<tr><td>单位（子单位）工程名称</td><td colspan="2"></td><td>分部（子分部）工程名称</td><td></td><td>分项工程名称</td><td></td></tr>
<tr><td>施工单位</td><td colspan="2"></td><td>项目负责人</td><td></td><td>检验批容量</td><td></td></tr>
<tr><td>分包单位</td><td colspan="2"></td><td>分包单位项目负责人</td><td></td><td>检验批部位</td><td></td></tr>
<tr><td>施工依据</td><td colspan="3"></td><td>验收依据</td><td colspan="2"></td></tr>
<tr><td></td><td colspan="2">验收项目</td><td>设计要求及规范规定</td><td>最小 / 实际抽样数量</td><td>检查记录</td><td>检查结果</td></tr>
<tr><td rowspan="2">主控项目</td><td>1</td><td>电缆、设备运达现场应进行检查，其质量应符合设计规定和产品技术条件要求</td><td>第 4.3.1.1 条</td><td></td><td></td><td></td></tr>
<tr><td>2</td><td>均回流电缆及箱体的安装位置、接线数量及载流截面、均回流电缆与钢轨的连接方式应符合设计要求。箱体安装后满足地铁限界要求</td><td>第 4.3.1.2 条</td><td></td><td></td><td></td></tr>
<tr><td rowspan="4">一般项目</td><td>1</td><td>回流箱、均流箱安装牢固，盘柜无变形，表面漆层完好，铭牌齐全，元件无损坏</td><td>第 4.3.1.3 条</td><td></td><td></td><td></td></tr>
<tr><td>2</td><td>回流箱、均流箱与基础的连接固定牢靠，除基础螺栓外，所有紧固件应为镀锌制品</td><td>第 4.3.1.4 条</td><td></td><td></td><td></td></tr>
<tr><td>3</td><td>隧道内的电缆转换箱和回流电缆箱、均流箱的安装方式应符合设计要求</td><td>第 4.3.1.5 条</td><td></td><td></td><td></td></tr>
<tr><td>4</td><td>均回流电缆应固定牢固、布置规整、与钢轨连接牢固可靠，电气导通良好，连接前钢轨连接面应打磨、除锈</td><td>第 4.3.1.6 条</td><td></td><td></td><td></td></tr>
<tr><td colspan="2">施工单位检查结果</td><td colspan="5">专业工长：
项目专业质量检查员：　　　　年　月　日</td></tr>
<tr><td colspan="2">监理单位验收结论</td><td colspan="5">专业监理工程师：　　　　年　月　日</td></tr>
</table>

警示防护设施检验批质量验收记录

DT（GZ）D 0439

单位（子单位）工程名称		分部（子分部）工程名称			分项工程名称		
施工单位		项目负责人			检验批容量		
分包单位		分包单位项目负责人			检验批部位		
施工依据			验收依据				
		验收项目	设计要求及规范规定	最小 / 实际抽样数量	检查记录		检查结果
主控项目	1	各类警示标志牌、防护设施应齐全	第 4.3.2.1 条				
主控项目	2	防止触电的警示标志牌应安装在电气设备和行人容易接近的接触网带电体附近。警示标志牌的颜色、规格、安装位置应符合规范要求，安装牢固可靠，在任何情况下都显眼醒目，不得侵入设备限界，满足电气绝缘距离要求	第 4.3.2.2 条				
一般项目	1	高压危险牌应设于电气设备及行人较多的地方，设置高度 1.6 ~ 2.0m	第 4.3.2.3 条				
一般项目	2	接触网终端牌应清晰明显，安装位置应符合规范，安装牢固	第 4.3.2.4 条				
一般项目	3	悬挂点号码牌的颜色、规格、位置高度应符合规范要求，号码牌应按方向顺序分类编号，底漆应均匀，字迹清晰、美观醒目，不易脱落	第 4.3.2.5 条				
施工单位检查结果	专业工长： 项目专业质量检查员：　　　　年　月　日						
监理单位验收结论	专业监理工程师：　　　　年　月　日						

冷、热滑试验及送电开通检验批质量验收记录

DT（GZ）D 0440

<table>
<tr><td>单位（子单位）工程名称</td><td></td><td>分部（子分部）工程名称</td><td></td><td colspan="2">分项工程名称</td><td></td></tr>
<tr><td>施工单位</td><td></td><td>项目负责人</td><td></td><td colspan="2">检验批容量</td><td></td></tr>
<tr><td>分包单位</td><td></td><td>分包单位项目负责人</td><td></td><td colspan="2">检验批部位</td><td></td></tr>
<tr><td>施工依据</td><td colspan="2"></td><td>验收依据</td><td colspan="3"></td></tr>
<tr><td colspan="3">验收项目</td><td>设计要求及规范规定</td><td>最小/实际抽样数量</td><td>检查记录</td><td>检查结果</td></tr>
<tr><td rowspan="3">主控项目</td><td>1</td><td>冷滑试验应在线路限界检查后进行。冷滑时受电弓在接触网汇流排面上滑行应平顺</td><td>第 4.3.3.1 条</td><td></td><td></td><td></td></tr>
<tr><td>2</td><td>接触网受电是在冷滑试验后进行，接触网受电前应确保开通区段接触网系统绝缘良好，接触网系统受电后，各供电臂始、终端应确保有电</td><td>第 4.3.3.2 条</td><td></td><td></td><td></td></tr>
<tr><td>3</td><td>热滑试验为接触网送电后进行，试验车以规定运行速度往返运行，接触网及设备应运行正常</td><td>第 4.3.3.3 条</td><td></td><td></td><td></td></tr>
<tr><td colspan="2">施工单位检查结果</td><td colspan="5">专业工长：
项目专业质量检查员：　　　　年　月　日</td></tr>
<tr><td colspan="2">监理单位验收结论</td><td colspan="5">专业监理工程师：　　　　年　月　日</td></tr>
</table>

参考电极检验批质量验收记录

DT（GZ）D 0441

<table>
<tr><td colspan="2">单位（子单位）工程名称</td><td></td><td>分部（子分部）工程名称</td><td></td><td>分项工程名称</td><td></td></tr>
<tr><td colspan="2">施工单位</td><td></td><td>项目负责人</td><td></td><td>检验批容量</td><td></td></tr>
<tr><td colspan="2">分包单位</td><td></td><td>分包单位项目负责人</td><td></td><td>检验批部位</td><td></td></tr>
<tr><td colspan="2">施工依据</td><td colspan="2"></td><td>验收依据</td><td colspan="2"></td></tr>
<tr><td></td><td colspan="2">验收项目</td><td>设计要求及规范规定</td><td>最小/实际抽样数量</td><td>检查记录</td><td>检查结果</td></tr>
<tr><td rowspan="4">主控项目</td><td>1</td><td>参考电极采用材质应符合设计要求，参考电极应无锈蚀或机械损伤，规格、型号与设计要求相符</td><td>第 3.3.2.1 条</td><td></td><td></td><td></td></tr>
<tr><td>2</td><td>参考电极安装地点在道床、隧道结构墙内，安装位置与对应的测试端子之间距离不应超过 1m 的范围，安装孔直径应不小于 60mm，深 160mm</td><td>第 3.3.2.2 条</td><td></td><td></td><td></td></tr>
<tr><td>3</td><td>参考电极材质应为氧化钼，在埋设前应在清水中浸泡不少于 24h</td><td>第 3.3.2.3 条</td><td></td><td></td><td></td></tr>
<tr><td>4</td><td>参考电极安装时不应和结构钢筋接触，严禁撞击其他刚硬结构物</td><td>第 3.3.2.4 条</td><td></td><td></td><td></td></tr>
<tr><td rowspan="3">一般项目</td><td>1</td><td>参考电极的封洞挡板安装孔径不小于 60mm，厚 8mm，中间引线预留孔直径为 10mm</td><td>第 3.3.2.5 条</td><td></td><td></td><td></td></tr>
<tr><td>2</td><td>参考电极埋设的填充物、封洞挡板的封闭及引线的固定，应符合设计要求</td><td>第 3.3.2.6 条</td><td></td><td></td><td></td></tr>
<tr><td>3</td><td>将参考电极引线穿入玻璃钢管，并用管卡固定，参考电极安装完毕，道床表面和隧道侧墙表面应处理平整</td><td>第 3.3.2.7 条</td><td></td><td></td><td></td></tr>
<tr><td colspan="3">施工单位检查结果</td><td colspan="4">专业工长：
项目专业质量检查员：　　　　年　　月　　日</td></tr>
<tr><td colspan="3">监理单位验收结论</td><td colspan="4">专业监理工程师：　　　　年　　月　　日</td></tr>
</table>

道床收集网检验批质量验收记录

DT（GZ）D 0442

<table>
<tr><td>单位（子单位）工程名称</td><td colspan="2"></td><td colspan="2">分部（子分部）工程名称</td><td></td><td>分项工程名称</td><td></td></tr>
<tr><td>施工单位</td><td colspan="2"></td><td colspan="2">项目负责人</td><td></td><td>检验批容量</td><td></td></tr>
<tr><td>分包单位</td><td colspan="2"></td><td colspan="2">分包单位项目负责人</td><td></td><td>检验批部位</td><td></td></tr>
<tr><td>施工依据</td><td colspan="4"></td><td>验收依据</td><td colspan="2"></td></tr>
<tr><td></td><td colspan="2">验收项目</td><td>设计要求及规范规定</td><td colspan="2">最小 / 实际抽样数量</td><td>检查记录</td><td>检查结果</td></tr>
<tr><td rowspan="4">主控项目</td><td>1</td><td>测防端子和连接端子分别由土建、轨道单位施工，杂散电流施工单位在接收时，应按照施工图核对端子数量和里程，检查设置位置及端子引出方式是否满足设计要求</td><td>第 3.3.3.1 条</td><td colspan="2"></td><td></td><td></td></tr>
<tr><td>2</td><td>轨道专业移交连接端子给杂散电流施工单位时，杂散电流施工单位除对端子实体（测量端子、连接端子、排流端子）进行接收、检查、修正、电气连接复测外，对钢轨电阻、收集网电阻、泄漏电阻进行测试，还应对轨道专业提交的连接端子电气试验报告进行接收，如不合格的由轨道专业整改</td><td>第 3.3.3.2 条</td><td colspan="2"></td><td></td><td></td></tr>
<tr><td>3</td><td>车站结构以及明挖区间杂散电流埋入式端子，由杂散电流施工单位完成电气测试检查，并提供完整的测试报告，不合格的由土建专业整改</td><td>第 3.3.3.3 条</td><td colspan="2"></td><td></td><td></td></tr>
<tr><td>4</td><td>杂散电流收集网及预留端子不得作为接地用或与其他非杂散电流设备连接</td><td>第 3.3.3.4 条</td><td colspan="2"></td><td></td><td></td></tr>
<tr><td>一般项目</td><td>1</td><td>所连接的测试端子间距较大（>80cm），需对连接电缆进行整理和固定</td><td>第 3.3.3.5 条</td><td colspan="2"></td><td></td><td></td></tr>
<tr><td colspan="2">施工单位检查结果</td><td colspan="6">专业工长：
项目专业质量检查员：　　　　年　　月　　日</td></tr>
<tr><td colspan="2">监理单位验收结论</td><td colspan="6">专业监理工程师：　　　　年　　月　　日</td></tr>
</table>

传感器、转换器安装检验批质量验收记录

DT（GZ）D 0443

<table>
<tr><td>单位（子单位）工程名称</td><td colspan="2"></td><td>分部（子分部）工程名称</td><td></td><td>分项工程名称</td><td></td></tr>
<tr><td>施工单位</td><td colspan="2"></td><td>项目负责人</td><td></td><td>检验批容量</td><td></td></tr>
<tr><td>分包单位</td><td colspan="2"></td><td>分包单位项目负责人</td><td></td><td>检验批部位</td><td></td></tr>
<tr><td>施工依据</td><td colspan="3"></td><td>验收依据</td><td colspan="2"></td></tr>
<tr><td></td><td colspan="2">验收项目</td><td>设计要求及规范规定</td><td>最小/实际抽样数量</td><td>检查记录</td><td>检查结果</td></tr>
<tr><td rowspan="3">主控项目</td><td>1</td><td>传感器、转接器安装地点、固定方式应符合设计要求，安装高度在轨面以上1.2~1.5m，不应设在旅客站台乘客视野范围内</td><td>第3.3.4.1条</td><td></td><td></td><td></td></tr>
<tr><td>2</td><td>传感器、转接器应安装牢固、可靠端正，不得侵入限界</td><td>第3.3.4.2条</td><td></td><td></td><td></td></tr>
<tr><td>3</td><td>传感器、转接器密封良好，预留电缆引入口应有防水、防潮措施</td><td>第3.3.4.3条</td><td></td><td></td><td></td></tr>
<tr><td rowspan="2">一般项目</td><td>1</td><td>传感器、转接器支架应安装水平、牢固可靠，支架防腐措施良好</td><td>第3.3.4.4条</td><td></td><td></td><td></td></tr>
<tr><td>2</td><td>参考电极端子和测试端子与连接引线、传感器与转接器连接的通信电缆均应连接可靠</td><td>第3.3.4.5条</td><td></td><td></td><td></td></tr>
<tr><td colspan="2">施工单位检查结果</td><td colspan="5">专业工长：
项目专业质量检查员：　　　　年　月　日</td></tr>
<tr><td colspan="2">监理单位验收结论</td><td colspan="5">专业监理工程师：　　　　年　月　日</td></tr>
</table>

排流柜检验批质量验收记录

DT（GZ）D 0444

<table>
<tr><td colspan="2">单位（子单位）工程名称</td><td></td><td>分部（子分部）工程名称</td><td colspan="2"></td><td>分项工程名称</td><td colspan="2"></td></tr>
<tr><td colspan="2">施工单位</td><td></td><td>项目负责人</td><td colspan="2"></td><td>检验批容量</td><td colspan="2"></td></tr>
<tr><td colspan="2">分包单位</td><td></td><td>分包单位项目负责人</td><td colspan="2"></td><td>检验批部位</td><td colspan="2"></td></tr>
<tr><td colspan="2">施工依据</td><td colspan="3"></td><td>验收依据</td><td colspan="3"></td></tr>
<tr><td></td><td colspan="3">验收项目</td><td>设计要求及规范规定</td><td colspan="2">最小/实际抽样数量</td><td>检查记录</td><td>检查结果</td></tr>
<tr><td rowspan="5">主控项目</td><td>1</td><td colspan="2">排流柜运达现场应进行检查，其质量应符合下列规定：
（1）设备的规格、型号应符合设计规定。
（2）设备表面油漆涂层完整，无锈蚀及损伤等缺陷。
（3）设备上安装的元、器件型号、规格正确，完好无损、固定牢靠，二次回路接线正确，连接可靠。
（4）各种接线端子的排列顺序及绝缘间隔与端子排接线图一致</td><td>第 3.3.5.1 条</td><td colspan="2"></td><td></td><td></td></tr>
<tr><td>2</td><td colspan="2">排流柜安装在变电所内，安装位置、接线方式符合设计要求</td><td>第 3.3.5.2 条</td><td colspan="2"></td><td></td><td></td></tr>
<tr><td>3</td><td colspan="2">排流柜中的负荷开关动作灵活，准确可靠，触头接触紧密，传动部位无卡阻现象</td><td>第 3.3.5.3 条</td><td colspan="2"></td><td></td><td></td></tr>
<tr><td>4</td><td colspan="2">排流柜功能性试验合格，试验项目应符合设备采购合同规定</td><td>第 3.3.5.4 条</td><td colspan="2"></td><td></td><td></td></tr>
<tr><td>5</td><td colspan="2">KDPL-1 型智能排流柜控制器与变电所综合自动化（PSCADA）系统主控单元的接口应符合设计要求；且具有下列功能：（1）实时检测快速熔断器的开关状态，显示被测电流和电压工作状态；（2）报警信号（当地/远方）</td><td>第 3.3.5.5 条</td><td colspan="2"></td><td></td><td></td></tr>
<tr><td rowspan="4">一般项目</td><td>1</td><td colspan="2">排流柜与基础的连接应固定牢固，所有紧固件应作防腐处理，柜内清洁、无杂物</td><td>第 3.3.5.6 条</td><td colspan="2"></td><td></td><td></td></tr>
<tr><td>2</td><td colspan="2">排流柜上的标志牌、标志框齐全、清晰、正确</td><td>第 3.3.5.7 条</td><td colspan="2"></td><td></td><td></td></tr>
<tr><td>3</td><td colspan="2">二次回路允许采用线槽或线把布线形式，接线方式应根据设备实际情况分别采用插接、焊锡连接及压接端子连接；当采用压接端子连接方式时，压接端子的规格应与导线规格匹配，压接牢固；二次回路接线固定牢靠，排列整齐；回路编号正确、字迹清晰</td><td>第 3.3.5.8 条</td><td colspan="2"></td><td></td><td></td></tr>
<tr><td>4</td><td colspan="2">二次回路配线应满足以下要求：
（1）端子号清晰、牢固。
（2）每个接线端子同一侧所接芯线不得超过两根</td><td>第 3.3.5.9 条</td><td colspan="2"></td><td></td><td></td></tr>
<tr><td colspan="3">施工单位检查结果</td><td colspan="6">专业工长：
项目专业质量检查员：　　　　年　　月　　日</td></tr>
<tr><td colspan="3">监理单位验收结论</td><td colspan="6">专业监理工程师：　　　　年　　月　　日</td></tr>
</table>

电缆敷设及与钢轨连接检验批质量验收记录

DT（GZ）D 0445

<table>
<tr><td>单位（子单位）工程名称</td><td></td><td colspan="2">分部（子分部）工程名称</td><td></td><td>分项工程名称</td><td colspan="2"></td></tr>
<tr><td>施工单位</td><td></td><td colspan="2">项目负责人</td><td></td><td>检验批容量</td><td colspan="2"></td></tr>
<tr><td>分包单位</td><td></td><td colspan="2">分包单位项目负责人</td><td></td><td>检验批部位</td><td colspan="2"></td></tr>
<tr><td>施工依据</td><td colspan="3"></td><td>验收依据</td><td colspan="3"></td></tr>
<tr><td></td><td colspan="2">验收项目</td><td>设计要求及规范规定</td><td>最小/实际抽样数量</td><td>检查记录</td><td>检查结果</td></tr>
<tr><td rowspan="3">主控项目</td><td>1</td><td>电缆的规格、型号、长度及敷设路径、终端位置应符合设计要求</td><td>第 3.3.6.1 条</td><td></td><td></td><td></td></tr>
<tr><td>2</td><td>电缆与设备的连接正确，固定牢靠，绝缘良好</td><td>第 3.3.6.2 条</td><td></td><td></td><td></td></tr>
<tr><td>3</td><td>电缆与钢轨连接时在钢轨的焊接位置进行除锈、打磨，保证焊接面的清洁，焊接饱满、牢固可靠，不应有裂缝、气孔及脱焊，更不得有假焊或漏焊现象。电缆焊接前应套有塑料套管加以防护</td><td>第 3.3.6.3 条</td><td></td><td></td><td></td></tr>
<tr><td rowspan="4">一般项目</td><td>1</td><td>测量电缆在支架上的敷设应排列整齐，绑扎牢固，电缆终端、转弯等地方挂电缆挂牌，标志清晰</td><td>第 3.3.6.4 条</td><td></td><td></td><td></td></tr>
<tr><td>2</td><td>二次回路接线标记，字迹清晰，方便查验、校对</td><td>第 3.3.6.5 条</td><td></td><td></td><td></td></tr>
<tr><td>3</td><td>在电缆易破损部位应对电缆进行防护</td><td>第 3.3.6.6 条</td><td></td><td></td><td></td></tr>
<tr><td>4</td><td>杂散电流防护设备定向连接线截面应符合设计要求</td><td>第 3.3.6.7 条</td><td></td><td></td><td></td></tr>
<tr><td colspan="2">施工单位检查结果</td><td colspan="5">专业工长：
项目专业质量检查员：　　　年　月　日</td></tr>
<tr><td colspan="2">监理单位验收结论</td><td colspan="5">专业监理工程师：　　　年　月　日</td></tr>
</table>

监测装置安装检验批质量验收记录

DT（GZ）D 0446

<table>
<tr><td>单位（子单位）工程名称</td><td colspan="2"></td><td colspan="2">分部（子分部）工程名称</td><td></td><td>分项工程名称</td><td></td></tr>
<tr><td>施工单位</td><td colspan="2"></td><td colspan="2">项目负责人</td><td></td><td>检验批容量</td><td></td></tr>
<tr><td>分包单位</td><td colspan="2"></td><td colspan="2">分包单位项目负责人</td><td></td><td>检验批部位</td><td></td></tr>
<tr><td>施工依据</td><td colspan="4"></td><td>验收依据</td><td colspan="2"></td></tr>
<tr><td></td><td colspan="2">验收项目</td><td>设计要求及规范规定</td><td>最小/实际抽样数量</td><td>检查记录</td><td colspan="2">检查结果</td></tr>
<tr><td rowspan="3">主控项目</td><td>1</td><td>监测装置设备规格、型号，安装方式应符合设计要求，柜内元、器件应正确、固定牢固</td><td>第 3.3.7.1 条</td><td></td><td></td><td colspan="2"></td></tr>
<tr><td>2</td><td>监测装置的接地方式应符合设计要求</td><td>第 3.3.7.2 条</td><td></td><td></td><td colspan="2"></td></tr>
<tr><td>3</td><td>监测装置可随时显示每个测试点的极化电压值、轨道电压值等</td><td>第 3.3.7.3 条</td><td></td><td></td><td colspan="2"></td></tr>
<tr><td>一般项目</td><td>1</td><td>监测装置表面涂层应完整，盘面清洁</td><td>第 3.3.7.4 条</td><td></td><td></td><td colspan="2"></td></tr>
<tr><td colspan="2">施工单位检查结果</td><td colspan="6">专业工长：
项目专业质量检查员：　　　　年　　月　　日</td></tr>
<tr><td colspan="2">监理单位验收结论</td><td colspan="6">专业监理工程师：　　　　年　　月　　日</td></tr>
</table>

防护系统测试检验批质量验收记录

DT（GZ）D 0447

<table>
<tr><td>单位（子单位）工程名称</td><td colspan="2"></td><td>分部（子分部）工程名称</td><td></td><td>分项工程名称</td><td colspan="2"></td></tr>
<tr><td>施工单位</td><td colspan="2"></td><td>项目负责人</td><td></td><td>检验批容量</td><td colspan="2"></td></tr>
<tr><td>分包单位</td><td colspan="2"></td><td>分包单位项目负责人</td><td></td><td>检验批部位</td><td colspan="2"></td></tr>
<tr><td>施工依据</td><td colspan="3"></td><td>验收依据</td><td colspan="3"></td></tr>
<tr><td></td><td colspan="2">验收项目</td><td>设计要求及规范规定</td><td>最小/实际抽样数量</td><td>检查记录</td><td colspan="2">检查结果</td></tr>
<tr><td rowspan="3">主控项目</td><td>1</td><td>杂散电流系统测试应符合以下要求：
（1）杂散电流防护测试应按照国家行业标准《地铁杂散电流腐蚀防护技术规程》CJJ 49—92 中规定的有关项目进行。
（2）测量使用的仪表应满足国家行业标准《地铁杂散电流腐蚀防护技术规程》CJJ 49—92 中的有关规定</td><td>第 3.3.8.1 条</td><td></td><td></td><td colspan="2"></td></tr>
<tr><td>2</td><td>杂散电流系统测试应满足下列规定：
（1）设备本体各项功能应达到设计要求。
（2）排流网测防端子连接可靠，排流回路畅通，满足设计标准</td><td>第 3.3.8.2 条</td><td></td><td></td><td colspan="2"></td></tr>
<tr><td>3</td><td>杂散电流检测系统调试应满足设计规定：
（1）测量功能测试正常。
（2）通信功能测试正常。
（3）计算功能测试正常。
（4）现实功能测试正确。
（5）信息报警测试正确</td><td>第 3.3.8.3 条</td><td></td><td></td><td colspan="2"></td></tr>
<tr><td colspan="2">施工单位检查结果</td><td colspan="6">专业工长：
项目专业质量检查员：　　　　年　月　日</td></tr>
<tr><td colspan="2">监理单位验收结论</td><td colspan="6">专业监理工程师：　　　　年　月　日</td></tr>
</table>

底座支架安装检验批质量验收记录

DT（GZ）D 0448

<table>
<tr><td>单位（子单位）工程名称</td><td></td><td>分部（子分部）工程名称</td><td></td><td>分项工程名称</td><td></td></tr>
<tr><td>施工单位</td><td></td><td>项目负责人</td><td></td><td>检验批容量</td><td></td></tr>
<tr><td>分包单位</td><td></td><td>分包单位项目负责人</td><td></td><td>检验批部位</td><td></td></tr>
<tr><td>施工依据</td><td colspan="2"></td><td>验收依据</td><td colspan="2"></td></tr>
</table>

<table>
<tr><td colspan="3">验收项目</td><td>设计要求及规范规定</td><td>最小 / 实际抽样数量</td><td>检查记录</td><td>检查结果</td></tr>
<tr><td rowspan="3">主控项目</td><td>1</td><td>设备底座支架型钢的材质等级及规格、型号应符合设计要求</td><td>第 6.3.1.1 条</td><td></td><td></td><td></td></tr>
<tr><td>2</td><td>底座支架采用手工电弧焊，焊接应牢固、平整。支架采用表面热镀锌的防护方式应符合设计要求</td><td>第 6.3.1.2 条</td><td></td><td></td><td></td></tr>
<tr><td>3</td><td>底座支架采用 $6mm^2$ 的接地线接地，接地牢固、可靠，接地方式，接地线的型号、规格应符合设计要求</td><td>第 6.3.1.3 条</td><td></td><td></td><td></td></tr>
<tr><td rowspan="4">一般项目</td><td>1</td><td>设备底座支架顶面应高出防静电地板 2~5mm</td><td>第 6.3.1.4 条</td><td></td><td></td><td></td></tr>
<tr><td>2</td><td>基础型钢安装应符合本标准的规定</td><td>第 6.3.1.5 条</td><td></td><td></td><td></td></tr>
<tr><td>3</td><td>支架与水泥地面固定螺栓使用规格应符合设计规定。底座支架安装应确保底座支架底面与地面的平稳安装</td><td>第 6.3.1.6 条</td><td></td><td></td><td></td></tr>
<tr><td>4</td><td>设备机柜在底座支架上安装平稳、水平、牢固、正面对齐</td><td>第 6.3.1.7 条</td><td></td><td></td><td></td></tr>
<tr><td colspan="3">施工单位检查结果</td><td colspan="4">专业工长：
项目专业质量检查员：　　　　年　月　日</td></tr>
<tr><td colspan="3">监理单位验收结论</td><td colspan="4">专业监理工程师：　　　　年　月　日</td></tr>
</table>

设备机柜、设备机箱、工作台安装检验批质量验收记录（一）

DT（GZ）D 0449

<table>
<tr><td>单位（子单位）工程名称</td><td colspan="2"></td><td>分部（子分部）工程名称</td><td></td><td colspan="2">分项工程名称</td><td></td></tr>
<tr><td>施工单位</td><td colspan="2"></td><td>项目负责人</td><td></td><td colspan="2">检验批容量</td><td></td></tr>
<tr><td>分包单位</td><td colspan="2"></td><td>分包单位项目负责人</td><td></td><td colspan="2">检验批部位</td><td></td></tr>
<tr><td>施工依据</td><td colspan="3"></td><td>验收依据</td><td colspan="3"></td></tr>
<tr><td></td><td colspan="2">验收项目</td><td>设计要求及规范规定</td><td>最小/实际抽样数量</td><td colspan="2">检查记录</td><td>检查结果</td></tr>
<tr><td rowspan="5">主控项目</td><td>1</td><td>UPS 机柜、服务器柜、接线箱、配电箱规格、型号符合设计文件要求</td><td>第 6.3.2.1 条</td><td></td><td colspan="2"></td><td></td></tr>
<tr><td>2</td><td>机柜和盘台的安放位置、方向、排列顺序、设备平面布置、安装方式应符合设计要求</td><td>第 6.3.2.2 条</td><td></td><td colspan="2"></td><td></td></tr>
<tr><td>3</td><td>控制台应保证台面水平，附件安装完整。设备间的配线径路和型号规格、配线方式符合设计规定。控制台内部接线符合设计及安装手册规定，台面整洁、无划痕</td><td>第 6.3.2.3 条</td><td></td><td colspan="2"></td><td></td></tr>
<tr><td>4</td><td>机柜和盘台的接地应该牢固、良好。装有电气设备的可开启的盘、柜门应以软导线与接地的金属构架可靠地连接，机柜内设备采用设备接地和保护接地，设备接地和保护接地应分开，工作接地应将设备的接地端子与弱电接地端子排相连，设备的保护接地采用电源线中的 PE 芯与外壳接地螺栓相连，接地线的末端保证接地电阻小于 1Ω</td><td>第 6.3.2.4 条</td><td></td><td colspan="2"></td><td></td></tr>
<tr><td>5</td><td>柜体上方不应敷设管道和空调的出风口，柜体下方电缆孔和底座周围应采取封堵措施</td><td>第 6.3.2.5 条</td><td></td><td colspan="2"></td><td></td></tr>
<tr><td colspan="2">施工单位检查结果</td><td colspan="6">专业工长：
项目专业质量检查员：　　　　年　月　日</td></tr>
<tr><td colspan="2">监理单位验收结论</td><td colspan="6">专业监理工程师：　　　　年　月　日</td></tr>
</table>

设备机柜、设备机箱、工作台安装检验批质量验收记录（二）

DT（GZ）D 0449/1

<table>
<tr><td>单位（子单位）
工程名称</td><td colspan="2"></td><td>分部（子分部）
工程名称</td><td></td><td>分项工程名称</td><td colspan="2"></td></tr>
<tr><td>施工单位</td><td colspan="2"></td><td>项目负责人</td><td></td><td>检验批容量</td><td colspan="2"></td></tr>
<tr><td>分包单位</td><td colspan="2"></td><td>分包单位项目负责人</td><td></td><td>检验批部位</td><td colspan="2"></td></tr>
<tr><td>施工依据</td><td colspan="3"></td><td>验收依据</td><td colspan="3"></td></tr>
<tr><td></td><td colspan="2">验收项目</td><td>设计要求及规范规定</td><td>最小/实际抽样数量</td><td>检查记录</td><td colspan="2">检查结果</td></tr>
<tr><td rowspan="3">一般项目</td><td>1</td><td>柜体设备和壁挂箱式设备安装排列应横平竖直，固定螺栓齐全牢固，垂直度偏差为1.5‰，同排机架（柜）应在同一垂直平面上，允许偏差为正负1mm，相邻机架间隙不得大于2mm。柜体和箱体安装位置以及系统设备安装应符合设计要求。壁挂箱式设备均以箱体上端面距静电地板1700mm的高度安装。柜体设备安装允许误差及柜体连接应符合本表6.3.2.6的规定</td><td>第6.3.2.6条</td><td></td><td></td><td colspan="2"></td></tr>
<tr><td>2</td><td>机架（柜）内设备、部件安装应在机架（柜）、机箱定位并加固后安装，安装牢固、端正，符合安装手册要求。机柜内的设备安装牢固，端子配线正确，顺直，绑扎整齐，各种部件不得脱落或损坏</td><td>第6.3.2.7条</td><td></td><td></td><td colspan="2"></td></tr>
<tr><td>3</td><td>电缆对地和线间绝缘不得小于20MΩ</td><td>第6.3.2.8条</td><td></td><td></td><td colspan="2"></td></tr>
<tr><td colspan="2">施工单位检查结果</td><td colspan="6">专业工长：
项目专业质量检查员：　　　　年　　月　　日</td></tr>
<tr><td colspan="2">监理单位验收结论</td><td colspan="6">专业监理工程师：　　　　年　　月　　日</td></tr>
</table>

计算机设备、打印机安装检验批质量验收记录

DT（GZ）D 0450

<table>
<tr><td colspan="2">单位（子单位）
工程名称</td><td></td><td>分部（子分部）
工程名称</td><td></td><td>分项工程名称</td><td colspan="2"></td></tr>
<tr><td colspan="2">施工单位</td><td></td><td>项目负责人</td><td></td><td>检验批容量</td><td colspan="2"></td></tr>
<tr><td colspan="2">分包单位</td><td></td><td>分包单位项目负责人</td><td></td><td>检验批部位</td><td colspan="2"></td></tr>
<tr><td colspan="2">施工依据</td><td colspan="2"></td><td>验收依据</td><td colspan="3"></td></tr>
<tr><td></td><td colspan="2">验收项目</td><td>设计要求及规范规定</td><td>最小/实际抽样数量</td><td>检查记录</td><td colspan="2">检查结果</td></tr>
<tr><td rowspan="3">主控项目</td><td>1</td><td>设备规格型号、安装质量、平面布置、安装方式应符合设计规定，并按照产品安装说明书进行安装。安装应稳固、整齐、美观</td><td>第 6.3.3.1 条</td><td></td><td></td><td colspan="2"></td></tr>
<tr><td>2</td><td>电缆对地和线间绝缘不得小于 20MΩ</td><td>第 6.3.3.2 条</td><td></td><td></td><td colspan="2"></td></tr>
<tr><td>3</td><td>安全接地、保护地线的连接应符合设计规定</td><td>第 6.3.3.3 条</td><td></td><td></td><td colspan="2"></td></tr>
<tr><td>一般项目</td><td>1</td><td>设备接配线质量：设备间的配线径路和型号规格、配线方式符合设计规定。配线顺直、绑扎整齐、标识清晰。接插件接触良好固定</td><td>第 6.3.3.4 条</td><td></td><td></td><td colspan="2"></td></tr>
<tr><td colspan="3">施工单位检查结果</td><td colspan="5">专业工长：
项目专业质量检查员：　　　　年　月　日</td></tr>
<tr><td colspan="3">监理单位验收结论</td><td colspan="5">专业监理工程师：　　　　年　月　日</td></tr>
</table>

电源设备安装检验批质量验收记录（一）

DT（GZ）D 0451

<table>
<tr><td>单位（子单位）工程名称</td><td></td><td>分部（子分部）工程名称</td><td></td><td>分项工程名称</td><td></td></tr>
<tr><td>施工单位</td><td></td><td>项目负责人</td><td></td><td>检验批容量</td><td></td></tr>
<tr><td>分包单位</td><td></td><td>分包单位项目负责人</td><td></td><td>检验批部位</td><td></td></tr>
<tr><td>施工依据</td><td colspan="2"></td><td>验收依据</td><td colspan="2"></td></tr>
</table>

<table>
<tr><td colspan="3">验收项目</td><td>设计要求及规范规定</td><td>最小/实际抽样数量</td><td>检查记录</td><td>检查结果</td></tr>
<tr><td rowspan="4">主控项目</td><td>1</td><td>电源设备类型、容量、性能、指标和安装位置应符合设计规定。设备附件齐全、完整。设备安装平稳，固定牢固，配件齐全，盘面颜色一致，漆层无损伤</td><td>第 6.3.4.1 条</td><td></td><td></td><td></td></tr>
<tr><td>2</td><td>风口清洁畅通；仪表指示正确，开关转换灵活；触接点压力适当；设备外壳接地良好</td><td>第 6.3.4.2 条</td><td></td><td></td><td></td></tr>
<tr><td>3</td><td>柜体上方不应敷设管道和空调的出风口，柜体下方电缆孔和底座周围应采取封堵措施</td><td>第 6.3.4.3 条</td><td></td><td></td><td></td></tr>
<tr><td>4</td><td>蓄电池组安装：
（1）蓄电池的型号、容量、蓄电池组的电压和排列位置应符合设计和产品技术条件，蓄电池柜安装及馈电线连接应符合设计与验收规范要求。
（2）蓄电池排列整齐，距离均匀一致。
（3）蓄电池连接接触良好，馈电母线与蓄电池垂直连接，并标明极性“+”极为红色，“−”极为蓝色。
（4）蓄电池外壳无破裂，电池液无外溢，密封阀无松动</td><td>第 6.3.4.4 条</td><td></td><td></td><td></td></tr>
<tr><td colspan="2">施工单位检查结果</td><td colspan="5">专业工长：
项目专业质量检查员：　　　　年　月　日</td></tr>
<tr><td colspan="2">监理单位验收结论</td><td colspan="5">专业监理工程师：　　　　年　月　日</td></tr>
</table>

电源设备安装检验批质量验收记录（二）

DT（GZ）D 0451/1

<table>
<tr><td>单位（子单位）工程名称</td><td></td><td>分部（子分部）工程名称</td><td></td><td>分项工程名称</td><td></td></tr>
<tr><td>施工单位</td><td></td><td>项目负责人</td><td></td><td>检验批容量</td><td></td></tr>
<tr><td>分包单位</td><td></td><td>分包单位项目负责人</td><td></td><td>检验批部位</td><td></td></tr>
<tr><td>施工依据</td><td colspan="2"></td><td>验收依据</td><td colspan="2"></td></tr>
</table>

<table>
<tr><td></td><td colspan="2">验收项目</td><td>设计要求及规范规定</td><td>最小 / 实际抽样数量</td><td>检查记录</td><td>检查结果</td></tr>
<tr><td rowspan="2">主控项目</td><td>1</td><td>在安装蓄电池末端连接件和导通电池系统前，应检查系统的总电压和正、负极，开始使用前应进行补充电</td><td>第 6.3.4.5 条</td><td></td><td></td><td></td></tr>
<tr><td>2</td><td>电源设备对地绝缘电阻及安全地线、保护地线的连接应符合设计要求。不间断电源装置的可接近裸露导体应接地（PE）或接零 (PEN) 可靠，且有标示</td><td>第 6.3.4.6 条</td><td></td><td></td><td></td></tr>
<tr><td rowspan="4">一般项目</td><td>1</td><td>各种电源配线规格、敷设路径和走线固定方法符合设计规定及安装手册要求</td><td>第 6.3.4.7 条</td><td></td><td></td><td></td></tr>
<tr><td>2</td><td>电源配线无损伤、扭绞交叉现象。配线和橡皮绝缘电缆的最小弯曲半径不得小于其外径的 6 倍。交直流配线应分开布放，不得绑在同一线束内</td><td>第 6.3.4.8 条</td><td></td><td></td><td></td></tr>
<tr><td>3</td><td>输入电源故障时，应能手动与自动转换，自动稳压及稳流，切换时间及切换电压值、输出电压、频率、负荷充放电时间及超载试验等，应符合设计要求</td><td>第 6.3.4.9 条</td><td></td><td></td><td></td></tr>
<tr><td>4</td><td>蓄电池的组数、安装位置、连接标志应正确</td><td>第 6.3.4.10 条</td><td></td><td></td><td></td></tr>
<tr><td colspan="2">施工单位检查结果</td><td colspan="5">专业工长：
项目专业质量检查员：　　　　年　月　日</td></tr>
<tr><td colspan="2">监理单位验收结论</td><td colspan="5">专业监理工程师：　　　　年　月　日</td></tr>
</table>

管、盒、槽安装检验批质量验收记录（一）

DT（GZ）D 0452

单位（子单位）工程名称			分部（子分部）工程名称		分项工程名称	
施工单位			项目负责人		检验批容量	
分包单位			分包单位项目负责人		检验批部位	
施工依据					验收依据	

		验收项目	设计要求及规范规定	最小/实际抽样数量	检查记录	检查结果
主控项目	1	电缆管、线槽、盒类型、结构、材质应符合设计规定。防护管、终端盒、线槽径路和敷设方式应符合设计和定测图的规定	第 6.3.5.1 条			
	2	预埋钢管和线槽应注意封堵，防止异物的进入，钢管、槽道的两端及内部不应有毛刺产生，线缆从槽道引出后应采用防护管对线缆进行防护，并做好密封处理，所有预留楼板孔、隔墙开孔，施工后应采用防火堵料进行封堵	第 6.3.5.2 条			
	3	线槽敷设时不能紧贴地面，应有支架固定，线槽不能紧靠墙面，应有 50~100mm 的距离，数据线槽底部距水泥地面 20~300mm，电源线槽底部距水泥地面 20mm，强、弱电两类线槽的水平间距不得小于 50mm	第 6.3.5.3 条			
	4	防护管、线槽电气连接方式、接地方式与接地电阻满足设计要求	第 6.3.5.4 条			

施工单位检查结果	专业工长： 项目专业质量检查员： 年 月 日
监理单位验收结论	专业监理工程师： 年 月 日

管、盒、槽安装检验批质量验收记录（二）

DT（GZ）D 0452/1

<table>
<tr><td colspan="2">单位（子单位）工程名称</td><td></td><td>分部（子分部）工程名称</td><td></td><td>分项工程名称</td><td colspan="2"></td></tr>
<tr><td colspan="2">施工单位</td><td></td><td>项目负责人</td><td></td><td>检验批容量</td><td colspan="2"></td></tr>
<tr><td colspan="2">分包单位</td><td></td><td>分包单位项目负责人</td><td></td><td>检验批部位</td><td colspan="2"></td></tr>
<tr><td colspan="2">施工依据</td><td colspan="2"></td><td>验收依据</td><td colspan="3"></td></tr>
<tr><td></td><td colspan="2">验收项目</td><td>设计要求及规范规定</td><td>最小/实际抽样数量</td><td>检查记录</td><td>检查结果</td></tr>
<tr><td rowspan="3">主控项目</td><td>5</td><td>管线、电缆及光缆穿越墙洞时应加钢管护套，并用防火密封材料进行封堵。在公共区孔洞必须采用防火密封材料进行封堵，在公共区不允许裸露在装修层外，敷设的高度与通信线平齐</td><td>第6.3.5.5条</td><td></td><td></td><td></td></tr>
<tr><td>6</td><td>金属管线在墙上采用金属码固定，金属码的间距小于1.5m，同时要求避开高低压的电缆敷设</td><td>第6.3.5.6条</td><td></td><td></td><td></td></tr>
<tr><td>7</td><td>穿越电缆井的通信电缆、控制电缆和光缆应穿钢管，并有支架固定防护，与高低压的电缆分别布置在电缆井两侧</td><td>第6.3.5.7条</td><td></td><td></td><td></td></tr>
<tr><td rowspan="2">一般项目</td><td>1</td><td>为了防止电磁干扰，宜用辨式铜带把线槽连接到其经过的设备间，并保持良好的电气连接</td><td>第6.3.5.8条</td><td></td><td></td><td></td></tr>
<tr><td>2</td><td>线槽应固定牢固，横平竖直，盖板紧固，线槽内不同方向的信息电缆应分束捆扎，做好标记</td><td>第6.3.5.9条</td><td></td><td></td><td></td></tr>
<tr><td colspan="3">施工单位检查结果</td><td colspan="4">专业工长：
项目专业质量检查员：　　　　年　　月　　日</td></tr>
<tr><td colspan="3">监理单位验收结论</td><td colspan="4">专业监理工程师：　　　　年　　月　　日</td></tr>
</table>

电（光）缆敷设、连接及终端检验批质量验收记录

DT（GZ）D 0453

<table>
<tr><td colspan="2">单位（子单位）工程名称</td><td></td><td>分部（子分部）工程名称</td><td></td><td>分项工程名称</td><td colspan="2"></td></tr>
<tr><td colspan="2">施工单位</td><td></td><td>项目负责人</td><td></td><td>检验批容量</td><td colspan="2"></td></tr>
<tr><td colspan="2">分包单位</td><td></td><td>分包单位项目负责人</td><td></td><td>检验批部位</td><td colspan="2"></td></tr>
<tr><td colspan="2">施工依据</td><td colspan="2"></td><td>验收依据</td><td colspan="3"></td></tr>
<tr><td colspan="3">验收项目</td><td>设计要求及规范规定</td><td>最小/实际抽样数量</td><td>检查记录</td><td colspan="2">检查结果</td></tr>
<tr><td rowspan="6">主控项目</td><td>1</td><td>电源电缆、通信电缆的型号、规格及敷设方式及光缆的类型、结构、特性应符合设计规定，电缆敷设时不得损伤绝缘护套</td><td>第 6.3.6.1 条</td><td></td><td></td><td colspan="2"></td></tr>
<tr><td>2</td><td>引进机柜内或盘台内的控制电缆应排列整齐，避免交叉，电缆型号、规格应符合设计要求。电缆固定牢固，不得使所接的端子排受到机械应力。电缆头一般宜固定于最低端子排下距最低端子排 150~200mm 处</td><td>第 6.3.6.2 条</td><td></td><td></td><td colspan="2"></td></tr>
<tr><td>3</td><td>电（光）缆敷设时不得扭曲及损伤绝缘护套。电（光）缆的弯曲半径、预留长度应符合规范要求，接头处密封良好</td><td>第 6.3.6.3 条</td><td></td><td></td><td colspan="2"></td></tr>
<tr><td>4</td><td>光缆引入终端方式及安装位置、光缆接头盒及其附件衰减、光缆接续余长应符合设计规定。光缆接续损耗不大于 0.1dB/ 处</td><td>第 6.3.6.4 条</td><td></td><td></td><td colspan="2"></td></tr>
<tr><td>5</td><td>电缆（线）敷设前，应作外观及导通检查，并用直流 500V 兆欧表测量绝缘电阻，其绝缘电阻应大于 20MΩ</td><td>第 6.3.6.5 条</td><td></td><td></td><td colspan="2"></td></tr>
<tr><td>6</td><td>电源线与通信信号线分开布放，电源线与通信信号线不得穿入同一根管内</td><td>第 6.3.6.6 条</td><td></td><td></td><td colspan="2"></td></tr>
<tr><td rowspan="3">一般项目</td><td>1</td><td>电缆不得有接头，所有接线盒、终端盖板要密封，密封前清扫干净，并保证平滑、无毛刺</td><td>第 6.3.6.7 条</td><td></td><td></td><td colspan="2"></td></tr>
<tr><td>2</td><td>电（光）缆穿墙洞时要求加防护钢管，钢管固定间距应小于 1.5m，同时应避开高、低压电缆敷设</td><td>第 6.3.6.8 条</td><td></td><td></td><td colspan="2"></td></tr>
<tr><td>3</td><td>电缆应按设计编号要求挂牌，挂牌应为永久性标志，清晰、正确</td><td>第 6.3.6.9 条</td><td></td><td></td><td colspan="2"></td></tr>
<tr><td colspan="3">施工单位检查结果</td><td colspan="5">专业工长：
项目专业质量检查员：　　　　年　　月　　日</td></tr>
<tr><td colspan="3">监理单位验收结论</td><td colspan="5">专业监理工程师：　　　　年　　月　　日</td></tr>
</table>

底座支架安装检验批质量验收记录

DT（GZ）D 0454

<table>
<tr><td>单位（子单位）工程名称</td><td></td><td>分部（子分部）工程名称</td><td></td><td>分项工程名称</td><td></td></tr>
<tr><td>施工单位</td><td></td><td>项目负责人</td><td></td><td>检验批容量</td><td></td></tr>
<tr><td>分包单位</td><td></td><td>分包单位项目负责人</td><td></td><td>检验批部位</td><td></td></tr>
<tr><td>施工依据</td><td colspan="2"></td><td>验收依据</td><td colspan="2"></td></tr>
</table>

<table>
<tr><td></td><td colspan="2">验收项目</td><td>设计要求及规范规定</td><td>最小 / 实际抽样数量</td><td>检查记录</td><td>检查结果</td></tr>
<tr><td rowspan="3">主控项目</td><td>1</td><td>设备底座支架型钢的材质等级及规格、型号应符合设计要求</td><td>第 6.2.1.1 条</td><td></td><td></td><td></td></tr>
<tr><td>2</td><td>底座支架采用手工电弧焊，焊接应牢固、平整。支架采用表面热镀锌的防护方式应符合设计要求</td><td>第 6.2.1.2 条</td><td></td><td></td><td></td></tr>
<tr><td>3</td><td>底座支架采用 6mm^2 的接地线接地，接地牢固、可靠，接地方式，接地线的型号、规格应符合设计要求</td><td>第 6.2.1.3 条</td><td></td><td></td><td></td></tr>
<tr><td rowspan="9">一般项目</td><td>1</td><td>设备底座支架顶面应高出防静电地板 2~5mm</td><td>第 6.2.1.4 条</td><td></td><td></td><td></td></tr>
<tr><td>2</td><td>基础型钢安装应符合本标准的规定</td><td>第 6.2.1.5 条</td><td></td><td></td><td></td></tr>
<tr><td>3</td><td>支架与水泥地面固定螺栓使用规格应符合设计规定。底座支架安装应确保底座支架底面与地面的平稳安装</td><td>第 6.2.1.6 条</td><td></td><td></td><td></td></tr>
<tr><td>4</td><td>设备机柜在底座支架上安装平稳、水平、牢固、正面对齐</td><td>第 6.2.1.7 条</td><td></td><td></td><td></td></tr>
<tr><td></td><td></td><td></td><td></td><td></td><td></td></tr>
<tr><td></td><td></td><td></td><td></td><td></td><td></td></tr>
<tr><td></td><td></td><td></td><td></td><td></td><td></td></tr>
<tr><td></td><td></td><td></td><td></td><td></td><td></td></tr>
<tr><td></td><td></td><td></td><td></td><td></td><td></td></tr>
</table>

<table>
<tr><td>施工单位检查结果</td><td>专业工长：
项目专业质量检查员：　　　　年　　月　　日</td></tr>
<tr><td>监理单位验收结论</td><td>专业监理工程师：　　　　年　　月　　日</td></tr>
</table>

电力监控检验批质量验收记录

DT（GZ）D 0455

单位（子单位）工程名称		分部（子分部）工程名称		分项工程名称	
施工单位		项目负责人		检验批容量	
分包单位		分包单位项目负责人		检验批部位	
施工依据			验收依据		

		验收项目	设计要求及规范规定	最小/实际抽样数量	检查记录	检查结果
主控项目	1	主站硬件设备的安装位置应准确，各插件安装牢固，接线正确	第 6.4.1 条	—		
	2	自动化屏设备接地、设备中端子排安装应符合设计及产品技术文件的要求，自动化屏设备的电缆敷设和二次配线应符合国家及相关行业现行技术规范的规定	第 6.4.2 条	—		
	3	主控站软件配置应齐全，软、硬件的连接应正确，通信数据处理正确，保证不间断通信，无对时误差	第 6.4.3 条	—		
	4	监控单元与现场设备间隔单元相连通，现场监控设备的自恢复功能应符合设计要求	第 6.4.4 条	—		
一般项目	1	监控系统的启动、自检和切换功能、检测调试应正常，工作可靠，主监控单元与通信单元测试，达到数据传输正常，系统通信工作状态良好	第 6.4.5 条	—		
	2	主控站硬件设备电流装置、输出电压应符合设计要求，信号显示正确，电缆布线排布整齐，牢固可靠，二次接线排列标准，标记清楚	第 6.4.6 条	—		
	3	控制信号盘、集中监控设备安装应牢固、连接紧密、标志正确、接地可靠，电器性能及数量应符合设计要求，电源装置的输入输出极性及电压值应符合产品技术文件规定	第 6.4.7 条	—		

施工单位检查结果	专业工长： 项目专业质量检查员：　　年　月　日
监理单位验收结论	专业监理工程师：　　年　月　日

设备机柜（箱）、工作台打印台安装检验批质量验收记录（一）

DT（GZ）D 0456

<table>
<tr><td colspan="3">单位（子单位）工程名称</td><td></td><td>分部（子分部）工程名称</td><td></td><td>分项工程名称</td><td></td></tr>
<tr><td colspan="3">施工单位</td><td></td><td>项目负责人</td><td></td><td>检验批容量</td><td></td></tr>
<tr><td colspan="3">分包单位</td><td></td><td>分包单位项目负责人</td><td></td><td>检验批部位</td><td></td></tr>
<tr><td colspan="3">施工依据</td><td colspan="2"></td><td>验收依据</td><td colspan="2"></td></tr>
<tr><td></td><td colspan="2">验收项目</td><td>设计要求及规范规定</td><td>最小 / 实际抽样数量</td><td>检查记录</td><td colspan="2">检查结果</td></tr>
<tr><td rowspan="5">主控项目</td><td>1</td><td>UPS 机柜、服务器柜、接线箱、配电箱规格、型号符合设计文件要求</td><td>第 6.1.2.1 条</td><td></td><td></td><td colspan="2"></td></tr>
<tr><td>2</td><td>机柜和盘台的安放位置、方向、排列顺序、设备平面布置、安装方式应符合设计要求</td><td>第 6.1.2.2 条</td><td></td><td></td><td colspan="2"></td></tr>
<tr><td>3</td><td>控制台应保证台面水平，附件安装完整。设备间的配线径路和型号规格、配线方式符合设计规定。控制台内部接线符合设计及安装手册规定，台面整洁、无划痕</td><td>第 6.1.2.3 条</td><td></td><td></td><td colspan="2"></td></tr>
<tr><td>4</td><td>机柜和盘台的接地应该牢固、良好。装有电气设备的可开启的盘、柜门应以软导线与接地的金属构架可靠地连接，机柜内设备采用设备接地和保护接地，设备接地和保护接地应分开，工作接地应将设备的接地端子与弱电接地端子排相连，设备的保护接地采用电源线中的 PE 芯与外壳接地螺栓相连，接地线的末端保证接地电阻小于 1Ω</td><td>第 6.1.2.4 条</td><td></td><td></td><td colspan="2"></td></tr>
<tr><td>5</td><td>柜体上方不应敷设管道和空调的出风口，柜体下方电缆孔和底座周围应采取封堵措施</td><td>第 6.1.2.5 条</td><td></td><td></td><td colspan="2"></td></tr>
<tr><td colspan="3">施工单位检查结果</td><td colspan="5">专业工长：
项目专业质量检查员：　　　　年　　月　　日</td></tr>
<tr><td colspan="3">监理单位验收结论</td><td colspan="5">专业监理工程师：　　　　年　　月　　日</td></tr>
</table>

设备机柜（箱）、工作台打印台安装检验批质量验收记录（二）

DT（GZ）D 0456/1

<table>
<tr><td>单位（子单位）工程名称</td><td></td><td>分部（子分部）工程名称</td><td></td><td>分项工程名称</td><td colspan="2"></td></tr>
<tr><td>施工单位</td><td></td><td>项目负责人</td><td></td><td>检验批容量</td><td colspan="2"></td></tr>
<tr><td>分包单位</td><td></td><td>分包单位项目负责人</td><td></td><td>检验批部位</td><td colspan="2"></td></tr>
<tr><td>施工依据</td><td colspan="2"></td><td>验收依据</td><td colspan="3"></td></tr>
<tr><td></td><td colspan="2">验收项目</td><td>设计要求及规范规定</td><td>最小 / 实际抽样数量</td><td>检查记录</td><td>检查结果</td></tr>
<tr><td rowspan="3">一般项目</td><td>1</td><td>柜体设备和壁挂箱式设备安装排列应横平竖直，固定螺栓齐全牢固，垂直度偏差为 1.5‰，同排机架（柜）应在同一垂直平面上，允许偏差为正负 1mm，相邻机架间隙不得大于 2mm。柜体和箱体安装位置以及系统设备安装应符合设计要求。壁挂箱式设备均以箱体上端面距静电地板 1700mm 的高度安装。柜体设备安装允许误差及柜体连接应符合表 6.1.2.6 的规定</td><td>第 6.1.2.6 条</td><td></td><td></td><td></td></tr>
<tr><td>2</td><td>机架（柜）内设备、部件安装应在机架（柜）、机箱定位并加固后安装，安装牢固、端正，符合安装手册要求。机柜内的设备安装牢固，端子配线正确，顺直、绑扎整齐，各种部件不得脱落或损坏</td><td>第 6.1.2.7 条</td><td></td><td></td><td></td></tr>
<tr><td>3</td><td>电缆对地和线间绝缘不得小于 20MΩ</td><td>第 6.1.2.8 条</td><td></td><td></td><td></td></tr>
<tr><td colspan="2">施工单位检查结果</td><td colspan="5">专业工长：
项目专业质量检查员：　　　　年　　月　　日</td></tr>
<tr><td colspan="2">监理单位验收结论</td><td colspan="5">专业监理工程师：　　　　年　　月　　日</td></tr>
</table>

第三章

信号工程系统

CHAPTER THREE

支架、线槽安装检验批质量验收记录（一）

DT（GZ）X 0301

<table>
<tr><td colspan="3">单位（子单位）工程名称</td><td colspan="5"></td></tr>
<tr><td colspan="3">分部工程名称 / 分项工程名称</td><td colspan="5"></td></tr>
<tr><td colspan="3">检验批部位</td><td colspan="2"></td><td>检验批容量</td><td colspan="2"></td></tr>
<tr><td colspan="3">施工单位</td><td colspan="3"></td><td>项目负责人</td><td></td></tr>
<tr><td colspan="3">执行的技术标准名称、编号及设计图号</td><td colspan="5"></td></tr>
<tr><td colspan="3">验收依据</td><td colspan="5"></td></tr>
<tr><td rowspan="8">主控项目</td><td colspan="2">验收项目</td><td>设计要求及标准规定</td><td>最小 / 实际抽样数量</td><td colspan="2">检查记录</td><td>检查结果</td></tr>
<tr><td>1</td><td>电（光）缆的支架、线槽进场时应进行检查，其型号、规格、质量应符合设计要求及相关产品标准的规定</td><td>4.2.1</td><td></td><td colspan="2"></td><td></td></tr>
<tr><td>2</td><td>支架的安装位置、安装高度及安装间距应符合设计要求</td><td>4.2.2</td><td></td><td colspan="2"></td><td></td></tr>
<tr><td>3</td><td>支架在带有坡度的隧道内安装时，支架应与隧道的坡度相平行；支架在带有弧度的隧道壁上安装时，支架应与隧道壁的弧度吻合密贴</td><td>4.2.3</td><td></td><td colspan="2"></td><td></td></tr>
<tr><td>4</td><td>支架不应安装在具有较大振动、热源、腐蚀性液滴及排污沟道的位置，也不应安装在具有高温、高压、腐蚀性及易燃易爆等介质的工艺设备上</td><td>4.2.4</td><td></td><td colspan="2"></td><td></td></tr>
<tr><td>5</td><td>支架之间应采用 20mm×4mm 的镀锌扁钢连接，并在站端与综合接地体连接，连接处应进行防腐处理</td><td>4.2.5</td><td></td><td colspan="2"></td><td></td></tr>
<tr><td>6</td><td>金属线槽采用焊接方式连接时应焊接牢固，内层应平整，不应有明显的变形，焊接处应作防腐处理。采用螺栓固定方式连接时螺栓应紧固</td><td>4.2.6</td><td></td><td colspan="2"></td><td></td></tr>
<tr><td>7</td><td>金属线槽应接地，接缝处应有连接线或跨越线</td><td>4.2.7</td><td></td><td colspan="2"></td><td></td></tr>
<tr><td colspan="2" rowspan="2">施工单位检查结果</td><td>专业工长（施工员）
（签名）</td><td colspan="2"></td><td>施工班组长
（签名）</td><td colspan="2"></td></tr>
<tr><td colspan="6">项目专业质量检查员（签名）:　　　　年　月　日</td></tr>
<tr><td colspan="2">监理单位验收结论</td><td colspan="6">专业监理工程师（签名）:　　　　年　月　日</td></tr>
</table>

支架、线槽安装检验批质量验收记录（二）

DT（GZ）X 0301/1

单位（子单位）工程名称						
分部工程名称 / 分项工程名称						
检验批部位				检验批容量		
施工单位					项目负责人	
执行的技术标准名称、编号及设计图号						
验收依据						
一般项目	验收项目		设计要求及标准规定	最小 / 实际抽样数量	检查记录	检查结果
	1	槽与槽之间、槽与设备盘（箱）之间、槽与盖之间、盖与盖之间的连接处，应对合严密	4.2.8			
	2	线槽与机架连接处应垂直，连接应牢固	4.2.9			
	3	支架在安装前应经热镀锌、涂漆等防腐处理。安装用膨胀螺栓应垂直于安装切面，胀管应全部在切面下，安装完毕应涂刷防锈油漆	4.2.10			
	4	支架安装应横平竖直、整齐美观，并应固定牢固。在同一直线段上的支架安装应间距均匀，同层托臂应在同一水平面上	4.2.11			
	5	采用混凝土线槽时，槽内应光洁，并应无水泥掉块、缺损或钢筋外露现象；采用金属线槽时宜经热镀锌、涂漆等防腐处理，切口处应光滑、无卷边、无毛刺	4.2.12			
	6	线槽的安装应横平竖直，并应排列整齐。垂直排列的线槽拐弯时，其弯曲弧度应一致	4.2.13			
	7					
施工单位检查结果	专业工长（施工员）（签名）			施工班组长（签名）		
	项目专业质量检查员（签名）: 年 月 日					
监理单位验收结论	专业监理工程师（签名）: 年 月 日					

电（光）缆敷设检验批质量验收记录（一）

DT（GZ）X 0302

单位（子单位）工程名称							
分部工程名称 / 分项工程名称							
检验批部位				检验批容量			
施工单位					项目负责人		
执行的技术标准名称、编号及设计图号							
验收依据							
主控项目	验收项目		设计要求及标准规定	最小 / 实际抽样数量	检查记录	检查结果	
	1	电（光）缆进场时应进行检查，其型号、规格、质量应符合设计要求及相关产品标准的规定	4.3.1				
	2	电（光）缆敷设前应进行单盘测试，测试指标应符合产品技术条件及设计要求	4.3.2				
	3	电（光）缆敷设径路、位置应符合设计要求	4.3.3				
	4	电（光）缆直埋时应符合设计要求： （1）两设备间的径路应选择最短或通过障碍物及跨股道最少。 （2）不得在道岔尖端、辙岔心及钢轨接头处穿越股道。 （3）土质地带埋设深度不得小于 700mm，石质地带埋设深度不得小于 500mm，并均应在冻土层以下。 （4）电缆沟底应平坦、无石块和杂物，沟内电（光）缆应自然松弛、排列整齐，不交叉	4.3.4				
	5	电（光）缆敷设的弯曲半径应符合下列规定： （1）全塑电缆不得小于电缆外径的 10 倍。 （2）铠装电缆不得小于电缆外径的 15 倍。 （3）光缆敷设时的弯曲半径不得小于光缆外径的 15 倍	4.3.5				
施工单位检查结果	专业工长（施工员）（签名）			施工班组长（签名）			
	项目专业质量检查员（签名）：　　年　月　日						
监理单位验收结论	专业监理工程师（签名）：　　年　月　日						

电（光）缆敷设检验批质量验收记录（二）

DT（GZ）X 0302/1

<table>
<tr><td colspan="3">单位（子单位）工程名称</td><td colspan="5"></td></tr>
<tr><td colspan="3">分部工程名称 / 分项工程名称</td><td colspan="5"></td></tr>
<tr><td colspan="3">检验批部位</td><td colspan="2"></td><td>检验批容量</td><td colspan="2"></td></tr>
<tr><td colspan="3">施工单位</td><td colspan="3"></td><td>项目负责人</td><td></td></tr>
<tr><td colspan="3">执行的技术标准名称、
编号及设计图号</td><td colspan="5"></td></tr>
<tr><td colspan="3">验收依据</td><td colspan="5"></td></tr>
<tr><td rowspan="6">主控项目</td><td colspan="2">验收项目</td><td>设计要求及标准规定</td><td>最小 / 实际抽样数量</td><td>检查记录</td><td colspan="2">检查结果</td></tr>
<tr><td>6</td><td>电（光）缆敷设后外护层（套）不得有破损、变形或扭伤，接头应密封良好</td><td>4.3.6</td><td></td><td></td><td colspan="2"></td></tr>
<tr><td>7</td><td></td><td></td><td></td><td></td><td colspan="2"></td></tr>
<tr><td>8</td><td></td><td></td><td></td><td></td><td colspan="2"></td></tr>
<tr><td>9</td><td></td><td></td><td></td><td></td><td colspan="2"></td></tr>
<tr><td>10</td><td></td><td></td><td></td><td></td><td colspan="2"></td></tr>
<tr><td colspan="2" rowspan="2">施工单位检查结果</td><td>专业工长（施工员）（签名）</td><td colspan="2"></td><td colspan="2">施工班组长（签名）</td><td></td></tr>
<tr><td colspan="6">项目专业质量检查员（签名）: 年 月 日</td></tr>
<tr><td colspan="2">监理单位验收结论</td><td colspan="6">专业监理工程师（签名）: 年 月 日</td></tr>
</table>

电（光）缆敷设检验批质量验收记录（三）

DT（GZ）X 0302/2

<table>
<tr><td colspan="3">单位（子单位）工程名称</td><td colspan="5"></td></tr>
<tr><td colspan="3">分部工程名称 / 分项工程名称</td><td colspan="5"></td></tr>
<tr><td colspan="3">检验批部位</td><td colspan="2"></td><td>检验批容量</td><td colspan="2"></td></tr>
<tr><td colspan="3">施工单位</td><td colspan="3"></td><td>项目负责人</td><td></td></tr>
<tr><td colspan="3">执行的技术标准名称、
编号及设计图号</td><td colspan="5"></td></tr>
<tr><td colspan="3">验收依据</td><td colspan="5"></td></tr>
<tr><td rowspan="5">一般项目</td><td colspan="2">验收项目</td><td>设计要求及标准规定</td><td>最小 / 实际抽样数量</td><td>检查记录</td><td colspan="2">检查结果</td></tr>
<tr><td>1</td><td>电（光）缆在电缆支架上应分层敷设，并排列整齐、自然松弛，同层架设时不应扭绞、交叉</td><td>4.3.7</td><td></td><td></td><td colspan="2"></td></tr>
<tr><td>2</td><td>电（光）缆在线槽内敷设时应排列整齐，不应扭绞、交叉及溢出线槽</td><td>4.3.8</td><td></td><td></td><td colspan="2"></td></tr>
<tr><td>3</td><td>电（光）缆敷设余留量应符合下列要求：
（1）引至室内的电（光）缆余留量不应小于 5m。
（2）室外设备端电（光）缆余留量不应小于 2m，当电（光）缆敷设长度小于 20m 时，余留量不应小于 1m。
（3）电（光）缆过桥，在桥两端的余留量不应小于 2m。
（4）电（光）缆接续时，接续点两端的余留量不应小于 1m。
（5）电（光）缆在隧道内防淹门处应有余留量，其长度应符合设计要求</td><td>4.3.9</td><td></td><td></td><td colspan="2"></td></tr>
<tr><td>4</td><td>干线电（光）缆径路的下列地点应设置径路标志：
（1）电（光）缆的转向处或分支处。
（2）大于 500m 的直线中间点。
通过人防门等障碍物处需要表明径路的部位。
（3）电（光）缆地下接续处</td><td>4.3.10</td><td></td><td></td><td colspan="2"></td></tr>
<tr><td colspan="2" rowspan="2">施工单位检查结果</td><td>专业工长（施工员）
（签名）</td><td colspan="2"></td><td colspan="2">施工班组长
（签名）</td><td></td></tr>
<tr><td colspan="6">项目专业质量检查员（签名）:　　　　年　　月　　日</td></tr>
<tr><td colspan="2">监理单位验收结论</td><td colspan="6">专业监理工程师（签名）:　　　　年　　月　　日</td></tr>
</table>

电（光）缆防护检验批质量验收记录（一）

DT（GZ）X 0303

<table>
<tr><td colspan="3">单位（子单位）工程名称</td><td colspan="5"></td></tr>
<tr><td colspan="3">分部工程名称 / 分项工程名称</td><td colspan="5"></td></tr>
<tr><td colspan="3">检验批部位</td><td colspan="2"></td><td>检验批容量</td><td colspan="2"></td></tr>
<tr><td colspan="3">施工单位</td><td colspan="3"></td><td>项目负责人</td><td></td></tr>
<tr><td colspan="3">执行的技术标准名称、
编号及设计图号</td><td colspan="5"></td></tr>
<tr><td colspan="3">验收依据</td><td colspan="5"></td></tr>
<tr><td rowspan="5">主控项目</td><td colspan="2">验收项目</td><td>设计要求及标准规定</td><td>最小 / 实际抽样数量</td><td>检查记录</td><td colspan="2">检查结果</td></tr>
<tr><td>1</td><td>电（光）缆防护用管、槽等器材进场时应进行检查，其型号、规格、质量应符合设计要求及相关产品标准的规定</td><td>4. 4.1</td><td></td><td></td><td colspan="2"></td></tr>
<tr><td>2</td><td>电（光）缆线路防护设施的设置地点、设置方式、设置数量应符合设计要求</td><td>4.4.2</td><td></td><td></td><td colspan="2"></td></tr>
<tr><td>3</td><td>当采用金属管（槽）作防护时，应经热镀锌、涂漆等防腐处理。各类防护用管（槽）的两端口处应采取相应的保护措施，电（光）缆引入室的引入孔应用防火材料封堵严密</td><td>4.4.3</td><td></td><td></td><td colspan="2"></td></tr>
<tr><td>4</td><td>电（光）缆穿越轨道、排水沟时必须使用防护管，并应符合下列要求：
（1）通过碎石道床过轨时，防护管两端各伸出轨枕端不应小于500mm，并埋于地面200mm以下，管口封堵应严密。
（2）在整体道床过轨时，防护管两端应各超过轨枕端，并用管卡直接固定在地面上。
（3）穿越排水沟时，防护管长度应大于排水沟宽度，并在排水沟两端用管卡直接固定在地面上。
（4）防护管内径不得小于电（光）缆堆积外径的 1.5 倍</td><td>4.4.4</td><td></td><td></td><td colspan="2"></td></tr>
<tr><td colspan="2" rowspan="2">施工单位检查结果</td><td colspan="2">专业工长（施工员）
（签名）</td><td></td><td>施工班组长
（签名）</td><td colspan="2"></td></tr>
<tr><td colspan="6">项目专业质量检查员（签名）:　　　　年　月　日</td></tr>
<tr><td colspan="2">监理单位验收结论</td><td colspan="6">专业监理工程师（签名）:　　　　年　月　日</td></tr>
</table>

电（光）缆防护检验批质量验收记录（二）

DT（GZ）X 0303/1

<table>
<tr><td colspan="3">单位（子单位）工程名称</td><td colspan="5"></td></tr>
<tr><td colspan="3">分部工程名称 / 分项工程名称</td><td colspan="5"></td></tr>
<tr><td colspan="3">检验批部位</td><td colspan="2"></td><td>检验批容量</td><td colspan="2"></td></tr>
<tr><td colspan="3">施工单位</td><td colspan="3"></td><td>项目负责人</td><td></td></tr>
<tr><td colspan="3">执行的技术标准名称、
编号及设计图号</td><td colspan="5"></td></tr>
<tr><td colspan="3">验收依据</td><td colspan="5"></td></tr>
<tr><td rowspan="6">主控项目</td><td colspan="2">验收项目</td><td>设计要求及标准规定</td><td>最小 / 实际抽样数量</td><td>检查记录</td><td colspan="2">检查结果</td></tr>
<tr><td>5</td><td>电（光）缆在地下接续时，地下接头装置应用线槽进行防护，防护长度不应小于 1m</td><td>4.4.5</td><td></td><td></td><td colspan="2"></td></tr>
<tr><td>6</td><td></td><td></td><td></td><td></td><td colspan="2"></td></tr>
<tr><td>7</td><td></td><td></td><td></td><td></td><td colspan="2"></td></tr>
<tr><td>8</td><td></td><td></td><td></td><td></td><td colspan="2"></td></tr>
<tr><td>9</td><td></td><td></td><td></td><td></td><td colspan="2"></td></tr>
<tr><td colspan="2" rowspan="2">施工单位检查结果</td><td>专业工长（施工员）
（签名）</td><td colspan="2"></td><td>施工班组长
（签名）</td><td colspan="2"></td></tr>
<tr><td colspan="6">项目专业质量检查员（签名）:　　　　年　月　日</td></tr>
<tr><td colspan="2">监理单位验收结论</td><td colspan="6">专业监理工程师（签名）:　　　　年　月　日</td></tr>
</table>

电（光）缆防护检验批质量验收记录（三）

DT（GZ）X 0303/2

<table>
<tr><td colspan="3">单位（子单位）工程名称</td><td colspan="5"></td></tr>
<tr><td colspan="3">分部工程名称 / 分项工程名称</td><td colspan="5"></td></tr>
<tr><td colspan="3">检验批部位</td><td colspan="2"></td><td>检验批容量</td><td colspan="2"></td></tr>
<tr><td colspan="3">施工单位</td><td colspan="3"></td><td>项目负责人</td><td></td></tr>
<tr><td colspan="3">执行的技术标准名称、
编号及设计图号</td><td colspan="5"></td></tr>
<tr><td colspan="3">验收依据</td><td colspan="5"></td></tr>
<tr><td rowspan="6">一般项目</td><td colspan="2">验收项目</td><td>设计要求及标准规定</td><td>最小 / 实际抽样数量</td><td>检查记录</td><td colspan="2">检查结果</td></tr>
<tr><td>1</td><td>电（光）缆在室外与其他管线、建筑物交叉或平行敷设时的防护，应符合设计要求和相关标准的规定</td><td>4.4.6</td><td></td><td></td><td colspan="2"></td></tr>
<tr><td>2</td><td>高价线路上电（光）缆的裸露部分应采取防紫外线措施</td><td>4.4.7</td><td></td><td></td><td colspan="2"></td></tr>
<tr><td>3</td><td></td><td></td><td></td><td></td><td colspan="2"></td></tr>
<tr><td>4</td><td></td><td></td><td></td><td></td><td colspan="2"></td></tr>
<tr><td>5</td><td></td><td></td><td></td><td></td><td colspan="2"></td></tr>
<tr><td colspan="2" rowspan="2">施工单位检查结果</td><td>专业工长（施工员）
（签名）</td><td colspan="2"></td><td>施工班组长
（签名）</td><td colspan="2"></td></tr>
<tr><td colspan="6">项目专业质量检查员（签名）:　　　　年　月　日</td></tr>
<tr><td colspan="2">监理单位验收结论</td><td colspan="6">专业监理工程师（签名）:　　　　年　月　日</td></tr>
</table>

电（光）缆接续检验批质量验收记录（一）

DT（GZ）X 0304

<table>
<tr><td colspan="3">单位（子单位）工程名称</td><td colspan="5"></td></tr>
<tr><td colspan="3">分部工程名称 / 分项工程名称</td><td colspan="5"></td></tr>
<tr><td colspan="3">检验批部位</td><td colspan="2"></td><td>检验批容量</td><td colspan="2"></td></tr>
<tr><td colspan="3">施工单位</td><td colspan="3"></td><td>项目负责人</td><td></td></tr>
<tr><td colspan="3">执行的技术标准名称、
编号及设计图号</td><td colspan="5"></td></tr>
<tr><td colspan="3">验收依据</td><td colspan="5"></td></tr>
<tr><td rowspan="6">主控项目</td><td colspan="2">验收项目</td><td>设计要求及标准规定</td><td>最小 / 实际抽样数量</td><td>检查记录</td><td colspan="2">检查结果</td></tr>
<tr><td>1</td><td>电（光）缆接续材料进场应进行检查，其型号、规格、质量应符合设计要求及相关产品标准的规定</td><td>4.5.1</td><td></td><td></td><td colspan="2"></td></tr>
<tr><td>2</td><td>综合扭绞信号电缆接续应 A 端与 B 端相接，相同的芯组内颜色相同的芯线应相接</td><td>4.5.2</td><td></td><td></td><td colspan="2"></td></tr>
<tr><td>3</td><td>电缆接续应符合下列要求：
（1）电缆接续应符合相关的工艺技术要求。
（2）电缆的地下接头应水平放置，接头两端各 300mm 内不得弯曲。
（3）屏蔽连接线及电缆芯线焊接时，不得使用腐蚀性焊剂，焊接应牢固</td><td>4.5.3</td><td></td><td></td><td colspan="2"></td></tr>
<tr><td>4</td><td>电缆在穿越铁路、公路及道口时，其距钢轨、公路和道口边缘 2m 内的地方不得进行地下接续，在距热力、煤气、燃料管道小于 2m 范围内不应进行地下接续</td><td>4.5.4</td><td></td><td></td><td colspan="2"></td></tr>
<tr><td>5</td><td>光缆接续。引入成端的检验项目及质量要求、检验数量、检验方法，应按现行国家标准《城市轨道交通通信工程质量验收规范》GB 50382 的有关规定执行</td><td>4.5.5</td><td></td><td></td><td colspan="2"></td></tr>
<tr><td colspan="2" rowspan="2">施工单位检查结果</td><td colspan="2">专业工长（施工员）
（签名）</td><td colspan="2"></td><td>施工班组长
（签名）</td><td></td></tr>
<tr><td colspan="6">项目专业质量检查员（签名）:　　　年　月　日</td></tr>
<tr><td colspan="2">监理单位验收结论</td><td colspan="6">专业监理工程师（签名）:　　　年　月　日</td></tr>
</table>

电（光）缆接续检验批质量验收记录（二）

DT（GZ）X 0304/1

<table>
<tr><td colspan="2">单位（子单位）工程名称</td><td colspan="6"></td></tr>
<tr><td colspan="2">分部工程名称 / 分项工程名称</td><td colspan="6"></td></tr>
<tr><td colspan="2">检验批部位</td><td colspan="2"></td><td>检验批容量</td><td colspan="3"></td></tr>
<tr><td colspan="2">施工单位</td><td colspan="4"></td><td>项目负责人</td><td></td></tr>
<tr><td colspan="2">执行的技术标准名称、
编号及设计图号</td><td colspan="6"></td></tr>
<tr><td colspan="2">验收依据</td><td colspan="6"></td></tr>
<tr><td rowspan="6">一般项目</td><td colspan="2">验收项目</td><td>设计要求及标准规定</td><td>最小 / 实际抽样数量</td><td>检查记录</td><td colspan="2">检查结果</td></tr>
<tr><td>1</td><td>相同芯线数的电缆接续时，备用芯线应连通</td><td>4.5.6</td><td></td><td></td><td colspan="2"></td></tr>
<tr><td>2</td><td>接头装置宜按设计要求进行编号</td><td>4.5.7</td><td></td><td></td><td colspan="2"></td></tr>
<tr><td>3</td><td></td><td></td><td></td><td></td><td colspan="2"></td></tr>
<tr><td>4</td><td></td><td></td><td></td><td></td><td colspan="2"></td></tr>
<tr><td>5</td><td></td><td></td><td></td><td></td><td colspan="2"></td></tr>
<tr><td colspan="2" rowspan="2">施工单位检查结果</td><td>专业工长（施工员）
（签名）</td><td colspan="2"></td><td>施工班组长
（签名）</td><td colspan="2"></td></tr>
<tr><td colspan="6">项目专业质量检查员（签名）: 年 月 日</td></tr>
<tr><td colspan="2">监理单位验收结论</td><td colspan="6">专业监理工程师（签名）: 年 月 日</td></tr>
</table>

箱、盒安装检验批质量验收记录（一）

DT（GZ）X 0305

单位（子单位）工程名称						
分部工程名称 / 分项工程名称						
检验批部位			检验批容量			
施工单位				项目负责人		
执行的技术标准名称、编号及设计图号						
验收依据						
主控项目		验收项目	设计要求及标准规定	最小 / 实际抽样数量	检查记录	检查结果
	1	箱、盒进场后应进行检查，其型号、规格、质量应符合设计要求及相关产品标准的规定	4.6.1			
	2	箱、盒的安装位置、安装高度及距线路中心的距离应符合设计要求	4.6.2			
	3	电缆引入箱、盒应做成端，并应符合下列要求： （1）电缆外护套和引入孔应作密封处理。 （2）电缆的钢带、铝护套、内屏蔽护套应连通。 （3）金属芯线根部不得有损伤；对外露金属芯线、端子和根部以下的护层应作绝缘保护。 （4）电缆成端后应保持电缆芯组的自然排序，并应避免芯线混乱。 （5）电缆引入做头后应灌注绝缘胶固定，胶面应高于金属屏蔽层	4.6.3			
	4	箱、盒内电缆配线应符合下列要求： （1）引入箱、盒内的电缆应在端子上与其他电缆或设备软电线进行连接。 （2）每根芯线应留有能做 2~3 次线环的余量。 （3）备用芯线的长度应保证与最远程端子进行配线连接	4.6.4			
施工单位检查结果		专业工长（施工员）（签名）		施工班组长（签名）		
		项目专业质量检查员（签名）: 年 月 日				
监理单位验收结论		专业监理工程师（签名）: 年 月 日				

箱、盒安装检验批质量验收记录（二）

DT（GZ）X 0305/1

<table>
<tr><td colspan="3">单位（子单位）工程名称</td><td colspan="5"></td></tr>
<tr><td colspan="3">分部工程名称 / 分项工程名称</td><td colspan="5"></td></tr>
<tr><td colspan="3">检验批部位</td><td colspan="2"></td><td>检验批容量</td><td colspan="2"></td></tr>
<tr><td colspan="3">施工单位</td><td colspan="3"></td><td>项目负责人</td><td></td></tr>
<tr><td colspan="3">执行的技术标准名称、
编号及设计图号</td><td colspan="5"></td></tr>
<tr><td colspan="3">验收依据</td><td colspan="5"></td></tr>
<tr><td rowspan="4">一般项目</td><td colspan="2">验收项目</td><td>设计要求及标准规定</td><td>最小 / 实际抽样数量</td><td>检查记录</td><td colspan="2">检查结果</td></tr>
<tr><td>1</td><td>箱、盒安装在混凝土基础上时，混凝土基础强度及埋设深度应达到设计要求。基础固定螺栓外露部分应有防锈措施，基础表面应平整、光洁并无明显丢边、掉角现象</td><td>4.6.5</td><td></td><td></td><td colspan="2"></td></tr>
<tr><td>2</td><td>在桥梁、隧道或其他难于埋设混凝土基础的地方，箱、盒可采取支架安装方式。金属基础支架使用前应经热镀锌、涂漆等防腐处理</td><td>4.6.6</td><td></td><td></td><td colspan="2"></td></tr>
<tr><td>3</td><td>箱、盒内端子编号应符合下列要求：
终端电缆盒端子编号应从基础开始，并应按顺时针方向依次编号。
分向电缆盒端子编号，应面对车控室，并按顺时针方向依次编号；采用压接端子连接方式时，其端子编号应符合设计要求。
变压器箱端子编号，靠箱边侧应为奇数，靠设备侧应为偶数，在面向箱子引线孔侧端子应自右向左依次编号。
采用新型箱、盒时，其端子编号应符合设计要求或相关产品标准的规定。
所有箱、盒配线起始端子应有醒目标注，可采用红漆或标签标注</td><td>4.6.7</td><td></td><td></td><td colspan="2"></td></tr>
<tr><td colspan="2" rowspan="2">施工单位检查结果</td><td>专业工长（施工员）
（签名）</td><td colspan="2"></td><td>施工班组长
（签名）</td><td colspan="2"></td></tr>
<tr><td colspan="6">项目专业质量检查员（签名）:　　　　年　　月　　日</td></tr>
<tr><td colspan="2">监理单位验收结论</td><td colspan="6">专业监理工程师（签名）:　　　　年　　月　　日</td></tr>
</table>

箱、盒安装检验批质量验收记录（三）

DT（GZ）X 0305/2

<table>
<tr><td colspan="3">单位（子单位）工程名称</td><td colspan="5"></td></tr>
<tr><td colspan="3">分部工程名称 / 分项工程名称</td><td colspan="5"></td></tr>
<tr><td colspan="3">检验批部位</td><td colspan="2"></td><td>检验批容量</td><td colspan="2"></td></tr>
<tr><td colspan="3">施工单位</td><td colspan="3"></td><td>项目负责人</td><td></td></tr>
<tr><td colspan="3">执行的技术标准名称、编号及设计图号</td><td colspan="5"></td></tr>
<tr><td colspan="3">验收依据</td><td colspan="5"></td></tr>
<tr><td rowspan="6">一般项目</td><td colspan="2">验收项目</td><td>设计要求及标准规定</td><td>最小 / 实际抽样数量</td><td>检查记录</td><td colspan="2">检查结果</td></tr>
<tr><td>4</td><td>箱、盒内的设备部件应排列整齐，并应固定牢固。空闲的引接孔应封堵严密</td><td>4.6.8</td><td></td><td></td><td colspan="2"></td></tr>
<tr><td>5</td><td>箱、盒安装应端正、牢固，箱（盒）体应无损伤裂纹和锈蚀，箱（盒）盖密封作用应良好，螺栓应紧固，无松动</td><td>4.6.9</td><td></td><td></td><td colspan="2"></td></tr>
<tr><td>6</td><td></td><td></td><td></td><td></td><td colspan="2"></td></tr>
<tr><td>7</td><td></td><td></td><td></td><td></td><td colspan="2"></td></tr>
<tr><td>8</td><td></td><td></td><td></td><td></td><td colspan="2"></td></tr>
<tr><td colspan="2" rowspan="2">施工单位检查结果</td><td>专业工长（施工员）（签名）</td><td colspan="2"></td><td>施工班组长（签名）</td><td colspan="2"></td></tr>
<tr><td colspan="6">项目专业质量检查员（签名）:　　　年　月　日</td></tr>
<tr><td colspan="2">监理单位验收结论</td><td colspan="6">专业监理工程师（签名）:　　　年　月　日</td></tr>
</table>

高柱信号机安装检验批质量验收记录（一）

DT（GZ）X 0306

<table>
<tr><td colspan="3">单位（子单位）工程名称</td><td colspan="5"></td></tr>
<tr><td colspan="3">分部工程名称 / 分项工程名称</td><td colspan="5"></td></tr>
<tr><td colspan="3">检验批部位</td><td colspan="2"></td><td>检验批容量</td><td colspan="2"></td></tr>
<tr><td colspan="3">施工单位</td><td colspan="3"></td><td>项目负责人</td><td></td></tr>
<tr><td colspan="3">执行的技术标准名称、
编号及设计图号</td><td colspan="5"></td></tr>
<tr><td colspan="3">验收依据</td><td colspan="5"></td></tr>
<tr><td rowspan="5">主控项目</td><td colspan="2">验收项目</td><td>设计要求及标准规定</td><td>最小 / 实际抽样数量</td><td>检查记录</td><td colspan="2">检查结果</td></tr>
<tr><td>1</td><td>高柱信号机及其附属设施进场时应进行检查，其型号、规格、质量应符合设计要求及相关产品标准的规定</td><td>5.2.1</td><td></td><td></td><td colspan="2"></td></tr>
<tr><td>2</td><td>高柱信号机的安装位置、安装高度、显示方向及灯光配列应符合设计规定</td><td>5.2.2</td><td></td><td></td><td colspan="2"></td></tr>
<tr><td>3</td><td>高柱信号机应采用环形预应力混凝土机柱，机柱质量应满足下列规定：
（1）横向裂缝宽度应小于 0.2mm，长度应小于周长的 1/2；裂缝条数不应超过 5 条，且间距应在 200mm 以上。
（2）纵向裂缝不应超过 1 条，裂缝宽度应在 0.2mm 以内，长度应小于 1000mm，混凝土面应无剥落现象。
（3）机柱的弯曲度不应大于机柱长度的 1/200</td><td>5.2.3</td><td></td><td></td><td colspan="2"></td></tr>
<tr><td>4</td><td>高柱信号机安装应符合下列要求：
（1）机柱埋设深度应符合设计规定。
（2）机柱应垂直于地面安装，在距离钢轨顶面 4500mm 高处，其倾斜量不应大于 36mm</td><td>5.2.4</td><td></td><td></td><td colspan="2"></td></tr>
<tr><td colspan="2" rowspan="2">施工单位检查结果</td><td>专业工长（施工员）
（签名）</td><td colspan="2"></td><td>施工班组长
（签名）</td><td colspan="2"></td></tr>
<tr><td colspan="6">项目专业质量检查员（签名）:　　　　年　　月　　日</td></tr>
<tr><td colspan="2">监理单位验收结论</td><td colspan="6">专业监理工程师（签名）:　　　　年　　月　　日</td></tr>
</table>

高柱信号机安装检验批质量验收记录（二）

DT（GZ）X 0306/1

<table>
<tr><td colspan="3">单位（子单位）工程名称</td><td colspan="5"></td></tr>
<tr><td colspan="3">分部工程名称 / 分项工程名称</td><td colspan="5"></td></tr>
<tr><td colspan="3">检验批部位</td><td colspan="2"></td><td>检验批容量</td><td colspan="2"></td></tr>
<tr><td colspan="3">施工单位</td><td colspan="3"></td><td>项目负责人</td><td></td></tr>
<tr><td colspan="3">执行的技术标准名称、
编号及设计图号</td><td colspan="5"></td></tr>
<tr><td colspan="3">验收依据</td><td colspan="5"></td></tr>
<tr><td rowspan="5">主控项目</td><td colspan="2">验收项目</td><td>设计要求及标准规定</td><td>最小 / 实际抽样数量</td><td>检查记录</td><td colspan="2">检查结果</td></tr>
<tr><td>5</td><td>高柱信号机光源应符合下列要求：
（1）当采用灯泡为光源时，其灯座应调整灵活，以满足显示距离的要求，并应使用有主、副灯丝的专用灯泡。
（2）当采用 LED 为光源时，其电气特性应符合产品技术标准和设计规定</td><td>5.2.5</td><td></td><td></td><td colspan="2"></td></tr>
<tr><td>6</td><td>高柱信号机配线应符合下列要求：
（1）信号机配线型号及规格应符合设计和相关技术要求。
（2）配线不得有中间接头，并应无破损、老化现象。
（3）在箱盒、机构内部配线应绑扎整齐。
（4）配线在引入管进出口处应进行防护处理</td><td>5.2.6</td><td></td><td></td><td colspan="2"></td></tr>
<tr><td>7</td><td></td><td></td><td></td><td></td><td colspan="2"></td></tr>
<tr><td>8</td><td></td><td></td><td></td><td></td><td colspan="2"></td></tr>
<tr><td colspan="2" rowspan="2">施工单位检查结果</td><td>专业工长（施工员）
（签名）</td><td colspan="2"></td><td>施工班组长
（签名）</td><td colspan="2"></td></tr>
<tr><td colspan="6">项目专业质量检查员（签名）:　　　　年　月　日</td></tr>
<tr><td colspan="2">监理单位验收结论</td><td colspan="6">专业监理工程师（签名）:　　　　年　月　日</td></tr>
</table>

高柱信号机安装检验批质量验收记录（三）

DT（GZ）X 0306/2

<table>
<tr><td colspan="3">单位（子单位）工程名称</td><td colspan="5"></td></tr>
<tr><td colspan="3">分部工程名称 / 分项工程名称</td><td colspan="5"></td></tr>
<tr><td colspan="3">检验批部位</td><td colspan="2"></td><td>检验批容量</td><td colspan="2"></td></tr>
<tr><td colspan="3">施工单位</td><td colspan="3"></td><td>项目负责人</td><td></td></tr>
<tr><td colspan="3">执行的技术标准名称、
编号及设计图号</td><td colspan="5"></td></tr>
<tr><td colspan="3">验收依据</td><td colspan="5"></td></tr>
<tr><td rowspan="4">一般项目</td><td colspan="2">验收项目</td><td>设计要求及标准规定</td><td>最小 / 实际抽样数量</td><td>检查记录</td><td colspan="2">检查结果</td></tr>
<tr><td>1</td><td>高柱信号机安装应符合下列要求：
（1）同一机柱上同方向安装的信号机构各灯位中心应在一条直线上（不包括引导信号机构、柱下部调车信号机构和进路表示器），固定托架安装应水平。
（2）机柱顶端及电线引入管入口封堵应严密。
（3）信号机梯子中心与机柱中心应一致，梯子支架应水平，梯子应平直，并应连接牢固</td><td>5.2.7</td><td></td><td></td><td colspan="2"></td></tr>
<tr><td>2</td><td>高柱信号机灯室结构应符合下列要求：
（1）各灯室之间不得串光。
（2）色玻璃及透镜应清洁、明亮，并应无影响显示的斑点和裂纹。
（3）机构盖关闭应严密，并应无渗、漏水现象</td><td>5.2.8</td><td></td><td></td><td colspan="2"></td></tr>
<tr><td>3</td><td>高柱信号机组件安装应符合下列要求：
（1）各部组件安装应齐全，并应无破损、裂纹现象。
（2）各部连接件连接应正确，紧固件平衡应紧固。
（3）各开口销安装应正确，劈开角度应为 60° ~90°</td><td>5.2.9</td><td></td><td></td><td colspan="2"></td></tr>
<tr><td colspan="2" rowspan="2">施工单位检查结果</td><td>专业工长（施工员）
（签名）</td><td colspan="2"></td><td colspan="2">施工班组长
（签名）</td><td></td></tr>
<tr><td colspan="6">项目专业质量检查员（签名）:　　　　　　年　　月　　日</td></tr>
<tr><td colspan="2">监理单位验收结论</td><td colspan="6">专业监理工程师（签名）:　　　　　　年　　月　　日</td></tr>
</table>

矮型信号机安装检验批质量验收记录（一）

DT（GZ）X 0307

单位（子单位）工程名称						
分部工程名称 / 分项工程名称						
检验批部位				检验批容量		
施工单位					项目负责人	
执行的技术标准名称、编号及设计图号						
验收依据						
主控项目	验收项目		设计要求及标准规定	最小 / 实际抽样数量	检查记录	检查结果
	1	矮型信号机及其附属设施进场时应进行检查，其型号、规格、质量应符合设计要求及相关产品标准的规定	5.3.1			
	2	矮型信号机的安装位置、安装高度、显示方向及灯光配列应符合设计规定	5.3.2			
	3	矮型信号机金属支架与隧道体或桥梁体有接地要求时，应保证接地良好；有绝缘要求时，支架与隧道体或桥梁体间的绝缘电阻应符合设计规定	5.3.3			
	4	矮型信号机光源应符合本规范第 5.2.5 条的规定	5.3.4			
	5	矮型信号机配线应符合本规范第 5.2.6 条的规定	5.3.5			
	6					
施工单位检查结果	专业工长（施工员）（签名）			施工班组长（签名）		
	项目专业质量检查员（签名）: 年 月 日					
监理单位验收结论	专业监理工程师（签名）: 年 月 日					

矮型信号机安装检验批质量验收记录（二）

DT（GZ）X 0307/1

<table>
<tr><td colspan="3">单位（子单位）工程名称</td><td colspan="5"></td></tr>
<tr><td colspan="3">分部工程名称 / 分项工程名称</td><td colspan="5"></td></tr>
<tr><td colspan="3">检验批部位</td><td colspan="2"></td><td>检验批容量</td><td colspan="2"></td></tr>
<tr><td colspan="3">施工单位</td><td colspan="3"></td><td>项目负责人</td><td></td></tr>
<tr><td colspan="3">执行的技术标准名称、
编号及设计图号</td><td colspan="5"></td></tr>
<tr><td colspan="3">验收依据</td><td colspan="5"></td></tr>
<tr><td rowspan="6">一般项目</td><td colspan="2">验收项目</td><td>设计要求及标准规定</td><td>最小 / 实际抽样数量</td><td>检查记录</td><td colspan="2">检查结果</td></tr>
<tr><td>1</td><td>矮型信号机安装在混凝土基础上时，混凝土基础强度及基础埋深应达到设计要求。基础螺栓应竖立垂直，螺栓间距应正确，外露部分应有防锈措施，基础表面应平整、光洁并无明显丢边、掉角现象</td><td>5.3.6</td><td></td><td></td><td colspan="2"></td></tr>
<tr><td>2</td><td>矮型信号机安装在高架线路、隧道或其他难以埋设混凝土基础的地方时，可采用金属基础支架安装方式。支架安装平稳、牢固，螺栓应紧固、无松动。金属基础支架使用前应经热镀锌、涂漆等防腐处理</td><td>5.3.7</td><td></td><td></td><td colspan="2"></td></tr>
<tr><td>3</td><td>矮型信号机灯室结构应符合本规范第 5.2.8 条的规定</td><td>5.3.8</td><td></td><td></td><td colspan="2"></td></tr>
<tr><td>4</td><td>隧道内、高架线路上安装的信号机支架顶面应保持水平、安装牢固</td><td>5.3.9</td><td></td><td></td><td colspan="2"></td></tr>
<tr><td>5</td><td>矮型信号机组件安装应符合本规范第 5.2.9 条的规定</td><td>5.3.10</td><td></td><td></td><td colspan="2"></td></tr>
<tr><td colspan="3" rowspan="2">施工单位检查结果</td><td>专业工长（施工员）
（签名）</td><td></td><td>施工班组长
（签名）</td><td colspan="2"></td></tr>
<tr><td colspan="5">项目专业质量检查员（签名）:　　　　年　　月　　日</td></tr>
<tr><td colspan="3">监理单位验收结论</td><td colspan="5">专业监理工程师（签名）:　　　　年　　月　　日</td></tr>
</table>

非标信号机安装检验批质量验收记录（一）

DT（GZ）X 0308

<table>
<tr><td colspan="3">单位（子单位）工程名称</td><td colspan="5"></td></tr>
<tr><td colspan="3">分部工程名称 / 分项工程名称</td><td colspan="5"></td></tr>
<tr><td colspan="3">检验批部位</td><td colspan="2"></td><td>检验批容量</td><td colspan="2"></td></tr>
<tr><td colspan="3">施工单位</td><td colspan="3"></td><td>项目负责人</td><td></td></tr>
<tr><td colspan="3">执行的技术标准名称、
编号及设计图号</td><td colspan="5"></td></tr>
<tr><td colspan="3">验收依据</td><td colspan="5"></td></tr>
<tr><td rowspan="8">主控项目</td><td colspan="2">验收项目</td><td>设计要求及标准规定</td><td>最小 / 实际抽样数量</td><td>检查记录</td><td colspan="2">检查结果</td></tr>
<tr><td>1</td><td>非标信号机及其附属设施进场时应进行检查，其型号、规格、质量应符合设计要求及相关产品标准的规定</td><td>5.4.1</td><td></td><td></td><td colspan="2"></td></tr>
<tr><td>2</td><td>非标信号机的安装位置、安装高度、显示方向及灯光配列应符合设计规定</td><td>5.4.2</td><td></td><td></td><td colspan="2"></td></tr>
<tr><td>3</td><td>非标信号机构与机柱云台应采用螺栓连接，并连接牢固。机柱底板与轨道板应采用胀管螺栓固定，并固定牢固</td><td>5.4.3</td><td></td><td></td><td colspan="2"></td></tr>
<tr><td>4</td><td>引入（出）机柱体的配线线把及机柱引入（出）口应采取防水、防导线破损的防护措施</td><td>5.4.4</td><td></td><td></td><td colspan="2"></td></tr>
<tr><td>5</td><td>非标信号机光源应符合本规范第 5.2.5 条的规定</td><td>5.4.5</td><td></td><td></td><td colspan="2"></td></tr>
<tr><td>6</td><td>非标信号机配线应符合本规范第 5.2.6 条的规定</td><td>5.4.6</td><td></td><td></td><td colspan="2"></td></tr>
<tr><td>7</td><td></td><td></td><td></td><td></td><td colspan="2"></td></tr>
<tr><td colspan="3" rowspan="2">施工单位检查结果</td><td>专业工长（施工员）
（签名）</td><td colspan="2"></td><td>施工班组长
（签名）</td><td></td></tr>
<tr><td colspan="5">项目专业质量检查员（签名）:　　　　年　　月　　日</td></tr>
<tr><td colspan="3">监理单位验收结论</td><td colspan="5">专业监理工程师（签名）:　　　　年　　月　　日</td></tr>
</table>

非标信号机安装检验批质量验收记录（二）

DT（GZ）X 0308/1

<table>
<tr><td colspan="3">单位（子单位）工程名称</td><td colspan="5"></td></tr>
<tr><td colspan="3">分部工程名称 / 分项工程名称</td><td colspan="5"></td></tr>
<tr><td colspan="3">检验批部位</td><td colspan="2"></td><td>检验批容量</td><td colspan="2"></td></tr>
<tr><td colspan="3">施工单位</td><td colspan="3"></td><td>项目负责人</td><td></td></tr>
<tr><td colspan="3">执行的技术标准名称、编号及设计图号</td><td colspan="5"></td></tr>
<tr><td colspan="3">验收依据</td><td colspan="5"></td></tr>
<tr><td rowspan="7">一般项目</td><td colspan="2">验收项目</td><td>设计要求及标准规定</td><td>最小 / 实际抽样数量</td><td>检查记录</td><td colspan="2">检查结果</td></tr>
<tr><td>1</td><td>非标信号机灯室结构应符合本规范第 5.2.8 条的规定</td><td>5.4.7</td><td></td><td></td><td colspan="2"></td></tr>
<tr><td>2</td><td>非标信号机组件安装应符合本规范第 5.2.9 条的规定</td><td>5.4.8</td><td></td><td></td><td colspan="2"></td></tr>
<tr><td>3</td><td>非标信号机金属机柱应经热镀锌、涂漆等防腐处理，并应无锈蚀和裂纹现象</td><td>5.4.9</td><td></td><td></td><td colspan="2"></td></tr>
<tr><td>4</td><td></td><td></td><td></td><td></td><td colspan="2"></td></tr>
<tr><td>5</td><td></td><td></td><td></td><td></td><td colspan="2"></td></tr>
<tr><td>6</td><td></td><td></td><td></td><td></td><td colspan="2"></td></tr>
<tr><td colspan="2" rowspan="2">施工单位检查结果</td><td>专业工长（施工员）（签名）</td><td colspan="2"></td><td>施工班组长（签名）</td><td colspan="2"></td></tr>
<tr><td colspan="6">项目专业质量检查员（签名）:　　　　年　月　日</td></tr>
<tr><td colspan="2">监理单位验收结论</td><td colspan="6">专业监理工程师（签名）:　　　　年　月　日</td></tr>
</table>

发车指示器安装检验批质量验收记录

DT（GZ）X 0309

<table>
<tr><td colspan="3">单位（子单位）工程名称</td><td colspan="5"></td></tr>
<tr><td colspan="3">分部工程名称 / 分项工程名称</td><td colspan="5"></td></tr>
<tr><td colspan="3">检验批部位</td><td colspan="2"></td><td>检验批容量</td><td colspan="2"></td></tr>
<tr><td colspan="3">施工单位</td><td colspan="3"></td><td>项目负责人</td><td></td></tr>
<tr><td colspan="3">执行的技术标准名称、编号及设计图号</td><td colspan="5"></td></tr>
<tr><td colspan="3">验收依据</td><td colspan="5"></td></tr>
<tr><td rowspan="5">主控项目</td><td colspan="2">验收项目</td><td>设计要求及标准规定</td><td>最小 / 实际抽样数量</td><td>检查记录</td><td colspan="2">检查结果</td></tr>
<tr><td>1</td><td>发车指示器进场时应进行检查，其型号、规格、质量应符合设计要求及相关产品标准的规定</td><td>5.5.1</td><td></td><td></td><td colspan="2"></td></tr>
<tr><td>2</td><td>发车指示器的安装位置、安装高度及显示方式应符合设计要求</td><td>5.5.2</td><td></td><td></td><td colspan="2"></td></tr>
<tr><td>3</td><td>发车指示器配线的规格、型号应符合相关产品标准的规定。配线引入管进出口处应加防护，防护管路应采用卡箍固定</td><td>5.5.3</td><td></td><td></td><td colspan="2"></td></tr>
<tr><td>4</td><td></td><td></td><td></td><td></td><td colspan="2"></td></tr>
<tr><td rowspan="2">一般项目</td><td>1</td><td>发车指示器的安装应符合下列要求：
（1）在站台地面上安装时，应采用金属机安装方式，机柱与地面应垂直安装牢固。
（2）在站台顶棚下、隧道壁或高架线路桥梁体上安装时，应采用金属支架安装方式，支架应安装牢固。
（3）金属机柱、支架应经热镀锌、涂漆等防腐处理，并应无锈蚀和裂纹现象</td><td>5.5.4</td><td></td><td></td><td colspan="2"></td></tr>
<tr><td>2</td><td></td><td></td><td></td><td></td><td colspan="2"></td></tr>
<tr><td colspan="3" rowspan="2">施工单位检查结果</td><td>专业工长（施工员）（签名）</td><td colspan="2"></td><td>施工班组长（签名）</td><td></td></tr>
<tr><td colspan="5">项目专业质量检查员（签名）:　　年　　月　　日</td></tr>
<tr><td colspan="3">监理单位验收结论</td><td colspan="5">专业监理工程师（签名）:　　年　　月　　日</td></tr>
</table>

按钮装置安装检验批质量验收记录

DT（GZ）X 0310

单位（子单位）工程名称						
分部工程名称 / 分项工程名称						
检验批部位				检验批容量		
施工单位					项目负责人	
执行的技术标准名称、编号及设计图号						
验收依据						
	验收项目		设计要求及标准规定	最小 / 实际抽样数量	检查记录	检查结果
主控项目	1	按钮装置进场时应进行检查，其型号、规格、质量应符合设计要求及相关产品标准的规定	5.6.1			
主控项目	2	紧急停车按钮箱的安装位置、安装高度应符合设计要求。安装在站台上的按钮箱不得妨碍旅客通行。按钮箱封印应完整	5.6.2			
主控项目	3	车辆基地车控室应急盘的安装位置、安装高度应符合设计要求。应急盘应紧贴墙面垂直安装，并固定牢固、封印完整。盘面指示灯应显示正确、清晰，按钮操作应灵活、无卡阻	5.6.3			
主控项目	4	同意按钮柱在车场的安装位置、安装高度应符合设计要求。按钮柱应垂直于地面安装。按钮操作应灵活、无卡阻。灯光显示应明亮	5.6.4			
主控项目	5	按钮装置配线的规格、型号应符合相关产品技术标准的规定。配线引入管进出口处应加防护，防护管（槽）应固定牢固	5.6.5			
一般项目	1	按钮装置应平顺、牢固，各部件组装应完整，箱（盘）体应无破损、裂纹、脱焊和锈蚀现象	5.6.6			
施工单位检查结果	专业工长（施工员）（签名）			施工班组长（签名）		
	项目专业质量检查员（签名）: 年 月 日					
监理单位验收结论	专业监理工程师（签名）: 年 月 日					

安装装置安装检验批质量验收记录（一）

DT（GZ）X 0311

<table>
<tr><td colspan="3">单位（子单位）工程名称</td><td colspan="5"></td></tr>
<tr><td colspan="3">分部工程名称 / 分项工程名称</td><td colspan="5"></td></tr>
<tr><td colspan="3">检验批部位</td><td colspan="2"></td><td>检验批容量</td><td colspan="2"></td></tr>
<tr><td colspan="3">施工单位</td><td colspan="3"></td><td>项目负责人</td><td></td></tr>
<tr><td colspan="3">执行的技术标准名称、
编号及设计图号</td><td colspan="5"></td></tr>
<tr><td colspan="3">验收依据</td><td colspan="5"></td></tr>
<tr><td rowspan="4">主控项目</td><td colspan="2">验收项目</td><td>设计要求及标准规定</td><td>最小 / 实际抽样数量</td><td>检查记录</td><td colspan="2">检查结果</td></tr>
<tr><td>1</td><td>安装装置进场时应进行检查，其型号、规格、质量应符合设计要求及相关产品标准的规定</td><td>6.2.1</td><td></td><td></td><td colspan="2"></td></tr>
<tr><td>2</td><td>安装装置的安装位置、安装方式应符合设计要求和相关产品的技术规定</td><td>6.2.2</td><td></td><td></td><td colspan="2"></td></tr>
<tr><td>3</td><td>安装装置采用侧式安装方式时应符合下列要求：
（1）固定长基础角钢的角形座铁应与钢轨密贴（轨腰除外）。
（2）长基础角钢与单开道岔直股基本轨或对称形道岔中心线垂直，其偏移量不得大于20mm。
（3）固定道岔转换设备的短基础角钢应与长基础角钢垂直连接。
（4）密贴调整杆、表示杆或锁闭杆、尖端杆、第一连接杆与长基础角钢之间应平行，其前后偏差各不应大于20mm。
（5）各部绝缘及铁配件安装应正确，并应无遗漏和破损现象</td><td>6.2.3</td><td></td><td></td><td colspan="2"></td></tr>
<tr><td colspan="3" rowspan="2">施工单位检查结果</td><td>专业工长（施工员）
（签名）</td><td colspan="2"></td><td>施工班组长
（签名）</td><td></td></tr>
<tr><td colspan="5">项目专业质量检查员（签名）:　　　　年　　月　　日</td></tr>
<tr><td colspan="3">监理单位验收结论</td><td colspan="5">专业监理工程师（签名）:　　　　年　　月　　日</td></tr>
</table>

安装装置安装检验批质量验收记录（二）

DT（GZ）X 0311/1

<table>
<tr><td colspan="3">单位（子单位）工程名称</td><td colspan="5"></td></tr>
<tr><td colspan="3">分部工程名称 / 分项工程名称</td><td colspan="5"></td></tr>
<tr><td colspan="3">检验批部位</td><td colspan="2"></td><td>检验批容量</td><td colspan="2"></td></tr>
<tr><td colspan="3">施工单位</td><td colspan="3"></td><td>项目负责人</td><td></td></tr>
<tr><td colspan="3">执行的技术标准名称、编号及设计图号</td><td colspan="5"></td></tr>
<tr><td colspan="3">验收依据</td><td colspan="5"></td></tr>
<tr><td rowspan="6">主控项目</td><td colspan="2">验收项目</td><td>设计要求及标准规定</td><td>最小 / 实际抽样数量</td><td>检查记录</td><td colspan="2">检查结果</td></tr>
<tr><td>4</td><td>安装装置采用轨枕式安装方式时应符合下列要求：
（1）预留机坑容积应满足转辙机安装空间，并有防渗水措施。
（2）基础角钢与钢轨垂直安装，角形座铁应与钢轨密贴（轨腰除外）。
（3）杆件应动作灵活，与机坑边缘应无卡阻、碰擦现象</td><td>6.2.4</td><td></td><td></td><td colspan="2"></td></tr>
<tr><td>5</td><td>固定尖轨接头铁的螺栓头部与基本轨不得相碰</td><td>6.2.5</td><td></td><td></td><td colspan="2"></td></tr>
<tr><td>6</td><td>密贴调整杆动作时，其空动距离不得小于5mm</td><td>6.2.6</td><td></td><td></td><td colspan="2"></td></tr>
<tr><td>7</td><td></td><td></td><td></td><td></td><td colspan="2"></td></tr>
<tr><td>8</td><td></td><td></td><td></td><td></td><td colspan="2"></td></tr>
<tr><td colspan="2" rowspan="2">施工单位检查结果</td><td>专业工长（施工员）（签名）</td><td colspan="2"></td><td>施工班组长（签名）</td><td colspan="2"></td></tr>
<tr><td colspan="6">项目专业质量检查员（签名）：　　年　月　日</td></tr>
<tr><td colspan="2">监理单位验收结论</td><td colspan="6">专业监理工程师（签名）：　　年　月　日</td></tr>
</table>

安装装置安装检验批质量验收记录（三）

DT（GZ）X 0311/2

<table>
<tr><td colspan="3">单位（子单位）工程名称</td><td colspan="5"></td></tr>
<tr><td colspan="3">分部工程名称 / 分项工程名称</td><td colspan="5"></td></tr>
<tr><td colspan="3">检验批部位</td><td colspan="2"></td><td>检验批容量</td><td colspan="2"></td></tr>
<tr><td colspan="3">施工单位</td><td colspan="3"></td><td>项目负责人</td><td></td></tr>
<tr><td colspan="3">执行的技术标准名称、编号及设计图号</td><td colspan="5"></td></tr>
<tr><td colspan="3">验收依据</td><td colspan="5"></td></tr>
<tr><td rowspan="7">一般项目</td><td colspan="2">验收项目</td><td>设计要求及标准规定</td><td>最小 / 实际抽样数量</td><td>检查记录</td><td colspan="2">检查结果</td></tr>
<tr><td>1</td><td>安装装置应经热镀锌、涂漆等防腐处理，或涂刷防锈漆，并无脱皮、反锈、鼓泡现象</td><td>6.2.7</td><td></td><td></td><td colspan="2"></td></tr>
<tr><td>2</td><td>各种连接杆的调整丝扣余量不应小于 10mm</td><td>6.2.8</td><td></td><td></td><td colspan="2"></td></tr>
<tr><td>3</td><td>各零部件安装应正确和齐全；螺栓应紧固、无松动；开口销应齐全，其双臂对称劈开角度应为 60°~90°</td><td>6.2.9</td><td></td><td></td><td colspan="2"></td></tr>
<tr><td>4</td><td></td><td></td><td></td><td></td><td colspan="2"></td></tr>
<tr><td>5</td><td></td><td></td><td></td><td></td><td colspan="2"></td></tr>
<tr><td>6</td><td></td><td></td><td></td><td></td><td colspan="2"></td></tr>
<tr><td colspan="2" rowspan="2">施工单位检查结果</td><td>专业工长（施工员）
（签名）</td><td colspan="2"></td><td>施工班组长
（签名）</td><td colspan="2"></td></tr>
<tr><td colspan="6">项目专业质量检查员（签名）:　　　　年　月　日</td></tr>
<tr><td colspan="2">监理单位验收结论</td><td colspan="6">专业监理工程师（签名）:　　　　年　月　日</td></tr>
</table>

外锁闭装置安装检验批质量验收记录

DT（GZ）X 0312

<table>
<tr><td colspan="3">单位（子单位）工程名称</td><td colspan="5"></td></tr>
<tr><td colspan="3">分部工程名称 / 分项工程名称</td><td colspan="5"></td></tr>
<tr><td colspan="3">检验批部位</td><td colspan="2"></td><td>检验批容量</td><td colspan="2"></td></tr>
<tr><td colspan="3">施工单位</td><td colspan="3"></td><td>项目负责人</td><td></td></tr>
<tr><td colspan="3">执行的技术标准名称、
编号及设计图号</td><td colspan="5"></td></tr>
<tr><td colspan="3">验收依据</td><td colspan="5"></td></tr>
<tr><td rowspan="4">主控项目</td><td colspan="2">验收项目</td><td>设计要求及标准规定</td><td>最小 / 实际抽样数量</td><td>检查记录</td><td colspan="2">检查结果</td></tr>
<tr><td>1</td><td>外锁闭装置进场时应进行检查，其型号、规格、质量应符合设计要求及相关产品标准的规定</td><td>6.3.1</td><td></td><td></td><td colspan="2"></td></tr>
<tr><td>2</td><td>外锁闭装置的安装位置、安装方式应符合设计要求和相关产品的技术规定</td><td>6.3.2</td><td></td><td></td><td colspan="2"></td></tr>
<tr><td>3</td><td>外锁闭装置的安装应符合下列要求：
（1）锁闭框、尖轨连接铁、锁钩和锁闭杆等部件的安装应正确，并连接牢固。
（2）可动部分在转换过程中应动作平稳、灵活，并无磨卡现象。
（3）外锁闭两侧（定位、反位）的锁闭量应符合相关技术要求。
（4）锁闭框下部两侧的限位螺钉应有效插入锁闭杆两侧导向槽内，不得松脱</td><td>6.3.3</td><td></td><td></td><td colspan="2"></td></tr>
<tr><td rowspan="2">一般项目</td><td>1</td><td>各零部件安装应正确、齐全；螺栓应紧固、无松动；开口销应齐全，其双臂对称劈开角度应为 60° ~90°</td><td>6.3.4</td><td></td><td></td><td colspan="2"></td></tr>
<tr><td>2</td><td></td><td></td><td></td><td></td><td colspan="2"></td></tr>
<tr><td colspan="2" rowspan="2">施工单位检查结果</td><td>专业工长（施工员）
（签名）</td><td colspan="2"></td><td>施工班组长
（签名）</td><td colspan="2"></td></tr>
<tr><td colspan="6">项目专业质量检查员（签名）:　　　　年　　月　　日</td></tr>
<tr><td colspan="2">监理单位验收结论</td><td colspan="6">专业监理工程师（签名）:　　　　年　　月　　日</td></tr>
</table>

转辙机安装检验批质量验收记录

DT（GZ）X 0313

<table>
<tr><td colspan="3">单位（子单位）工程名称</td><td colspan="5"></td></tr>
<tr><td colspan="3">分部工程名称 / 分项工程名称</td><td colspan="5"></td></tr>
<tr><td colspan="3">检验批部位</td><td colspan="2"></td><td>检验批容量</td><td colspan="2"></td></tr>
<tr><td colspan="3">施工单位</td><td colspan="3"></td><td>项目负责人</td><td></td></tr>
<tr><td colspan="3">执行的技术标准名称、
编号及设计图号</td><td colspan="5"></td></tr>
<tr><td colspan="3">验收依据</td><td colspan="5"></td></tr>
<tr><td rowspan="6">主控项目</td><td colspan="2">验收项目</td><td>设计要求及标准规定</td><td>最小 / 实际抽样数量</td><td>检查记录</td><td colspan="2">检查结果</td></tr>
<tr><td>1</td><td>转辙机进场时应进行检查，其型号、规格、质量应符合设计要求及相关产品标准的规定</td><td>6.4.1</td><td></td><td></td><td colspan="2"></td></tr>
<tr><td>2</td><td>各种动力转辙机、液压站的安装位置、安装方式应符合设计要求及相关产品标准的规定</td><td>6.4.2</td><td></td><td></td><td colspan="2"></td></tr>
<tr><td>3</td><td>转辙机动作杆与密贴调整杆应在一条直线上，并与表示杆、道岔第一连接杆平行</td><td>6.4.3</td><td></td><td></td><td colspan="2"></td></tr>
<tr><td>4</td><td>液压转辙机的液压站应固定牢固，油管两端应连接紧密</td><td>6.4.4</td><td></td><td></td><td colspan="2"></td></tr>
<tr><td>5</td><td>转辙机的内部配线应满足下列要求：
（1）配线型号及规格应符合设计和相关技术要求。
（2）配线不得有中间接头，并无损伤、老化现象。
（3）机箱内部的配线应绑扎整齐。
（4）绝缘软线两端芯线采用爪形线环时应卷压平整，采用铜线绕制线环时应缠绕紧密，采用其他连接方式时应符合相关工艺标准。线环的孔径与连接端子柱应有适当的间隙。
（5）配线在引入管进出口处应加防护</td><td>6.4.5</td><td></td><td></td><td colspan="2"></td></tr>
<tr><td>一般项目</td><td>1</td><td>各零部件安装应正确、齐全；各部螺栓应紧固、无松动；开口销应齐全，其双臂对称劈开角度应为 60° ~90°</td><td>6.4.6</td><td></td><td></td><td colspan="2"></td></tr>
<tr><td colspan="2" rowspan="2">施工单位检查结果</td><td colspan="2">专业工长（施工员）
（签名）</td><td colspan="2"></td><td>施工班组长
（签名）</td><td></td></tr>
<tr><td colspan="6">项目专业质量检查员（签名）：　　　　年　　月　　日</td></tr>
<tr><td colspan="2">监理单位验收结论</td><td colspan="6">专业监理工程师（签名）：　　　　年　　月　　日</td></tr>
</table>

有绝缘轨道电路安装检验批质量验收记录（一）

DT（GZ）X 0314

<table>
<tr><td colspan="3">单位（子单位）工程名称</td><td colspan="5"></td></tr>
<tr><td colspan="3">分部工程名称 / 分项工程名称</td><td colspan="5"></td></tr>
<tr><td colspan="3">检验批部位</td><td colspan="2"></td><td>检验批容量</td><td colspan="2"></td></tr>
<tr><td colspan="3">施工单位</td><td colspan="3"></td><td>项目负责人</td><td></td></tr>
<tr><td colspan="3">执行的技术标准名称、编号及设计图号</td><td colspan="5"></td></tr>
<tr><td colspan="3">验收依据</td><td colspan="5"></td></tr>
<tr><td rowspan="6">主控项目</td><td colspan="2">验收项目</td><td>设计要求及标准规定</td><td>最小 / 实际抽样数量</td><td>检查记录</td><td colspan="2">检查结果</td></tr>
<tr><td>1</td><td>有绝缘轨道电路设备进场时应进行检查，其型号、规格、质量应符合设计要求及相关产品标准的规定</td><td>7.2.1</td><td></td><td></td><td colspan="2"></td></tr>
<tr><td>2</td><td>有绝缘轨道电路设备的安装位置、安装方法应符合设计和相关产品的技术要求</td><td>7.2.2</td><td></td><td></td><td colspan="2"></td></tr>
<tr><td>3</td><td>有绝缘轨道电路限流装置的调整应满足轨道电路性能要求，严禁拆除变阻器的止挡</td><td>7.2.3</td><td></td><td></td><td colspan="2"></td></tr>
<tr><td>4</td><td>有绝缘轨道电路设备配线应符合下列要求：
（1）配线型号及规格应符合设计和相关技术要求。
（2）配线不得有破损、老化和中间接头现象</td><td>7.2.4</td><td></td><td></td><td colspan="2"></td></tr>
<tr><td>5</td><td>钢轨绝缘安装应符合下列要求：
（1）轨道电路的两钢轨绝缘应并列安装，不能并列安装时，其错开的距离应满足设计要求。
（2）设于警冲标外方的钢轨绝缘，除渡线及其他侵限绝缘外，绝缘安装位置与警冲标计算位置的最小距离应符合设计要求。
（3）钢轨绝缘夹板螺栓应相对安装（辙叉跟部除外），轨端绝缘的顶部与轨面应平齐</td><td>7.2.5</td><td></td><td></td><td colspan="2"></td></tr>
<tr><td colspan="2" rowspan="2">施工单位检查结果</td><td>专业工长（施工员）
（签名）</td><td colspan="2"></td><td>施工班组长
（签名）</td><td colspan="2"></td></tr>
<tr><td colspan="6">
项目专业质量检查员（签名）:　　　　年　月　日</td></tr>
<tr><td colspan="2">监理单位验收结论</td><td colspan="6">
专业监理工程师（签名）:　　　　年　月　日</td></tr>
</table>

有绝缘轨道电路安装检验批质量验收记录（二）

DT（GZ）X 0314/1

<table>
<tr><td colspan="3">单位（子单位）工程名称</td><td colspan="5"></td></tr>
<tr><td colspan="3">分部工程名称 / 分项工程名称</td><td colspan="5"></td></tr>
<tr><td colspan="3">检验批部位</td><td colspan="2"></td><td>检验批容量</td><td colspan="2"></td></tr>
<tr><td colspan="3">施工单位</td><td colspan="3"></td><td>项目负责人</td><td></td></tr>
<tr><td colspan="3">、执行的技术标准名称、编号及设计图号</td><td colspan="5"></td></tr>
<tr><td colspan="3">验收依据</td><td colspan="5"></td></tr>
<tr><td rowspan="2">主控项目</td><td colspan="2">验收项目</td><td>设计要求及标准规定</td><td>最小 / 实际抽样数量</td><td>检查记录</td><td colspan="2">检查结果</td></tr>
<tr><td>6</td><td>各类轨道引接线的安装应符合下列要求：
（1）钢轨引接线应符合下列要求：
1）无牵引电流通过的钢轨引接线截面积不应小于 15mm²，有牵引电流通过的钢轨引接线截面积应符合设计要求。
2）钢轨引接线穿越股道时，应采用绝缘橡胶管防护，固定引接线的卡钉、卡具不得与钢轨铁垫板、防爬器接触。
3）钢轨引接线连接螺栓的绝缘管、垫圈等部件应安装正确、齐全；螺栓紧固，无松动。
（2）钢轨接续线应符合下列要求：
1）有牵引电流通过的钢轨，接续线连接采用胀钉方式或焊接方式，接续线为多股铜线，其截面积符合设计要求。
2）钢轨接续线应安装在钢轨外侧。在道岔辙叉跟部或其他安装困难处，塞钉式钢轨接续线及胀钉式接续线可安装在钢轨内侧。
3）塞钉式钢轨接续线应紧贴钢轨鱼尾夹板上部安装平直、无弯曲；胀钉式钢轨接续线沿钢轨底边敷设安装，焊接式钢轨接续线应在钢轨鱼尾夹板的两侧焊接牢固，并呈弧形下垂。
（3）道岔跳线应符合下列要求：
1）无牵引电流通过的道岔跳线截面积不应小于 15mm²，有牵引电流通过的道岔跳线截面积应符合设计要求。
2）道岔跳线穿越钢轨时，距轨底的距离应大于或等于 30mm，并用卡具固定在轨枕上，如在整体道床处过轨，则用卡具直接固定在道床上</td><td>7.2.6</td><td></td><td></td><td colspan="2"></td></tr>
<tr><td colspan="3" rowspan="2">施工单位检查结果</td><td>专业工长（施工员）（签名）</td><td></td><td>施工班组长（签名）</td><td colspan="2"></td></tr>
<tr><td colspan="5">项目专业质量检查员（签名）：　　年　月　日</td></tr>
<tr><td colspan="3">监理单位验收结论</td><td colspan="5">专业监理工程师（签名）：　　年　月　日</td></tr>
</table>

有绝缘轨道电路安装检验批质量验收记录（三）

DT（GZ）X 0314/2

<table>
<tr><td colspan="3">单位（子单位）工程名称</td><td colspan="6"></td></tr>
<tr><td colspan="3">分部工程名称 / 分项工程名称</td><td colspan="6"></td></tr>
<tr><td colspan="3">检验批部位</td><td colspan="2"></td><td>检验批容量</td><td colspan="3"></td></tr>
<tr><td colspan="3">施工单位</td><td colspan="4"></td><td>项目负责人</td><td></td></tr>
<tr><td colspan="3">执行的技术标准名称、
编号及设计图号</td><td colspan="6"></td></tr>
<tr><td colspan="3">验收依据</td><td colspan="6"></td></tr>
<tr><td rowspan="5">主控项目</td><td colspan="2">验收项目</td><td>设计要求及标准规定</td><td>最小 / 实际抽样数量</td><td>检查记录</td><td colspan="3">检查结果</td></tr>
<tr><td>7</td><td>回流线的安装应符合下列要求：
（1）伸缩轨牵引回流线应采用镀锌钢管防护；伸缩轨两端回流线的伸缩量应符合设计规定。
（2）回流线应采用焊接方式或胀钉方式与钢轨连接，连接应牢固、无松动</td><td>7.2.7</td><td></td><td></td><td colspan="3"></td></tr>
<tr><td>8</td><td></td><td></td><td></td><td></td><td colspan="3"></td></tr>
<tr><td>9</td><td></td><td></td><td></td><td></td><td colspan="3"></td></tr>
<tr><td>10</td><td></td><td></td><td></td><td></td><td colspan="3"></td></tr>
<tr><td colspan="2" rowspan="2">施工单位检查结果</td><td colspan="2">专业工长（施工员）
（签名）</td><td colspan="2"></td><td>施工班组长
（签名）</td><td colspan="2"></td></tr>
<tr><td colspan="7">项目专业质量检查员（签名）:　　　年　月　日</td></tr>
<tr><td colspan="2">监理单位验收结论</td><td colspan="7">专业监理工程师（签名）:　　　年　月　日</td></tr>
</table>

有绝缘轨道电路安装检验批质量验收记录（四）

DT（GZ）X 0314/3

<table>
<tr><td colspan="3">单位（子单位）工程名称</td><td colspan="5"></td></tr>
<tr><td colspan="3">分部工程名称 / 分项工程名称</td><td colspan="5"></td></tr>
<tr><td colspan="3">检验批部位</td><td colspan="2"></td><td>检验批容量</td><td colspan="2"></td></tr>
<tr><td colspan="3">施工单位</td><td colspan="3"></td><td>项目负责人</td><td></td></tr>
<tr><td colspan="3">执行的技术标准名称、
编号及设计图号</td><td colspan="5"></td></tr>
<tr><td colspan="3">验收依据</td><td colspan="5"></td></tr>
<tr><td rowspan="7">一般项目</td><td colspan="2">验收项目</td><td>设计要求及标准规定</td><td>最小 / 实际抽样数量</td><td>检查记录</td><td colspan="2">检查结果</td></tr>
<tr><td>1</td><td>有绝缘轨道电路设备采用支架安装时应平稳牢固，支架应经热镀锌、涂漆等防腐处理</td><td>7.2.8</td><td></td><td></td><td colspan="2"></td></tr>
<tr><td>2</td><td>钢轨绝缘配线应安装正确、齐全，无破损</td><td>7.2.9</td><td></td><td></td><td colspan="2"></td></tr>
<tr><td>3</td><td>各类连接线的金属裸露部分，在安装完后应涂刷机械油。钢绞线应无断股、锈蚀现象。塞钉不得打弯，打入深度应为露出钢轨 1 ~ 4mm，塞钉头和钢轨的接缝处应涂漆封闭</td><td>7.2.10</td><td></td><td></td><td colspan="2"></td></tr>
<tr><td>4</td><td></td><td></td><td></td><td></td><td colspan="2"></td></tr>
<tr><td>5</td><td></td><td></td><td></td><td></td><td colspan="2"></td></tr>
<tr><td>6</td><td></td><td></td><td></td><td></td><td colspan="2"></td></tr>
<tr><td colspan="2" rowspan="2">施工单位检查结果</td><td>专业工长（施工员）
（签名）</td><td colspan="2"></td><td colspan="2">施工班组长
（签名）</td><td></td></tr>
<tr><td colspan="6">项目专业质量检查员（签名）:　　　　年　　月　　日</td></tr>
<tr><td colspan="2">监理单位验收结论</td><td colspan="6">专业监理工程师（签名）:　　　　年　　月　　日</td></tr>
</table>

无绝缘轨道电路安装检验批质量验收记录（一）

DT（GZ）X 0315

<table>
<tr><td colspan="3">单位（子单位）工程名称</td><td colspan="5"></td></tr>
<tr><td colspan="3">分部工程名称 / 分项工程名称</td><td colspan="5"></td></tr>
<tr><td colspan="3">检验批部位</td><td colspan="2"></td><td>检验批容量</td><td colspan="2"></td></tr>
<tr><td colspan="3">施工单位</td><td colspan="3"></td><td>项目负责人</td><td></td></tr>
<tr><td colspan="3">执行的技术标准名称、
编号及设计图号</td><td colspan="5"></td></tr>
<tr><td colspan="3">验收依据</td><td colspan="5"></td></tr>
<tr><td rowspan="6">主控项目</td><td colspan="2">验收项目</td><td>设计要求及标准规定</td><td>最小 / 实际抽样数量</td><td>检查记录</td><td colspan="2">检查结果</td></tr>
<tr><td>1</td><td>无绝缘轨道电路设备进场时应进行检查，其型号、规格、质量应符合设计要求及相关产品标准的规定</td><td>7.3.1</td><td></td><td></td><td colspan="2"></td></tr>
<tr><td>2</td><td>无绝缘轨道电路设备的安装位置、安装方法应符合设计要求和相关产品的技术要求</td><td>7.3.2</td><td></td><td></td><td colspan="2"></td></tr>
<tr><td>3</td><td>调谐单元安装应符合下列要求：
（1）单元盒内部元器件应安装牢固，并无损伤。
（2）单元盒密封装置应完整，防潮性能应良好。
（3）单元盒体接地状态应良好</td><td>7.3.3</td><td></td><td></td><td colspan="2"></td></tr>
<tr><td>4</td><td></td><td></td><td></td><td></td><td colspan="2"></td></tr>
<tr><td>5</td><td></td><td></td><td></td><td></td><td colspan="2"></td></tr>
<tr><td colspan="2" rowspan="2">施工单位检查结果</td><td>专业工长（施工员）
（签名）</td><td colspan="2"></td><td colspan="2">施工班组长
（签名）</td><td></td></tr>
<tr><td colspan="6">项目专业质量检查员（签名）:　　　　年　　月　　日</td></tr>
<tr><td colspan="2">监理单位验收结论</td><td colspan="6">专业监理工程师（签名）:　　　　年　　月　　日</td></tr>
</table>

无绝缘轨道电路安装检验批质量验收记录（二）

DT（GZ）X 0315/1

<table>
<tr><td colspan="3">单位（子单位）工程名称</td><td colspan="5"></td></tr>
<tr><td colspan="3">分部工程名称 / 分项工程名称</td><td colspan="5"></td></tr>
<tr><td colspan="3">检验批部位</td><td colspan="2"></td><td>检验批容量</td><td colspan="2"></td></tr>
<tr><td colspan="3">施工单位</td><td colspan="3"></td><td>项目负责人</td><td></td></tr>
<tr><td colspan="3">执行的技术标准名称、
编号及设计图号</td><td colspan="5"></td></tr>
<tr><td colspan="3">验收依据</td><td colspan="5"></td></tr>
<tr><td rowspan="5">一般项目</td><td colspan="2">验收项目</td><td>设计要求及标准规定</td><td>最小 / 实际抽样数量</td><td>检查记录</td><td colspan="2">检查结果</td></tr>
<tr><td>1</td><td>调谐单元盒安装应端正、牢靠，螺栓应紧固、无松动</td><td>7.3.4</td><td></td><td></td><td colspan="2"></td></tr>
<tr><td>2</td><td>塞钉式连接棒安装时应符合下列要求：
（1）采用塞钉方式与钢轨连接时，钢轨打眼和塞钉安装应使用专用工具操作。塞钉不得打弯，打入深度应为露出钢轨 1 ~ 4mm，塞钉头与钢轨的接缝处应涂漆封闭。
（2）采用拉杆塞钉方式与钢轨连接时，应使用专用工具冷压线环，线环应紧贴轨腰，安装螺栓应紧固牢固</td><td>7.3.5</td><td></td><td></td><td colspan="2"></td></tr>
<tr><td>3</td><td>焊接式连接棒安装时应符合下列要求：
（1）焊接接头外观应光滑饱满，焊接应牢固，焊位应正确，导线应无损伤，并应无漏焊、假焊。
（2）焊料应充满接头，不得有凹陷和高出钢轨踏面现象。
（3）焊接后应涂防锈涂料</td><td>7.3.6</td><td></td><td></td><td colspan="2"></td></tr>
<tr><td>4</td><td>连接棒沿钢轨侧敷设部分应紧贴钢轨，并用专用卡具将棒固定在钢轨底部</td><td>7.3.7</td><td></td><td></td><td colspan="2"></td></tr>
<tr><td colspan="2" rowspan="2">施工单位检查结果</td><td>专业工长（施工员）
（签名）</td><td colspan="2"></td><td>施工班组长
（签名）</td><td colspan="2"></td></tr>
<tr><td colspan="6">项目专业质量检查员（签名）:　　　年　月　日</td></tr>
<tr><td colspan="2">监理单位验收结论</td><td colspan="6">专业监理工程师（签名）:　　　年　月　日</td></tr>
</table>

阻抗连接器安装检验批质量验收记录

DT（GZ）X 0316

<table>
<tr><td colspan="3">单位（子单位）工程名称</td><td colspan="5"></td></tr>
<tr><td colspan="3">分部工程名称 / 分项工程名称</td><td colspan="5"></td></tr>
<tr><td colspan="3">检验批部位</td><td colspan="2"></td><td>检验批容量</td><td colspan="2"></td></tr>
<tr><td colspan="3">施工单位</td><td colspan="3"></td><td>项目负责人</td><td></td></tr>
<tr><td colspan="3">执行的技术标准名称、编号及设计图号</td><td colspan="5"></td></tr>
<tr><td colspan="3">验收依据</td><td colspan="5"></td></tr>
<tr><td rowspan="5">主控项目</td><td colspan="2">验收项目</td><td>设计要求及标准规定</td><td>最小 / 实际抽样数量</td><td>检查记录</td><td colspan="2">检查结果</td></tr>
<tr><td>1</td><td>阻抗连接器进场时应进行检查，其型号、规格、质量应符合设计要求及相关产品标准的规定</td><td>7.4.1</td><td></td><td></td><td colspan="2"></td></tr>
<tr><td>2</td><td>阻抗连接器的安装位置、安装方法应符合设计和相关技术要求</td><td>7.4.2</td><td></td><td></td><td colspan="2"></td></tr>
<tr><td>3</td><td>阻抗连接器安装后，其顶面与轨顶面的高度应符合相关技术要求</td><td>7.4.3</td><td></td><td></td><td colspan="2"></td></tr>
<tr><td>4</td><td>阻抗连接器的输入、输出回流线均应连接正确、牢固。每个连接孔最多连接两根线，超过时应增加连接铜板</td><td>7.4.4</td><td></td><td></td><td colspan="2"></td></tr>
<tr><td rowspan="2">一般项目</td><td>1</td><td>阻抗连接器与钢轨的焊接应符合下列要求：
（1）焊接接头外观应光滑饱满，焊接应牢固，焊位应正确，导线应无损伤，并应无漏焊、假焊。
（2）焊料应充满接头，不得有凹陷和高出钢轨踏面现象。
（3）焊接后应涂防锈涂料</td><td>7.4.5</td><td></td><td></td><td colspan="2"></td></tr>
<tr><td>2</td><td>阻抗连接器安装应端正、牢靠，固定螺栓应紧固、无松动</td><td>7.4.6</td><td></td><td></td><td colspan="2"></td></tr>
<tr><td colspan="2" rowspan="2">施工单位检查结果</td><td>专业工长（施工员）
（签名）</td><td colspan="2"></td><td>施工班组长
（签名）</td><td colspan="2"></td></tr>
<tr><td colspan="6">项目专业质量检查员（签名）:　　　　年　　月　　日</td></tr>
<tr><td colspan="2">监理单位验收结论</td><td colspan="6">专业监理工程师（签名）:　　　　年　　月　　日</td></tr>
</table>

环线安装检验批质量验收记录

DT（GZ）X 0317

<table>
<tr><td colspan="3">单位（子单位）工程名称</td><td colspan="5"></td></tr>
<tr><td colspan="3">分部工程名称 / 分项工程名称</td><td colspan="5"></td></tr>
<tr><td colspan="3">检验批部位</td><td colspan="2"></td><td>检验批容量</td><td colspan="2"></td></tr>
<tr><td colspan="3">施工单位</td><td colspan="3"></td><td>项目负责人</td><td></td></tr>
<tr><td colspan="3">执行的技术标准名称、
编号及设计图号</td><td colspan="5"></td></tr>
<tr><td colspan="3">验收依据</td><td colspan="5"></td></tr>
<tr><td rowspan="5">主控项目</td><td colspan="2">验收项目</td><td>设计要求及标准规定</td><td>最小 / 实际抽样数量</td><td>检查记录</td><td colspan="2">检查结果</td></tr>
<tr><td>1</td><td>环线进场时应进行检查，其型号、规格、质量应符合设计要求及相关产品标准的规定</td><td>7.5.1</td><td></td><td></td><td colspan="2"></td></tr>
<tr><td>2</td><td>环线的安装位置、安装方法应符合设计和相关技术要求</td><td>7.5.2</td><td></td><td></td><td colspan="2"></td></tr>
<tr><td>3</td><td>道岔区长环线的安装应符合下列要求：
（1）环线安装宽度及交叉点应符合设计规定，每个交叉处的电缆走线应紧密、无缝隙。
（2）环线沿钢轨敷设时，环线与钢轨应接触紧密、无扭绞、不翘起；环线应用轨底卡固定在钢轨上。
（3）环线不沿钢轨敷设时，应用 Ω 卡固定在承轨台或自制小枕木上，环线应无扭绞、不翘起</td><td>7.5.3</td><td></td><td></td><td colspan="2"></td></tr>
<tr><td>4</td><td>车地通信环线的安装应符合下列要求：
（1）环线安装宽度及交叉点应符合设计规定，每个交叉处的电缆走线应紧密、无缝隙。
（2）环线走线时，应用 Ω 卡固定在承柜台或自制小枕木上，环线应无扭绞、不翘起</td><td>7.5.4</td><td></td><td></td><td colspan="2"></td></tr>
<tr><td>一般项目</td><td>1</td><td>环线安装应端正、牢靠，各类卡具应固定牢固</td><td>7.5.5</td><td></td><td></td><td colspan="2"></td></tr>
<tr><td colspan="2" rowspan="2">施工单位检查结果</td><td>专业工长（施工员）
（签名）</td><td colspan="2"></td><td>施工班组长
（签名）</td><td colspan="2"></td></tr>
<tr><td colspan="6">项目专业质量检查员（签名）:　　　　年　　月　　日</td></tr>
<tr><td colspan="2">监理单位验收结论</td><td colspan="6">专业监理工程师（签名）:　　　　年　　月　　日</td></tr>
</table>

波导管安装检验批质量验收记录（一）

DT（GZ）X 0318

单位（子单位）工程名称					
分部工程名称 / 分项工程名称					
检验批部位		检验批容量			
施工单位				项目负责人	
执行的技术标准名称、编号及设计图号					
验收依据					

		验收项目	设计要求及标准规定	最小 / 实际抽样数量	检查记录	检查结果
主控项目	1	波导管及安装附件进场时应进行检查，其型号、规格、质量应符合设计要求及相关产品标准的规定	7.6.1			
	2	波导管的安装位置、安装方法应符合设计和相关技术要求	7.6.2			
	3	波导管的安装应符合下列要求： 波导管安装支架（包括固定支架与滑动支架）的高度、间隔距离及与走行轨中心距离应符合设计要求，支架与走行轨应垂直安装。 波导管安装调整后应与走行轨保持平行，并与轨面始终保持相对水平状态。 固定支架必须安装在每个波导管分段的始端，标准波导管装配应无任何中断，两个波导管分段末端间距离应符合设计要求。 滑动支架的管与架之间保持的间隙应符合设计要求	7.6.3			
	4	波导管、轨旁无线电子盒、耦合器均应接地良好	7.6.4			

施工单位检查结果	专业工长（施工员）（签名）		施工班组长（签名）	
	项目专业质量检查员（签名）： 年 月 日			
监理单位验收结论	专业监理工程师（签名）： 年 月 日			

波导管安装检验批质量验收记录（二）

DT（GZ）X 0318/1

<table>
<tr><td colspan="3">单位（子单位）工程名称</td><td colspan="5"></td></tr>
<tr><td colspan="3">分部工程名称 / 分项工程名称</td><td colspan="5"></td></tr>
<tr><td colspan="3">检验批部位</td><td colspan="2"></td><td>检验批容量</td><td colspan="2"></td></tr>
<tr><td colspan="3">施工单位</td><td colspan="3"></td><td>项目负责人</td><td></td></tr>
<tr><td colspan="3">执行的技术标准名称、
编号及设计图号</td><td colspan="5"></td></tr>
<tr><td colspan="3">验收依据</td><td colspan="5"></td></tr>
<tr><td rowspan="7">一般项目</td><td colspan="2">验收项目</td><td>设计要求及标准规定</td><td>最小 / 实际抽样数量</td><td>检查记录</td><td colspan="2">检查结果</td></tr>
<tr><td>1</td><td>波导管在钢轨边缘安装时，道床应平滑且无建筑碎石，轨枕宽度及轨枕之间距离应满足波导管安装空间要求。波导管在隧道顶部安装时，安装面应平坦，并无其他障碍物</td><td>7.6.5</td><td></td><td></td><td colspan="2"></td></tr>
<tr><td>2</td><td>波导管与轨边无线电子盒（或耦合器）间连接的射频电缆长度应符合设计要求，连接应牢固、无松动</td><td>7.6.6</td><td></td><td></td><td colspan="2"></td></tr>
<tr><td>3</td><td>波导管及各种安装配件应经热镀锌、涂漆等防腐处理；支架安装应端正、牢靠，螺栓应紧固、无松动</td><td>7.6.7</td><td></td><td></td><td colspan="2"></td></tr>
<tr><td>4</td><td>波导管防护膜应保护完好</td><td>7.6.8</td><td></td><td></td><td colspan="2"></td></tr>
<tr><td>5</td><td>波导管防护罩强度应符合设计要求，安装应端正、牢固</td><td>7.6.9</td><td></td><td></td><td colspan="2"></td></tr>
<tr><td>6</td><td></td><td></td><td></td><td></td><td colspan="2"></td></tr>
<tr><td colspan="2" rowspan="2">施工单位检查结果</td><td>专业工长（施工员）
（签名）</td><td colspan="2"></td><td>施工班组长
（签名）</td><td colspan="2"></td></tr>
<tr><td colspan="6">项目专业质量检查员（签名）:　　　年　月　日</td></tr>
<tr><td colspan="2">监理单位验收结论</td><td colspan="6">专业监理工程师（签名）:　　　年　月　日</td></tr>
</table>

漏泄同轴电缆敷设检验批质量验收记录

DT（GZ）X 0319

<table>
<tr><td colspan="3">单位（子单位）工程名称</td><td colspan="5"></td></tr>
<tr><td colspan="3">分部工程名称 / 分项工程名称</td><td colspan="5"></td></tr>
<tr><td colspan="3">检验批部位</td><td colspan="2"></td><td>检验批容量</td><td colspan="2"></td></tr>
<tr><td colspan="3">施工单位</td><td colspan="3"></td><td>项目负责人</td><td></td></tr>
<tr><td colspan="3">执行的技术标准名称、编号及设计图号</td><td colspan="5"></td></tr>
<tr><td colspan="3">验收依据</td><td colspan="5"></td></tr>
<tr><td rowspan="7">主控项目</td><td colspan="2">验收项目</td><td>设计要求及标准规定</td><td>最小 / 实际抽样数量</td><td>检查记录</td><td colspan="2">检查结果</td></tr>
<tr><td>1</td><td>漏泄同轴电缆进场时应进行检查，其型号、规格、质量应符合设计要求及相关产品标准的规定</td><td>7.7.1</td><td></td><td></td><td colspan="2"></td></tr>
<tr><td>2</td><td>漏泄同轴电缆应在现场进行单盘测试，其内外导体的直流电阻、绝缘介电强度、绝缘电阻等直流电气指标应符合产品技术要求；其特性阻抗、电压驻波比、标称耦合损耗、传输衰减等交流电气指标，应符合设计要求</td><td>7.7.2</td><td></td><td></td><td colspan="2"></td></tr>
<tr><td>3</td><td>漏泄同轴电缆的安装位置、安装方式应符合设计和相关技术要求</td><td>7.7.3</td><td></td><td></td><td colspan="2"></td></tr>
<tr><td>4</td><td>漏泄同轴电缆安装的要求及检验项目、检验数量、检验方法应按现行国家标准《城市轨道交通通信工程质量验收规范》GB 50382 的有关规定执行</td><td>7.7.4</td><td></td><td></td><td colspan="2"></td></tr>
<tr><td>5</td><td></td><td></td><td></td><td></td><td colspan="2"></td></tr>
<tr><td>6</td><td></td><td></td><td></td><td></td><td colspan="2"></td></tr>
<tr><td colspan="2" rowspan="2">施工单位检查结果</td><td>专业工长（施工员）（签名）</td><td colspan="2"></td><td colspan="2">施工班组长（签名）</td><td></td></tr>
<tr><td colspan="6">项目专业质量检查员（签名）:　　　　年　　月　　日</td></tr>
<tr><td colspan="2">监理单位验收结论</td><td colspan="6">专业监理工程师（签名）:　　　　年　　月　　日</td></tr>
</table>

应答器安装检验批质量验收记录

DT（GZ）X 0320

<table>
<tr><td colspan="3">单位（子单位）工程名称</td><td colspan="5"></td></tr>
<tr><td colspan="3">分部工程名称 / 分项工程名称</td><td colspan="5"></td></tr>
<tr><td colspan="3">检验批部位</td><td colspan="2"></td><td>检验批容量</td><td colspan="2"></td></tr>
<tr><td colspan="3">施工单位</td><td colspan="3"></td><td>项目负责人</td><td></td></tr>
<tr><td colspan="3">执行的技术标准名称、
编号及设计图号</td><td colspan="5"></td></tr>
<tr><td colspan="3">验收依据</td><td colspan="5"></td></tr>
<tr><td rowspan="5">主控项目</td><td colspan="2">验收项目</td><td>设计要求及标准规定</td><td>最小 / 实际抽样数量</td><td>检查记录</td><td colspan="2">检查结果</td></tr>
<tr><td>1</td><td>应答器进场时应进行检查，其型号、规格、质量应符合设计要求及相关产品标准的规定</td><td>7.8.1</td><td></td><td></td><td colspan="2"></td></tr>
<tr><td>2</td><td>应答器的安装位置、安装方法应符合设计和相关技术要求</td><td>7.8.2</td><td></td><td></td><td colspan="2"></td></tr>
<tr><td>3</td><td>应答器的安装高度，以及纵向、横向偏移量应符合设计和相关技术要求</td><td>7.8.3</td><td></td><td></td><td colspan="2"></td></tr>
<tr><td>4</td><td>有源应答器馈电盒的安装应符合下列要求：
（1）馈电盒的连接电缆应采用橡胶管防护，并用卡具固定牢固。
（2）馈电盒内部配线应正确，并连接牢靠。
（3）馈电盒密封装置应完整，防潮性能应良好。
（4）馈电盒体应接地良好</td><td>7.8.4</td><td></td><td></td><td colspan="2"></td></tr>
<tr><td rowspan="2">一般项目</td><td>1</td><td>应答器安装前后、左右、高低可调节</td><td>7.8.5</td><td></td><td></td><td colspan="2"></td></tr>
<tr><td>2</td><td>有源应答器馈电盒应安装平稳、牢固，螺栓应紧固、无松动</td><td>7.8.6</td><td></td><td></td><td colspan="2"></td></tr>
<tr><td colspan="2" rowspan="2">施工单位检查结果</td><td>专业工长（施工员）
（签名）</td><td colspan="2"></td><td>施工班组长
（签名）</td><td colspan="2"></td></tr>
<tr><td colspan="6">项目专业质量检查员（签名）:　　　　年　月　日</td></tr>
<tr><td colspan="2">监理单位验收结论</td><td colspan="6">专业监理工程师（签名）:　　　　年　月　日</td></tr>
</table>

定位天线安装检验批质量验收记录

DT（GZ）X 0321

<table>
<tr><td colspan="3">单位（子单位）工程名称</td><td colspan="5"></td></tr>
<tr><td colspan="3">分部工程名称 / 分项工程名称</td><td colspan="5"></td></tr>
<tr><td colspan="3">检验批部位</td><td colspan="2"></td><td>检验批容量</td><td colspan="2"></td></tr>
<tr><td colspan="3">施工单位</td><td colspan="3"></td><td>项目负责人</td><td></td></tr>
<tr><td colspan="3">执行的技术标准名称、编号及设计图号</td><td colspan="5"></td></tr>
<tr><td colspan="3">验收依据</td><td colspan="5"></td></tr>
<tr><td rowspan="5">主控项目</td><td colspan="2">验收项目</td><td>设计要求及标准规定</td><td>最小 / 实际抽样数量</td><td>检查记录</td><td colspan="2">检查结果</td></tr>
<tr><td>1</td><td>定位天线进场时应进行检查，其型号、规格、质量应符合设计要求及相关产品标准的规定</td><td>7.9.1</td><td></td><td></td><td colspan="2"></td></tr>
<tr><td>2</td><td>定位天线的安装位置、安装方法应符合设计和相关技术要求</td><td>7.9.2</td><td></td><td></td><td colspan="2"></td></tr>
<tr><td>3</td><td>定位天线顶面应与钢轨顶面平行，距钢轨顶面距离应符合设计规定</td><td>7.9.3</td><td></td><td></td><td colspan="2"></td></tr>
<tr><td>4</td><td>定位天线安装的纵向、横向偏移量应符合设计及相关技术要求</td><td>7.9.4</td><td></td><td></td><td colspan="2"></td></tr>
<tr><td rowspan="3">一般项目</td><td>1</td><td>信号设备室至站台两侧对位天线设备间的连接电缆，其长度应基本相同</td><td>7.9.5</td><td></td><td></td><td colspan="2"></td></tr>
<tr><td>2</td><td>定位天线安装支架前后、左右、高低可调节</td><td>7.9.6</td><td></td><td></td><td colspan="2"></td></tr>
<tr><td>3</td><td>定位天线安装应平稳、牢固，螺栓应紧固、无松动</td><td>7.9.7</td><td></td><td></td><td colspan="2"></td></tr>
<tr><td colspan="2" rowspan="2">施工单位检查结果</td><td>专业工长（施工员）（签名）</td><td colspan="2"></td><td>施工班组长（签名）</td><td colspan="2"></td></tr>
<tr><td colspan="6">项目专业质量检查员（签名）:　　　　年　月　日</td></tr>
<tr><td colspan="2">监理单位验收结论</td><td colspan="6">专业监理工程师（签名）:　　　　年　月　日</td></tr>
</table>

终端接收器安装检验批质量验收记录

DT（GZ）X 0322

<table>
<tr><td colspan="3">单位（子单位）工程名称</td><td colspan="5"></td></tr>
<tr><td colspan="3">分部工程名称 / 分项工程名称</td><td colspan="5"></td></tr>
<tr><td colspan="3">检验批部位</td><td colspan="2"></td><td>检验批容量</td><td colspan="2"></td></tr>
<tr><td colspan="3">施工单位</td><td colspan="3"></td><td>项目负责人</td><td></td></tr>
<tr><td colspan="3">执行的技术标准名称、
编号及设计图号</td><td colspan="5"></td></tr>
<tr><td colspan="3">验收依据</td><td colspan="5"></td></tr>
<tr><td rowspan="6">主控项目</td><td colspan="2">验收项目</td><td>设计要求及标准规定</td><td>最小 / 实际抽样数量</td><td>检查记录</td><td colspan="2">检查结果</td></tr>
<tr><td>1</td><td>终端接收器进场时应进行检查，其型号、规格、质量应符合设计要求及相关产品标准的规定</td><td>7.10.1</td><td></td><td></td><td colspan="2"></td></tr>
<tr><td>2</td><td>终端接收器的安装位置、安装方法应符合设计和相关技术要求</td><td>7.10.2</td><td></td><td></td><td colspan="2"></td></tr>
<tr><td>3</td><td>接收器箱安装应符合下列要求：
（1）接收器箱在墙壁上安装时应与地面保持垂直；上下行两个轨道中间安装时，应避免安装在其他金属物或排水孔上方。
（2）接收器箱内配线应绑扎整齐；引出线应敷设平直，并连接牢固。
（3）接收器箱密封装置应完整。
（4）接收器箱体应接地良好</td><td>7.10.3</td><td></td><td></td><td colspan="2"></td></tr>
<tr><td>4</td><td>终端接收器安装应端正、牢靠，螺栓应紧固、无松动</td><td>7.10.4</td><td></td><td></td><td colspan="2"></td></tr>
<tr><td>5</td><td></td><td></td><td></td><td></td><td colspan="2"></td></tr>
<tr><td colspan="2" rowspan="2">施工单位检查结果</td><td>专业工长（施工员）
（签名）</td><td colspan="2"></td><td>施工班组长
（签名）</td><td colspan="2"></td></tr>
<tr><td colspan="6">项目专业质量检查员（签名）:　　　　年　月　日</td></tr>
<tr><td colspan="2">监理单位验收结论</td><td colspan="6">专业监理工程师（签名）:　　　　年　月　日</td></tr>
</table>

无线接入单元安装检验批质量验收记录

DT（GZ）X 0323

<table>
<tr><td colspan="3">单位（子单位）工程名称</td><td colspan="5"></td></tr>
<tr><td colspan="3">分部工程名称 / 分项工程名称</td><td colspan="5"></td></tr>
<tr><td colspan="3">检验批部位</td><td colspan="2"></td><td>检验批容量</td><td colspan="2"></td></tr>
<tr><td colspan="3">施工单位</td><td colspan="3"></td><td>项目负责人</td><td></td></tr>
<tr><td colspan="3">执行的技术标准名称、编号及设计图号</td><td colspan="5"></td></tr>
<tr><td colspan="3">验收依据</td><td colspan="5"></td></tr>
<tr><td rowspan="5">主控项目</td><td colspan="2">验收项目</td><td>设计要求及标准规定</td><td>最小 / 实际抽样数量</td><td>检查记录</td><td colspan="2">检查结果</td></tr>
<tr><td>1</td><td>无线接入单元进场时应进行检查，其型号、规格、质量应符合设计要求及相关产品标准的规定</td><td>7.11.1</td><td></td><td></td><td colspan="2"></td></tr>
<tr><td>2</td><td>无线接入单元的安装位置、安装方法应符合设计和相关技术要求</td><td>7.11.2</td><td></td><td></td><td colspan="2"></td></tr>
<tr><td>3</td><td>无线接入单元天线安装应符合下列要求：
（1）天线在直线区段、曲线区段的安装坐标均应符合设计要求，并应满足设备限界的规定。
（2）天线应沿支架方向纵向移动，并无障碍物阻挡。
（3）天线方向调整应正确</td><td>7.11.3</td><td></td><td></td><td colspan="2"></td></tr>
<tr><td>4</td><td>无线接入单元电子箱安装应符合下列要求：
（1）电子箱应密封良好，底部防水接头应安装牢固。
（2）电子箱内配线应绑扎整齐，元器件安装应齐全、牢固。
（3）电子箱体应接地良好</td><td>7.11.4</td><td></td><td></td><td colspan="2"></td></tr>
<tr><td rowspan="2">一般项目</td><td>1</td><td>天线支架应安装平稳、牢固，调节功能应良好，螺栓应紧固、无松动</td><td>7.11.5</td><td></td><td></td><td colspan="2"></td></tr>
<tr><td>2</td><td>电子箱安装与地面应保持垂直。电子箱应安装端正、牢靠，螺栓应紧固、无松动</td><td>7.11.6</td><td></td><td></td><td colspan="2"></td></tr>
<tr><td colspan="3" rowspan="2">施工单位检查结果</td><td>专业工长（施工员）（签名）</td><td></td><td>施工班组长（签名）</td><td colspan="2"></td></tr>
<tr><td colspan="5">项目专业质量检查员（签名）: 年 月 日</td></tr>
<tr><td colspan="3">监理单位验收结论</td><td colspan="5">专业监理工程师（签名）: 年 月 日</td></tr>
</table>

计轴装置安装检验批质量验收记录（一）

DT（GZ）X 0324

<table>
<tr><td colspan="3">单位（子单位）工程名称</td><td colspan="5"></td></tr>
<tr><td colspan="3">分部工程名称 / 分项工程名称</td><td colspan="5"></td></tr>
<tr><td colspan="3">检验批部位</td><td colspan="2"></td><td>检验批容量</td><td colspan="2"></td></tr>
<tr><td colspan="3">施工单位</td><td colspan="3"></td><td>项目负责人</td><td></td></tr>
<tr><td colspan="3">执行的技术标准名称、
编号及设计图号</td><td colspan="5"></td></tr>
<tr><td colspan="3">验收依据</td><td colspan="5"></td></tr>
<tr><td rowspan="6">主控项目</td><td colspan="2">验收项目</td><td>设计要求及标准规定</td><td>最小 / 实际抽样数量</td><td>检查记录</td><td colspan="2">检查结果</td></tr>
<tr><td>1</td><td>计轴装置进场时应进行检查，其型号、规格、质量应符合设计要求及相关产品标准的规定</td><td>7.12.1</td><td></td><td></td><td colspan="2"></td></tr>
<tr><td>2</td><td>计轴装置的安装位置、安装方法应符合设计和相关技术要求</td><td>7.12.2</td><td></td><td></td><td colspan="2"></td></tr>
<tr><td>3</td><td>计轴磁头安装应符合下列要求：
（1）磁头应安装在同一根钢轨上，磁头安装必须用绝缘材料与钢轨隔离。
（2）磁头在钢轨上的安装孔中心距轨底高度、孔径、孔与孔的间距应符合相关技术要求，两相邻磁头的安装间距应符合设计要求</td><td>7.12.3</td><td></td><td></td><td colspan="2"></td></tr>
<tr><td>4</td><td>计轴电子盒的安装应符合下列要求：
（1）电子盒安装位置应根据磁头电缆的布置方式确定，宜靠近信号设备机房。
（2）电子盒内部配线应连接正确、排列整齐。
（3）电子盒密封装置应完整。
（4）电子盒体应接地良好</td><td>7.12.4</td><td></td><td></td><td colspan="2"></td></tr>
<tr><td>5</td><td>计轴装置采用的专用电缆，其长度应符合设计要求；电缆走线应平缓，严禁盘圈、弯折</td><td>7.12.5</td><td></td><td></td><td colspan="2"></td></tr>
<tr><td colspan="2" rowspan="2">施工单位检查结果</td><td>专业工长（施工员）
（签名）</td><td colspan="2"></td><td>施工班组长
（签名）</td><td colspan="2"></td></tr>
<tr><td colspan="6">项目专业质量检查员（签名）：　　年　月　日</td></tr>
<tr><td colspan="2">监理单位验收结论</td><td colspan="6">专业监理工程师（签名）：　　年　月　日</td></tr>
</table>

计轴装置安装检验批质量验收记录（二）

DT（GZ）X 0324/1

<table>
<tr><td colspan="2">单位（子单位）工程名称</td><td colspan="5"></td></tr>
<tr><td colspan="2">分部工程名称 / 分项工程名称</td><td colspan="5"></td></tr>
<tr><td colspan="2">检验批部位</td><td colspan="2"></td><td>检验批容量</td><td colspan="2"></td></tr>
<tr><td colspan="2">施工单位</td><td colspan="3"></td><td>项目负责人</td><td></td></tr>
<tr><td colspan="2">执行的技术标准名称、编号及设计图号</td><td colspan="5"></td></tr>
<tr><td colspan="2">验收依据</td><td colspan="5"></td></tr>
<tr><td rowspan="7">一般项目</td><td colspan="2">验收项目</td><td>设计要求及标准规定</td><td>最小 / 实际抽样数量</td><td>检查记录</td><td>检查结果</td></tr>
<tr><td>1</td><td>计轴电缆应采用橡胶软管防护，并用金属 Ω 卡箍固定。过水沟时应用镀锌钢管防护</td><td>7.12.6</td><td></td><td></td><td></td></tr>
<tr><td>2</td><td>磁头安装应平稳、牢固，螺栓应紧固、无松动</td><td>7.12.7</td><td></td><td></td><td></td></tr>
<tr><td>3</td><td>电子盒安装应与地面保持垂直。安装应平稳、牢固，螺栓应紧固、无松动</td><td>7.12.8</td><td></td><td></td><td></td></tr>
<tr><td>4</td><td></td><td></td><td></td><td></td><td></td></tr>
<tr><td>5</td><td></td><td></td><td></td><td></td><td></td></tr>
<tr><td>6</td><td></td><td></td><td></td><td></td><td></td></tr>
<tr><td colspan="2" rowspan="2">施工单位检查结果</td><td>专业工长（施工员）（签名）</td><td></td><td>施工班组长（签名）</td><td colspan="2"></td></tr>
<tr><td colspan="5">项目专业质量检查员（签名）:　　　　年　　月　　日</td></tr>
<tr><td colspan="2">监理单位验收结论</td><td colspan="5">专业监理工程师（签名）:　　　　年　　月　　日</td></tr>
</table>

机柜及设备、人机界面安装检验批质量验收记录

DT（GZ）X 0325

<table>
<tr><td colspan="3">单位（子单位）工程名称</td><td colspan="5"></td></tr>
<tr><td colspan="3">分部工程名称 / 分项工程名称</td><td colspan="5"></td></tr>
<tr><td colspan="3">检验批部位</td><td colspan="2"></td><td>检验批容量</td><td colspan="2"></td></tr>
<tr><td colspan="3">施工单位</td><td colspan="3"></td><td>项目负责人</td><td></td></tr>
<tr><td colspan="3">执行的技术标准名称、
编号及设计图号</td><td colspan="5"></td></tr>
<tr><td colspan="3">验收依据</td><td colspan="5"></td></tr>
<tr><td rowspan="6">主控项目</td><td colspan="2">验收项目</td><td>设计要求及标准规定</td><td>最小 / 实际抽样数量</td><td>检查记录</td><td colspan="2">检查结果</td></tr>
<tr><td>1</td><td>机柜及设备、人机界面进场时应进行检查，其型号、规格、质量应符合设计要求及相关产品标准的规定</td><td>8.2.1</td><td></td><td></td><td colspan="2"></td></tr>
<tr><td>2</td><td>机柜安装位置、安装方式应符合设计要求</td><td>8.2.2</td><td></td><td></td><td colspan="2"></td></tr>
<tr><td>3</td><td>机柜底座应有防震装置，底座应与机架电气隔离，机架应与车体接地连接</td><td>8.2.3</td><td></td><td></td><td colspan="2"></td></tr>
<tr><td>4</td><td>机柜内各种元器件应安装正确，模块箱体应安装端正、牢靠；制动接口单元继电器应固定牢固，各种接插件应插接紧密、无松动</td><td>8.2.4</td><td></td><td></td><td colspan="2"></td></tr>
<tr><td>5</td><td>人机界面安装应符合驾驶人员使用要求。屏幕显示应正确、清晰，各种操作手柄、扳键和按钮应动作可靠、灵活</td><td>8.2.5</td><td></td><td></td><td colspan="2"></td></tr>
<tr><td rowspan="2">一般项目</td><td>1</td><td>机柜及人机界面应安装牢固，并无歪斜、变形、损伤、腐蚀现象，封印应完整</td><td>8.2.6</td><td></td><td></td><td colspan="2"></td></tr>
<tr><td>2</td><td>各部件应安装端正、牢靠，螺栓应紧固、无松动</td><td>8.2.7</td><td></td><td></td><td colspan="2"></td></tr>
<tr><td colspan="2" rowspan="2">施工单位检查结果</td><td colspan="2">专业工长（施工员）
（签名）</td><td colspan="2"></td><td>施工班组长
（签名）</td><td></td></tr>
<tr><td colspan="6">项目专业质量检查员（签名）:　　　年　月　日</td></tr>
<tr><td colspan="2">监理单位验收结论</td><td colspan="6">专业监理工程师（签名）:　　　年　月　日</td></tr>
</table>

天线及测速装置安装检验批质量验收记录

DT（GZ）X 0326

<table>
<tr><td colspan="3">单位（子单位）工程名称</td><td colspan="5"></td></tr>
<tr><td colspan="3">分部工程名称 / 分项工程名称</td><td colspan="5"></td></tr>
<tr><td colspan="3">检验批部位</td><td colspan="2"></td><td>检验批容量</td><td colspan="2"></td></tr>
<tr><td colspan="3">施工单位</td><td colspan="3"></td><td>项目负责人</td><td></td></tr>
<tr><td colspan="3">执行的技术标准名称、编号及设计图号</td><td colspan="5"></td></tr>
<tr><td colspan="3">验收依据</td><td colspan="5"></td></tr>
<tr><td rowspan="4">主控项目</td><td colspan="2">验收项目</td><td>设计要求及标准规定</td><td>最小 / 实际抽样数量</td><td>检查记录</td><td colspan="2">检查结果</td></tr>
<tr><td>1</td><td>天线及测速设备进场时应进行检查，其型号、规格、质量应符合设计要求及相关产品标准的规定</td><td>8.3.1</td><td></td><td></td><td colspan="2"></td></tr>
<tr><td>2</td><td>天线及测速装置的安装位置、安装方式应符合设计和相关技术要求</td><td>8.3.2</td><td></td><td></td><td colspan="2"></td></tr>
<tr><td>3</td><td>测速装置安装应符合下列要求：
（1）测速装置安装应位置精确、固定牢靠。
（2）测速装置的接线端子盒固定牢固、引线管出线部位封闭良好</td><td>8.3.3</td><td></td><td></td><td colspan="2"></td></tr>
<tr><td rowspan="3">一般项目</td><td>1</td><td>车体外部敷设线缆应用金属管防护，并与车体固定牢固。防护管的内壁、管口应光滑无毛刺，管口应防护</td><td>8.3.4</td><td></td><td></td><td colspan="2"></td></tr>
<tr><td>2</td><td>各类金属安装支架、防护管均应经过热镀锌、涂漆等防腐处理</td><td>8.3.5</td><td></td><td></td><td colspan="2"></td></tr>
<tr><td>3</td><td></td><td></td><td></td><td></td><td colspan="2"></td></tr>
<tr><td colspan="2" rowspan="2">施工单位检查结果</td><td colspan="2">专业工长（施工员）
（签名）</td><td colspan="2"></td><td>施工班组长
（签名）</td><td></td></tr>
<tr><td colspan="6">项目专业质量检查员（签名）：　　　　年　　月　　日</td></tr>
<tr><td colspan="2">监理单位验收结论</td><td colspan="6">专业监理工程师（签名）：　　　　年　　月　　日</td></tr>
</table>

配线检验批质量验收记录

DT（GZ）X 0327

<table>
<tr><td colspan="3">单位（子单位）工程名称</td><td colspan="5"></td></tr>
<tr><td colspan="3">分部工程名称 / 分项工程名称</td><td colspan="5"></td></tr>
<tr><td colspan="3">检验批部位</td><td colspan="2"></td><td>检验批容量</td><td colspan="2"></td></tr>
<tr><td colspan="3">施工单位</td><td colspan="3"></td><td>项目负责人</td><td></td></tr>
<tr><td colspan="3">执行的技术标准名称、
编号及设计图号</td><td colspan="5"></td></tr>
<tr><td colspan="3">验收依据</td><td colspan="5"></td></tr>
<tr><td rowspan="3">主控项目</td><td colspan="2">验收项目</td><td>设计要求及标准规定</td><td>最小 / 实际抽样数量</td><td>检查记录</td><td colspan="2">检查结果</td></tr>
<tr><td>1</td><td>各种配线线缆进场时应进行检查，其型号、规格、质量应符合设计要求及相关产品标准的规定</td><td>8.4.1</td><td></td><td></td><td colspan="2"></td></tr>
<tr><td>2</td><td>车载设备配线应符合下列要求：
（1）配线不得有中间接头、背扣或绝缘破损现象。
（2）配线采用压接方式时应使用专用工具操作，配线应连接正确、绑扎整齐。
（3）配线电缆应连接牢固，并应防护良好</td><td>8.4.2</td><td></td><td></td><td colspan="2"></td></tr>
<tr><td rowspan="2">一般项目</td><td>1</td><td>各类配线应标志清晰、正确</td><td>8.4.3</td><td></td><td></td><td colspan="2"></td></tr>
<tr><td>2</td><td></td><td></td><td></td><td></td><td colspan="2"></td></tr>
<tr><td colspan="2" rowspan="2">施工单位检查结果</td><td>专业工长（施工员）
（签名）</td><td colspan="2"></td><td>施工班组长
（签名）</td><td colspan="2"></td></tr>
<tr><td colspan="6">项目专业质量检查员（签名）:　　年　月　日</td></tr>
<tr><td colspan="2">监理单位验收结论</td><td colspan="6">专业监理工程师（签名）:　　年　月　日</td></tr>
</table>

机柜（架）安装检验批质量验收记录（一）

DT（GZ）X 0328

单位（子单位）工程名称					
分部工程名称 / 分项工程名称					
检验批部位			检验批容量		
施工单位				项目负责人	
执行的技术标准名称、编号及设计图号					
验收依据					

		验收项目	设计要求及标准规定	最小 / 实际抽样数量	检查记录	检查结果
主控项目	1	各种机柜（架）进场时应进行检查，其型号、规格、质量应符合设计要求及相关产品标准的规定	9.2.1			
	2	机房内机柜（架）的平面位置、安装位置、机面朝向、柜（架）间距应符合设计要求	9.2.2			
	3	机柜（架）安装应符合下列要求： （1）机柜（架）固定方式应符合设计要求。机柜（架）底座与地面固定应平稳、牢固。但机房内铺设有防静电地板时，底座应与防静电地板等高。 （2）机柜（架）安装应横平竖直、端正稳固。同排各种机柜（架）应正面处于同一平面、底座处于同一直线。 （3）除有特定的绝缘隔离、散热、电磁干扰等要求外，机柜（架）应相互紧密靠拢，或用螺栓连接。 （4）机柜（架）间需绝缘隔离时，各种绝缘装置应安装齐全、无损伤。 （5）机柜（架）有抗震设计要求时，机柜（架）的抗震加固措施应符合设计要求	9.2.3			

施工单位检查结果	专业工长（施工员）（签名）		施工班组长（签名）	
	项目专业质量检查员（签名）：　　年　月　日			
监理单位验收结论	专业监理工程师（签名）：　　年　月　日			

机柜（架）安装检验批质量验收记录（二）

DT（GZ）X0328/1

<table>
<tr><td colspan="3">单位（子单位）工程名称</td><td colspan="5"></td></tr>
<tr><td colspan="3">分部工程名称 / 分项工程名称</td><td colspan="5"></td></tr>
<tr><td colspan="3">检验批部位</td><td colspan="2"></td><td>检验批容量</td><td colspan="2"></td></tr>
<tr><td colspan="3">施工单位</td><td colspan="3"></td><td>项目负责人</td><td></td></tr>
<tr><td colspan="3">执行的技术标准名称、
编号及设计图号</td><td colspan="5"></td></tr>
<tr><td colspan="3">验收依据</td><td colspan="5"></td></tr>
<tr><td rowspan="6">一般项目</td><td colspan="2">验收项目</td><td>设计要求及标准规定</td><td>最小 / 实际抽样数量</td><td>检查记录</td><td colspan="2">检查结果</td></tr>
<tr><td>1</td><td>机柜（架）内所有设备的紧固件应安装完整、牢固，各种零配件应无脱落</td><td>9.2.4</td><td></td><td></td><td colspan="2"></td></tr>
<tr><td>2</td><td>机柜（架）铭牌文字和符号标志应正确、清晰、齐全</td><td>9.2.5</td><td></td><td></td><td colspan="2"></td></tr>
<tr><td>3</td><td>机柜（架）漆面色调应一致，并无脱漆现象；机柜（架）金属底座应经热镀锌、涂漆等防腐处理</td><td>9.2.6</td><td></td><td></td><td colspan="2"></td></tr>
<tr><td>4</td><td></td><td></td><td></td><td></td><td colspan="2"></td></tr>
<tr><td>5</td><td></td><td></td><td></td><td></td><td colspan="2"></td></tr>
<tr><td colspan="2" rowspan="2">施工单位检查结果</td><td>专业工长（施工员）
（签名）</td><td colspan="2"></td><td>施工班组长
（签名）</td><td colspan="2"></td></tr>
<tr><td colspan="6">项目专业质量检查员（签名）:　　　　年　月　日</td></tr>
<tr><td colspan="2">监理单位验收结论</td><td colspan="6">专业监理工程师（签名）:　　　　年　月　日</td></tr>
</table>

走线架（槽）安装检验批质量验收记录

DT（GZ）X 0329

<table>
<tr><td colspan="3">单位（子单位）工程名称</td><td colspan="5"></td></tr>
<tr><td colspan="3">分部工程名称 / 分项工程名称</td><td colspan="5"></td></tr>
<tr><td colspan="3">检验批部位</td><td colspan="2"></td><td>检验批容量</td><td colspan="2"></td></tr>
<tr><td colspan="3">施工单位</td><td colspan="3"></td><td>项目负责人</td><td></td></tr>
<tr><td colspan="3">执行的技术标准名称、编号及设计图号</td><td colspan="5"></td></tr>
<tr><td colspan="3">验收依据</td><td colspan="5"></td></tr>
<tr><td rowspan="4">主控项目</td><td colspan="2">验收项目</td><td>设计要求及标准规定</td><td>最小 / 实际抽样数量</td><td>检查记录</td><td colspan="2">检查结果</td></tr>
<tr><td>1</td><td>各类走线架（槽）进场时应进行检查,其型号、规格、质量应符合设计要求及相关产品标准的规定</td><td>9.3.1</td><td></td><td></td><td colspan="2"></td></tr>
<tr><td>2</td><td>走线架（槽）的安装位置、安装方法应符合设计要求</td><td>9.3.2</td><td></td><td></td><td colspan="2"></td></tr>
<tr><td>3</td><td></td><td></td><td></td><td></td><td colspan="2"></td></tr>
<tr><td rowspan="3">一般项目</td><td>1</td><td>走线架（槽）安装应符合下列要求：
（1）走线架（槽）与机柜（架）间需绝缘隔离时，各种绝缘管垫应安装齐全，并无损伤。
（2）走线架（槽）底部应敷设底板，引入口处宜采取保护措施，防止线缆磨损</td><td>9.3.3</td><td></td><td></td><td colspan="2"></td></tr>
<tr><td>2</td><td>走线架（槽）安装应平直、稳固;走线架（槽）及与机柜（架）间应用螺栓连接牢固</td><td>9.3.4</td><td></td><td></td><td colspan="2"></td></tr>
<tr><td>3</td><td></td><td></td><td></td><td></td><td colspan="2"></td></tr>
<tr><td colspan="2" rowspan="2">施工单位检查结果</td><td>专业工长（施工员）（签名）</td><td colspan="2"></td><td>施工班组长（签名）</td><td colspan="2"></td></tr>
<tr><td colspan="6">项目专业质量检查员（签名）: 年 月 日</td></tr>
<tr><td colspan="2">监理单位验收结论</td><td colspan="6">专业监理工程师（签名）: 年 月 日</td></tr>
</table>

电（光）缆引入及安装检验批质量验收记录

DT（GZ）X 0330

单位（子单位）工程名称						
分部工程名称 / 分项工程名称						
检验批部位				检验批容量		
施工单位					项目负责人	
执行的技术标准名称、编号及设计图号						
验收依据						
	验收项目		设计要求及标准规定	最小 / 实际抽样数量	检查记录	检查结果
主控项目	1	电缆引入信号设备室在转弯时不得有硬弯或背扣，电缆的弯曲半径应符合本规范第 4.3.5 条的规定	9.4.1			
	2	电缆成端应无漏胶，表面应光洁无裂缝、无气泡	9.4.2			
	3	分线盘（柜）上的接线端子排列编号应与施工图纸相符，接线端子上的标志应正确清晰	9.4.3			
	4	光缆引入及光配线架检验项目及质量要求、检验数量、检验方法应按现行国家标准《城市轨道交通通信工程质量验收规范》GB 50382 的有关规定执行	9.4.4			
一般项目	1	分线盘应与两边墙体固定，其安装高度应符合设计要求。分线柜安装应符合本规范第 9.2.3 条的规定	9.4.5			
	2	引至信号设备室的电缆余留量应符合本规范第 4.3.9 条的规定。电缆引入孔应用防火材料封堵严密	9.4.6			
	3	引入室内的每条电缆应有明确的上下行去向标识，标识内容应正确、清晰	9.4.7			
	4	从引入口到分线盘（柜）的电缆应有相应的防护措施。引入电缆应排列整齐，并分段固定	9.4.8			
施工单位检查结果	专业工长（施工员）（签名）			施工班组长（签名）		
	项目专业质量检查员（签名）: 年 月 日					
监理单位验收结论	专业监理工程师（签名）: 年 月 日					

操作显示设备安装检验批质量验收记录（一）

DT（GZ）X 0331

<table>
<tr><td colspan="3">单位（子单位）工程名称</td><td colspan="6"></td></tr>
<tr><td colspan="3">分部工程名称 / 分项工程名称</td><td colspan="6"></td></tr>
<tr><td colspan="3">检验批部位</td><td colspan="2"></td><td>检验批容量</td><td colspan="3"></td></tr>
<tr><td colspan="3">施工单位</td><td colspan="3"></td><td colspan="2">项目负责人</td><td></td></tr>
<tr><td colspan="3">执行的技术标准名称、编号及设计图号</td><td colspan="6"></td></tr>
<tr><td colspan="3">验收依据</td><td colspan="6"></td></tr>
<tr><td rowspan="5">主控项目</td><td colspan="2">验收项目</td><td>设计要求及标准规定</td><td>最小 / 实际抽样数量</td><td colspan="2">检查记录</td><td colspan="2">检查结果</td></tr>
<tr><td>1</td><td>操作显示设备进场时应进行检查，其型号、规格、质量应符合设计要求及相关产品标准的规定</td><td>9.5.1</td><td></td><td colspan="2"></td><td colspan="2"></td></tr>
<tr><td>2</td><td>操作显示设备的安装位置、整体布局应符合设计要求</td><td>9.5.2</td><td></td><td colspan="2"></td><td colspan="2"></td></tr>
<tr><td>3</td><td>计算机及附属设备安装应符合下列要求：
（1）各种接口连接应符合设计要求，应连接正确、牢靠。
（2）防电磁干扰的屏蔽措施应符合相关技术要求，屏蔽连接应牢固可靠，中间应无断开。
（3）计算机配线应采用专用电缆，电缆引入处开孔位置应适宜，并有防护措施。
（4）计算机显示屏图像、字符应清晰，键盘、鼠标应操作灵便，打印机、扫描仪等应安装正确</td><td>9.5.3</td><td></td><td colspan="2"></td><td colspan="2"></td></tr>
<tr><td>4</td><td>单元控制台安装应符合下列要求：
（1）控制台表示盘面的布置及表示方式应符合设计要求。
（2）各种指示灯应安装正确，并应显示清晰、亮度均匀。
（3）各种按钮应动作灵活，接点应通 / 断可靠；插接件应接触紧密、牢固。
（4）控制台内部配线应正确；接地装置应安装牢靠。
（5）各种限流装置容量应符合设计要求；报警装置应安装正确、牢固</td><td>9.5.4</td><td></td><td colspan="2"></td><td colspan="2"></td></tr>
<tr><td colspan="2" rowspan="2">施工单位检查结果</td><td>专业工长（施工员）
（签名）</td><td colspan="2"></td><td colspan="2">施工班组长
（签名）</td><td colspan="2"></td></tr>
<tr><td colspan="7">项目专业质量检查员（签名）:　　　　年　　月　　日</td></tr>
<tr><td colspan="2">监理单位验收结论</td><td colspan="7">专业监理工程师（签名）:　　　　年　　月　　日</td></tr>
</table>

操作显示设备安装检验批质量验收记录（二）

DT（GZ）X 0331/1

<table>
<tr><td colspan="3">单位（子单位）工程名称</td><td colspan="5"></td></tr>
<tr><td colspan="3">分部工程名称 / 分项工程名称</td><td colspan="5"></td></tr>
<tr><td colspan="3">检验批部位</td><td colspan="2"></td><td>检验批容量</td><td colspan="2"></td></tr>
<tr><td colspan="3">施工单位</td><td colspan="3"></td><td>项目负责人</td><td></td></tr>
<tr><td colspan="3">执行的技术标准名称、编号及设计图号</td><td colspan="5"></td></tr>
<tr><td colspan="3">验收依据</td><td colspan="5"></td></tr>
<tr><td rowspan="6">一般项目</td><td colspan="2">验收项目</td><td>设计要求及标准规定</td><td>最小 / 实际抽样数量</td><td>检查记录</td><td colspan="2">检查结果</td></tr>
<tr><td>1</td><td>计算机及附属设备应摆放稳固、整齐，并应方便操作</td><td>9.5.5</td><td></td><td></td><td colspan="2"></td></tr>
<tr><td>2</td><td>单元控制台应安装稳固，各种紧固零件、门销、加封孔应完整无损</td><td>9.5.6</td><td></td><td></td><td colspan="2"></td></tr>
<tr><td>3</td><td></td><td></td><td></td><td></td><td colspan="2"></td></tr>
<tr><td>4</td><td></td><td></td><td></td><td></td><td colspan="2"></td></tr>
<tr><td>5</td><td></td><td></td><td></td><td></td><td colspan="2"></td></tr>
<tr><td colspan="2" rowspan="2">施工单位检查结果</td><td>专业工长（施工员）（签名）</td><td colspan="2"></td><td>施工班组长（签名）</td><td colspan="2"></td></tr>
<tr><td colspan="6">项目专业质量检查员（签名）:　　　　年　月　日</td></tr>
<tr><td colspan="2">监理单位验收结论</td><td colspan="6">专业监理工程师（签名）:　　　　年　月　日</td></tr>
</table>

大屏设备安装检验批质量验收记录

DT（GZ）X 0332

<table>
<tr><td colspan="3">单位（子单位）工程名称</td><td colspan="5"></td></tr>
<tr><td colspan="3">分部工程名称 / 分项工程名称</td><td colspan="5"></td></tr>
<tr><td colspan="3">检验批部位</td><td colspan="2"></td><td>检验批容量</td><td colspan="2"></td></tr>
<tr><td colspan="3">施工单位</td><td colspan="3"></td><td>项目负责人</td><td></td></tr>
<tr><td colspan="3">执行的技术标准名称、编号及设计图号</td><td colspan="5"></td></tr>
<tr><td colspan="3">验收依据</td><td colspan="5"></td></tr>
<tr><td rowspan="4">主控项目</td><td colspan="2">验收项目</td><td>设计要求及标准规定</td><td>最小 / 实际抽样数量</td><td colspan="2">检查记录</td><td>检查结果</td></tr>
<tr><td>1</td><td>大屏设备进场时应进行检查，其型号、规格、质量应符合设计要求及相关产品标准的规定</td><td>9.6.1</td><td></td><td colspan="2"></td><td></td></tr>
<tr><td>2</td><td>大屏设备的安装位置、屏幕配置及安装方式应符合设计和相关技术要求</td><td>9.6.2</td><td></td><td colspan="2"></td><td></td></tr>
<tr><td>3</td><td>大屏安装应符合下列要求：
（1）大屏安装的安装程序、操作工艺应符合相关产品技术要求。
（2）信号源到大屏控制器的地面走线槽应设施完整、径路合理，并应安装牢固。
（3）屏幕间缝隙条应连接紧密，屏幕拼接间距及大屏总体平整精度应符合相关技术要求，整墙屏幕应无凹凸不平现象。
（4）反射镜安装角度应正确，支架应安装平整、牢固。
（5）电子设备箱应安装平整，配线应正确，连接线应紧固、无松动。
（6）投影机与支撑架应相吻合，并转动自如，无卡阻现象。
（7）风扇安装位置应正确，风扇应转动自如，无卡阻现象</td><td>9.6.3</td><td></td><td colspan="2"></td><td></td></tr>
<tr><td rowspan="2">一般项目</td><td>1</td><td>大屏显示图像、字符应清晰，显示识别区域应符合产品相关技术要求</td><td>9.6.4</td><td></td><td colspan="2"></td><td></td></tr>
<tr><td>2</td><td>各种支架、导轨、夹具应安装正确、牢固；各部连接件应安装齐全，并应连接紧固、无松动</td><td>9.6.5</td><td></td><td colspan="2"></td><td></td></tr>
<tr><td colspan="2" rowspan="2">施工单位检查结果</td><td>专业工长（施工员）
（签名）</td><td colspan="2"></td><td>施工班组长
（签名）</td><td colspan="2"></td></tr>
<tr><td colspan="6">项目专业质量检查员（签名）:　　　　年　月　日</td></tr>
<tr><td colspan="2">监理单位验收结论</td><td colspan="6">专业监理工程师（签名）:　　　　年　月　日</td></tr>
</table>

电源设备安装检验批质量验收记录（一）

DT（GZ）X 0333

<table>
<tr><td colspan="3">单位（子单位）工程名称</td><td colspan="5"></td></tr>
<tr><td colspan="3">分部工程名称 / 分项工程名称</td><td colspan="5"></td></tr>
<tr><td colspan="3">检验批部位</td><td colspan="2"></td><td>检验批容量</td><td colspan="2"></td></tr>
<tr><td colspan="3">施工单位</td><td colspan="3"></td><td>项目负责人</td><td></td></tr>
<tr><td colspan="3">执行的技术标准名称、
编号及设计图号</td><td colspan="5"></td></tr>
<tr><td colspan="3">验收依据</td><td colspan="5"></td></tr>
<tr><td rowspan="5">主控项目</td><td colspan="2">验收项目</td><td>设计要求及标准规定</td><td>最小 / 实际抽样数量</td><td>检查记录</td><td colspan="2">检查结果</td></tr>
<tr><td>1</td><td>电源设备进场时应进行检查，其型号、规格、质量应符合设计要求及相关产品标准的规定</td><td>9.7.1</td><td></td><td></td><td colspan="2"></td></tr>
<tr><td>2</td><td>电源设备的安装位置、安装方式应符合设计要求</td><td>9.7.2</td><td></td><td></td><td colspan="2"></td></tr>
<tr><td>3</td><td>电源屏的安装应符合下列要求：
（1）各屏排列顺序应符合设计规定，安装应符合本规范第 9.2.3 条的规定。
（2）信号两路电源应经专用防雷箱后再引至信号电源屏。引入电源相序与电源屏的相序、屏与屏之间的相序应一致。
（3）电源屏各种按钮应动作灵活，开关应通 / 断可靠；限流装置容量应符合设计要求；各种模块应安装端正、牢固。
（4）电源屏接地装置应安装牢靠。
（5）各种指示灯应安装正确，指示灯显示应清晰、亮度均匀；报警装置应安装齐全、完好</td><td>9.7.3</td><td></td><td></td><td colspan="2"></td></tr>
<tr><td>4</td><td>不间断电源（UPS）安装应符合下列要求：
（1）机柜应安装端正、稳固，机柜外壳应可靠接地。
（2）电池块配置应符合设计要求，配线应连接牢固、极性正确。
（3）电池柜接地装置应安装牢靠</td><td>9.7.4</td><td></td><td></td><td colspan="2"></td></tr>
<tr><td colspan="3" rowspan="2">施工单位检查结果</td><td>专业工长（施工员）
（签名）</td><td colspan="2"></td><td>施工班组长
（签名）</td><td></td></tr>
<tr><td colspan="5">项目专业质量检查员（签名）：　　　　年　　月　　日</td></tr>
<tr><td colspan="3">监理单位验收结论</td><td colspan="5">专业监理工程师（签名）：　　　　年　　月　　日</td></tr>
</table>

电源设备安装检验批质量验收记录（二）

DT（GZ）X0333/1

<table>
<tr><td colspan="3">单位（子单位）工程名称</td><td colspan="4"></td></tr>
<tr><td colspan="3">分部工程名称 / 分项工程名称</td><td colspan="4"></td></tr>
<tr><td colspan="3">检验批部位</td><td colspan="2"></td><td>检验批容量</td><td></td></tr>
<tr><td colspan="3">施工单位</td><td colspan="2"></td><td>项目负责人</td><td></td></tr>
<tr><td colspan="3">执行的技术标准名称、编号及设计图号</td><td colspan="4"></td></tr>
<tr><td colspan="3">验收依据</td><td colspan="4"></td></tr>
<tr><td rowspan="2">主控项目</td><td colspan="2">验收项目</td><td>设计要求及标准规定</td><td>最小 / 实际抽样数量</td><td>检查记录</td><td>检查结果</td></tr>
<tr><td>5</td><td>电源线布放应符合下列要求：
（1）电源线在防静电地板下布设时，应采用线槽防护。槽内电源线应布放平直、整齐，槽内底板应清洁，盖板应完好、封盖严密。
（2）电源线在地沟内布设时，应采用电缆。
（3）电源线在走线架（槽）内布设时，不应与设备配线交叉，布放应自然顺直，拐弯处应留有适当余量。
（4）电源线在墙内布设时，宜采用镀锌钢管进行防护，在墙面布线时，应采用金属管（槽）防护；管（槽）在墙面应安装平整、固定牢靠</td><td>9.7.5</td><td></td><td></td><td></td></tr>
<tr><td rowspan="3">一般项目</td><td>1</td><td>电源屏应安装端正、稳固；各连接部件应安装齐全、无损伤，并应紧固、无松动</td><td>9.7.6</td><td></td><td></td><td></td></tr>
<tr><td>2</td><td>电源屏配线应连接牢固、无松动，配线两端应标志齐全</td><td>9.7.7</td><td></td><td></td><td></td></tr>
<tr><td>3</td><td>蓄电池应排列整齐，距离应均匀一致</td><td>9.7.8</td><td></td><td></td><td></td></tr>
<tr><td colspan="2" rowspan="2">施工单位检查结果</td><td>专业工长（施工员）（签名）</td><td colspan="2"></td><td>施工班组长（签名）</td><td></td></tr>
<tr><td colspan="5">项目专业质量检查员（签名）:　　　　年　月　日</td></tr>
<tr><td colspan="2">监理单位验收结论</td><td colspan="5">专业监理工程师（签名）:　　　　年　月　日</td></tr>
</table>

配线检验批质量验收记录（一）

DT（GZ）X 0334

<table>
<tr><td colspan="3">单位（子单位）工程名称</td><td colspan="5"></td></tr>
<tr><td colspan="3">分部工程名称 / 分项工程名称</td><td colspan="5"></td></tr>
<tr><td colspan="3">检验批部位</td><td colspan="2"></td><td>检验批容量</td><td colspan="2"></td></tr>
<tr><td colspan="3">施工单位</td><td colspan="3"></td><td>项目负责人</td><td></td></tr>
<tr><td colspan="3">执行的技术标准名称、
编号及设计图号</td><td colspan="5"></td></tr>
<tr><td colspan="3">验收依据</td><td colspan="5"></td></tr>
<tr><td rowspan="4">主控项目</td><td colspan="2">验收项目</td><td>设计要求及标准规定</td><td>最小 / 实际抽样数量</td><td>检查记录</td><td colspan="2">检查结果</td></tr>
<tr><td>1</td><td>各种配线线缆进场时应进行检查，其型号、规格、质量应符合设计要求及相关产品标准的规定</td><td>9.8.1</td><td></td><td></td><td colspan="2"></td></tr>
<tr><td>2</td><td>线缆布放时应有适当的余量，不同用途的载频配线布放方式应符合设计要求。配线线缆不得有中间接头和绝缘破损现象</td><td>9.8.2</td><td></td><td></td><td colspan="2"></td></tr>
<tr><td>3</td><td>配线连接应符合下列要求：
（1）配线采用接线端子方式连接时，每个端子上的配线不宜超过 3 个线头。连接时，各线间应用金属垫片隔开。端子根部螺母应紧固、无松动，上部应用螺母紧固。配线头根部应用塑料套管防护，套管长度应均匀一致。
（2）配线采用焊接方式连接时，严禁使用带腐蚀性的焊剂。焊接应牢固，焊点应饱满光滑、无毛刺，配线应无脱焊、断股现象。
（3）配线采用压接方式连接时，应使用与芯线截面相适应的专用压线工具。压接时接点片与导线应压接牢固、长度适当，配线应无脱股、断股现象。
（4）配线采用插接方式连接时，应一孔一线，严禁一孔插接多根导线。插接时应采用专用工具操作，多股铜芯线插接前应压接接线帽。
（5）配线采用其他新型方式连接时，应选用专用适配工具，连接工艺应符合相关技术要求。
（6）屏蔽线的屏蔽层应与规定的屏蔽端子连接良好</td><td>9.8.3</td><td></td><td></td><td colspan="2"></td></tr>
<tr><td colspan="2" rowspan="2">施工单位检查结果</td><td colspan="2">专业工长（施工员）
（签名）</td><td></td><td>施工班组长
（签名）</td><td colspan="2"></td></tr>
<tr><td colspan="6">项目专业质量检查员（签名）:　　　　年　月　日</td></tr>
<tr><td colspan="2">监理单位验收结论</td><td colspan="6">专业监理工程师（签名）:　　　　年　月　日</td></tr>
</table>

配线检验批质量验收记录（二）

DT（GZ）X 0334/1

<table>
<tr><td colspan="3">单位（子单位）工程名称</td><td colspan="5"></td></tr>
<tr><td colspan="3">分部工程名称 / 分项工程名称</td><td colspan="5"></td></tr>
<tr><td colspan="3">检验批部位</td><td colspan="2"></td><td>检验批容量</td><td colspan="2"></td></tr>
<tr><td colspan="3">施工单位</td><td colspan="3"></td><td>项目负责人</td><td></td></tr>
<tr><td colspan="3">执行的技术标准名称、
编号及设计图号</td><td colspan="5"></td></tr>
<tr><td colspan="3">验收依据</td><td colspan="5"></td></tr>
<tr><td rowspan="6">一般项目</td><td colspan="2">验收项目</td><td>设计要求及标准规定</td><td>最小 / 实际抽样数量</td><td>检查记录</td><td colspan="2">检查结果</td></tr>
<tr><td>1</td><td>配线电缆终端应固定在机架上，排列应整齐、美观，引出端应有标明去向的标牌</td><td>9.8.4</td><td></td><td></td><td colspan="2"></td></tr>
<tr><td>2</td><td>配线电缆芯线在连接端子前应保持扭绞状态；线头剥切部分芯线应无伤痕；绕制线环时，线环应按顺时针方向旋转</td><td>9.8.5</td><td></td><td></td><td colspan="2"></td></tr>
<tr><td>3</td><td></td><td></td><td></td><td></td><td colspan="2"></td></tr>
<tr><td>4</td><td></td><td></td><td></td><td></td><td colspan="2"></td></tr>
<tr><td>5</td><td></td><td></td><td></td><td></td><td colspan="2"></td></tr>
<tr><td colspan="2" rowspan="2">施工单位检查结果</td><td>专业工长（施工员）
（签名）</td><td colspan="2"></td><td>施工班组长
（签名）</td><td colspan="2"></td></tr>
<tr><td colspan="6">项目专业质量检查员（签名）:　　　　年　　月　　日</td></tr>
<tr><td colspan="2">监理单位验收结论</td><td colspan="6">专业监理工程师（签名）:　　　　年　　月　　日</td></tr>
</table>

防雷设施安装检验批质量验收记录

DT（GZ）X 0335

<table>
<tr><td colspan="3">单位（子单位）工程名称</td><td colspan="4"></td></tr>
<tr><td colspan="3">分部工程名称 / 分项工程名称</td><td colspan="4"></td></tr>
<tr><td colspan="3">检验批部位</td><td colspan="2"></td><td>检验批容量</td><td></td></tr>
<tr><td colspan="3">施工单位</td><td colspan="2"></td><td>项目负责人</td><td></td></tr>
<tr><td colspan="3">执行的技术标准名称、编号及设计图号</td><td colspan="4"></td></tr>
<tr><td colspan="3">验收依据</td><td colspan="4"></td></tr>
<tr><td rowspan="4">主控项目</td><td colspan="2">验收项目</td><td>设计要求及标准规定</td><td>最小 / 实际抽样数量</td><td>检查记录</td><td>检查结果</td></tr>
<tr><td>1</td><td>信号防雷设施进场时应进行检查，其型号、规格、质量应符合设计要求及相关产品标准的规定</td><td>10.2.1</td><td></td><td></td><td></td></tr>
<tr><td>2</td><td>防雷设施的安装位置、安装方式应符合设计要求</td><td>10.2.2</td><td></td><td></td><td></td></tr>
<tr><td>3</td><td>防雷设施的安装应符合下列要求：
（1）防雷设施与被防护设备之间的连接线路宜取最短路径，不得迂回绕接。
（2）防雷设施的配线与其他设备配线应分开布放。
（3）其他设备配线不得借用防雷设施的配线端子</td><td>10.2.3</td><td></td><td></td><td></td></tr>
<tr><td rowspan="2">一般项目</td><td>1</td><td>防雷设施应安装牢固、可靠，并清晰标识用途及去向</td><td>10.2.4</td><td></td><td></td><td></td></tr>
<tr><td>2</td><td></td><td></td><td></td><td></td><td></td></tr>
<tr><td colspan="2" rowspan="2">施工单位检查结果</td><td>专业工长（施工员）（签名）</td><td></td><td colspan="2">施工班组长（签名）</td><td></td></tr>
<tr><td colspan="5">项目专业质量检查员（签名）:　　　年　　月　　日</td></tr>
<tr><td colspan="2">监理单位验收结论</td><td colspan="5">专业监理工程师（签名）:　　　年　　月　　日</td></tr>
</table>

接地装置安装检验批质量验收记录（一）

DT（GZ）X 0336

<table>
<tr><td colspan="3">单位（子单位）工程名称</td><td colspan="5"></td></tr>
<tr><td colspan="3">分部工程名称 / 分项工程名称</td><td colspan="5"></td></tr>
<tr><td colspan="3">检验批部位</td><td></td><td>检验批容量</td><td colspan="3"></td></tr>
<tr><td colspan="3">施工单位</td><td colspan="3"></td><td>项目负责人</td><td></td></tr>
<tr><td colspan="3">执行的技术标准名称、编号及设计图号</td><td colspan="5"></td></tr>
<tr><td colspan="3">验收依据</td><td colspan="5"></td></tr>
<tr><td rowspan="6">主控项目</td><td colspan="2">验收项目</td><td>设计要求及标准规定</td><td>最小 / 实际抽样数量</td><td>检查记录</td><td colspan="2">检查结果</td></tr>
<tr><td>1</td><td>接地装置进场时应进行检查，其型号、规格、质量应符合设计要求及相关产品标准的规定</td><td>10.3.1</td><td></td><td></td><td colspan="2"></td></tr>
<tr><td>2</td><td>接地装置的安装位置、安装方式应符合设计要求</td><td>10.3.2</td><td></td><td></td><td colspan="2"></td></tr>
<tr><td>3</td><td>信号设备室内信号接地箱与综合接地箱之间接线应连接正确、可靠</td><td>10.3.3</td><td></td><td></td><td colspan="2"></td></tr>
<tr><td>4</td><td>分设接地体的埋深不得小于 700mm，距其他设备和建筑物不得小于 1500mm</td><td>10.3.4</td><td></td><td></td><td colspan="2"></td></tr>
<tr><td>5</td><td>直流电气牵引区段信号设备防护应符合下列要求：
（1）信号干线屏蔽电缆引入室内时，其屏蔽层应接地；电缆中间接续应进行屏蔽连接。
（2）信号设备的金属外缘距接触网带电部分距离应大于 2000mm。
（3）距接触网带电部分小于 5000mm 的信号设备，其金属外壳（或金属结构物）直接至安全地线。
（4）信号设备的金属外缘距回流线的距离应大于 1000mm；当距离不足 1000mm 时，应加绝缘防护，但不得小于 700mm</td><td>10.3.5</td><td></td><td></td><td colspan="2"></td></tr>
<tr><td colspan="2" rowspan="2">施工单位检查结果</td><td>专业工长（施工员）
（签名）</td><td colspan="2"></td><td>施工班组长
（签名）</td><td colspan="2"></td></tr>
<tr><td colspan="6">项目专业质量检查员（签名）：　　　　年　月　日</td></tr>
<tr><td colspan="2">监理单位验收结论</td><td colspan="6">专业监理工程师（签名）：　　　　年　月　日</td></tr>
</table>

接地装置安装检验批质量验收记录（二）

DT（GZ）X 0336/1

<table>
<tr><td colspan="3">单位（子单位）工程名称</td><td colspan="5"></td></tr>
<tr><td colspan="3">分部工程名称 / 分项工程名称</td><td colspan="5"></td></tr>
<tr><td colspan="3">检验批部位</td><td colspan="2"></td><td>检验批容量</td><td colspan="2"></td></tr>
<tr><td colspan="3">施工单位</td><td colspan="3"></td><td>项目负责人</td><td></td></tr>
<tr><td colspan="3">执行的技术标准名称、编号及设计图号</td><td colspan="5"></td></tr>
<tr><td colspan="3">验收依据</td><td colspan="5"></td></tr>
<tr><td rowspan="6">一般项目</td><td colspan="2">验收项目</td><td>设计要求及标准规定</td><td>最小 / 实际抽样数量</td><td>检查记录</td><td colspan="2">检查结果</td></tr>
<tr><td>1</td><td>接地体与引接线连接部分应焊接牢固，引接线露出地面部分应涂调合漆，地下部分应涂机械油（接地体除外）</td><td>10.3.6</td><td></td><td></td><td colspan="2"></td></tr>
<tr><td>2</td><td>信号接地体应符合设计要求；设计无要求时，宜采用镀锌钢材、铜板、石墨</td><td>10.3.7</td><td></td><td></td><td colspan="2"></td></tr>
<tr><td>3</td><td></td><td></td><td></td><td></td><td colspan="2"></td></tr>
<tr><td>4</td><td></td><td></td><td></td><td></td><td colspan="2"></td></tr>
<tr><td>5</td><td></td><td></td><td></td><td></td><td colspan="2"></td></tr>
<tr><td colspan="2" rowspan="2">施工单位检查结果</td><td>专业工长（施工员）（签名）</td><td colspan="2"></td><td>施工班组长（签名）</td><td colspan="2"></td></tr>
<tr><td colspan="6">项目专业质量检查员（签名）:　　年　月　日</td></tr>
<tr><td colspan="2">监理单位验收结论</td><td colspan="6">专业监理工程师（签名）:　　年　月　日</td></tr>
</table>

设备标识检验批质量验收记录（一）

DT（GZ）X 0337

<table>
<tr><td colspan="3">单位（子单位）工程名称</td><td colspan="4"></td></tr>
<tr><td colspan="3">分部工程名称 / 分项工程名称</td><td colspan="4"></td></tr>
<tr><td colspan="3">检验批部位</td><td></td><td>检验批容量</td><td colspan="2"></td></tr>
<tr><td colspan="3">施工单位</td><td colspan="2"></td><td>项目负责人</td><td></td></tr>
<tr><td colspan="3">执行的技术标准名称、
编号及设计图号</td><td colspan="4"></td></tr>
<tr><td colspan="3">验收依据</td><td colspan="4"></td></tr>
<tr><td rowspan="3">主控项目</td><td colspan="2">验收项目</td><td>设计要求及标准规定</td><td>最小 / 实际抽样数量</td><td>检查记录</td><td>检查结果</td></tr>
<tr><td>1</td><td>室外信号设备标识颜色应符合下列要求：
（1）信号机构及发车指示器结构部件的内、外均应涂黑色调合漆。
（2）转辙机及杆件、各类箱盒外部均应涂灰色调合漆，箱盒内部应涂浅色调合漆。
（3）设备体除摩擦面、滑动面、螺扣部分、表面镀层部分及混凝土制品外，均应先涂防锈漆，再涂规定颜色的调合漆。
（4）设备体涂漆面色差应一致，漆层厚薄应均匀、完整，并应无脱皮、反锈、鼓泡现象</td><td>12.2.1</td><td></td><td></td><td></td></tr>
<tr><td>2</td><td>室外信号设备标识名称及编号书写应符合下列要求：
（1）名称及编号的书写位置：
1）高柱信号书写在机柱正面，高度应一致。
2）非标信号机、矮型信号机及发车指示器书写在机构门中间。
3）转辙机书写在机盖上。
4）各种箱、盒书写在箱、盒盖上。
（2）名称及编号的字符意义应与竣工图示相符。
（3）名称与编号书写时应统一字体和尺寸，字迹应清晰、端正；书写面底色为浅色时应书写黑色字，底色为深色时应书写白色字</td><td>12.2.2</td><td></td><td></td><td></td></tr>
<tr><td colspan="2" rowspan="2">施工单位检查结果</td><td>专业工长（施工员）
（签名）</td><td colspan="2"></td><td>施工班组长
（签名）</td><td></td></tr>
<tr><td colspan="5">项目专业质量检查员（签名）：　　　　年　月　日</td></tr>
<tr><td colspan="2">监理单位验收结论</td><td colspan="5">专业监理工程师（签名）：　　　　年　月　日</td></tr>
</table>

设备标识检验批质量验收记录（二）

DT（GZ）X 0337/1

<table>
<tr><td colspan="3">单位（子单位）工程名称</td><td colspan="4"></td></tr>
<tr><td colspan="3">分部工程名称 / 分项工程名称</td><td colspan="4"></td></tr>
<tr><td colspan="3">检验批部位</td><td colspan="2"></td><td>检验批容量</td><td></td></tr>
<tr><td colspan="3">施工单位</td><td colspan="2"></td><td>项目负责人</td><td></td></tr>
<tr><td colspan="3">执行的技术标准名称、编号及设计图号</td><td colspan="4"></td></tr>
<tr><td colspan="3">验收依据</td><td colspan="4"></td></tr>
<tr><td rowspan="4">主控项目</td><td colspan="2">验收项目</td><td>设计要求及标准规定</td><td>最小 / 实际抽样数量</td><td>检查记录</td><td>检查结果</td></tr>
<tr><td>3</td><td>室外信号系统轨旁设备可保留产品出厂时的原有本色；设备名称及编号应在设备体所附铭牌上清晰表示，其字符意义应与竣工图示相符</td><td>12.2.3</td><td></td><td></td><td></td></tr>
<tr><td>4</td><td>室内主体机柜（架）的颜色应符合设计要求，部分单体设备可保留产品出厂时的原有本色，但同类机柜采用的色号应一致；设备名称及编号应在设备体所附铭牌上清晰表示，其字符意义应与竣工图示相符；室内走线架（槽）的颜色应与主体机柜（架）保持一致</td><td>12.2.4</td><td></td><td></td><td></td></tr>
<tr><td>5</td><td></td><td></td><td></td><td></td><td></td></tr>
<tr><td rowspan="2">一般项目</td><td>1</td><td>在条件允许时，宜在室外信号系统轨旁设备的安装位置处，设置永久性设备安装基标。基标标桩应固定牢固</td><td>12.2.5</td><td></td><td></td><td></td></tr>
<tr><td>2</td><td></td><td></td><td></td><td></td><td></td></tr>
<tr><td colspan="2" rowspan="2">施工单位检查结果</td><td>专业工长（施工员）（签名）</td><td colspan="2"></td><td>施工班组长（签名）</td><td></td></tr>
<tr><td colspan="5">项目专业质量检查员（签名）: 年 月 日</td></tr>
<tr><td colspan="2">监理单位验收结论</td><td colspan="5">专业监理工程师（签名）: 年 月 日</td></tr>
</table>

硬面化检验批质量验收记录

DT（GZ）X 0338

<table>
<tr><td colspan="3">单位（子单位）工程名称</td><td colspan="5"></td></tr>
<tr><td colspan="3">分部工程名称 / 分项工程名称</td><td colspan="5"></td></tr>
<tr><td colspan="3">检验批部位</td><td colspan="2"></td><td>检验批容量</td><td colspan="2"></td></tr>
<tr><td colspan="3">施工单位</td><td colspan="3"></td><td>项目负责人</td><td></td></tr>
<tr><td colspan="3">执行的技术标准名称、
编号及设计图号</td><td colspan="5"></td></tr>
<tr><td colspan="3">验收依据</td><td colspan="5"></td></tr>
<tr><td rowspan="4">主控项目</td><td colspan="2">验收项目</td><td>设计要求及标准规定</td><td>最小 / 实际抽样数量</td><td>检查记录</td><td colspan="2">检查结果</td></tr>
<tr><td>1</td><td>硬面化范围、硬面化用混凝土的强度及硬化的上部厚度应符合设计要求</td><td>12.3.1</td><td></td><td></td><td colspan="2"></td></tr>
<tr><td>2</td><td>相邻设备宜采用同一个围桩及硬面化处理。硬面化边缘距信号机柱边缘不应小于 500mm，距设备基础边缘不应小于 200mm；但受障碍物影响达不到最小距离时，可适当缩小距离或按设计要求处理</td><td>12.3.2</td><td></td><td></td><td colspan="2"></td></tr>
<tr><td>3</td><td></td><td></td><td></td><td></td><td colspan="2"></td></tr>
<tr><td rowspan="3">一般项目</td><td>1</td><td>硬面化前应先将培土夯实后再进行硬化</td><td>12.3.3</td><td></td><td></td><td colspan="2"></td></tr>
<tr><td>2</td><td>硬面化表面应平整光洁、无裂纹，并无明显丢边掉角现象</td><td>12.3.4</td><td></td><td></td><td colspan="2"></td></tr>
<tr><td>3</td><td></td><td></td><td></td><td></td><td colspan="2"></td></tr>
<tr><td colspan="2" rowspan="2">施工单位检查结果</td><td>专业工长（施工员）
（签名）</td><td colspan="2"></td><td colspan="2">施工班组长
（签名）</td><td></td></tr>
<tr><td colspan="6">项目专业质量检查员（签名）: 年 月 日</td></tr>
<tr><td colspan="2">监理单位验收结论</td><td colspan="6">专业监理工程师（签名）: 年 月 日</td></tr>
</table>

室内单项试验检验批质量验收记录

DT（GZ）X 0339

单位（子单位）工程名称						
分部工程名称 / 分项工程名称						
检验批部位				检验批容量		
施工单位					项目负责人	
执行的技术标准名称、编号及设计图号						
验收依据						
主控项目	验收项目		设计要求及标准规定	最小 / 实际抽样数量	检查记录	检查结果
	1	计算机及外部设备功能性试验应符合设计和相关技术要求	13.2.1			
	2	电源设备试验应符合下列要求： （1）各种电源输出电压值测试应符合设计和相关技术要求，并无接地、混电现象。 （2）主、副电源应切换（包括手动和自动）可靠，切换时间和电压稳定度应符合设计和相关技术要求。 （3）不间断电源的输出电压、频率、满负荷放电时间及超载性能应符合设计和相关技术要求。 （4）电源设备对地绝缘电阻值应符合设计要求。 （5）电源故障报警功能应试验正常	13.2.2			
	3	车站联锁试验应符合下列要求： （1）进路联锁表所列的每条列车 / 调车进路的建立与取消、信号机开放与关闭、进路锁闭与解锁等项目的试验，应保证联锁关系正确并符合设计要求。 （2）进路不应建立敌对进路，敌对信号不得开放；建立进路时，与该进路无关的设备不得误动作，列车防护进路应正确和完整。 （3）站内联锁设备与区间、站（场）间的联锁关系应符合设计要求。 （4）计算机联锁设备的采集单元与采集对象、驱动单元与执行器件的状态应一致	13.2.3			
	4	车站联锁设备故障报警信号应及时、准确、可靠	13.2.4			
施工单位检查结果	专业工长（施工员）（签名）			施工班组长（签名）		
	项目专业质量检查员（签名）： 年 月 日					
监理单位验收结论	专业监理工程师（签名）： 年 月 日					

室外单项试验检验批质量验收记录（一）

DT（GZ）X 0340

<table>
<tr><td colspan="3">单位（子单位）工程名称</td><td colspan="4"></td></tr>
<tr><td colspan="3">分部工程名称 / 分项工程名称</td><td colspan="4"></td></tr>
<tr><td colspan="3">检验批部位</td><td colspan="2"></td><td>检验批容量</td><td></td></tr>
<tr><td colspan="3">施工单位</td><td colspan="2"></td><td>项目负责人</td><td></td></tr>
<tr><td colspan="3">执行的技术标准名称、
编号及设计图号</td><td colspan="4"></td></tr>
<tr><td colspan="3">验收依据</td><td colspan="4"></td></tr>
<tr><td rowspan="2">主控项目</td><td colspan="2">验收项目</td><td>设计要求及标准规定</td><td>最小 / 实际抽样数量</td><td>检查记录</td><td>检查结果</td></tr>
<tr><td>1</td><td>信号机试验应符合下列要求：
（1）信号机光源的额定电压应符合相关技术要求；灯光色显应正确，调整显示距离应符合设计要求。
（2）色灯信号机正常点灯时，应点亮主灯丝。设有灯丝转换装置的信号机，主、副灯丝转换应可靠，并能及时接通报警电路。
（3）LED 信号机正常工作时全部灯管应点亮。当LED灯管故障数至报警门限值以下时，正常 LED 灯管应继续点亮，并能及时接通报警电路</td><td>13.3.1</td><td></td><td></td><td></td></tr>
<tr><td colspan="2" rowspan="2">施工单位检查结果</td><td>专业工长（施工员）
（签名）</td><td></td><td>施工班组长
（签名）</td><td colspan="2"></td></tr>
<tr><td colspan="5">项目专业质量检查员（签名）：　　年　月　日</td></tr>
<tr><td colspan="2">监理单位验收结论</td><td colspan="5">专业监理工程师（签名）：　　年　月　日</td></tr>
</table>

室外单项试验检验批质量验收记录（二）

DT（GZ）X 0340/1

<table>
<tr><td colspan="3">单位（子单位）工程名称</td><td colspan="4"></td></tr>
<tr><td colspan="3">分部工程名称 / 分项工程名称</td><td colspan="4"></td></tr>
<tr><td colspan="3">检验批部位</td><td></td><td>检验批容量</td><td colspan="2"></td></tr>
<tr><td colspan="3">施工单位</td><td colspan="2"></td><td>项目负责人</td><td></td></tr>
<tr><td colspan="3">执行的技术标准名称、
编号及设计图号</td><td colspan="4"></td></tr>
<tr><td colspan="3">验收依据</td><td colspan="4"></td></tr>
<tr><td rowspan="2">主控项目</td><td colspan="2">验收项目</td><td>设计要求及标准规定</td><td>最小 / 实际抽样数量</td><td>检查记录</td><td>检查结果</td></tr>
<tr><td>2</td><td>道岔转辙设备试验应符合下列要求：
（1）道岔在定位或反位状态时，尖轨与基本轨密贴良好；道岔在正常转换时，电机不应空转。
（2）道岔尖轨因故不能转换或转换中途受阻时，电动转辙机应使电机克服摩擦连接力空转；电液转辙机应打开溢流阀排油。
（3）转辙设备可动部分在转动过程中应动作平稳、灵活、无卡阻现象，杆件连接部位旷量应符合设计要求。
（4）道岔的转换动程、外锁闭量以及转换时间、动作电流与故障电流等主要性能指标应符合设计和相关技术要求。
（5）在道岔第一牵引点锁闭杆中心处的尖轨与基本轨间有 4mm 及以上间隙时，道岔不得锁闭；其他牵引点处的不锁闭间隙应符合设计要求。
（6）转辙机内表示系统的动接点与定接点在接触状态时，接点相互接触深度不应小于 4mm，动接点前端边缘与定接点座的距离不应小于 2mm。在挤岔状态时，转辙机表示系统的定位、反位接点应可靠断开。
（7）转辙机开启机盖或插入手摇把时，其安全接点应可靠断开，非经人工恢复不得接通启动电路；关闭机盖时安全接点应接触良好</td><td>13.3.2</td><td></td><td></td><td></td></tr>
<tr><td colspan="2" rowspan="2">施工单位检查结果</td><td>专业工长（施工员）
（签名）</td><td></td><td>施工班组长
（签名）</td><td colspan="2"></td></tr>
<tr><td colspan="5">项目专业质量检查员（签名）：　　　　年　月　日</td></tr>
<tr><td colspan="2">监理单位验收结论</td><td colspan="5">专业监理工程师（签名）：　　　　年　月　日</td></tr>
</table>

综合试验检验批质量验收记录

DT（GZ）X 0341

<table>
<tr><td colspan="3">单位（子单位）工程名称</td><td colspan="5"></td></tr>
<tr><td colspan="3">分部工程名称 / 分项工程名称</td><td colspan="5"></td></tr>
<tr><td colspan="3">检验批部位</td><td colspan="2"></td><td>检验批容量</td><td colspan="2"></td></tr>
<tr><td colspan="3">施工单位</td><td colspan="3"></td><td>项目负责人</td><td></td></tr>
<tr><td colspan="3">执行的技术标准名称、
编号及设计图号</td><td colspan="5"></td></tr>
<tr><td colspan="3">验收依据</td><td colspan="5"></td></tr>
<tr><td rowspan="2">主控项目</td><td colspan="2">验收项目</td><td>设计要求及标准规定</td><td>最小 / 实际抽样数量</td><td>检查记录</td><td colspan="2">检查结果</td></tr>
<tr><td>1</td><td>联锁综合试验应符合下列要求：
（1）应确保进路上道岔、信号机和区段的联锁，联锁条件不符时，严禁进路开通；敌对进路必须相互照查，不得同时开通。
（2）装设引导信号的信号机因故不能开放时，应通过引导信号实现列车的引导作业。
（3）室内外设备一致性检验应符合下列要求：
1）控制台（显示器）上复示信号显示与室外对应信号机的信号显示含义一致，灯丝断丝报警功能符合设计要求。
2）室外轨道电路位置与控制台(显示器）上的轨道区段表示应一致。
3）室外道岔实际定 / 反位位置与控制台（显示器）上的道岔位置表示相符；操作道岔时，室外道岔转换设备动作状态与室内有关设备动作状态应一致。
4）室外其他设备状态与控制台(显示器）上的相关表示应一致。
（4）正线与车辆基地间的接口测试及功能检验应符合设计要求</td><td>13.4.1</td><td></td><td></td><td colspan="2"></td></tr>
<tr><td colspan="2" rowspan="2">施工单位检查结果</td><td colspan="2">专业工长（施工员）
（签名）</td><td colspan="2"></td><td>施工班组长
（签名）</td><td></td></tr>
<tr><td colspan="6">项目专业质量检查员（签名）:　　　　年　　月　　日</td></tr>
<tr><td colspan="2">监理单位验收结论</td><td colspan="6">专业监理工程师（签名）:　　　　年　　月　　日</td></tr>
</table>

列车自动防护系统（ATP）功能检验检验批质量验收记录（一）

DT（GZ）X 0342

<table>
<tr><td colspan="3">单位（子单位）工程名称</td><td colspan="4"></td></tr>
<tr><td colspan="3">分部工程名称 / 分项工程名称</td><td colspan="4"></td></tr>
<tr><td colspan="3">检验批部位</td><td></td><td>检验批容量</td><td colspan="2"></td></tr>
<tr><td colspan="3">施工单位</td><td colspan="2"></td><td>项目负责人</td><td></td></tr>
<tr><td colspan="3">执行的技术标准名称、
编号及设计图号</td><td colspan="4"></td></tr>
<tr><td colspan="3">验收依据</td><td colspan="4"></td></tr>
<tr><td rowspan="5">主控项目</td><td colspan="2">验收项目</td><td>设计要求及标准规定</td><td>最小 / 实际抽样数量</td><td>检查记录</td><td>检查结果</td></tr>
<tr><td>1</td><td>驾驶模式监控功能应符合设计要求。驾驶模式监控功能应验证下列内容：
（1）限制人工模式。
（2）非限制人工模式。
（3）列车自动保护人工模式。
（4）列车自动运行模式。
（5）列车自动折返模式</td><td>15.2.1</td><td></td><td></td><td></td></tr>
<tr><td>2</td><td>列车速度控制功能应符合设计要求。列车速度控制功能应验证下列内容：
（1）列车安全运行间隔控制。
（2）列车超速防护控制。
（3）列车倒车安全防护控制</td><td>15.2.2</td><td></td><td></td><td></td></tr>
<tr><td>3</td><td>列车紧急停车功能应符合设计要求。按下车站紧急停车按钮时，应能立即切断相应范围的速度命令及有关信号机的开放电路，并使列车立即紧急停车</td><td>15.2.3</td><td></td><td></td><td></td></tr>
<tr><td>4</td><td>列车车门安全控制功能应符合设计要求。列车车门安全控制功能应验证下列内容：
（1）当列车已正确停站且速度为零时，输出允许站台侧车门开启的命令。
（2）一旦启动开门操作，列车即保持制动。
（3）在列车车门全部处于关闭状态下时，列车方可启动和运行</td><td>15.2.4</td><td></td><td></td><td></td></tr>
<tr><td colspan="2" rowspan="2">施工单位检查结果</td><td>专业工长（施工员）
（签名）</td><td colspan="2"></td><td>施工班组长
（签名）</td><td></td></tr>
<tr><td colspan="5">项目专业质量检查员（签名）:　　　　年　　月　　日</td></tr>
<tr><td colspan="2">监理单位验收结论</td><td colspan="5">专业监理工程师（签名）:　　　　年　　月　　日</td></tr>
</table>

列车自动防护系统（ATP）功能检验检验批质量验收记录（二）

DT（GZ）X 0342/1

<table>
<tr><td colspan="3">单位（子单位）工程名称</td><td colspan="5"></td></tr>
<tr><td colspan="3">分部工程名称 / 分项工程名称</td><td colspan="5"></td></tr>
<tr><td colspan="3">检验批部位</td><td colspan="2"></td><td>检验批容量</td><td colspan="2"></td></tr>
<tr><td colspan="3">施工单位</td><td colspan="3"></td><td>项目负责人</td><td></td></tr>
<tr><td colspan="3">执行的技术标准名称、
编号及设计图号</td><td colspan="5"></td></tr>
<tr><td colspan="3">验收依据</td><td colspan="5"></td></tr>
<tr><td rowspan="6">主控项目</td><td colspan="2">验收项目</td><td>设计要求及标准规定</td><td>最小 / 实际抽样数量</td><td>检查记录</td><td colspan="2">检查结果</td></tr>
<tr><td>5</td><td>站台屏蔽门自动控制功能应符合设计要求。站台屏蔽门自动控制功能应验证下列内容：
（1）列车在规定的停站位置停稳后，当 ATP 开启或关闭列车车门时，能给出开启或关闭屏蔽门的命令。
（2）在全部屏蔽门关闭后方可允许列车启动、发车</td><td>15.2.5</td><td></td><td></td><td colspan="2"></td></tr>
<tr><td>6</td><td>车载信号接收功能应符合设计要求。车载信号接收功能应验证由地面设备发送的信号强度，应能够满足车载设备接收灵敏度的要求</td><td>15.2.6</td><td></td><td></td><td colspan="2"></td></tr>
<tr><td>7</td><td>列车折返功能应符合设计要求。列车折返功能验证折返作业应具有完整的 ATP 功能</td><td>15.2.7</td><td></td><td></td><td colspan="2"></td></tr>
<tr><td>8</td><td>故障报警功能应符合设计要求。故障报警功能应验证下列内容：
（1）系统自诊断。
（2）故障报警。
（3）实时记录功能</td><td>15.2.8</td><td></td><td></td><td colspan="2"></td></tr>
<tr><td>9</td><td>车地通信功能应符合设计要求。车地通信功能应验证地面设备与车载设备信息交换的及时与正确性</td><td>15.2.9</td><td></td><td></td><td colspan="2"></td></tr>
<tr><td colspan="2" rowspan="2">施工单位检查结果</td><td>专业工长（施工员）
（签名）</td><td colspan="2"></td><td colspan="2">施工班组长
（签名）</td><td></td></tr>
<tr><td colspan="6">项目专业质量检查员（签名）：　　　　年　月　日</td></tr>
<tr><td colspan="2">监理单位验收结论</td><td colspan="6">专业监理工程师（签名）：　　　　年　月　日</td></tr>
</table>

列车自动监控系统（ATS）功能检验检验批质量验收记录（一）

DT（GZ）X 0343

<table>
<tr><td colspan="3">单位（子单位）工程名称</td><td colspan="5"></td></tr>
<tr><td colspan="3">分部工程名称 / 分项工程名称</td><td colspan="5"></td></tr>
<tr><td colspan="3">检验批部位</td><td colspan="2"></td><td>检验批容量</td><td colspan="2"></td></tr>
<tr><td colspan="3">施工单位</td><td colspan="3"></td><td>项目负责人</td><td></td></tr>
<tr><td colspan="3">执行的技术标准名称、
编号及设计图号</td><td colspan="5"></td></tr>
<tr><td colspan="3">验收依据</td><td colspan="5"></td></tr>
<tr><td rowspan="5">主控项目</td><td colspan="2">验收项目</td><td>设计要求及标准规定</td><td>最小 / 实际抽样数量</td><td>检查记录</td><td colspan="2">检查结果</td></tr>
<tr><td>1</td><td>操作模式功能应符合设计要求。操作模式功能应验证下列内容：
（1）有时刻表的自动控制模式。
（2）无时刻表的自动控制模式和人工控制模式</td><td>16.2.1</td><td></td><td></td><td colspan="2"></td></tr>
<tr><td>2</td><td>列车运行自动和人工调整功能应符合设计要求。列车运行调整功能应验证下列内容：
（1）区间运行时分调整。
（2）车站停站时分调整。
（3）列车增减调整</td><td>16.2.2</td><td></td><td></td><td colspan="2"></td></tr>
<tr><td>3</td><td>工作站运行模式功能应符合设计要求。工作站运行模式功能应验证下列内容：
（1）在线模式。
（2）回放模式。
（3）模拟模式</td><td>16.2.3</td><td></td><td></td><td colspan="2"></td></tr>
<tr><td>4</td><td>信号控制功能应符合设计要求。信号控制功能应验证下列内容：
（1）进路控制。
（2）信号机控制。
（3）道岔控制。
（4）终端模式设置</td><td>16.2.4</td><td></td><td></td><td colspan="2"></td></tr>
<tr><td colspan="2" rowspan="2">施工单位检查结果</td><td>专业工长（施工员）
（签名）</td><td colspan="2"></td><td colspan="2">施工班组长
（签名）</td><td></td></tr>
<tr><td colspan="6">项目专业质量检查员（签名）：　　　　年　月　日</td></tr>
<tr><td colspan="2">监理单位验收结论</td><td colspan="6">专业监理工程师（签名）：　　　　年　月　日</td></tr>
</table>

列车自动监控系统（ATS）功能检验检验批质量验收记录（二）

DT（GZ）X 0343/1

<table>
<tr><td colspan="3">单位（子单位）工程名称</td><td colspan="5"></td></tr>
<tr><td colspan="3">分部工程名称 / 分项工程名称</td><td colspan="5"></td></tr>
<tr><td colspan="3">检验批部位</td><td colspan="2"></td><td>检验批容量</td><td colspan="2"></td></tr>
<tr><td colspan="3">施工单位</td><td colspan="3"></td><td>项目负责人</td><td></td></tr>
<tr><td colspan="3">执行的技术标准名称、编号及设计图号</td><td colspan="5"></td></tr>
<tr><td colspan="3">验收依据</td><td colspan="5"></td></tr>
<tr><td rowspan="7">主控项目</td><td colspan="2">验收项目</td><td>设计要求及标准规定</td><td>最小 / 实际抽样数量</td><td>检查记录</td><td colspan="2">检查结果</td></tr>
<tr><td>5</td><td>自动进路控制功能应符合设计要求。自动进路控制功能应验证下列内容：
（1）连续通过进路。
（2）车次号触发进路。
（3）接近触发进路</td><td>16.2.5</td><td></td><td></td><td colspan="2"></td></tr>
<tr><td>6</td><td>列车描述功能应符合设计要求。列车描述功能应验证车次号的设置、修改、移动、取消以及对车次号的跟踪等</td><td>16.2.6</td><td></td><td></td><td colspan="2"></td></tr>
<tr><td>7</td><td>列车折返功能应符合设计要求。列车折返功能应验证下列内容：
（1）列车自动折返。
（2）列车人工折返</td><td>16.2.7</td><td></td><td></td><td colspan="2"></td></tr>
<tr><td>8</td><td>列车运行间隔和折返时间测试功能应符合设计要求</td><td>16.2.8</td><td></td><td></td><td colspan="2"></td></tr>
<tr><td>9</td><td>列车运行时刻表的编制及管理功能应符合设计要求</td><td>16.2.9</td><td></td><td></td><td colspan="2"></td></tr>
<tr><td>10</td><td>站台控制功能应符合设计要求。站台控制功能应验证下列内容：
（1）停站时间设置。
（2）扣车及停站终止等</td><td>16.2.10</td><td></td><td></td><td colspan="2"></td></tr>
<tr><td colspan="2" rowspan="2">施工单位检查结果</td><td>专业工长（施工员）
（签名）</td><td colspan="2"></td><td colspan="2">施工班组长
（签名）</td><td></td></tr>
<tr><td colspan="6">项目专业质量检查员（签名）：　　年　月　日</td></tr>
<tr><td colspan="2">监理单位验收结论</td><td colspan="6">专业监理工程师（签名）：　　年　月　日</td></tr>
</table>

列车自动监控系统（ATS）功能检验检验批质量验收记录（三）

DT（GZ）X 0343/2

<table>
<tr><td colspan="3">单位（子单位）工程名称</td><td colspan="5"></td></tr>
<tr><td colspan="3">分部工程名称 / 分项工程名称</td><td colspan="5"></td></tr>
<tr><td colspan="3">检验批部位</td><td colspan="2"></td><td>检验批容量</td><td colspan="2"></td></tr>
<tr><td colspan="3">施工单位</td><td colspan="3"></td><td>项目负责人</td><td></td></tr>
<tr><td colspan="3">执行的技术标准名称、
编号及设计图号</td><td colspan="5"></td></tr>
<tr><td colspan="3">验收依据</td><td colspan="5"></td></tr>
<tr><td rowspan="5">主控项目</td><td colspan="2">验收项目</td><td>设计要求及标准规定</td><td>最小 / 实际抽样数量</td><td>检查记录</td><td colspan="2">检查结果</td></tr>
<tr><td>11</td><td>列车调停功能应符合设计要求。列车调停功能验证列车对已设置了调停的车站应能自动通过</td><td>16.2.11</td><td></td><td></td><td colspan="2"></td></tr>
<tr><td>12</td><td>各种运营报告的打印功能应符合设计要求，运营报告打印应验证下列内容：
（1）日常运营报告。
（2）当前时刻表报告。
（3）偏离时刻表报告。
（4）车辆走行距离报告。
（5）准点率统计报告等</td><td>16.2.12</td><td></td><td></td><td colspan="2"></td></tr>
<tr><td>13</td><td>报警和事件管理功能应符合设计要求</td><td>16.2.13</td><td></td><td></td><td colspan="2"></td></tr>
<tr><td>14</td><td>根据不同类别和等级的职权范围，对不同用户提供可登录管理功能应符合设计要求。不同类别和等级的用户应包括主任调度员、调度员、超级用户、ATS 系统车站分机操作员、维护员和计划员等</td><td>16.2.14</td><td></td><td></td><td colspan="2"></td></tr>
<tr><td colspan="2" rowspan="2">施工单位检查结果</td><td>专业工长（施工员）
（签名）</td><td colspan="2"></td><td colspan="2">施工班组长
（签名）</td><td></td></tr>
<tr><td colspan="6">
项目专业质量检查员（签名）:　　　　年　　月　　日</td></tr>
<tr><td colspan="2">监理单位验收结论</td><td colspan="6">
专业监理工程师（签名）:　　　　年　　月　　日</td></tr>
</table>

列车自动监控系统（ATS）功能检验检验批质量验收记录（四）

DT（GZ）X 0343/3

<table>
<tr><td colspan="3">单位（子单位）工程名称</td><td colspan="5"></td></tr>
<tr><td colspan="3">分部工程名称 / 分项工程名称</td><td colspan="5"></td></tr>
<tr><td colspan="3">检验批部位</td><td colspan="2"></td><td>检验批容量</td><td colspan="2"></td></tr>
<tr><td colspan="3">施工单位</td><td colspan="3"></td><td>项目负责人</td><td></td></tr>
<tr><td colspan="3">执行的技术标准名称、编号及设计图号</td><td colspan="5"></td></tr>
<tr><td colspan="3">验收依据</td><td colspan="5"></td></tr>
<tr><td rowspan="5">主控项目</td><td colspan="2">验收项目</td><td>设计要求及标准规定</td><td>最小 / 实际抽样数量</td><td>检查记录</td><td colspan="2">检查结果</td></tr>
<tr><td>15</td><td>中央 / 车站控制权转换功能应符合设计要求。控制权转换功能应验证下列内容：
（1）在正常情况下，车站控制权和中央控制权之间的转换需经过完整的授权、受权操作手续。
（2）在紧急情况下，车站可不经中心同意立即获得紧急站控权等</td><td>16.2.15</td><td></td><td></td><td colspan="2"></td></tr>
<tr><td>16</td><td>ATS 与其他系统的接口功能检验应符合设计要求</td><td>16.2.16</td><td></td><td></td><td colspan="2"></td></tr>
<tr><td>17</td><td>系统模拟培训功能的检验应符合设计要求</td><td>16.2.17</td><td></td><td></td><td colspan="2"></td></tr>
<tr><td>18</td><td></td><td></td><td></td><td></td><td colspan="2"></td></tr>
<tr><td colspan="2" rowspan="2">施工单位检查结果</td><td>专业工长（施工员）（签名）</td><td colspan="2"></td><td>施工班组长（签名）</td><td colspan="2"></td></tr>
<tr><td colspan="6">项目专业质量检查员（签名）：　　年　月　日</td></tr>
<tr><td colspan="2">监理单位验收结论</td><td colspan="6">专业监理工程师（签名）：　　年　月　日</td></tr>
</table>

列车自动运行系统（ATO）功能检验检验批质量验收记录（一）

DT（GZ）X 0344

单位（子单位）工程名称							
分部工程名称 / 分项工程名称							
检验批部位				检验批容量			
施工单位					项目负责人		
执行的技术标准名称、编号及设计图号							
验收依据							
主控项目	验收项目		设计要求及标准规定	最小 / 实际抽样数量	检查记录	检查结果	
主控项目	1	ATO 系统在车载 ATP 主机或备机运行时均应正常使用	17.2.1				
主控项目	2	列车速度控制功能应符合设计要求。列车速度控制功能应验证下列内容： （1）在规定允许的范围内自动调节列车运行速度。 （2）在规定的停车点停车并满足停车精度的要求。 （3）通过车站的速度不超过允许速度	17.2.2				
主控项目	3	列车自动折返功能应符合设计要求。列车自动折返功能应验证停车精度，应能满足停站、折返和存车作业的要求	17.2.3				
主控项目	4	车门 / 屏蔽门自动控制功能应符合设计要求。车门 / 屏蔽门自动控制功能应验证下列内容： （1）根据车载 ATP 接收到的信息能以手动或自动方式控制车门。 （2）列车车门开启前自动确认车速为零。 （3）列车停车位置及开门方位准确	17.2.4				
施工单位检查结果	专业工长（施工员）（签名）			施工班组长（签名）			
施工单位检查结果	项目专业质量检查员（签名）： 年 月 日						
监理单位验收结论	专业监理工程师（签名）： 年 月 日						

列车自动运行系统（ATO）功能检验检验批质量验收记录（二）

DT（GZ）X 0344/1

<table>
<tr><td colspan="3">单位（子单位）工程名称</td><td colspan="5"></td></tr>
<tr><td colspan="3">分部工程名称 / 分项工程名称</td><td colspan="5"></td></tr>
<tr><td colspan="3">检验批部位</td><td colspan="2"></td><td>检验批容量</td><td colspan="2"></td></tr>
<tr><td colspan="3">施工单位</td><td colspan="3"></td><td>项目负责人</td><td></td></tr>
<tr><td colspan="3">执行的技术标准名称、编号及设计图号</td><td colspan="5"></td></tr>
<tr><td colspan="3">验收依据</td><td colspan="5"></td></tr>
<tr><td rowspan="6">主控项目</td><td colspan="2">验收项目</td><td>设计要求及标准规定</td><td>最小 / 实际抽样数量</td><td>检查记录</td><td colspan="2">检查结果</td></tr>
<tr><td>5</td><td>列车自动运行正点率的统计测试指标应符合设计要求</td><td>17.2.5</td><td></td><td></td><td colspan="2"></td></tr>
<tr><td>6</td><td>故障报警功能应符合设计要求。故障报警功能应验证下列内容：
（1）系统自诊断。
（2）故障报警。
（3）实时记录</td><td>17.2.6</td><td></td><td></td><td colspan="2"></td></tr>
<tr><td>7</td><td>车地通信功能应符合设计要求。车地通信功能应验证车载设备与地面设备信息交换的及时与正确性</td><td>17.2.7</td><td></td><td></td><td colspan="2"></td></tr>
<tr><td>8</td><td></td><td></td><td></td><td></td><td colspan="2"></td></tr>
<tr><td>9</td><td></td><td></td><td></td><td></td><td colspan="2"></td></tr>
<tr><td colspan="2" rowspan="2">施工单位检查结果</td><td>专业工长（施工员）（签名）</td><td></td><td colspan="2">施工班组长（签名）</td><td colspan="2"></td></tr>
<tr><td colspan="6">项目专业质量检查员（签名）:　　　　年　月　日</td></tr>
<tr><td colspan="2">监理单位验收结论</td><td colspan="6">专业监理工程师（签名）:　　　　年　月　日</td></tr>
</table>

列车自动控制系统（ATC）功能检验检验批质量验收记录

DT（GZ）X 0345

<table>
<tr><td colspan="3">单位（子单位）工程名称</td><td colspan="5"></td></tr>
<tr><td colspan="3">分部工程名称 / 分项工程名称</td><td colspan="5"></td></tr>
<tr><td colspan="3">检验批部位</td><td colspan="2"></td><td>检验批容量</td><td colspan="2"></td></tr>
<tr><td colspan="3">施工单位</td><td colspan="3"></td><td>项目负责人</td><td></td></tr>
<tr><td colspan="3">执行的技术标准名称、
编号及设计图号</td><td colspan="5"></td></tr>
<tr><td colspan="3">验收依据</td><td colspan="5"></td></tr>
<tr><td rowspan="6">主控项目</td><td colspan="2">验收项目</td><td>设计要求及标准规定</td><td>最小 / 实际抽样数量</td><td>检查记录</td><td colspan="2">检查结果</td></tr>
<tr><td>1</td><td>ATC 系统应进行下列项目的综合检验，并应符合设计和相关技术要求：
（1）ATP、ATO 和 ATS 系统的接口性能测试。
（2）正线进路的行车试验。
（3）系统运营能力检验。
（4）系统可靠性、可用性指标检测应满足 144h 系统无故障运行要求</td><td>18.2.1</td><td></td><td></td><td colspan="2"></td></tr>
<tr><td>2</td><td>ATC 系统降级运行功能应符合设计要求</td><td>18.2.2</td><td></td><td></td><td colspan="2"></td></tr>
<tr><td>3</td><td></td><td></td><td></td><td></td><td colspan="2"></td></tr>
<tr><td>4</td><td></td><td></td><td></td><td></td><td colspan="2"></td></tr>
<tr><td>5</td><td></td><td></td><td></td><td></td><td colspan="2"></td></tr>
<tr><td colspan="2" rowspan="2">施工单位检查结果</td><td>专业工长（施工员）
（签名）</td><td colspan="2"></td><td>施工班组长
（签名）</td><td colspan="2"></td></tr>
<tr><td colspan="6">项目专业质量检查员（签名）：　　年　月　日</td></tr>
<tr><td colspan="2">监理单位验收结论</td><td colspan="6">专业监理工程师（签名）：　　年　月　日</td></tr>
</table>

电（光）缆敷设检验批质量验收记录（一）

DT（GZ）X 0346

单位（子单位）工程名称						
分部工程名称 / 分项工程名称						
检验批部位				检验批容量		
施工单位					项目负责人	
执行的技术标准名称、编号及设计图号						
验收依据						
主控项目		验收项目	设计要求及标准规定	最小 / 实际抽样数量	检查记录	检查结果
主控项目	1	电（光）缆进场时应进行检查，其型号、规格、质量应符合设计要求及相关产品标准的规定	4.3.1			
主控项目	2	电（光）缆敷设前应进行单盘测试，测试指标应符合产品技术条件及设计要求	4.3.2			
主控项目	3	电（光）缆敷设径路、位置应符合设计要求	4.3.3			
主控项目	4	电（光）缆直埋时应符合设计要求： （1）两设备间的径路应选择最短或通过障碍物及跨股道最少。 （2）不得在道岔尖端、辙岔心及钢轨接头处穿越股道。 （3）土质地带埋设深度不得小于 700mm，石质地带埋设深度不得小于 500mm，并均应在冻土层以下。 （4）电缆沟底应平坦、无石块和杂物，沟内电（光）缆应自然松弛、排列整齐、不交叉	4.3.4			
主控项目	5	电（光）缆敷设的弯曲半径应符合下列规定： （1）全塑电缆不得小于电缆外径的 10 倍。 （2）铠装电缆不得小于电缆外径的 15 倍。 （3）光缆敷设时的弯曲半径不得小于光缆外径的 15 倍	4.3.5			
主控项目	6	电（光）缆敷设后外护层（套）不得有破损、变形或扭伤，接头处应密封良好	4.3.6			
施工单位检查结果	专业工长（施工员）（签名）			施工班组长（签名）		
施工单位检查结果	项目专业质量检查员（签名）： 年 月 日					
监理单位验收结论	专业监理工程师（签名）： 年 月 日					

电（光）缆敷设检验批质量验收记录（二）

DT（GZ）X 0346/1

<table>
<tr><td colspan="3">单位（子单位）工程名称</td><td colspan="5"></td></tr>
<tr><td colspan="3">分部工程名称 / 分项工程名称</td><td colspan="5"></td></tr>
<tr><td colspan="3">检验批部位</td><td colspan="2"></td><td>检验批容量</td><td colspan="2"></td></tr>
<tr><td colspan="3">施工单位</td><td colspan="3"></td><td>项目负责人</td><td></td></tr>
<tr><td colspan="3">执行的技术标准名称、
编号及设计图号</td><td colspan="5"></td></tr>
<tr><td colspan="3">验收依据</td><td colspan="5"></td></tr>
<tr><td rowspan="5">一般项目</td><td colspan="2">验收项目</td><td>设计要求及标准规定</td><td>最小 / 实际抽样数量</td><td>检查记录</td><td colspan="2">检查结果</td></tr>
<tr><td>1</td><td>电（光）缆在电缆支架上应分层敷设，并排列整齐、自然松弛，同层架设时不应扭绞、交叉</td><td>4.3.7</td><td></td><td></td><td colspan="2"></td></tr>
<tr><td>2</td><td>电（光）缆在线槽内敷设时应排列整齐，不应扭绞、交叉及溢出线槽</td><td>4.3.8</td><td></td><td></td><td colspan="2"></td></tr>
<tr><td>3</td><td>电（光）缆敷设余留量应符合下列要求：
（1）引至室内的电（光）缆余留量不应小于5m。
（2）室外设备端电（光）缆余留量不应小于2m，当电（光）缆敷设长度小于20m时，余留量不应小于1m。
（3）电（光）缆过桥，在桥两端的余留量不应小于2m。
（4）电（光）缆接续时，连接点两端的余留量不应小于1m。
（5）电（光）缆在隧道内防淹门处应有余留量，其长度应符合设计要求</td><td>4.3.9</td><td></td><td></td><td colspan="2"></td></tr>
<tr><td>4</td><td>干线电（光）缆径路的下列地点应设置径路标志：
（1）电（光）缆的转向处或分支处。
（2）大于500m的直线中间点。
（3）通过人防门等障碍物处需要标明径路的部位。
（4）电（光）缆地下接续处</td><td>4.3.10</td><td></td><td></td><td colspan="2"></td></tr>
<tr><td colspan="2" rowspan="2">施工单位检查结果</td><td>专业工长（施工员）
（签名）</td><td colspan="2"></td><td colspan="2">施工班组长
（签名）</td><td></td></tr>
<tr><td colspan="6">项目专业质量检查员（签名）:　　　　年　月　日</td></tr>
<tr><td colspan="2">监理单位验收结论</td><td colspan="6">专业监理工程师（签名）:　　　　年　月　日</td></tr>
</table>

电（光）缆防护检验批质量验收记录（一）

DT（GZ）X 0347

单位（子单位）工程名称						
分部工程名称 / 分项工程名称						
检验批部位				检验批容量		
施工单位					项目负责人	
执行的技术标准名称、编号及设计图号						
验收依据						
主控项目		验收项目	设计要求及标准规定	最小 / 实际抽样数量	检查记录	检查结果
	1	电（光）缆防护用管、槽等器材进场时应进行检查，其型号、规格、质量应符合设计要求及相关产品标准的规定	4.4.1			
	2	电（光）缆线路防护设施的设置地点、设置方式、设置数量应符合设计要求	4.4.2			
	3	当采用金属管（槽）作防护时，应经热镀锌、涂漆等防腐处理。各类防护用管（槽）的两端口处应采取相应的保护措施，电（光）缆引入室内的引入孔应用防火材料封堵严密	4.4.3			
	4	电（光）缆穿越轨道、排水沟时必须使用防护管，并应符合下列要求： （1）通过碎石道床过轨时，防护管两端各伸出轨枕端不应小于 500mm，并埋于地面 200mm 以下，管口封堵应严密。 （2）在整体道床过轨时，防护管两端应各超出轨枕端，并用管卡直接固定在地面上。 （3）穿越排水沟时，防护管长度应大于排水沟宽度，并在排水沟两端用管卡直接固定在地面上。 （4）防护管内径不得小于电（光）缆堆积外径的 1.5 倍	4.4.4			
	5	电（光）缆在地下接续时，地下接头装置应用线槽进行防护，防护长度不应小于 1m	4.4.5			
施工单位检查结果		专业工长（施工员）（签名）			施工班组长（签名）	
		项目专业质量检查员（签名）: 年 月 日				
监理单位验收结论		专业监理工程师（签名）: 年 月 日				

电（光）缆防护检验批质量验收记录（二）

DT（GZ）X 0347/1

<table>
<tr><td colspan="3">单位（子单位）工程名称</td><td colspan="5"></td></tr>
<tr><td colspan="3">分部工程名称 / 分项工程名称</td><td colspan="5"></td></tr>
<tr><td colspan="3">检验批部位</td><td colspan="2"></td><td>检验批容量</td><td colspan="2"></td></tr>
<tr><td colspan="3">施工单位</td><td colspan="3"></td><td>项目负责人</td><td></td></tr>
<tr><td colspan="3">执行的技术标准名称、
编号及设计图号</td><td colspan="5"></td></tr>
<tr><td colspan="3">验收依据</td><td colspan="5"></td></tr>
<tr><td rowspan="7">一般项目</td><td colspan="2">验收项目</td><td>设计要求及标准规定</td><td>最小 / 实际抽样数量</td><td>检查记录</td><td colspan="2">检查结果</td></tr>
<tr><td>1</td><td>电（光）缆在室外与其他管线、建筑物交叉或平行敷设时的防护，应符合设计要求和相关标准的规定</td><td>4.4.6</td><td></td><td></td><td colspan="2"></td></tr>
<tr><td>2</td><td>高架线路上电（光）缆的裸露部分应采取防紫外线措施</td><td>4.4.7</td><td></td><td></td><td colspan="2"></td></tr>
<tr><td>3</td><td></td><td></td><td></td><td></td><td colspan="2"></td></tr>
<tr><td>4</td><td></td><td></td><td></td><td></td><td colspan="2"></td></tr>
<tr><td>5</td><td></td><td></td><td></td><td></td><td colspan="2"></td></tr>
<tr><td>6</td><td></td><td></td><td></td><td></td><td colspan="2"></td></tr>
<tr><td colspan="2" rowspan="2">施工单位检查结果</td><td>专业工长（施工员）
（签名）</td><td colspan="2"></td><td>施工班组长
（签名）</td><td colspan="2"></td></tr>
<tr><td colspan="6">项目专业质量检查员（签名）:　　　　年　月　日</td></tr>
<tr><td colspan="2">监理单位验收结论</td><td colspan="6">专业监理工程师（签名）:　　　　年　月　日</td></tr>
</table>

电（光）缆接续检验批质量验收记录

DT（GZ）X 0348

<table>
<tr><td colspan="3">单位（子单位）工程名称</td><td colspan="4"></td></tr>
<tr><td colspan="3">分部工程名称 / 分项工程名称</td><td colspan="4"></td></tr>
<tr><td colspan="3">检验批部位</td><td></td><td>检验批容量</td><td colspan="2"></td></tr>
<tr><td colspan="3">施工单位</td><td colspan="2"></td><td>项目负责人</td><td></td></tr>
<tr><td colspan="3">执行的技术标准名称、编号及设计图号</td><td colspan="4"></td></tr>
<tr><td colspan="3">验收依据</td><td colspan="4"></td></tr>
<tr><td rowspan="6">主控项目</td><td colspan="2">验收项目</td><td>设计要求及标准规定</td><td>最小 / 实际抽样数量</td><td>检查记录</td><td>检查结果</td></tr>
<tr><td>1</td><td>电（光）缆接续材料进场应进行检查，其型号、规格、质量应符合设计要求及相关产品标准的规定</td><td>4.5.1</td><td></td><td></td><td></td></tr>
<tr><td>2</td><td>综合扭绞信号电缆连接应 A 端与 B 端相接，相同的芯组内颜色相同的芯线应相接</td><td>4.5.2</td><td></td><td></td><td></td></tr>
<tr><td>3</td><td>电缆接续应符合下列要求：
（1）电缆接续应符合相关的工艺技术要求。
（2）电缆的地下接头应水平放置，接头两端各 300mm 内不得弯曲。
（3）屏蔽连接线及电缆芯线焊接时，不得使用腐蚀性焊剂，焊接应牢固</td><td>4.5.3</td><td></td><td></td><td></td></tr>
<tr><td>4</td><td>电缆在穿越铁路、公路及道口时，其距钢轨、公路和道口的边缘 2m 内的地方不得进行地下接续，在距热力、煤气、燃料管道小于 2m 范围内不应进行地下接续</td><td>4.5.4</td><td></td><td></td><td></td></tr>
<tr><td>5</td><td>光缆接续。引入成端的检验项目及质量要求、检验数量、检验方法，应按现行国家标准《城市轨道交通通信工程质量验收规范》GB 50382 的有关规定执行</td><td>4.5.5</td><td></td><td></td><td></td></tr>
<tr><td rowspan="2">一般项目</td><td>1</td><td>相同芯线数的电缆接续时，备用芯线应连通</td><td>4.5.6</td><td></td><td></td><td></td></tr>
<tr><td>2</td><td>接头装置宜按设计要求进行编号</td><td>4.5.7</td><td></td><td></td><td></td></tr>
<tr><td colspan="2" rowspan="2">施工单位检查结果</td><td>专业工长（施工员）
（签名）</td><td colspan="2"></td><td>施工班组长
（签名）</td><td></td></tr>
<tr><td colspan="5">项目专业质量检查员（签名）:　　　　年　月　日</td></tr>
<tr><td colspan="2">监理单位验收结论</td><td colspan="5">专业监理工程师（签名）:　　　　年　月　日</td></tr>
</table>

箱、盒安装检验批质量验收记录（一）

DT（GZ）X 0349

<table>
<tr><td colspan="3">单位（子单位）工程名称</td><td colspan="4"></td></tr>
<tr><td colspan="3">分部工程名称 / 分项工程名称</td><td colspan="4"></td></tr>
<tr><td colspan="3">检验批部位</td><td></td><td>检验批容量</td><td colspan="2"></td></tr>
<tr><td colspan="3">施工单位</td><td colspan="2"></td><td>项目负责人</td><td></td></tr>
<tr><td colspan="3">执行的技术标准名称、
编号及设计图号</td><td colspan="4"></td></tr>
<tr><td colspan="3">验收依据</td><td colspan="4"></td></tr>
<tr><td rowspan="5">主控项目</td><td colspan="2">验收项目</td><td>设计要求及标准规定</td><td>最小 / 实际抽样数量</td><td>检查记录</td><td>检查结果</td></tr>
<tr><td>1</td><td>箱、盒进场后应进行检查，其型号、规格、质量应符合设计要求及相关产品标准的规定</td><td>4.6.1</td><td></td><td></td><td></td></tr>
<tr><td>2</td><td>箱、盒的安装位置、安装高度及距线路中心的距离应符合设计要求</td><td>4.6.2</td><td></td><td></td><td></td></tr>
<tr><td>3</td><td>电缆引入箱、盒应做成端，并应符合下列要求：
（1）电缆外护套和引入孔应作密封处理。
（2）电缆的钢带、铝护套、内屏蔽护套应连通。
（3）金属芯线根部不得有损伤；对外露金属芯线、端子和根部以下的护层应作绝缘保护。
（4）电缆成端后应保持电缆芯组的自然排序，并应避免芯线混乱。
（5）电缆引入做头后应灌注绝缘胶固定，胶面应高于金属屏蔽层</td><td>4.6.3</td><td></td><td></td><td></td></tr>
<tr><td>4</td><td>箱、盒内电缆配线应符合下列要求：
（1）引入箱、盒内的电缆应在端子上与其他电缆或设备软电线进行连接，每根芯线应留有能做 2 ~ 3 次线环的余量；备用芯线的长度应保证与最远程端子进行配线连接。
（2）采用端子上线时，芯线线环应按顺时针绕制，线环间及线环与螺母间应垫垫圈。
（3）采用插接型端子配线时应一孔一线，并应连接牢固</td><td>4.6.4</td><td></td><td></td><td></td></tr>
<tr><td colspan="2" rowspan="2">施工单位检查结果</td><td>专业工长（施工员）
（签名）</td><td></td><td>施工班组长
（签名）</td><td colspan="2"></td></tr>
<tr><td colspan="5">项目专业质量检查员（签名）：　　　　年　　月　　日</td></tr>
<tr><td colspan="2">监理单位验收结论</td><td colspan="5">专业监理工程师（签名）：　　　　年　　月　　日</td></tr>
</table>

箱、盒安装检验批质量验收记录（二）

DT（GZ）X 0349/1

<table>
<tr><td colspan="3">单位（子单位）工程名称</td><td colspan="5"></td></tr>
<tr><td colspan="3">分部工程名称 / 分项工程名称</td><td colspan="5"></td></tr>
<tr><td colspan="3">检验批部位</td><td colspan="2"></td><td>检验批容量</td><td colspan="2"></td></tr>
<tr><td colspan="3">施工单位</td><td colspan="3"></td><td>项目负责人</td><td></td></tr>
<tr><td colspan="3">执行的技术标准名称、编号及设计图号</td><td colspan="5"></td></tr>
<tr><td colspan="3">验收依据</td><td colspan="5"></td></tr>
<tr><td rowspan="6">一般项目</td><td colspan="2">验收项目</td><td>设计要求及标准规定</td><td>最小 / 实际抽样数量</td><td>检查记录</td><td colspan="2">检查结果</td></tr>
<tr><td>1</td><td>箱、盒安装在混凝土基础上时，混凝土基础强度及埋设深度应达到设计要求。基础固定螺栓外露部分应有防锈措施，基础表面应平整光洁并无明显丢边掉角现象</td><td>4.6.5</td><td></td><td></td><td colspan="2"></td></tr>
<tr><td>2</td><td>在桥梁、隧道或其他难于埋设混凝土基础的地方，箱、盒可采取支架安装方式。金属基础支架使用前应经热镀锌、涂漆等防腐处理</td><td>4.6.6</td><td></td><td></td><td colspan="2"></td></tr>
<tr><td>3</td><td>箱、盒内端子编号应符合下列要求:
（1）终端电缆盒端子编号应从基础开始，并应按顺时针方向依次编号。
（2）分向电缆盒端子编号，应面对车控室，并按顺时针方向依次编号；采用压接端子连接方式时，其端子编号应符合设计要求。
（3）变压器箱端子编号，靠箱边侧应为奇数，靠设备侧应为偶数，在面向箱子引线孔侧端子应自右向左依次编号。
（4）采用新型箱、盒时，其端子编号应符合设计要求或相关产品标准的规定。
（5）所有箱、盒配线起始端子应有醒目标注，可采用红漆或标签标注</td><td>4.6.7</td><td></td><td></td><td colspan="2"></td></tr>
<tr><td>4</td><td>箱、盒内的设备部件应排列整齐，并应固定牢固。空闲的引接孔应封堵严密</td><td>4.6.8</td><td></td><td></td><td colspan="2"></td></tr>
<tr><td>5</td><td>箱、盒安装应端正、牢固，箱（盒）体应无损伤裂纹和锈蚀，箱（盒）盖密封作用应良好，螺栓应紧固、无松动</td><td>4.6.9</td><td></td><td></td><td colspan="2"></td></tr>
<tr><td colspan="2" rowspan="2">施工单位检查结果</td><td>专业工长（施工员）
（签名）</td><td colspan="2"></td><td colspan="2">施工班组长
（签名）</td><td></td></tr>
<tr><td colspan="6">项目专业质量检查员（签名）:　　　　年　　月　　日</td></tr>
<tr><td colspan="2">监理单位验收结论</td><td colspan="6">专业监理工程师（签名）:　　　　年　　月　　日</td></tr>
</table>

高柱信号机安装检验批质量验收记录（一）

DT（GZ）X 0350

<table>
<tr><td colspan="3">单位（子单位）工程名称</td><td colspan="5"></td></tr>
<tr><td colspan="3">分部工程名称 / 分项工程名称</td><td colspan="5"></td></tr>
<tr><td colspan="3">检验批部位</td><td colspan="2"></td><td>检验批容量</td><td colspan="2"></td></tr>
<tr><td colspan="3">施工单位</td><td colspan="3"></td><td>项目负责人</td><td></td></tr>
<tr><td colspan="3">执行的技术标准名称、
编号及设计图号</td><td colspan="5"></td></tr>
<tr><td colspan="3">验收依据</td><td colspan="5"></td></tr>
<tr><td rowspan="6">主控项目</td><td colspan="2">验收项目</td><td>设计要求及标准规定</td><td>最小 / 实际抽样数量</td><td>检查记录</td><td colspan="2">检查结果</td></tr>
<tr><td>1</td><td>高柱信号机及其附属设备设施进场时应进行检查，其型号、规格、质量应符合设计要求及相关产品标准的规定</td><td>5.2.1</td><td></td><td></td><td colspan="2"></td></tr>
<tr><td>2</td><td>高柱信号机的安装位置、安装高度、显示方向及灯光配列应符合设计规定</td><td>5.2.2</td><td></td><td></td><td colspan="2"></td></tr>
<tr><td>3</td><td>高柱信号机应采用环形预应力混凝土机柱，机柱质量应满足下列规定：
（1）横向裂缝宽度应小于 0.2mm，长度应小于周长的 1/2；裂缝条数不应超过 5 条，且间距应在 200mm 以上。
（2）纵向裂缝不应超过 1 条，裂缝宽度应在 0.2mm 以内，长度应小于 1000mm，混凝土面应无剥落现象。
（3）机柱的弯曲度不应大于机柱长度的 1/200</td><td>5.2.3</td><td></td><td></td><td colspan="2"></td></tr>
<tr><td>4</td><td>高柱信号机安装应符合下列要求：
（1）机柱埋设深度应符合设计规定。
（2）机柱应垂直于地面安装，在距离钢轨顶面 4500mm 高处，其倾斜量不应大于 36mm</td><td>5.2.4</td><td></td><td></td><td colspan="2"></td></tr>
<tr><td>5</td><td>高柱信号机光源应符合下列要求：
（1）当采用灯泡为光源时，其灯座应调整灵活，以满足显示距离的要求，并应使用有主、副灯丝的专用灯泡。
（2）当采用 LED 为光源时，其电气特性应符合产品技术标准和设计规定</td><td>5.2.5</td><td></td><td></td><td colspan="2"></td></tr>
<tr><td colspan="2" rowspan="2">施工单位检查结果</td><td>专业工长（施工员）
（签名）</td><td colspan="2"></td><td colspan="2">施工班组长
（签名）</td><td></td></tr>
<tr><td colspan="6">项目专业质量检查员（签名）：　　　　年　月　日</td></tr>
<tr><td colspan="2">监理单位验收结论</td><td colspan="6">专业监理工程师（签名）：　　　　年　月　日</td></tr>
</table>

高柱信号机安装检验批质量验收记录（二）

DT（GZ）X 0350/1

<table>
<tr><td colspan="3">单位（子单位）工程名称</td><td colspan="5"></td></tr>
<tr><td colspan="3">分部工程名称 / 分项工程名称</td><td colspan="5"></td></tr>
<tr><td colspan="3">检验批部位</td><td colspan="2"></td><td>检验批容量</td><td colspan="2"></td></tr>
<tr><td colspan="3">施工单位</td><td colspan="3"></td><td>项目负责人</td><td></td></tr>
<tr><td colspan="3">执行的技术标准名称、编号及设计图号</td><td colspan="5"></td></tr>
<tr><td colspan="3">验收依据</td><td colspan="5"></td></tr>
<tr><td rowspan="2">主控项目</td><td colspan="2">验收项目</td><td>设计要求及标准规定</td><td>最小 / 实际抽样数量</td><td>检查记录</td><td colspan="2">检查结果</td></tr>
<tr><td>6</td><td>高柱信号机配线应符合下列要求：
（1）信号机配线型号及规格应符合设计和相关技术要求。
（2）配线不得有中间接头，并应无破损、老化现象。
（3）在箱盒、机构内部配线应绑扎整齐。
（4）配线在引入管进出口处应进行防护处理</td><td>5.2.6</td><td></td><td></td><td colspan="2"></td></tr>
<tr><td rowspan="3">一般项目</td><td>1</td><td>高柱信号机安装应符合下列要求：
（1）同一机柱上同方向安装的信号机构各灯位中心应在一条直线上（不包括引导信号机构、柱下部调车信号机构和进路表示器），固定托架安装应水平。
（2）机柱顶端及电线引入管入口封堵应严密。
（3）信号机梯子中心与机柱中心应一致，梯子支架应水平，梯子应平直，并应连接牢固</td><td>5.2.7</td><td></td><td></td><td colspan="2"></td></tr>
<tr><td>2</td><td>高柱信号机灯室结构应符合下列要求：
（1）各灯室之间不得串光。
（2）色玻璃及透镜应清洁、明亮，并无影响显示的斑点和裂纹。
（3）机构盖关闭应严密，并应无渗、漏水现象</td><td>5.2.8</td><td></td><td></td><td colspan="2"></td></tr>
<tr><td>3</td><td>高柱信号机组件安装应符合下列要求：
（1）各部组件安装应齐全，并应无破损、裂纹现象。
（2）各部连接件连接应正确，紧固件平衡应紧固。
（3）各开口销安装应正确，劈开角度应为60°～90°</td><td>5.2.9</td><td></td><td></td><td colspan="2"></td></tr>
<tr><td colspan="2" rowspan="2">施工单位检查结果</td><td>专业工长（施工员）
（签名）</td><td colspan="2"></td><td colspan="2">施工班组长
（签名）</td><td></td></tr>
<tr><td colspan="6">项目专业质量检查员（签名）：　　　年　月　日</td></tr>
<tr><td colspan="2">监理单位验收结论</td><td colspan="6">专业监理工程师（签名）：　　　年　月　日</td></tr>
</table>

矮型信号机安装检验批质量验收记录（一）

DT（GZ）X 0351

<table>
<tr><td colspan="3">单位（子单位）工程名称</td><td colspan="6"></td></tr>
<tr><td colspan="3">分部工程名称 / 分项工程名称</td><td colspan="6"></td></tr>
<tr><td colspan="3">检验批部位</td><td colspan="2"></td><td>检验批容量</td><td colspan="3"></td></tr>
<tr><td colspan="3">施工单位</td><td colspan="3"></td><td>项目负责人</td><td colspan="2"></td></tr>
<tr><td colspan="3">执行的技术标准名称、
编号及设计图号</td><td colspan="6"></td></tr>
<tr><td colspan="3">验收依据</td><td colspan="6"></td></tr>
<tr><td rowspan="6">主控项目</td><td colspan="2">验收项目</td><td>设计要求及标准规定</td><td>最小 / 实际抽样数量</td><td colspan="2">检查记录</td><td colspan="2">检查结果</td></tr>
<tr><td>1</td><td>矮型信号机及其附属设施进场时应进行检查，其型号、规格、质量应符合设计要求及相关产品标准的规定</td><td>5.3.1</td><td></td><td colspan="2"></td><td colspan="2"></td></tr>
<tr><td>2</td><td>矮型信号机的安装位置、安装高度、显示方向及灯光配列应符合设计规定</td><td>5.3.2</td><td></td><td colspan="2"></td><td colspan="2"></td></tr>
<tr><td>3</td><td>矮型信号机金属支架与隧道体或桥梁体有接地要求时，应保证接地良好；有绝缘要求时，支架与隧道体或桥梁体间的绝缘电阻应符合设计规定</td><td>5.3.3</td><td></td><td colspan="2"></td><td colspan="2"></td></tr>
<tr><td>4</td><td>矮型信号机光源应符合本规范第 5.2.5 条的规定</td><td>5.3.4</td><td></td><td colspan="2"></td><td colspan="2"></td></tr>
<tr><td>5</td><td>矮型信号机配线应符合本规范第 5.2.6 条的规定</td><td>5.3.5</td><td></td><td colspan="2"></td><td colspan="2"></td></tr>
<tr><td colspan="2" rowspan="2">施工单位检查结果</td><td>专业工长（施工员）
（签名）</td><td colspan="2"></td><td colspan="2">施工班组长
（签名）</td><td colspan="2"></td></tr>
<tr><td colspan="7">项目专业质量检查员（签名）:　　　　年　月　日</td></tr>
<tr><td colspan="2">监理单位验收结论</td><td colspan="7">专业监理工程师（签名）:　　　　年　月　日</td></tr>
</table>

矮型信号机安装检验批质量验收记录（二）

DT（GZ）X 0351/1

<table>
<tr><td colspan="3">单位（子单位）工程名称</td><td colspan="6"></td></tr>
<tr><td colspan="3">分部工程名称 / 分项工程名称</td><td colspan="6"></td></tr>
<tr><td colspan="3">检验批部位</td><td colspan="2"></td><td>检验批容量</td><td colspan="3"></td></tr>
<tr><td colspan="3">施工单位</td><td colspan="3"></td><td>项目负责人</td><td colspan="2"></td></tr>
<tr><td colspan="3">执行的技术标准名称、
编号及设计图号</td><td colspan="6"></td></tr>
<tr><td colspan="3">验收依据</td><td colspan="6"></td></tr>
<tr><td rowspan="6">一般项目</td><td colspan="2">验收项目</td><td>设计要求及标准规定</td><td>最小 / 实际抽样数量</td><td colspan="2">检查记录</td><td colspan="2">检查结果</td></tr>
<tr><td>1</td><td>矮型信号机安装在混凝土基础上时，混凝土基础强度及基础埋深应达到设计要求。基础螺栓应竖立垂直，螺栓间距应正确，外露部分应有防锈措施，基础表面应平整光洁并无明显丢边掉角现象</td><td>5.3.6</td><td></td><td colspan="2"></td><td colspan="2"></td></tr>
<tr><td>2</td><td>矮型信号机安装在高架线路、隧道或其他难于埋设混凝土基础的地方时，可采用金属基础支架安装方式。支架安装应平稳、牢固，螺栓应紧固、无松动。金属基础支架使用前应经热镀锌、涂漆等防腐处理</td><td>5.3.7</td><td></td><td colspan="2"></td><td colspan="2"></td></tr>
<tr><td>3</td><td>矮型信号机灯室结构应符合本规范第 5.2.8 条的规定</td><td>5.3.8</td><td></td><td colspan="2"></td><td colspan="2"></td></tr>
<tr><td>4</td><td>隧道内、高架线路上安装的信号机支架顶面应保持水平、安装牢固</td><td>5.3.9</td><td></td><td colspan="2"></td><td colspan="2"></td></tr>
<tr><td>5</td><td>矮型信号机组件安装应符合本规范第 5.2.9 条的规定</td><td>5.3.10</td><td></td><td colspan="2"></td><td colspan="2"></td></tr>
<tr><td colspan="2" rowspan="2">施工单位检查结果</td><td>专业工长（施工员）
（签名）</td><td colspan="2"></td><td colspan="2">施工班组长
（签名）</td><td colspan="2"></td></tr>
<tr><td colspan="7">项目专业质量检查员（签名）:　　　　年　　月　　日</td></tr>
<tr><td colspan="2">监理单位验收结论</td><td colspan="7">专业监理工程师（签名）:　　　　年　　月　　日</td></tr>
</table>

发车指示器安装检验批质量验收记录

DT（GZ）X 0352

单位（子单位）工程名称						
分部工程名称 / 分项工程名称						
检验批部位				检验批容量		
施工单位					项目负责人	
执行的技术标准名称、编号及设计图号						
验收依据						
	验收项目		设计要求及标准规定	最小 / 实际抽样数量	检查记录	检查结果
主控项目	1	发车指示器进场时应进行检查，其型号、规格、质量应符合设计要求及相关产品标准的规定	5.5.1			
主控项目	2	发车指示器的安装位置、安装高度及显示方式应符合设计要求	5.5.2			
主控项目	3	发车指示器配线的规格、型号应符合相关产品标准的规定。配线引入管进出口处应加防护，防护管路应采用卡箍固定	5.5.3			
一般项目	1	发车指示器的安装应符合下列要求： （1）在站台地面上安装时，应采用金属机柱安装方式，机柱与地面应垂直安装牢固。 （2）在站台顶棚下、隧道壁或高架线路桥梁体上安装时，应采用金属支架安装方式，支架应安装牢固。 （3）金属机柱、支架应经热镀锌、涂漆等防腐处理，并应无锈蚀和裂纹现象	5.5.4			
一般项目	2					
施工单位检查结果	专业工长（施工员）（签名）			施工班组长（签名）		
施工单位检查结果	项目专业质量检查员（签名）：　　年　月　日					
监理单位验收结论	专业监理工程师（签名）：　　年　月　日					

按钮装置安装检验批质量验收记录

DT（GZ）X 0353

<table>
<tr><td colspan="3">单位（子单位）工程名称</td><td colspan="4"></td></tr>
<tr><td colspan="3">分部工程名称 / 分项工程名称</td><td colspan="4"></td></tr>
<tr><td colspan="3">检验批部位</td><td colspan="2"></td><td>检验批容量</td><td></td></tr>
<tr><td colspan="3">施工单位</td><td colspan="2"></td><td>项目负责人</td><td></td></tr>
<tr><td colspan="3">执行的技术标准名称、编号及设计图号</td><td colspan="4"></td></tr>
<tr><td colspan="3">验收依据</td><td colspan="4"></td></tr>
<tr><td rowspan="6">主控项目</td><td colspan="2">验收项目</td><td>设计要求及标准规定</td><td>最小 / 实际抽样数量</td><td>检查记录</td><td>检查结果</td></tr>
<tr><td>1</td><td>按钮装置进场时应进行检查，其型号、规格、质量应符合设计要求及相关产品标准的规定</td><td>5.6.1</td><td></td><td></td><td></td></tr>
<tr><td>2</td><td>紧急停车按钮箱的安装位置、安装高度应符合设计要求。安装在站台上的按钮箱不得妨碍旅客通行。按钮箱封印应完整</td><td>5.6.2</td><td></td><td></td><td></td></tr>
<tr><td>3</td><td>车辆基地车控室应急盘的安装位置、安装高度应符合设计要求。应急盘应紧贴墙面垂直安装，并固定牢固、封印完整。盘面指示灯应显示正确、清晰，按钮操作应灵活、无卡阻</td><td>5.6.3</td><td></td><td></td><td></td></tr>
<tr><td>4</td><td>同意按钮柱在车场的安装位置、安装高度应符合设计要求。按钮柱应垂直于地面安装。按钮操作应灵活、无卡阻。灯光显示应明亮</td><td>5.6.4</td><td></td><td></td><td></td></tr>
<tr><td>5</td><td>按钮装置配线的规格、型号应符合相关产品技术标准的规定。配线引入管进出口处应加防护，防护管（槽）应固定牢固</td><td>5.6.5</td><td></td><td></td><td></td></tr>
<tr><td>一般项目</td><td>1</td><td>按钮装置应安装平顺、牢固，各部件组装应完整，箱（盘）体应无破损、裂纹、脱焊和锈蚀现象</td><td>5.6.6</td><td></td><td></td><td></td></tr>
<tr><td colspan="2" rowspan="2">施工单位检查结果</td><td>专业工长（施工员）（签名）</td><td colspan="2"></td><td>施工班组长（签名）</td><td></td></tr>
<tr><td colspan="5">项目专业质量检查员（签名）:　　　年　月　日</td></tr>
<tr><td colspan="2">监理单位验收结论</td><td colspan="5">专业监理工程师（签名）:　　　年　月　日</td></tr>
</table>

安装装置安装检验批质量验收记录（一）

DT（GZ）X 0354

<table>
<tr><td colspan="3">单位（子单位）工程名称</td><td colspan="5"></td></tr>
<tr><td colspan="3">分部工程名称 / 分项工程名称</td><td colspan="5"></td></tr>
<tr><td colspan="3">检验批部位</td><td colspan="2"></td><td>检验批容量</td><td colspan="2"></td></tr>
<tr><td colspan="3">施工单位</td><td colspan="3"></td><td>项目负责人</td><td></td></tr>
<tr><td colspan="3">执行的技术标准名称、
编号及设计图号</td><td colspan="5"></td></tr>
<tr><td colspan="3">验收依据</td><td colspan="5"></td></tr>
<tr><td rowspan="4">主控项目</td><td colspan="2">验收项目</td><td>设计要求及标准规定</td><td>最小 / 实际抽样数量</td><td>检查记录</td><td colspan="2">检查结果</td></tr>
<tr><td>1</td><td>安装装置进场时应进行检查，其型号、规格、质量应符合设计要求及相关产品标准的规定</td><td>6.2.1</td><td></td><td></td><td colspan="2"></td></tr>
<tr><td>2</td><td>安装装置的安装位置、安装方式应符合设计要求和相关产品的技术规定</td><td>6.2.2</td><td></td><td></td><td colspan="2"></td></tr>
<tr><td>3</td><td>安装装置采用侧式安装方式时应符合下列要求：
（1）固定长基础角钢的角形座铁应与钢轨密贴（轨腰除外）。
（2）基础角钢与单开道岔直股基本轨或对称形道岔中心线垂直，其偏移量不得大于20mm。
（3）固定道岔转换设备的短基础角钢应与长基础角钢垂直连接。
（4）密贴调整杆、表示杆或锁闭杆、尖端杆、第一连接杆与长基础角钢之间应平行，其前后偏差各不应大于20mm。
（5）各部绝缘及铁配件安装应正确，并应无遗漏和破损现象</td><td>6.2.3</td><td></td><td></td><td colspan="2"></td></tr>
<tr><td colspan="3" rowspan="2">施工单位检查结果</td><td>专业工长（施工员）
（签名）</td><td></td><td>施工班组长
（签名）</td><td colspan="2"></td></tr>
<tr><td colspan="5">项目专业质量检查员（签名）:　　　　年　月　日</td></tr>
<tr><td colspan="3">监理单位验收结论</td><td colspan="5">专业监理工程师（签名）:　　　　年　月　日</td></tr>
</table>

安装装置安装检验批质量验收记录（二）

DT（GZ）X 0354/1

<table>
<tr><td colspan="3">单位（子单位）工程名称</td><td colspan="5"></td></tr>
<tr><td colspan="3">分部工程名称 / 分项工程名称</td><td colspan="5"></td></tr>
<tr><td colspan="3">检验批部位</td><td colspan="2"></td><td>检验批容量</td><td colspan="2"></td></tr>
<tr><td colspan="3">施工单位</td><td colspan="3"></td><td>项目负责人</td><td></td></tr>
<tr><td colspan="3">执行的技术标准名称、编号及设计图号</td><td colspan="5"></td></tr>
<tr><td colspan="3">验收依据</td><td colspan="5"></td></tr>
<tr><td rowspan="4">主控项目</td><td colspan="2">验收项目</td><td>设计要求及标准规定</td><td>最小 / 实际抽样数量</td><td colspan="2">检查记录</td><td>检查结果</td></tr>
<tr><td>4</td><td>安装装置采用轨枕式安装方式时应符合下列要求：
（1）预留机坑容积应满足转辙机安装空间，并有防渗水措施。
（2）基础角钢与钢轨垂直安装，角形座铁应与钢轨密贴（轨腰除外）。
（3）杆件应动作灵活，与机坑边缘应无卡阻、碰擦现象</td><td>6.2.4</td><td></td><td colspan="2"></td><td></td></tr>
<tr><td>5</td><td>固定尖轨接头轨的螺栓头部与基本轨不得相碰</td><td>6.2.5</td><td></td><td colspan="2"></td><td></td></tr>
<tr><td>6</td><td>密贴调整杆动作时，其空动距离不得小于5mm</td><td>6.2.6</td><td></td><td colspan="2"></td><td></td></tr>
<tr><td rowspan="3">一般项目</td><td>1</td><td>安装装置应经热镀锌、涂漆等防腐处理，或涂刷防锈漆，并无脱皮、反锈、鼓泡现象</td><td>6.2.7</td><td></td><td colspan="2"></td><td></td></tr>
<tr><td>2</td><td>各种连接杆的调整丝扣余量不应小于10mm</td><td>6.2.8</td><td></td><td colspan="2"></td><td></td></tr>
<tr><td>3</td><td>各零部件安装应正确和齐全；螺栓应紧固、无松动；开口销应齐全，其双臂对称劈开角度应为60°～90°</td><td>6.2.9</td><td></td><td colspan="2"></td><td></td></tr>
<tr><td colspan="2" rowspan="2">施工单位检查结果</td><td>专业工长（施工员）
（签名）</td><td colspan="2"></td><td>施工班组长
（签名）</td><td colspan="2"></td></tr>
<tr><td colspan="6">项目专业质量检查员（签名）：　　　　年　　月　　日</td></tr>
<tr><td colspan="2">监理单位验收结论</td><td colspan="6">专业监理工程师（签名）：　　　　年　　月　　日</td></tr>
</table>

外锁闭装置安装检验批质量验收记录

DT（GZ）X 0355

<table>
<tr><td colspan="3">单位（子单位）工程名称</td><td colspan="5"></td></tr>
<tr><td colspan="3">分部工程名称 / 分项工程名称</td><td colspan="5"></td></tr>
<tr><td colspan="3">检验批部位</td><td colspan="2"></td><td>检验批容量</td><td colspan="2"></td></tr>
<tr><td colspan="3">施工单位</td><td colspan="3"></td><td>项目负责人</td><td></td></tr>
<tr><td colspan="3">执行的技术标准名称、编号及设计图号</td><td colspan="5"></td></tr>
<tr><td colspan="3">验收依据</td><td colspan="5"></td></tr>
<tr><td rowspan="4">主控项目</td><td colspan="2">验收项目</td><td>设计要求及标准规定</td><td>最小 / 实际抽样数量</td><td>检查记录</td><td colspan="2">检查结果</td></tr>
<tr><td>1</td><td>外锁闭装置进场时应进行检查，其型号、规格、质量应符合设计要求及相关产品标准的规定</td><td>6.3.1</td><td></td><td></td><td colspan="2"></td></tr>
<tr><td>2</td><td>外锁闭装置的安装位置、安装方式应符合设计要求和相关产品的技术规定</td><td>6.3.2</td><td></td><td></td><td colspan="2"></td></tr>
<tr><td>3</td><td>外锁闭装置的安装应符合下列要求：
（1）锁闭框、尖轨连接铁、锁钩和锁闭杆等部件的安装应正确，并连接牢固。
（2）可动部分在转换过程中应动作平稳、灵活，并无磨卡现象。
（3）外锁闭两侧（定位、反位）的锁闭量应符合相关技术要求。
（4）锁闭框下部两侧的限位螺钉应有效插入锁闭杆两侧导向槽内，不得松脱</td><td>6.3.3</td><td></td><td></td><td colspan="2"></td></tr>
<tr><td rowspan="2">一般项目</td><td>1</td><td>各零部件安装应正确、齐全；螺栓应紧固、无松动；开口销应齐全，其双臂对称劈开角度应为 60° ~ 90°</td><td>6.3.4</td><td></td><td></td><td colspan="2"></td></tr>
<tr><td>2</td><td></td><td></td><td></td><td></td><td colspan="2"></td></tr>
<tr><td colspan="2" rowspan="2">施工单位检查结果</td><td>专业工长（施工员）（签名）</td><td colspan="2"></td><td colspan="2">施工班组长（签名）</td><td></td></tr>
<tr><td colspan="6">项目专业质量检查员（签名）:　　　　年　月　日</td></tr>
<tr><td colspan="2">监理单位验收结论</td><td colspan="6">专业监理工程师（签名）:　　　　年　月　日</td></tr>
</table>

转辙机安装检验批质量验收记录

DT（GZ）X 0356

<table>
<tr><td colspan="3">单位（子单位）工程名称</td><td colspan="4"></td></tr>
<tr><td colspan="3">分部工程名称 / 分项工程名称</td><td colspan="4"></td></tr>
<tr><td colspan="3">检验批部位</td><td colspan="2"></td><td>检验批容量</td><td></td></tr>
<tr><td colspan="3">施工单位</td><td colspan="2"></td><td>项目负责人</td><td></td></tr>
<tr><td colspan="3">执行的技术标准名称、编号及设计图号</td><td colspan="4"></td></tr>
<tr><td colspan="3">验收依据</td><td colspan="4"></td></tr>
<tr><td rowspan="6">主控项目</td><td colspan="2">验收项目</td><td>设计要求及标准规定</td><td>最小 / 实际抽样数量</td><td>检查记录</td><td>检查结果</td></tr>
<tr><td>1</td><td>转辙机进场时应进行检查，其型号、规格、质量应符合设计要求及相关产品标准的规定</td><td>6.4.1</td><td></td><td></td><td></td></tr>
<tr><td>2</td><td>各种动力转辙机、液压站的安装位置、安装方式应符合设计要求及相关产品标准的规定</td><td>6.4.2</td><td></td><td></td><td></td></tr>
<tr><td>3</td><td>转辙机动作杆与密贴调整杆应在一条直线上，并与表示杆、道岔第一连接杆平行</td><td>6.4.3</td><td></td><td></td><td></td></tr>
<tr><td>4</td><td>液压转辙机的液压站应固定牢固，油管两端应连接紧密</td><td>6.4.4</td><td></td><td></td><td></td></tr>
<tr><td>5</td><td>转辙机的内部配线应满足下列要求：
（1）配线型号及规格应符合设计和相关技术要求。
（2）配线不得有中间接头，并无损伤、老化现象。
（3）机箱内部的配线应绑扎整齐。
（4）绝缘软线两端芯线采用爪型线环时应卷压平整，采用铜线绕制线环时应缠绕紧密，采用其他连接方式时应符合相关工艺标准。线环的孔径与连接端子柱应有适当的间隙。
（5）配线在引入管进出口处应加防护</td><td>6.4.5</td><td></td><td></td><td></td></tr>
<tr><td>一般项目</td><td>1</td><td>各零部件安装应正确、齐全;各部螺栓应紧固、无松动；开口销应齐全，其双臂对称劈开角度应为 60° ~ 90°</td><td>6.4.6</td><td></td><td></td><td></td></tr>
<tr><td colspan="2" rowspan="2">施工单位检查结果</td><td>专业工长（施工员）（签名）</td><td></td><td colspan="2">施工班组长（签名）</td><td></td></tr>
<tr><td colspan="5">项目专业质量检查员（签名）:　　　　年　月　日</td></tr>
<tr><td colspan="2">监理单位验收结论</td><td colspan="5">专业监理工程师（签名）:　　　　年　月　日</td></tr>
</table>

有绝缘轨道电路安装检验批质量验收记录（一）

DT（GZ）X 0357

<table>
<tr><td colspan="3">单位（子单位）工程名称</td><td colspan="4"></td></tr>
<tr><td colspan="3">分部工程名称 / 分项工程名称</td><td colspan="4"></td></tr>
<tr><td colspan="3">检验批部位</td><td></td><td>检验批容量</td><td colspan="2"></td></tr>
<tr><td colspan="3">施工单位</td><td colspan="2"></td><td>项目负责人</td><td></td></tr>
<tr><td colspan="3">执行的技术标准名称、编号及设计图号</td><td colspan="4"></td></tr>
<tr><td colspan="3">验收依据</td><td colspan="4"></td></tr>
<tr><td rowspan="6">主控项目</td><td colspan="2">验收项目</td><td>设计要求及标准规定</td><td>最小 / 实际抽样数量</td><td>检查记录</td><td>检查结果</td></tr>
<tr><td>1</td><td>有绝缘轨道电路设备进场时应进行检查，其型号、规格、质量应符合设计要求及相关产品标准的规定</td><td>7.2.1</td><td></td><td></td><td></td></tr>
<tr><td>2</td><td>有绝缘轨道电路设备的安装位置、安装方法应符合设计和相关产品的技术要求</td><td>7.2.2</td><td></td><td></td><td></td></tr>
<tr><td>3</td><td>有绝缘轨道电路限流装置的调整应满足轨道电路性能要求，严禁拆除变阻器的止挡</td><td>7.2.3</td><td></td><td></td><td></td></tr>
<tr><td>4</td><td>有绝缘轨道电路设备配线应符合下列要求：
1. 配线型号及规格应符合设计和相关技术要求。
2. 配线不得有破损、老化和中间接头现象</td><td>7.2.4</td><td></td><td></td><td></td></tr>
<tr><td>5</td><td>钢轨绝缘安装应符合下列要求：
（1）轨道电路的两钢轨绝缘应并列安装，不能并列安装时，其错开的距离应满足设计要求。
（2）设于警冲标外方的钢轨绝缘，除渡线及其他侵限绝缘外，绝缘安装位置与警冲标计算位置的最小距离应符合设计要求。
（3）钢轨绝缘夹板螺栓应相对安装（辙叉根部除外），轨端绝缘的顶部与轨面应平齐</td><td>7.2.5</td><td></td><td></td><td></td></tr>
<tr><td colspan="2" rowspan="2">施工单位检查结果</td><td>专业工长（施工员）
（签名）</td><td></td><td>施工班组长
（签名）</td><td colspan="2"></td></tr>
<tr><td colspan="5">项目专业质量检查员（签名）:　　　　年　　月　　日</td></tr>
<tr><td colspan="2">监理单位验收结论</td><td colspan="5">专业监理工程师（签名）:　　　　年　　月　　日</td></tr>
</table>

有绝缘轨道电路安装检验批质量验收记录（二）

DT（GZ）X 0357/1

<table>
<tr><td colspan="3">单位（子单位）工程名称</td><td colspan="4"></td></tr>
<tr><td colspan="3">分部工程名称 / 分项工程名称</td><td colspan="4"></td></tr>
<tr><td colspan="3">检验批部位</td><td colspan="2"></td><td>检验批容量</td><td></td></tr>
<tr><td colspan="3">施工单位</td><td colspan="2"></td><td>项目负责人</td><td></td></tr>
<tr><td colspan="3">执行的技术标准名称、编号及设计图号</td><td colspan="4"></td></tr>
<tr><td colspan="3">验收依据</td><td colspan="4"></td></tr>
<tr><td rowspan="2">主控项目</td><td colspan="2">验收项目</td><td>设计要求及标准规定</td><td>最小 / 实际抽样数量</td><td>检查记录</td><td>检查结果</td></tr>
<tr><td>6</td><td>各类轨道引接线的安装应符合下列要求：
（1）钢轨引接线应符合下列要求：
1）无牵引电流通过的钢轨引接线截面积不应小于 15mm²，有牵引电流通过的钢轨引接线截面积应符合设计要求。
2）钢轨引接线穿越股道时，应采用绝缘橡胶管防护，固定引接线的卡钉、卡具不得与钢轨铁垫板、防爬器接触。
3）钢轨引接线连接螺栓的绝缘管、垫圈等部件应安装正确、齐全；螺栓紧固，无松动。
（2）钢轨接续线应符合下列要求：
1）有牵引电流通过的钢轨，接续线连接采用胀钉方式或焊接方式，接续线为多股铜线，其截面积符合设计要求。
2）钢轨接续线应安装在钢轨外侧。在道岔辙叉根部或其他安装困难处，塞钉式钢轨接续线及胀钉式接续线可安装在钢轨内侧。
3）塞钉式钢轨接续线应紧贴钢轨鱼尾夹板上部安装平直、无弯曲；胀钉式钢轨接续线沿钢轨底边敷设安装，焊接式钢轨接续线应在钢轨鱼尾夹板的两侧焊接牢固，并呈弧形下垂。
（3）道岔跳线应符合下列要求：
1）无牵引电流通过的道岔跳线截面积不应小于 15mm²，有牵引电流通过的道岔跳线截面积应符合设计要求。
2）道岔跳线穿越钢轨时，距轨底的距离应大于或等于 30mm，并用卡具固定在轨枕上，如在整体道床处过轨，则用卡具直接固定在道床上</td><td>7.2.6</td><td></td><td></td><td></td></tr>
<tr><td colspan="2" rowspan="2">施工单位检查结果</td><td>专业工长（施工员）
（签名）</td><td></td><td>施工班组长
（签名）</td><td colspan="2"></td></tr>
<tr><td colspan="5">项目专业质量检查员（签名）：　　年　月　日</td></tr>
<tr><td colspan="2">监理单位验收结论</td><td colspan="5">专业监理工程师（签名）：　　年　月　日</td></tr>
</table>

有绝缘轨道电路安装检验批质量验收记录（三）

DT（GZ）X 0357/2

<table>
<tr><td colspan="3">单位（子单位）工程名称</td><td colspan="5"></td></tr>
<tr><td colspan="3">分部工程名称 / 分项工程名称</td><td colspan="5"></td></tr>
<tr><td colspan="3">检验批部位</td><td colspan="2"></td><td>检验批容量</td><td colspan="2"></td></tr>
<tr><td colspan="3">施工单位</td><td colspan="3"></td><td>项目负责人</td><td></td></tr>
<tr><td colspan="3">执行的技术标准名称、编号及设计图号</td><td colspan="5"></td></tr>
<tr><td colspan="3">验收依据</td><td colspan="5"></td></tr>
<tr><td rowspan="5">主控项目</td><td colspan="2">验收项目</td><td>设计要求及标准规定</td><td>最小 / 实际抽样数量</td><td>检查记录</td><td colspan="2">检查结果</td></tr>
<tr><td>7</td><td>回流线的安装应符合下列要求：
（1）伸缩轨牵引回流线应采用镀锌钢管防护；伸缩轨两端回流线的伸缩量应符合设计规定。
（2）回流线应采用焊接方式或胀钉方式与钢轨连接，连接应牢固、无松动</td><td>7.2.7</td><td></td><td></td><td colspan="2"></td></tr>
<tr><td>8</td><td></td><td></td><td></td><td></td><td colspan="2"></td></tr>
<tr><td>9</td><td></td><td></td><td></td><td></td><td colspan="2"></td></tr>
<tr><td>10</td><td></td><td></td><td></td><td></td><td colspan="2"></td></tr>
<tr><td colspan="2" rowspan="2">施工单位检查结果</td><td colspan="2">专业工长（施工员）（签名）</td><td></td><td colspan="2">施工班组长（签名）</td><td></td></tr>
<tr><td colspan="6">项目专业质量检查员（签名）：　　年　月　日</td></tr>
<tr><td colspan="2">监理单位验收结论</td><td colspan="6">专业监理工程师（签名）：　　年　月　日</td></tr>
</table>

有绝缘轨道电路安装检验批质量验收记录（四）

DT（GZ）X 0357/3

单位（子单位）工程名称							
分部工程名称 / 分项工程名称							
检验批部位				检验批容量			
施工单位					项目负责人		
执行的技术标准名称、编号及设计图号							
验收依据							
一般项目	验收项目		设计要求及标准规定	最小 / 实际抽样数量	检查记录	检查结果	
	1	有绝缘轨道电路设备采用支架安装时应平稳牢固，支架应经热镀锌、涂漆等防腐处理	7.2.8				
	2	钢轨绝缘配线应安装正确、齐全、无破损	7.2.9				
	3	各类连接线的金属裸露部分，在安装完后应涂刷机械油。钢绞线应无断股、锈蚀现象。塞钉不得打弯，打入深度应为露出钢轨 1 ~ 4mm，塞钉头和钢轨的接缝处应涂漆封闭	7.2.10				
	4						
	5						
	6						
施工单位检查结果	专业工长（施工员）（签名）			施工班组长（签名）			
	项目专业质量检查员（签名）: 年 月 日						
监理单位验收结论	专业监理工程师（签名）: 年 月 日						

计轴装置安装检验批质量验收记录（一）

DT（GZ）X 0358

<table>
<tr><td colspan="3">单位（子单位）工程名称</td><td colspan="5"></td></tr>
<tr><td colspan="3">分部工程名称 / 分项工程名称</td><td colspan="5"></td></tr>
<tr><td colspan="3">检验批部位</td><td colspan="2"></td><td>检验批容量</td><td colspan="2"></td></tr>
<tr><td colspan="3">施工单位</td><td colspan="3"></td><td>项目负责人</td><td></td></tr>
<tr><td colspan="3">执行的技术标准名称、
编号及设计图号</td><td colspan="5"></td></tr>
<tr><td colspan="3">验收依据</td><td colspan="5"></td></tr>
<tr><td rowspan="6">主控项目</td><td colspan="2">验收项目</td><td>设计要求及标准规定</td><td>最小 / 实际抽样数量</td><td>检查记录</td><td colspan="2">检查结果</td></tr>
<tr><td>1</td><td>计轴装置进场时应进行检查，其型号、规格、质量应符合设计要求及相关产品标准的规定</td><td>7.12.1</td><td></td><td></td><td colspan="2"></td></tr>
<tr><td>2</td><td>计轴装置的安装位置、安装方法应符合设计和相关技术要求</td><td>7.12.2</td><td></td><td></td><td colspan="2"></td></tr>
<tr><td>3</td><td>计轴磁头安装应符合下列要求：
（1）磁头应安装在同一根钢轨上，磁头安装必须用绝缘材料与钢轨隔离。
（2）磁头在钢轨上的安装孔中心距轨底高度、孔径、孔与孔的间距应符合相关技术要求，两相邻磁头的安装间距应符合设计要求</td><td>7.12.3</td><td></td><td></td><td colspan="2"></td></tr>
<tr><td>4</td><td>计轴电子盒的安装应符合下列要求：
（1）电子盒安装位置应根据磁头电缆的布置方式确定，宜靠近信号设备机房。
（2）电子盒内部配线应连接正确、排列整齐。
（3）电子盒密封装置应完整。
（4）电子盒体应接地良好</td><td>7.12.4</td><td></td><td></td><td colspan="2"></td></tr>
<tr><td>5</td><td>计轴装置采用的专用电缆，其长度应符合设计要求；电缆走线应平缓，严禁盘圈、弯折</td><td>7.12.5</td><td></td><td></td><td colspan="2"></td></tr>
<tr><td colspan="2" rowspan="2">施工单位检查结果</td><td>专业工长（施工员）
（签名）</td><td colspan="2"></td><td>施工班组长
（签名）</td><td colspan="2"></td></tr>
<tr><td colspan="6">项目专业质量检查员（签名）:　　　　年　　月　　日</td></tr>
<tr><td colspan="2">监理单位验收结论</td><td colspan="6">专业监理工程师（签名）:　　　　年　　月　　日</td></tr>
</table>

计轴装置安装检验批质量验收记录（二）

DT（GZ）X 0358/1

<table>
<tr><td colspan="2">单位（子单位）工程名称</td><td colspan="5"></td></tr>
<tr><td colspan="2">分部工程名称 / 分项工程名称</td><td colspan="5"></td></tr>
<tr><td colspan="2">检验批部位</td><td colspan="2"></td><td>检验批容量</td><td colspan="2"></td></tr>
<tr><td colspan="2">施工单位</td><td colspan="3"></td><td>项目负责人</td><td></td></tr>
<tr><td colspan="2">执行的技术标准名称、编号及设计图号</td><td colspan="5"></td></tr>
<tr><td colspan="2">验收依据</td><td colspan="5"></td></tr>
<tr><td rowspan="7">一般项目</td><td colspan="2">验收项目</td><td>设计要求及标准规定</td><td>最小 / 实际抽样数量</td><td>检查记录</td><td>检查结果</td></tr>
<tr><td>1</td><td>计轴电缆应采用橡胶软管防护，并用金属 Ω 卡箍固定。过水沟时应用镀锌钢管防护</td><td>7.12.6</td><td></td><td></td><td></td></tr>
<tr><td>2</td><td>磁头安装应平稳、牢固，螺栓应紧固、无松动</td><td>7.12.7</td><td></td><td></td><td></td></tr>
<tr><td>3</td><td>电子盒安装应与地面保持垂直。安装应平稳、牢固，螺栓应紧固、无松动</td><td>7.12.8</td><td></td><td></td><td></td></tr>
<tr><td>4</td><td></td><td></td><td></td><td></td><td></td></tr>
<tr><td>5</td><td></td><td></td><td></td><td></td><td></td></tr>
<tr><td>6</td><td></td><td></td><td></td><td></td><td></td></tr>
<tr><td colspan="2" rowspan="2">施工单位检查结果</td><td>专业工长（施工员）
（签名）</td><td></td><td>施工班组长
（签名）</td><td colspan="2"></td></tr>
<tr><td colspan="5">项目专业质量检查员（签名）:　　　　年　　月　　日</td></tr>
<tr><td colspan="2">监理单位验收结论</td><td colspan="5">专业监理工程师（签名）:　　　　年　　月　　日</td></tr>
</table>

机柜（架）安装检验批质量验收记录（一）

DT（GZ）X 0359

<table>
<tr><td colspan="3">单位（子单位）工程名称</td><td colspan="5"></td></tr>
<tr><td colspan="3">分部工程名称 / 分项工程名称</td><td colspan="5"></td></tr>
<tr><td colspan="3">检验批部位</td><td colspan="2"></td><td>检验批容量</td><td colspan="2"></td></tr>
<tr><td colspan="3">施工单位</td><td colspan="3"></td><td>项目负责人</td><td></td></tr>
<tr><td colspan="3">执行的技术标准名称、
编号及设计图号</td><td colspan="5"></td></tr>
<tr><td colspan="3">验收依据</td><td colspan="5"></td></tr>
<tr><td rowspan="4">主控项目</td><td colspan="2">验收项目</td><td>设计要求及标准规定</td><td>最小 / 实际抽样数量</td><td>检查记录</td><td colspan="2">检查结果</td></tr>
<tr><td>1</td><td>各种机柜（架）进场时应进行检查，其型号、规格、质量应符合设计要求及相关产品标准的规定</td><td>9.2.1</td><td></td><td></td><td colspan="2"></td></tr>
<tr><td>2</td><td>机房内机柜（架）的平面位置、安装位置、机面朝向、柜（架）间距应符合设计要求</td><td>9.2.2</td><td></td><td></td><td colspan="2"></td></tr>
<tr><td>3</td><td>机柜（架）安装应符合下列要求：
（1）机柜（架）固定方式应符合设计要求。机柜（架）底座与地面固定应平稳、牢固。但机房内铺设有防静电地板时，底座应与防静电地板等高。
（2）机柜（架）安装应横平竖直、端正稳固。同排各种机柜（架）应正面处于同一平面、底座处于同一直线。
（3）除有特定的绝缘隔离、散热、电磁干扰等要求外，机柜（架）应相互紧密靠拢，或用螺栓连接。
（4）机柜（架）间需绝缘隔离时，各种绝缘装置应安装齐全、无损伤。
（5）机柜（架）有抗震设计要求时，机柜（架）的抗震加固措施应符合设计要求</td><td>9.2.3</td><td></td><td></td><td colspan="2"></td></tr>
<tr><td colspan="2" rowspan="2">施工单位检查结果</td><td colspan="2">专业工长（施工员）
（签名）</td><td colspan="2"></td><td>施工班组长
（签名）</td><td></td></tr>
<tr><td colspan="6">项目专业质量检查员（签名）:　　　　年　　月　　日</td></tr>
<tr><td colspan="2">监理单位验收结论</td><td colspan="6">专业监理工程师（签名）:　　　　年　　月　　日</td></tr>
</table>

机柜（架）安装检验批质量验收记录（二）

DT（GZ）X 0359/1

<table>
<tr><td colspan="3">单位（子单位）工程名称</td><td colspan="5"></td></tr>
<tr><td colspan="3">分部工程名称 / 分项工程名称</td><td colspan="5"></td></tr>
<tr><td colspan="3">检验批部位</td><td colspan="2"></td><td>检验批容量</td><td colspan="2"></td></tr>
<tr><td colspan="3">施工单位</td><td colspan="3"></td><td>项目负责人</td><td></td></tr>
<tr><td colspan="3">执行的技术标准名称、
编号及设计图号</td><td colspan="5"></td></tr>
<tr><td colspan="3">验收依据</td><td colspan="5"></td></tr>
<tr><td rowspan="6">一般项目</td><td colspan="2">验收项目</td><td>设计要求及标准规定</td><td>最小 / 实际抽样数量</td><td>检查记录</td><td colspan="2">检查结果</td></tr>
<tr><td>1</td><td>机柜（架）内所有设备的紧固件应安装完整、牢固，各种零配件应无脱落</td><td>9.2.4</td><td></td><td></td><td colspan="2"></td></tr>
<tr><td>2</td><td>机柜（架）铭牌文字和符号标志应正确、清晰、齐全</td><td>9.2.5</td><td></td><td></td><td colspan="2"></td></tr>
<tr><td>3</td><td>机柜（架）漆面色调应一致，并无脱漆现象；机柜（架）金属底座应经热镀锌、涂漆等防腐处理</td><td>9.2.6</td><td></td><td></td><td colspan="2"></td></tr>
<tr><td>4</td><td></td><td></td><td></td><td></td><td colspan="2"></td></tr>
<tr><td>5</td><td></td><td></td><td></td><td></td><td colspan="2"></td></tr>
<tr><td colspan="2" rowspan="2">施工单位检查结果</td><td>专业工长（施工员）
（签名）</td><td colspan="2"></td><td>施工班组长
（签名）</td><td colspan="2"></td></tr>
<tr><td colspan="6">项目专业质量检查员（签名）:　　　　年　　月　　日</td></tr>
<tr><td colspan="2">监理单位验收结论</td><td colspan="6">专业监理工程师（签名）:　　　　年　　月　　日</td></tr>
</table>

走线架（槽）安装检验批质量验收记录

DT（GZ）X 0360

<table>
<tr><td colspan="3">单位（子单位）工程名称</td><td colspan="5"></td></tr>
<tr><td colspan="3">分部工程名称 / 分项工程名称</td><td colspan="5"></td></tr>
<tr><td colspan="3">检验批部位</td><td colspan="2"></td><td>检验批容量</td><td colspan="2"></td></tr>
<tr><td colspan="3">施工单位</td><td colspan="3"></td><td>项目负责人</td><td></td></tr>
<tr><td colspan="3">执行的技术标准名称、
编号及设计图号</td><td colspan="5"></td></tr>
<tr><td colspan="3">验收依据</td><td colspan="5"></td></tr>
<tr><td rowspan="4">主控项目</td><td colspan="2">验收项目</td><td>设计要求及标准规定</td><td>最小 / 实际抽样数量</td><td>检查记录</td><td colspan="2">检查结果</td></tr>
<tr><td>1</td><td>各类走线架（槽）进场时应进行检查，其型号、规格、质量应符合设计要求及相关产品标准的规定</td><td>9.3.1</td><td></td><td></td><td colspan="2"></td></tr>
<tr><td>2</td><td>走线架（槽）的安装位置、安装方法应符合设计要求</td><td>9.3.2</td><td></td><td></td><td colspan="2"></td></tr>
<tr><td>3</td><td></td><td></td><td></td><td></td><td colspan="2"></td></tr>
<tr><td rowspan="3">一般项目</td><td>1</td><td>走线架（槽）安装应符合下列要求：
（1）走线架（槽）与机柜（架）间需绝缘隔离时，各种绝缘管垫应安装齐全，并无损伤。
（2）走线架（槽）底部应敷设底板，引入口处宜采取保护措施，防止线缆磨损</td><td>9.3.3</td><td></td><td></td><td colspan="2"></td></tr>
<tr><td>2</td><td>走线架（槽）安装应平直、稳固；走线架（槽）及与机柜（架）间应用螺栓连接牢固</td><td>9.3.4</td><td></td><td></td><td colspan="2"></td></tr>
<tr><td>3</td><td></td><td></td><td></td><td></td><td colspan="2"></td></tr>
<tr><td colspan="2" rowspan="2">施工单位检查结果</td><td>专业工长（施工员）
（签名）</td><td colspan="2"></td><td>施工班组长
（签名）</td><td colspan="2"></td></tr>
<tr><td colspan="6">项目专业质量检查员（签名）:　　　　年　　月　　日</td></tr>
<tr><td colspan="2">监理单位验收结论</td><td colspan="6">专业监理工程师（签名）:　　　　年　　月　　日</td></tr>
</table>

电（光）缆引入及安装检验批质量验收记录

DT（GZ）X 0361

<table>
<tr><td colspan="3">单位（子单位）工程名称</td><td colspan="5"></td></tr>
<tr><td colspan="3">分部工程名称 / 分项工程名称</td><td colspan="5"></td></tr>
<tr><td colspan="3">检验批部位</td><td colspan="2"></td><td>检验批容量</td><td colspan="2"></td></tr>
<tr><td colspan="3">施工单位</td><td colspan="3"></td><td>项目负责人</td><td></td></tr>
<tr><td colspan="3">执行的技术标准名称、编号及设计图号</td><td colspan="5"></td></tr>
<tr><td colspan="3">验收依据</td><td colspan="5"></td></tr>
<tr><td rowspan="5">主控项目</td><td colspan="2">验收项目</td><td>设计要求及标准规定</td><td>最小 / 实际抽样数量</td><td>检查记录</td><td colspan="2">检查结果</td></tr>
<tr><td>1</td><td>电缆引入信号设备室在转弯时不得有硬弯或背扣，电缆的弯曲半径应符合本规范第 4.3.5 条的规定</td><td>9.4.1</td><td></td><td></td><td colspan="2"></td></tr>
<tr><td>2</td><td>电缆成端应无漏胶，表面应光洁、无裂缝、无气泡</td><td>9.4.2</td><td></td><td></td><td colspan="2"></td></tr>
<tr><td>3</td><td>分线盘（柜）上的接线端子排列编号应与施工图纸相符，接线端子上的标志应正确、清晰</td><td>9.4.3</td><td></td><td></td><td colspan="2"></td></tr>
<tr><td>4</td><td>光缆引入及光配线架检验项目及质量要求、检验数量、检验方法应按现行国家标准《城市轨道交通通信工程质量验收规范》GB 50382 的有关规定执行</td><td>9.4.4</td><td></td><td></td><td colspan="2"></td></tr>
<tr><td rowspan="4">一般项目</td><td>1</td><td>分线盘应与两边墙体固定，其安装高度应符合设计要求。分线柜安装应符合本规范第 9.2.3 条的规定</td><td>9.4.5</td><td></td><td></td><td colspan="2"></td></tr>
<tr><td>2</td><td>引至信号设备室的电缆余留量应符合本规范第 4.3.9 条的规定。电缆引入孔应用防火材料封堵严密</td><td>9.4.6</td><td></td><td></td><td colspan="2"></td></tr>
<tr><td>3</td><td>引入室内的每条电缆应有明确的上下行去向标识，标识内容应正确、清晰</td><td>9.4.7</td><td></td><td></td><td colspan="2"></td></tr>
<tr><td>4</td><td>从引入口到分线盘（柜）的电缆应有相应的防护措施。引入电缆应排列整齐，并分段固定</td><td>9.4.8</td><td></td><td></td><td colspan="2"></td></tr>
<tr><td colspan="3" rowspan="2">施工单位检查结果</td><td>专业工长（施工员）
（签名）</td><td colspan="2"></td><td>施工班组长
（签名）</td><td></td></tr>
<tr><td colspan="5">项目专业质量检查员（签名）:　　　年　月　日</td></tr>
<tr><td colspan="3">监理单位验收结论</td><td colspan="5">专业监理工程师（签名）:　　　年　月　日</td></tr>
</table>

操作显示设备安装检验批质量验收记录（一）

DT（GZ）X 0362

<table>
<tr><td colspan="3">单位（子单位）工程名称</td><td colspan="5"></td></tr>
<tr><td colspan="3">分部工程名称 / 分项工程名称</td><td colspan="5"></td></tr>
<tr><td colspan="3">检验批部位</td><td colspan="2"></td><td>检验批容量</td><td colspan="2"></td></tr>
<tr><td colspan="3">施工单位</td><td colspan="3"></td><td>项目负责人</td><td></td></tr>
<tr><td colspan="3">执行的技术标准名称、
编号及设计图号</td><td colspan="5"></td></tr>
<tr><td colspan="3">验收依据</td><td colspan="5"></td></tr>
<tr><td rowspan="5">主控项目</td><td colspan="2">验收项目</td><td>设计要求及标准规定</td><td>最小 / 实际抽样数量</td><td>检查记录</td><td colspan="2">检查结果</td></tr>
<tr><td>1</td><td>操作显示设备进场时应进行检查，其型号、规格、质量应符合设计要求及相关产品标准的规定</td><td>9.5.1</td><td></td><td></td><td colspan="2"></td></tr>
<tr><td>2</td><td>操作显示设备的安装位置、整体布局应符合设计要求</td><td>9.5.2</td><td></td><td></td><td colspan="2"></td></tr>
<tr><td>3</td><td>计算机及附属设备安装应符合下列要求：
（1）各种接口连接应符合设计要求，应连接正确、牢靠。
（2）防电磁干扰的屏蔽措施应符合相关技术要求，屏蔽连接应牢固可靠，中间应无断开。
（3）计算机配线应采用专用电缆，电缆引入处开孔位置应适宜，并有防护措施。
（4）计算机显示屏图像、字符应清晰，键盘、鼠标应操作灵便，打印机、扫描仪等应安装正确</td><td>9.5.3</td><td></td><td></td><td colspan="2"></td></tr>
<tr><td>4</td><td>单元控制台安装应符合下列要求：
（1）控制台表示盘面的布置及表示方式应符合设计要求。
（2）各种指示灯应安装正确，并应显示清晰、亮度均匀。
（3）各种按钮应动作灵活，接点应通 / 断可靠；插接件应接触紧密、牢固。
（4）控制台内部配线应正确；接地装置应安装牢靠。
（5）各种限流装置容量应符合设计要求；报警装置应安装正确、牢固</td><td>9.5.4</td><td></td><td></td><td colspan="2"></td></tr>
<tr><td colspan="2" rowspan="2">施工单位检查结果</td><td>专业工长（施工员）
（签名）</td><td></td><td colspan="2">施工班组长
（签名）</td><td colspan="2"></td></tr>
<tr><td colspan="6">项目专业质量检查员（签名）:　　　　年　月　日</td></tr>
<tr><td colspan="2">监理单位验收结论</td><td colspan="6">专业监理工程师（签名）:　　　　年　月　日</td></tr>
</table>

操作显示设备安装检验批质量验收记录（二）

DT（GZ）X 0362/1

<table>
<tr><td colspan="3">单位（子单位）工程名称</td><td colspan="4"></td></tr>
<tr><td colspan="3">分部工程名称 / 分项工程名称</td><td colspan="4"></td></tr>
<tr><td colspan="3">检验批部位</td><td></td><td>检验批容量</td><td colspan="2"></td></tr>
<tr><td colspan="3">施工单位</td><td colspan="2"></td><td>项目负责人</td><td></td></tr>
<tr><td colspan="3">执行的技术标准名称、编号及设计图号</td><td colspan="4"></td></tr>
<tr><td colspan="3">验收依据</td><td colspan="4"></td></tr>
<tr><td rowspan="6">一般项目</td><td colspan="2">验收项目</td><td>设计要求及标准规定</td><td>最小 / 实际抽样数量</td><td>检查记录</td><td>检查结果</td></tr>
<tr><td>1</td><td>计算机及附属设备应摆放稳固、整齐，并应方便操作</td><td>9.5.5</td><td></td><td></td><td></td></tr>
<tr><td>2</td><td>单元控制台应安装稳固，各种紧固零件、门销、加封孔应完整无损</td><td>9.5.6</td><td></td><td></td><td></td></tr>
<tr><td>3</td><td></td><td></td><td></td><td></td><td></td></tr>
<tr><td>4</td><td></td><td></td><td></td><td></td><td></td></tr>
<tr><td>5</td><td></td><td></td><td></td><td></td><td></td></tr>
<tr><td colspan="2" rowspan="2">施工单位检查结果</td><td>专业工长（施工员）
（签名）</td><td></td><td>施工班组长
（签名）</td><td colspan="2"></td></tr>
<tr><td colspan="5">项目专业质量检查员（签名）:　　　年　月　日</td></tr>
<tr><td colspan="2">监理单位验收结论</td><td colspan="5">专业监理工程师（签名）:　　　年　月　日</td></tr>
</table>

电源设备安装检验批质量验收记录（一）

DT（GZ）X 0363

<table>
<tr><td colspan="3">单位（子单位）工程名称</td><td colspan="5"></td></tr>
<tr><td colspan="3">分部工程名称 / 分项工程名称</td><td colspan="5"></td></tr>
<tr><td colspan="3">检验批部位</td><td colspan="2"></td><td>检验批容量</td><td colspan="2"></td></tr>
<tr><td colspan="3">施工单位</td><td colspan="3"></td><td>项目负责人</td><td></td></tr>
<tr><td colspan="3">执行的技术标准名称、
编号及设计图号</td><td colspan="5"></td></tr>
<tr><td colspan="3">验收依据</td><td colspan="5"></td></tr>
<tr><td rowspan="5">主控项目</td><td colspan="2">验收项目</td><td>设计要求及标准规定</td><td>最小 / 实际抽样数量</td><td>检查记录</td><td colspan="2">检查结果</td></tr>
<tr><td>1</td><td>电源设备进场时应进行检查，其型号、规格、质量应符合设计要求及相关产品标准的规定</td><td>9.7.1</td><td></td><td></td><td colspan="2"></td></tr>
<tr><td>2</td><td>电源设备的安装位置、安装方式应符合设计要求</td><td>9.7.2</td><td></td><td></td><td colspan="2"></td></tr>
<tr><td>3</td><td>电源屏的安装应符合下列要求：
（1）各屏排列顺序应符合设计规定，安装应符合本规范第 9.2.3 条的规定。
（2）信号两路电源应经专用防雷箱后再引至信号电源屏。引入电源相序与电源屏的相序、屏与屏之间的相序应一致。
（3）电源屏各种按钮应动作灵活，开关应通 / 断可靠；限流装置容量应符合设计要求；各种模块应安装端正、牢固。
（4）电源屏接地装置应安装牢靠。
（5）各种指示灯应安装正确，指示灯显示应清晰、亮度均匀；报警装置应安装齐全、完好</td><td>9.7.3</td><td></td><td></td><td colspan="2"></td></tr>
<tr><td>4</td><td>不间断电源（UPS）安装应符合下列要求：
（1）机柜应安装端正、稳固，机柜外壳应可靠接地。
（2）电池块配置应符合设计要求，配线应连接牢固、极性正确。
（3）电池柜接地装置应安装牢靠</td><td>9.7.4</td><td></td><td></td><td colspan="2"></td></tr>
<tr><td colspan="2" rowspan="2">施工单位检查结果</td><td colspan="2">专业工长（施工员）
（签名）</td><td></td><td colspan="2">施工班组长
（签名）</td><td></td></tr>
<tr><td colspan="6">项目专业质量检查员（签名）:　　　　年　　月　　日</td></tr>
<tr><td colspan="2">监理单位验收结论</td><td colspan="6">专业监理工程师（签名）:　　　　年　　月　　日</td></tr>
</table>

电源设备安装检验批质量验收记录（二）

DT（GZ）X 0363/1

<table>
<tr><td colspan="3">单位（子单位）工程名称</td><td colspan="5"></td></tr>
<tr><td colspan="3">分部工程名称 / 分项工程名称</td><td colspan="5"></td></tr>
<tr><td colspan="3">检验批部位</td><td colspan="2"></td><td>检验批容量</td><td colspan="2"></td></tr>
<tr><td colspan="3">施工单位</td><td colspan="3"></td><td>项目负责人</td><td></td></tr>
<tr><td colspan="3">执行的技术标准名称、
编号及设计图号</td><td colspan="5"></td></tr>
<tr><td colspan="3">验收依据</td><td colspan="5"></td></tr>
<tr><td></td><td colspan="2">验收项目</td><td>设计要求及标准规定</td><td>最小 / 实际抽样数量</td><td>检查记录</td><td colspan="2">检查结果</td></tr>
<tr><td>主控项目</td><td>5</td><td>电源线布放应符合下列要求：
（1）电源线在防静电地板下布设时，应采用线槽防护。槽内电源线应布放平直、整齐，槽内底板应清洁，盖板应完好、封盖严密。
（2）电源线在地沟内布设时，应采用电缆。
（3）电源线在走线架（槽）内布设时，不应与设备配线交叉，布放应自然顺直，拐弯处应留有适当余量。
（4）电源线在墙内布设时，宜采用镀锌钢管进行防护，在墙面布线时，应采用金属管（槽）防护；管（槽）在墙面应安装平整、固定牢靠</td><td>9.7.5</td><td></td><td></td><td colspan="2"></td></tr>
<tr><td rowspan="3">一般项目</td><td>1</td><td>电源屏应安装端正、稳固；各连接部件应安装齐全、无损伤，并应紧固、无松动</td><td>9.7.6</td><td></td><td></td><td colspan="2"></td></tr>
<tr><td>2</td><td>电源屏配线应连接牢固、无松动，配线两端应标志齐全</td><td>9.7.7</td><td></td><td></td><td colspan="2"></td></tr>
<tr><td>3</td><td>蓄电池应排列整齐，距离应均匀一致</td><td>9.7.8</td><td></td><td></td><td colspan="2"></td></tr>
<tr><td colspan="2" rowspan="2">施工单位检查结果</td><td>专业工长（施工员）
（签名）</td><td colspan="2"></td><td>施工班组长
（签名）</td><td colspan="2"></td></tr>
<tr><td colspan="6">项目专业质量检查员（签名）：　　年　月　日</td></tr>
<tr><td colspan="2">监理单位验收结论</td><td colspan="6">专业监理工程师（签名）：　　年　月　日</td></tr>
</table>

配线检验批质量验收记录（一）

DT（GZ）X 0364

<table>
<tr><td colspan="3">单位（子单位）工程名称</td><td colspan="4"></td></tr>
<tr><td colspan="3">分部工程名称 / 分项工程名称</td><td colspan="4"></td></tr>
<tr><td colspan="3">检验批部位</td><td colspan="2"></td><td>检验批容量</td><td></td></tr>
<tr><td colspan="3">施工单位</td><td colspan="2"></td><td>项目负责人</td><td></td></tr>
<tr><td colspan="3">执行的技术标准名称、
编号及设计图号</td><td colspan="4"></td></tr>
<tr><td colspan="3">验收依据</td><td colspan="4"></td></tr>
<tr><td rowspan="4">主控项目</td><td colspan="2">验收项目</td><td>设计要求及标准规定</td><td>最小 / 实际抽样数量</td><td>检查记录</td><td>检查结果</td></tr>
<tr><td>1</td><td>各种配线线缆进场时应进行检查，其型号、规格、质量应符合设计要求及相关产品标准的规定</td><td>9.8.1</td><td></td><td></td><td></td></tr>
<tr><td>2</td><td>线缆布放时应有适当的余量，不同用途的载频配线布放方式应符合设计要求。配线线缆不得有中间接头和绝缘破损现象</td><td>9.8.2</td><td></td><td></td><td></td></tr>
<tr><td>3</td><td>配线连接应符合下列要求：
（1）配线采用接线端子方式连接时，每个端子上的配线不宜超过 3 个线头。连接时，各线间应用金属垫片隔开。端子根部螺母应紧固、无松动，上部应用并帽紧固。配线头根部应用塑料套管防护，套管长度应均匀一致。
（2）配线采用焊接方式连接时，严禁使用带腐蚀性的焊剂。焊接应牢固，焊点应饱满光滑、无毛刺，配线应无脱焊、断股现象。
（3）配线采用压接方式连接时，应使用与芯线截面相适应的专用压线工具。压接时接点片与导线应压接牢固、长度适当，配线应无脱股、断股现象。
（4）配线采用插接方式连接时，应一孔一线，严禁一孔插接多根导线。插接时应采用专用工具操作，多股铜芯线插接前应压接接线帽。
（5）配线采用其他新型方式连接时，应选用专用适配工具，连接工艺应符合相关技术要求。
（6）屏蔽线的屏蔽层应与规定的屏蔽端子连接良好</td><td>9.8.3</td><td></td><td></td><td></td></tr>
<tr><td colspan="2" rowspan="2">施工单位检查结果</td><td>专业工长（施工员）
（签名）</td><td></td><td>施工班组长
（签名）</td><td colspan="2"></td></tr>
<tr><td colspan="5">项目专业质量检查员（签名）：　　　　年　月　日</td></tr>
<tr><td colspan="2">监理单位验收结论</td><td colspan="5">专业监理工程师（签名）：　　　　年　月　日</td></tr>
</table>

配线检验批质量验收记录（二）

DT（GZ）X 0364/1

<table>
<tr><td colspan="3">单位（子单位）工程名称</td><td colspan="5"></td></tr>
<tr><td colspan="3">分部工程名称 / 分项工程名称</td><td colspan="5"></td></tr>
<tr><td colspan="3">检验批部位</td><td colspan="2"></td><td>检验批容量</td><td colspan="2"></td></tr>
<tr><td colspan="3">施工单位</td><td colspan="3"></td><td>项目负责人</td><td></td></tr>
<tr><td colspan="3">执行的技术标准名称、
编号及设计图号</td><td colspan="5"></td></tr>
<tr><td colspan="3">验收依据</td><td colspan="5"></td></tr>
<tr><td rowspan="6">一般项目</td><td colspan="2">验收项目</td><td>设计要求及标准规定</td><td>最小 / 实际抽样数量</td><td>检查记录</td><td colspan="2">检查结果</td></tr>
<tr><td>1</td><td>配线电缆终端应固定在机架上，排列应整齐、美观，引出端应有标明去向的标牌</td><td>9.8.4</td><td></td><td></td><td colspan="2"></td></tr>
<tr><td>2</td><td>配线电缆芯线在连接端子前应保持扭绞状态；线头剥切部分芯线应无伤痕；绕制线环时，线环应按顺时针方向旋转</td><td>9.8.5</td><td></td><td></td><td colspan="2"></td></tr>
<tr><td>3</td><td></td><td></td><td></td><td></td><td colspan="2"></td></tr>
<tr><td>4</td><td></td><td></td><td></td><td></td><td colspan="2"></td></tr>
<tr><td>5</td><td></td><td></td><td></td><td></td><td colspan="2"></td></tr>
<tr><td colspan="2" rowspan="2">施工单位检查结果</td><td colspan="2">专业工长（施工员）
（签名）</td><td></td><td colspan="2">施工班组长
（签名）</td><td></td></tr>
<tr><td colspan="6">项目专业质量检查员（签名）:　　　　年　　月　　日</td></tr>
<tr><td colspan="2">监理单位验收结论</td><td colspan="6">专业监理工程师（签名）:　　　　年　　月　　日</td></tr>
</table>

防雷设施安装检验批质量验收记录

DT（GZ）X 0365

<table>
<tr><td colspan="3">单位（子单位）工程名称</td><td colspan="5"></td></tr>
<tr><td colspan="3">分部工程名称 / 分项工程名称</td><td colspan="5"></td></tr>
<tr><td colspan="3">检验批部位</td><td colspan="2"></td><td>检验批容量</td><td colspan="2"></td></tr>
<tr><td colspan="3">施工单位</td><td colspan="3"></td><td>项目负责人</td><td></td></tr>
<tr><td colspan="3">执行的技术标准名称、
编号及设计图号</td><td colspan="5"></td></tr>
<tr><td colspan="3">验收依据</td><td colspan="5"></td></tr>
<tr><td rowspan="4">主控项目</td><td colspan="2">验收项目</td><td>设计要求及标准规定</td><td>最小 / 实际抽样数量</td><td>检查记录</td><td colspan="2">检查结果</td></tr>
<tr><td>1</td><td>信号防雷设施进场时应进行检查，其型号、规格、质量应符合设计要求及相关产品标准的规定</td><td>10.2.1</td><td></td><td></td><td colspan="2"></td></tr>
<tr><td>2</td><td>防雷设施的安装位置、安装方式应符合设计要求</td><td>10.2.2</td><td></td><td></td><td colspan="2"></td></tr>
<tr><td>3</td><td>防雷设施的安装应符合下列要求：
（1）防雷设施与被防护设备之间的连接线路宜取最短路径，不得迂回绕接。
（2）防雷设施的配线与其他设备配线应分开布放。
（3）其他设备配线不得借用防雷设施的配线端子</td><td>10.2.3</td><td></td><td></td><td colspan="2"></td></tr>
<tr><td rowspan="2">一般项目</td><td>1</td><td>防雷设施应安装牢固、可靠，并清晰标识用途及去向</td><td>10.2.4</td><td></td><td></td><td colspan="2"></td></tr>
<tr><td>2</td><td></td><td></td><td></td><td></td><td colspan="2"></td></tr>
<tr><td colspan="2" rowspan="2">施工单位检查结果</td><td colspan="2">专业工长（施工员）
（签名）</td><td></td><td>施工班组长
（签名）</td><td colspan="2"></td></tr>
<tr><td colspan="6">项目专业质量检查员（签名）:　　　　年　月　日</td></tr>
<tr><td colspan="2">监理单位验收结论</td><td colspan="6">专业监理工程师（签名）:　　　　年　月　日</td></tr>
</table>

接地装置安装检验批质量验收记录（一）

DT（GZ）X 0366

<table>
<tr><td colspan="3">单位（子单位）工程名称</td><td colspan="5"></td></tr>
<tr><td colspan="3">分部工程名称 / 分项工程名称</td><td colspan="5"></td></tr>
<tr><td colspan="3">检验批部位</td><td colspan="2"></td><td>检验批容量</td><td colspan="2"></td></tr>
<tr><td colspan="3">施工单位</td><td colspan="3"></td><td>项目负责人</td><td></td></tr>
<tr><td colspan="3">执行的技术标准名称、
编号及设计图号</td><td colspan="5"></td></tr>
<tr><td colspan="3">验收依据</td><td colspan="5"></td></tr>
<tr><td rowspan="6">主控项目</td><td colspan="2">验收项目</td><td>设计要求及标准规定</td><td>最小 / 实际抽样数量</td><td>检查记录</td><td colspan="2">检查结果</td></tr>
<tr><td>1</td><td>接地装置进场时应进行检查，其型号、规格、质量应符合设计要求及相关产品标准的规定</td><td>10.3.1</td><td></td><td></td><td colspan="2"></td></tr>
<tr><td>2</td><td>接地装置的安装位置、安装方式应符合设计要求</td><td>10.3.2</td><td></td><td></td><td colspan="2"></td></tr>
<tr><td>3</td><td>信号设备室内信号接地箱与综合接地箱之间接线应连接正确、可靠</td><td>10.3.3</td><td></td><td></td><td colspan="2"></td></tr>
<tr><td>4</td><td>分设接地体的埋深不得小于 700mm，距其他设备和建筑物不得小于 1500mm</td><td>10.3.4</td><td></td><td></td><td colspan="2"></td></tr>
<tr><td>5</td><td>直流电气牵引区段信号设备防护应符合下列要求：
（1）信号干线屏蔽电缆引入室内时，其屏蔽层应接地；电缆中间接续应进行屏蔽连接。
（2）信号设备的金属外缘距接触网带电部分距离应大于 2000mm。
（3）距接触网带电部分小于 5000mm 的信号设备，其金属外壳（或金属结构物）宜接至安全地线。
（4）信号设备的金属外缘距回流线的距离应大于 1000mm；当距离不足 1000mm 时，应加绝缘防护，但不得小于 700mm</td><td>10.3.5</td><td></td><td></td><td colspan="2"></td></tr>
<tr><td colspan="2" rowspan="2">施工单位检查结果</td><td colspan="2">专业工长（施工员）
（签名）</td><td></td><td>施工班组长
（签名）</td><td colspan="2"></td></tr>
<tr><td colspan="6">项目专业质量检查员（签名）:　　　　年　　月　　日</td></tr>
<tr><td colspan="2">监理单位验收结论</td><td colspan="6">专业监理工程师（签名）:　　　　年　　月　　日</td></tr>
</table>

接地装置安装检验批质量验收记录（二）

DT（GZ）X 0366/1

<table>
<tr><td colspan="3">单位（子单位）工程名称</td><td colspan="5"></td></tr>
<tr><td colspan="3">分部工程名称 / 分项工程名称</td><td colspan="5"></td></tr>
<tr><td colspan="3">检验批部位</td><td colspan="2"></td><td>检验批容量</td><td colspan="2"></td></tr>
<tr><td colspan="3">施工单位</td><td colspan="3"></td><td>项目负责人</td><td></td></tr>
<tr><td colspan="3">执行的技术标准名称、
编号及设计图号</td><td colspan="5"></td></tr>
<tr><td colspan="3">验收依据</td><td colspan="5"></td></tr>
<tr><td rowspan="6">一般项目</td><td colspan="2">验收项目</td><td>设计要求及标准规定</td><td>最小 / 实际抽样数量</td><td>检查记录</td><td colspan="2">检查结果</td></tr>
<tr><td>1</td><td>接地体与引接线连接部分应焊接牢固，引接线露出地面部分应涂调合漆，地下部分应涂机械油（接地体除外）</td><td>10.3.6</td><td></td><td></td><td colspan="2"></td></tr>
<tr><td>2</td><td>信号接地体应符合设计要求；设计无要求时，宜采用镀锌钢材、铜板、石墨</td><td>10.3.7</td><td></td><td></td><td colspan="2"></td></tr>
<tr><td>3</td><td></td><td></td><td></td><td></td><td colspan="2"></td></tr>
<tr><td>4</td><td></td><td></td><td></td><td></td><td colspan="2"></td></tr>
<tr><td>5</td><td></td><td></td><td></td><td></td><td colspan="2"></td></tr>
<tr><td colspan="2" rowspan="2">施工单位检查结果</td><td colspan="2">专业工长（施工员）
（签名）</td><td colspan="2"></td><td>施工班组长
（签名）</td><td></td></tr>
<tr><td colspan="6">项目专业质量检查员（签名）:　　年　月　日</td></tr>
<tr><td colspan="2">监理单位验收结论</td><td colspan="6">专业监理工程师（签名）:　　年　月　日</td></tr>
</table>

安装调试检验批质量验收记录

DT（GZ）X 0367

单位（子单位）工程名称						
分部工程名称 / 分项工程名称						
检验批部位				检验批容量		
施工单位					项目负责人	
执行的技术标准名称、编号及设计图号						
验收依据						
主控项目	验收项目		设计要求及标准规定	最小 / 实际抽样数量	检查记录	检查结果
	1	试车线轨旁设备的安装应符合本规范第 7 章的相关规定	11.2.1			
	2					
	3					
施工单位检查结果	专业工长（施工员）（签名）			施工班组长（签名）		
	项目专业质量检查员（签名）: 年 月 日					
监理单位验收结论	专业监理工程师（签名）: 年 月 日					

系统功能检验检验批质量验收记录

DT（GZ）X 0368

<table>
<tr><td colspan="3">单位（子单位）工程名称</td><td colspan="5"></td></tr>
<tr><td colspan="3">分部工程名称 / 分项工程名称</td><td colspan="5"></td></tr>
<tr><td colspan="3">检验批部位</td><td colspan="2"></td><td>检验批容量</td><td colspan="2"></td></tr>
<tr><td colspan="3">施工单位</td><td colspan="3"></td><td>项目负责人</td><td></td></tr>
<tr><td colspan="3">执行的技术标准名称、
编号及设计图号</td><td colspan="5"></td></tr>
<tr><td colspan="3">验收依据</td><td colspan="5"></td></tr>
<tr><td rowspan="4">主控项目</td><td colspan="2">验收项目</td><td>设计要求及标准规定</td><td>最小 / 实际抽样数量</td><td>检查记录</td><td colspan="2">检查结果</td></tr>
<tr><td>1</td><td>试车线设备的系统功能检验应符合本规范第 15.2 节和第 17.2 节的相关规定</td><td>11.3.1</td><td></td><td></td><td colspan="2"></td></tr>
<tr><td>2</td><td></td><td></td><td></td><td></td><td colspan="2"></td></tr>
<tr><td>3</td><td></td><td></td><td></td><td></td><td colspan="2"></td></tr>
<tr><td colspan="2" rowspan="2">施工单位检查结果</td><td colspan="2">专业工长（施工员）
（签名）</td><td></td><td>施工班组长
（签名）</td><td colspan="2"></td></tr>
<tr><td colspan="6">项目专业质量检查员（签名）:　　　　　　年　　月　　日</td></tr>
<tr><td colspan="2">监理单位验收结论</td><td colspan="6">专业监理工程师（签名）:　　　　　　年　　月　　日</td></tr>
</table>

设备标识检验批质量验收记录（一）

DT（GZ）X 0369

<table>
<tr><td colspan="3">单位（子单位）工程名称</td><td colspan="5"></td></tr>
<tr><td colspan="3">分部工程名称 / 分项工程名称</td><td colspan="5"></td></tr>
<tr><td colspan="3">检验批部位</td><td colspan="2"></td><td>检验批容量</td><td colspan="2"></td></tr>
<tr><td colspan="3">施工单位</td><td colspan="3"></td><td>项目负责人</td><td></td></tr>
<tr><td colspan="3">执行的技术标准名称、
编号及设计图号</td><td colspan="5"></td></tr>
<tr><td colspan="3">验收依据</td><td colspan="5"></td></tr>
<tr><td rowspan="3">主控项目</td><td colspan="2">验收项目</td><td>设计要求及标准规定</td><td>最小 / 实际抽样数量</td><td>检查记录</td><td colspan="2">检查结果</td></tr>
<tr><td>1</td><td>室外信号设备标识颜色应符合下列要求：
（1）信号机构及发车指示器结构部件的内、外均应涂黑色调合漆。
（2）转辙机及杆件、各类箱盒外部均应涂灰色调合漆，箱盒内部应涂浅色调合漆。
（3）设备体除摩擦面、滑动面、螺扣部分、表面镀层部分及混凝土制品外，均应先涂防锈漆，再涂规定颜色的调合漆。
（4）设备体涂漆面色差应一致，漆层厚薄应均匀、完整，并应无脱皮、反锈、鼓泡现象</td><td>12.2.1</td><td></td><td></td><td colspan="2"></td></tr>
<tr><td>2</td><td>室外信号设备标识名称及编号书写应符合下列要求：
（1）名称及编号的书写位置：
1）高柱信号书写在机柱正面，高度应一致。
2）非标信号机、矮型信号机及发车指示器书写在机构门中间。
3）转辙机书写在机盖上。
4）各种箱、盒书写在箱、盒盖上。
（2）名称及编号的字符意义应与竣工图示相符。
（3）名称与编号书写时应统一字体和尺寸，字迹应清晰、端正；书写面底色为浅色时应书写黑色字，底色为深色时应书写白色字</td><td>12.2.2</td><td></td><td></td><td colspan="2"></td></tr>
<tr><td colspan="2" rowspan="2">施工单位检查结果</td><td colspan="2">专业工长（施工员）
（签名）</td><td></td><td colspan="2">施工班组长
（签名）</td><td></td></tr>
<tr><td colspan="6">项目专业质量检查员（签名）:　　　　年　　月　　日</td></tr>
<tr><td colspan="2">监理单位验收结论</td><td colspan="6">专业监理工程师（签名）:　　　　年　　月　　日</td></tr>
</table>

设备标识检验批质量验收记录（二）

DT（GZ）X 0369/1

<table>
<tr><td colspan="3">单位（子单位）工程名称</td><td colspan="6"></td></tr>
<tr><td colspan="3">分部工程名称 / 分项工程名称</td><td colspan="6"></td></tr>
<tr><td colspan="3">检验批部位</td><td colspan="2"></td><td>检验批容量</td><td colspan="3"></td></tr>
<tr><td colspan="3">施工单位</td><td colspan="3"></td><td>项目负责人</td><td colspan="2"></td></tr>
<tr><td colspan="3">执行的技术标准名称、编号及设计图号</td><td colspan="6"></td></tr>
<tr><td colspan="3">验收依据</td><td colspan="6"></td></tr>
<tr><td rowspan="4">主控项目</td><td colspan="2">验收项目</td><td>设计要求及标准规定</td><td>最小 / 实际抽样数量</td><td colspan="2">检查记录</td><td colspan="2">检查结果</td></tr>
<tr><td>3</td><td>室外信号系统轨旁设备可保留产品出厂时的原有本色；设备名称及编号应在设备体所附铭牌上清晰表示，其字符意义应与竣工图示相符</td><td>12.2.3</td><td></td><td colspan="2"></td><td colspan="2"></td></tr>
<tr><td>4</td><td>室内主体机柜（架）的颜色应符合设计要求，部分单体设备可保留产品出厂时的原有本色，但同类机柜采用的色号应一致；设备名称及编号应在设备体所附铭牌上清晰表示，其字符意义应与竣工图示相符；室内走线架（槽）的颜色应与主体机柜（架）保持一致</td><td>12.2.4</td><td></td><td colspan="2"></td><td colspan="2"></td></tr>
<tr><td>5</td><td></td><td></td><td></td><td colspan="2"></td><td colspan="2"></td></tr>
<tr><td rowspan="2">一般项目</td><td>1</td><td>在条件允许时，宜在室外信号系统轨旁设备的安装位置处，设置永久性设备安装基标。基标标桩应固定牢固</td><td>12.2.5</td><td></td><td colspan="2"></td><td colspan="2"></td></tr>
<tr><td>2</td><td></td><td></td><td></td><td colspan="2"></td><td colspan="2"></td></tr>
<tr><td colspan="2" rowspan="2">施工单位检查结果</td><td>专业工长（施工员）
（签名）</td><td colspan="2"></td><td colspan="2">施工班组长
（签名）</td><td colspan="2"></td></tr>
<tr><td colspan="7">
项目专业质量检查员（签名）:　　　　年　　月　　日</td></tr>
<tr><td colspan="2">监理单位验收结论</td><td colspan="7">
专业监理工程师（签名）:　　　　年　　月　　日</td></tr>
</table>

硬面化检验批质量验收记录

DT（GZ）X 0370

<table>
<tr><td colspan="3">单位（子单位）工程名称</td><td colspan="5"></td></tr>
<tr><td colspan="3">分部工程名称 / 分项工程名称</td><td colspan="5"></td></tr>
<tr><td colspan="3">检验批部位</td><td colspan="2"></td><td>检验批容量</td><td colspan="2"></td></tr>
<tr><td colspan="3">施工单位</td><td colspan="3"></td><td>项目负责人</td><td></td></tr>
<tr><td colspan="3">执行的技术标准名称、
编号及设计图号</td><td colspan="5"></td></tr>
<tr><td colspan="3">验收依据</td><td colspan="5"></td></tr>
<tr><td rowspan="4">主控项目</td><td colspan="2">验收项目</td><td>设计要求及标准规定</td><td>最小 / 实际抽样数量</td><td>检查记录</td><td colspan="2">检查结果</td></tr>
<tr><td>1</td><td>硬面化范围、硬面化用混凝土的强度及硬化的上部厚度应符合设计要求</td><td>12.3.1</td><td></td><td></td><td colspan="2"></td></tr>
<tr><td>2</td><td>相邻设备宜采用同一个围桩及硬面化处理。硬面化边缘距信号机柱边缘不应小于 500mm，距设备基础边缘不应小于 200mm；但受障碍物影响达不到最小距离时，可适当缩小距离或按设计要求处理</td><td>12.3.2</td><td></td><td></td><td colspan="2"></td></tr>
<tr><td>3</td><td></td><td></td><td></td><td></td><td colspan="2"></td></tr>
<tr><td rowspan="3">一般项目</td><td>1</td><td>硬面化前应先将培土夯实后再进行硬化</td><td>12.3.3</td><td></td><td></td><td colspan="2"></td></tr>
<tr><td>2</td><td>硬面化表面应平整光洁、无裂纹，并无明显丢边掉角现象</td><td>12.3.4</td><td></td><td></td><td colspan="2"></td></tr>
<tr><td>3</td><td></td><td></td><td></td><td></td><td colspan="2"></td></tr>
<tr><td colspan="2" rowspan="2">施工单位检查结果</td><td>专业工长（施工员）
（签名）</td><td colspan="2"></td><td colspan="2">施工班组长
（签名）</td><td></td></tr>
<tr><td colspan="6">项目专业质量检查员（签名）:　　　　年　　月　　日</td></tr>
<tr><td colspan="2">监理单位验收结论</td><td colspan="6">专业监理工程师（签名）:　　　　年　　月　　日</td></tr>
</table>

室内单项试验检验批质量验收记录

DT（GZ）X 0371

<table>
<tr><td colspan="3">单位（子单位）工程名称</td><td colspan="4"></td></tr>
<tr><td colspan="3">分部工程名称 / 分项工程名称</td><td colspan="4"></td></tr>
<tr><td colspan="3">检验批部位</td><td colspan="2"></td><td>检验批容量</td><td></td></tr>
<tr><td colspan="3">施工单位</td><td colspan="2"></td><td>项目负责人</td><td></td></tr>
<tr><td colspan="3">执行的技术标准名称、
编号及设计图号</td><td colspan="4"></td></tr>
<tr><td colspan="3">验收依据</td><td colspan="4"></td></tr>
<tr><td rowspan="5">主控项目</td><td colspan="2">验收项目</td><td>设计要求及标准规定</td><td>最小 / 实际抽样数量</td><td>检查记录</td><td>检查结果</td></tr>
<tr><td>1</td><td>计算机及外部设备功能性试验应符合设计和相关技术要求</td><td>13.2.1</td><td></td><td></td><td></td></tr>
<tr><td>2</td><td>电源设备试验应符合下列要求：
（1）各种电源输出电压值测试应符合设计和相关技术要求，并无接地、混电现象。
（2）主、副电源应切换（包括手动和自动）可靠，切换时间和电压稳定度应符合设计和相关技术要求。
（3）不间断电源的输出电压、频率、满负荷放电时间及超载性能应符合设计和相关技术要求。
（4）电源设备对地绝缘电阻值应符合设计要求。
（5）电源故障报警功能应试验正常</td><td>13.2.2</td><td></td><td></td><td></td></tr>
<tr><td>3</td><td>车站联锁试验应符合下列要求：
（1）进路联锁表所列的每条列车 / 调车进路的建立与取消、信号机开放与关闭、进路锁闭与解锁等项目的试验，应保证联锁关系正确并符合设计要求。
（2）进路不应建立敌对进路，敌对信号不得开放；建立进路时，与该进路无关的设备不得误动作，列车防护进路应正确和完整。
（3）站内联锁设备与区间、站（场）间的联锁关系应符合设计要求。
（4）计算机联锁设备的采集单元与采集对象、驱动单元与执行器件的状态应一致</td><td>13.2.3</td><td></td><td></td><td></td></tr>
<tr><td>4</td><td>车站联锁设备故障报警信号应及时、准确、可靠</td><td>13.2.4</td><td></td><td></td><td></td></tr>
<tr><td colspan="2" rowspan="2">施工单位检查结果</td><td>专业工长（施工员）
（签名）</td><td></td><td>施工班组长
（签名）</td><td colspan="2"></td></tr>
<tr><td colspan="5">项目专业质量检查员（签名）：　　年　月　日</td></tr>
<tr><td colspan="2">监理单位验收结论</td><td colspan="5">专业监理工程师（签名）：　　年　月　日</td></tr>
</table>

室外单项试验检验批质量验收记录（一）

DT（GZ）X 0372

<table>
<tr><td colspan="3">单位（子单位）工程名称</td><td colspan="5"></td></tr>
<tr><td colspan="3">分部工程名称 / 分项工程名称</td><td colspan="5"></td></tr>
<tr><td colspan="3">检验批部位</td><td colspan="2"></td><td>检验批容量</td><td colspan="2"></td></tr>
<tr><td colspan="3">施工单位</td><td colspan="3"></td><td>项目负责人</td><td></td></tr>
<tr><td colspan="3">执行的技术标准名称、编号及设计图号</td><td colspan="5"></td></tr>
<tr><td colspan="3">验收依据</td><td colspan="5"></td></tr>
<tr><td rowspan="2">主控项目</td><td colspan="2">验收项目</td><td>设计要求及标准规定</td><td>最小 / 实际抽样数量</td><td>检查记录</td><td colspan="2">检查结果</td></tr>
<tr><td>1</td><td>信号机试验应符合下列要求：
（1）信号机光源的额定电压应符合相关技术要求；灯光色显应正确，调整显示距离应符合设计要求。
（2）色灯信号机正常点灯时，应点亮主灯丝。设有灯丝转换装置的信号机，主、副灯丝转换应可靠，并能及时接通报警电路。
（3）LED 信号机正常工作时全部灯管应点亮。当 LED 灯管故障数至报警门限值以下时，正常 LED 灯管应继续点亮，并能及时接通报警电路</td><td>13.3.1</td><td></td><td></td><td colspan="2"></td></tr>
<tr><td colspan="2" rowspan="2">施工单位检查结果</td><td colspan="2">专业工长（施工员）（签名）</td><td colspan="2"></td><td>施工班组长（签名）</td><td></td></tr>
<tr><td colspan="6">项目专业质量检查员（签名）：　　　年　　月　　日</td></tr>
<tr><td colspan="2">监理单位验收结论</td><td colspan="6">专业监理工程师（签名）：　　　年　　月　　日</td></tr>
</table>

室外单项试验检验批质量验收记录（二）

DT（GZ）X 0372/1

<table>
<tr><td colspan="3">单位（子单位）工程名称</td><td colspan="5"></td></tr>
<tr><td colspan="3">分部工程名称 / 分项工程名称</td><td colspan="5"></td></tr>
<tr><td colspan="3">检验批部位</td><td colspan="2"></td><td>检验批容量</td><td colspan="2"></td></tr>
<tr><td colspan="3">施工单位</td><td colspan="3"></td><td>项目负责人</td><td></td></tr>
<tr><td colspan="3">执行的技术标准名称、
编号及设计图号</td><td colspan="5"></td></tr>
<tr><td colspan="3">验收依据</td><td colspan="5"></td></tr>
<tr><td rowspan="2">主控项目</td><td colspan="2">验收项目</td><td>设计要求及标准规定</td><td>最小 / 实际抽样数量</td><td>检查记录</td><td colspan="2">检查结果</td></tr>
<tr><td>2</td><td>道岔转辙设备试验应符合下列要求：
（1）道岔在定位或反位状态时，尖轨与基本轨密贴良好；道岔在正常转换时，电机不应空转。
（2）道岔尖轨因故不能转换或转换中途受阻时，电动转辙机应使电机克服摩擦连接力空转；电液转辙机应打开溢流阀排油。
（3）转辙设备可动部分在转动过程中应动作平稳、灵活、无卡阻现象，杆件连接部位旷量应符合设计要求。
（4）道岔的转换动程、外锁闭量以及转换时间、动作电流与故障电流等主要性能指标应符合设计和相关技术要求。
（5）在道岔第一牵引点锁闭杆中心处的尖轨与基本轨间有 4mm 及以上间隙时，道岔不得锁闭；其他牵引点处的不锁闭间隙应符合设计要求。
（6）转辙机内表示系统的动接点与定接点在接触状态时，接点相互接触深度不应小于 4mm，动接点前端边缘与定接点座的距离不应小于 2mm。在挤岔状态时，转辙机表示系统的定位、反位接点应可靠断开。
（7）转辙机开启机盖或插入手摇把时，其安全接点应可靠断开，非经人工恢复不得接通启动电路；关闭机盖时安全接点应接触良好</td><td>13.3.2</td><td></td><td></td><td colspan="2"></td></tr>
<tr><td colspan="3" rowspan="2">施工单位检查结果</td><td>专业工长（施工员）
（签名）</td><td></td><td colspan="2">施工班组长
（签名）</td><td></td></tr>
<tr><td colspan="5">项目专业质量检查员（签名）：　　　年　月　日</td></tr>
<tr><td colspan="3">监理单位验收结论</td><td colspan="5">专业监理工程师（签名）：　　　年　月　日</td></tr>
</table>

室外单项试验检验批质量验收记录（三）

DT（GZ）X 0372/2

<table>
<tr><td colspan="3">单位（子单位）工程名称</td><td colspan="5"></td></tr>
<tr><td colspan="3">分部工程名称 / 分项工程名称</td><td colspan="5"></td></tr>
<tr><td colspan="3">检验批部位</td><td colspan="2"></td><td>检验批容量</td><td colspan="2"></td></tr>
<tr><td colspan="3">施工单位</td><td colspan="3"></td><td>项目负责人</td><td></td></tr>
<tr><td colspan="3">执行的技术标准名称、编号及设计图号</td><td colspan="5"></td></tr>
<tr><td colspan="3">验收依据</td><td colspan="5"></td></tr>
<tr><td rowspan="3">主控项目</td><td colspan="2">验收项目</td><td>设计要求及标准规定</td><td>最小 / 实际抽样数量</td><td>检查记录</td><td colspan="2">检查结果</td></tr>
<tr><td>3</td><td>轨道电路试验应符合下列要求：
（1）调整状态下轨道电路接收端接收到的信号强度（电压和电流）不应小于接收设备要求的最低输入工作值。
（2）在轨道电路区段内任何地点用标准分路灵敏电阻分路导线对钢轨进行分路时，轨道电路接收到的信号强度（电压和电流）应低于接收设备要求的最大可靠落下（释放）值。标准分路灵敏度电阻应符合相应的轨道电路的设计规定值。
（3）轨道电路测试盘所测试区段与室外实际区段应一致，测试盘上的测试数据与相应轨道继电器线圈上的测试数据应相同。
（4）轨道电路极性交叉检测应符合设计要求</td><td>13.3.3</td><td></td><td></td><td colspan="2"></td></tr>
<tr><td>4</td><td></td><td></td><td></td><td></td><td colspan="2"></td></tr>
<tr><td colspan="2" rowspan="2">施工单位检查结果</td><td colspan="2">专业工长（施工员）
（签名）</td><td colspan="2"></td><td>施工班组长
（签名）</td><td></td></tr>
<tr><td colspan="6">项目专业质量检查员（签名）：　　　　年　　月　　日</td></tr>
<tr><td colspan="2">监理单位验收结论</td><td colspan="6">专业监理工程师（签名）：　　　　年　　月　　日</td></tr>
</table>

综合试验检验批质量验收记录

DT（GZ）X 0373

<table>
<tr><td colspan="3">单位（子单位）工程名称</td><td colspan="5"></td></tr>
<tr><td colspan="3">分部工程名称 / 分项工程名称</td><td colspan="5"></td></tr>
<tr><td colspan="3">检验批部位</td><td colspan="2"></td><td>检验批容量</td><td colspan="2"></td></tr>
<tr><td colspan="3">施工单位</td><td colspan="3"></td><td>项目负责人</td><td></td></tr>
<tr><td colspan="3">执行的技术标准名称、
编号及设计图号</td><td colspan="5"></td></tr>
<tr><td colspan="3">验收依据</td><td colspan="5"></td></tr>
<tr><td rowspan="2">主控项目</td><td colspan="2">验收项目</td><td>设计要求及标准规定</td><td>最小 / 实际抽样数量</td><td>检查记录</td><td colspan="2">检查结果</td></tr>
<tr><td>1</td><td>联锁综合试验应符合下列要求：
（1）应确保进路上道岔、信号机和区段的联锁，联锁条件不符时，严禁进路开通；敌对进路必须相互照查，不得同时开通。
（2）装设引导信号的信号机因故不能开放时，应通过引导信号实现列车的引导作业。
（3）室内外设备一致性检验应符合下列要求：
1）控制台（显示器）上复示信号显示与室外对应信号机的信号显示含义一致，灯丝断丝报警功能符合设计要求。
2）室外轨道电路位置与控制台（显示器）上的轨道区段表示应一致。
3）室外道岔实际定 / 反位位置与控制台（显示器）上的道岔位置表示相符；操作道岔时，室外道岔转换设备动作状态与室内有关设备动作状态应一致。
4）室外其他设备状态与控制台（显示器）上的相关表示应一致。
（4）正线与车辆基地间的接口测试及功能检验应符合设计要求</td><td>13.4.1</td><td></td><td></td><td colspan="2"></td></tr>
<tr><td colspan="2" rowspan="2">施工单位检查结果</td><td colspan="2">专业工长（施工员）
（签名）</td><td colspan="2"></td><td>施工班组长
（签名）</td><td></td></tr>
<tr><td colspan="6">项目专业质量检查员（签名）：　　　年　月　日</td></tr>
<tr><td colspan="2">监理单位验收结论</td><td colspan="6">专业监理工程师（签名）：　　　年　月　日</td></tr>
</table>

微机检测设备功能检验检验批质量验收记录

DT（GZ）X 0374

<table>
<tr><td colspan="3">单位（子单位）工程名称</td><td colspan="5"></td></tr>
<tr><td colspan="3">分部工程名称 / 分项工程名称</td><td colspan="5"></td></tr>
<tr><td colspan="3">检验批部位</td><td colspan="2"></td><td>检验批容量</td><td colspan="2"></td></tr>
<tr><td colspan="3">施工单位</td><td colspan="3"></td><td>项目负责人</td><td></td></tr>
<tr><td colspan="3">执行的技术标准名称、
编号及设计图号</td><td colspan="5"></td></tr>
<tr><td colspan="3">验收依据</td><td colspan="5"></td></tr>
<tr><td rowspan="5">主控项目</td><td colspan="2">验收项目</td><td>设计要求及标准规定</td><td>最小 / 实际抽样数量</td><td>检查记录</td><td colspan="2">检查结果</td></tr>
<tr><td>1</td><td>微机监测设备显示功能应符合设计和相关技术要求。微机监测显示功能应验证监测的信息与现场设备状态的一致性</td><td>14.2.1</td><td></td><td></td><td colspan="2"></td></tr>
<tr><td>2</td><td>微机监测设备报警功能应符合设计和相关技术要求。微机监测报警功能主要应验证下列内容：
（1）报警及时性。
（2）报警准确性。
（3）实时记录</td><td>14.2.2</td><td></td><td></td><td colspan="2"></td></tr>
<tr><td>3</td><td>微机监测设备性能应符合设计和相关技术要求。微机监测性能应验证下列内容：
（1）监测数据分析。
（2）监测精度校验</td><td>14.2.3</td><td></td><td></td><td colspan="2"></td></tr>
<tr><td>4</td><td></td><td></td><td></td><td></td><td colspan="2"></td></tr>
<tr><td colspan="2" rowspan="2">施工单位检查结果</td><td colspan="2">专业工长（施工员）
（签名）</td><td></td><td>施工班组长
（签名）</td><td colspan="2"></td></tr>
<tr><td colspan="6">项目专业质量检查员（签名）：　　　　年　　月　　日</td></tr>
<tr><td colspan="2">监理单位验收结论</td><td colspan="6">专业监理工程师（签名）：　　　　年　　月　　日</td></tr>
</table>

第四章

自动售检票系统

CHAPTER FOUR

管槽安装检验批质量验收记录

DT（GZ）S 0401

<table>
<tr><td colspan="2">单位（子单位）工程名称</td><td></td><td>分部（子分部）工程名称</td><td></td><td>分项工程名称</td><td colspan="2"></td></tr>
<tr><td colspan="2">施工单位</td><td></td><td>项目负责人</td><td></td><td>检验批容量</td><td colspan="2"></td></tr>
<tr><td colspan="2">分包单位</td><td></td><td>分包单位项目负责人</td><td></td><td>检验批部位</td><td colspan="2"></td></tr>
<tr><td colspan="2">施工依据</td><td colspan="2"></td><td>验收依据</td><td colspan="3">《城市轨道交通自动售检票系统工程质量验收规范》GB/T 50381—2018</td></tr>
<tr><td></td><td colspan="2">验收项目</td><td>设计要求及规范规定</td><td>最小 / 实际抽样数量</td><td>检查记录</td><td colspan="2">检查结果</td></tr>
<tr><td rowspan="5">主控项目</td><td>1</td><td>金属配管预埋的质量应符合下列规定：
（1）管件的规格、型号、数量应符合设计要求。
（2）金属配管严禁采用对口熔焊连接；镀锌和壁厚小于或等于 2mm 的钢导管，严禁采用套管熔焊连接。
（3）当金属配管采用螺纹连接时，连接处的两端必须保证可靠接地连通。
（4）镀锌的钢导管、可挠性导管不得熔焊跨接接地线，以专用接地卡跨接的两卡间连线为铜芯软导线时，截面面积不小于 4mm^2</td><td>4.2.1</td><td>—</td><td></td><td colspan="2"></td></tr>
<tr><td>2</td><td>金属线槽预埋的质量应符合下列规定：
（1）金属线槽预埋的规格、型号、数量应符合设计要求。
（2）金属线槽出线盒处应采取防水、防尘措施，能承受车站地面相同的压力，并应符合设计要求</td><td>4.2.2</td><td>—</td><td></td><td colspan="2"></td></tr>
<tr><td>3</td><td>分向盒、接线盒预埋的质量应符合下列规定：
（1）分向盒、接线盒的规格、型号、数量应符合设计要求。
（2）分向盒、接线盒处采取防水、防尘措施，能承受车站地面相同的压力，并应符合设计要求</td><td>4.2.3</td><td>—</td><td></td><td colspan="2"></td></tr>
<tr><td>4</td><td>金属线槽、金属导管、接线盒、分向盒必须电气连接，且必须可靠接地</td><td>4.2.4</td><td></td><td></td><td colspan="2"></td></tr>
<tr><td>5</td><td>当金属线槽、金属导管及可挠性导管经过建筑物伸缩缝、沉降缝时，工艺上应采取保护措施</td><td>4.2.5</td><td>—</td><td></td><td colspan="2"></td></tr>
<tr><td>一般项目</td><td>1</td><td>线槽的安装质量应符合下列规定：
（1）线槽平整，内部光洁、无毛刺、加工尺寸准确。
（2）线槽连接牢固，无明显的变形。
（3）明敷的直线段金属线槽长度超过 30m 时设伸缩节</td><td>4.2.6</td><td>—</td><td></td><td colspan="2"></td></tr>
</table>

续表

<table>
<tr><td>单位（子单位）工程名称</td><td colspan="2"></td><td>分部（子分部）工程名称</td><td></td><td>分项工程名称</td><td></td></tr>
<tr><td>施工单位</td><td colspan="2"></td><td>项目负责人</td><td></td><td>检验批容量</td><td></td></tr>
<tr><td>分包单位</td><td colspan="2"></td><td>分包单位项目负责人</td><td></td><td>检验批部位</td><td></td></tr>
<tr><td>施工依据</td><td colspan="3"></td><td>验收依据</td><td colspan="2">《城市轨道交通自动售检票系统工程质量验收规范》GB/T 50381—2018</td></tr>
<tr><td></td><td colspan="2">验收项目</td><td>设计要求及规范规定</td><td>最小 / 实际抽样数量</td><td>检查记录</td><td>检查结果</td></tr>
<tr><td rowspan="5">一般项目</td><td>2</td><td>预制金属弯管时，弯成的角度不应小于90°；弯曲半径不应小于管外径的10倍，管弯处不应有裂缝和明显的弯扁</td><td>4.2.7</td><td>—</td><td></td><td></td></tr>
<tr><td>3</td><td>暗配的金属导管，其填埋深度与建筑物、构筑物表面的距离不应小于15mm；金属导管应排列整齐，固定点间距应均匀，安装牢固；在金属导管的终端、弯头中点或柜、台、箱、盘等边缘的距离150 ~ 500mm范围内应设有管卡，中间直线段管卡间的最大距离应符合规定</td><td>4.2.8</td><td>—</td><td></td><td></td></tr>
<tr><td>4</td><td>当金属导管管路较长或有弯时，宜加装分向盒。2个分向盒之间的距离应符合下列规定：
（1）对无弯的管路，不超过30m。
（2）当2个分向盒之间有1个弯时，不超过20m。
（3）当2个分向盒之间有2个弯时，不超过15m。
（4）当2个分向盒之间有3个弯时，不超过8m</td><td>4.2.9</td><td>—</td><td></td><td></td></tr>
<tr><td>5</td><td>当管路经过建筑物的伸缩缝和沉降缝时，应采取保护措施</td><td>4.2.10</td><td>—</td><td></td><td></td></tr>
<tr><td>6</td><td>可挠性导管敷设应符合下列规定：
（1）可挠性导管与金属导管或电气设备、器具间的连接应采用专用接头；可挠性导管的连接处应密封良好，防水覆盖应完整无损。
（2）可挠性导管不得作接地的连续导体。
（3）可挠性导管经过建筑物伸缩缝和沉降缝时，采取保护措施</td><td>4.2.11</td><td></td><td></td><td></td></tr>
<tr><td colspan="2">施工单位检查结果</td><td colspan="5">专业工长：
项目专业质量检查员：　　年　月　日</td></tr>
<tr><td colspan="2">监理单位验收结论</td><td colspan="5">专业监理工程师：　　年　月　日</td></tr>
</table>

管槽接头检验批质量验收记录

DT（GZ）S 0402

单位（子单位）工程名称		分部（子分部）工程名称		分项工程名称	
施工单位		项目负责人		检验批容量	
分包单位		分包单位项目负责人		检验批部位	
施工依据			验收依据	《城市轨道交通自动售检票系统工程质量验收规范》GB/T 50381—2018	

		验收项目	设计要求及规范规定	最小 / 实际抽样数量	检查记录	检查结果
主控项目	1	金属导管与金属导管、金属导管与分向盒的连接紧密、牢固	4.3.1	—		
	2	金属导管与金属导管、金属导管与分向盒的连接处应作防水处理	4.3.2	—		
施工单位检查结果		专业工长： 项目专业质量检查员：　　　年　月　日				
监理单位验收结论		专业监理工程师：　　　年　月　日				

管槽封口检验批质量验收记录

DT（GZ）S 0403

<table>
<tr><td colspan="3">单位工程名称</td><td colspan="4">城市轨道交通自动售检票系统工程</td></tr>
<tr><td colspan="3">分部工程名称</td><td colspan="4">管槽安装及检验</td></tr>
<tr><td colspan="3">分项工程名称</td><td colspan="2">管槽封口</td><td>验收部位</td><td></td></tr>
<tr><td colspan="3">施工单位</td><td colspan="2"></td><td>项目经理</td><td></td></tr>
<tr><td colspan="3">施工质量验收标准名称及编号</td><td colspan="4">GB/T 50381—2018</td></tr>
<tr><td colspan="5">施工质量验收规范的规定</td><td>施工单位检查评定记录</td><td>监理（建设）单位验收记录</td></tr>
<tr><td rowspan="2">主控项目</td><td>1</td><td colspan="2">所有预埋管的头部应进行封堵，防止杂物进入</td><td>4.4.1</td><td></td><td></td></tr>
<tr><td>2</td><td colspan="2">预埋线槽的端头应设堵头进行封口，并应采取防水、防尘措施</td><td>4.4.2</td><td></td><td></td></tr>
<tr><td rowspan="2">一般项目</td><td>1</td><td colspan="2">当预埋管引出地面时，管口应光滑，管口宜高出基础地面 50 ~ 80mm</td><td>4.4.3</td><td></td><td></td></tr>
<tr><td>2</td><td colspan="2">当预埋线槽引出地面时，槽口应光滑，槽口宜高出基础地面 50 ~ 80mm</td><td>4.4.4</td><td></td><td></td></tr>
<tr><td colspan="3">施工单位检查评定结果</td><td colspan="4">项目专业质量检查员　　　　年　月　日</td></tr>
<tr><td colspan="3">监理（建设）单位验收结论</td><td colspan="4">监理工程师
（建设单位项目专业技术负责人）　　　　年　月　日</td></tr>
</table>

桥架安装检验批质量验收记录

DT（GZ）S 0404

<table>
<tr><td colspan="3">单位工程名称</td><td colspan="4">城市轨道交通自动售检票系统工程</td></tr>
<tr><td colspan="3">分部工程名称</td><td colspan="4">管槽安装及检验</td></tr>
<tr><td colspan="3">分项工程名称</td><td colspan="2">桥架安装</td><td>验收部位</td><td></td></tr>
<tr><td colspan="3">施工单位</td><td colspan="2"></td><td>项目经理</td><td></td></tr>
<tr><td colspan="3">施工质量验收标准名称及编号</td><td colspan="4">GB/T 50381—2018</td></tr>
<tr><td colspan="5">施工质量验收规范的规定</td><td>施工单位检查评定记录</td><td>监理（建设）单位验收记录</td></tr>
<tr><td rowspan="2">主控项目</td><td>1</td><td colspan="2">桥架安装的质量检验应符合下列规定：
（1）桥架的规格、型号、质量、数量符合设计要求。
（2）桥架和引入或引出的金属导管保证可靠接地。
（3）桥架全长与接地干线连接不少于2处。
（4）桥架间连接板的两端保证可靠接地连通</td><td>4.5.1</td><td></td><td></td></tr>
<tr><td>2</td><td colspan="2">当桥架经过伸缩缝、沉降缝时，在工艺上应采取保护措施</td><td>4.5.2</td><td></td><td></td></tr>
<tr><td>一般项目</td><td>1</td><td colspan="2">桥架的安装质量除应符合本规范第4.5.1条的规定外，还应符合下列规定：
（1）桥架水平安装的支架间距不大于2m；垂直安装的支架间距不大于2m。桥架安装横平竖直，排列整齐，弯曲度一致；桥架水平度每米偏差不超过2mm。
（2）桥架与支架、桥架连接板之间的螺栓紧固，螺母位于桥架外侧。
（3）桥架敷设在易燃易爆气体管道和热力管道的下方，当设计无要求时，桥架与管道的最小间距符合规定</td><td>4.5.3</td><td></td><td></td></tr>
<tr><td colspan="3">施工单位检查评定结果</td><td colspan="4">项目专业质量检查员　　　　年　月　日</td></tr>
<tr><td colspan="3">监理（建设）单位验收结论</td><td colspan="4">监理工程师
（建设单位项目专业技术负责人）　　　　年　月　日</td></tr>
</table>

线缆敷设检验批质量验收记录

DT（GZ）S 0405

<table>
<tr><td>单位工程名称</td><td colspan="5">城市轨道交通自动售检票系统工程</td></tr>
<tr><td>分部工程名称</td><td colspan="5">线缆敷设及检测</td></tr>
<tr><td>分项工程名称</td><td colspan="3">线缆敷设</td><td>验收部位</td><td></td></tr>
<tr><td>施工单位</td><td colspan="3"></td><td>项目经理</td><td></td></tr>
<tr><td>施工质量验收标准名称及编号</td><td colspan="5">GB/T 50381—2018</td></tr>
<tr><td colspan="4">施工质量验收规范的规定</td><td>施工单位检查评定记录</td><td>监理（建设）单位验收记录</td></tr>
<tr><td rowspan="3">主控项目</td><td>1</td><td>数据线缆、电源电缆、控制电缆的型号、规格、数量和质量应符合设计要求</td><td>5.1.1</td><td></td><td></td></tr>
<tr><td>2</td><td>数据线缆和控制电缆与电源电缆应分管分槽敷设。线缆出入口处，应作密封处理并满足防火要求</td><td>5.1.2</td><td></td><td></td></tr>
<tr><td>3</td><td>配线用的分线设备及部件的绝缘电阻应符合设备技术条件规定</td><td>5.1.3</td><td></td><td></td></tr>
<tr><td rowspan="2">一般项目</td><td>1</td><td>数据线缆、控制电缆、电源电缆在管槽内敷设的质量应符合下列规定：
（1）管槽内线槽敷设应平直，无扭绞、打圈等现象。线缆在管槽内应无接头。
（2）线槽敷设截面利用率和保护管敷设截面利用率应符合现行国家标准《城市轨道交通通信系统工程质量验收规范》GB 50382 中的规定。
（3）线缆敷设时应留有一定余量，在设备出线处根据实际情况预留。
（4）敷设于水平线槽内的线缆，每隔 3 ~ 5m 宜绑扎固定；敷设于垂直线槽内的线缆每隔 2m 宜绑扎固定。
（5）线缆两端及经过分线盒应有标签，标明线缆的起始和终端位置，标签应清晰、准确、牢固</td><td>5.1.4</td><td></td><td></td></tr>
<tr><td>2</td><td>AFC 设备的室内配线高度应一致，与其他管线交叉或穿越墙壁和楼板时应进行防护</td><td>5.1.5</td><td></td><td></td></tr>
<tr><td colspan="2">施工单位检查评定结果</td><td colspan="4">项目专业质量检查员　　　　年　　月　　日</td></tr>
<tr><td colspan="2">监理（建设）单位验收结论</td><td colspan="4">监理工程师
（建设单位项目专业技术负责人）　　　　年　　月　　日</td></tr>
</table>

线缆引入检验批质量验收记录

DT（GZ）S 0406

单位工程名称	城市轨道交通自动售检票系统工程				
分部工程名称	线缆敷设及检测				
分项工程名称	线缆引入			验收部位	
施工单位				项目经理	
施工质量验收标准名称及编号	GB/T 50381—2018				
施工质量验收规范的规定				施工单位检查评定记录	监理（建设）单位验收记录
主控项目	1	配线设备的型号、规格、数量应符合设计要求。配线设备的绝缘电阻应符合设备技术条件规定	5.2.1		
一般项目	1	线缆引入、成端的质量应符合下列规定： （1）线缆引入时，引入口处加防护。 （2）配线设备端子跳线排列整齐、顺直。配线箱底孔引进电缆后堵牢	5.2.2		
	2	线缆应有明显标志，并应标明线缆的型号、长度	5.2.3		
施工单位检查评定结果	项目专业质量检查员　　　　年　　月　　日				
监理（建设）单位验收结论	监理工程师 （建设单位项目专业技术负责人）　　　　年　　月　　日				

线缆接续检验批质量验收记录

DT（GZ）S 0407

<table>
<tr><td>单位工程名称</td><td colspan="5">城市轨道交通自动售检票系统工程</td></tr>
<tr><td>分部工程名称</td><td colspan="5">线缆敷设及检测</td></tr>
<tr><td>分项工程名称</td><td colspan="3">线缆接续</td><td>验收部位</td><td></td></tr>
<tr><td>施工单位</td><td colspan="3"></td><td>项目经理</td><td></td></tr>
<tr><td>施工质量验收标准名称及编号</td><td colspan="5">GB/T 50381—2018</td></tr>
<tr><td colspan="4">施工质量验收规范的规定</td><td>施工单位检查评定记录</td><td>监理（建设）单位验收记录</td></tr>
<tr><td rowspan="3">主控项目</td><td>1</td><td>光纤接续应符合下列规定：
（1）单模光纤接续平均损耗不大于 0.1dB，多模光纤接续平均损耗不大于 0.2dB。
（2）光纤的弯曲半径不小于 40mm</td><td>5.3.1</td><td></td><td></td></tr>
<tr><td>2</td><td>数据电缆终接应符合下列规定：
（1）线缆在终接前，核对缆线标识内容的正确性。
（2）线缆中间无接头。
（3）线缆终接处牢固，接触良好。
（4）线缆终接符合现行国家标准《综合布线系统工程验收规范》GB/T 50312 中的有关规定。</td><td>5.3.2</td><td></td><td></td></tr>
<tr><td>3</td><td>电源电缆接续应符合下列规定：
（1）电源电缆接续应正确。
（2）电源电缆的芯线与电气设备的连接应符合下列规定：
1）截面面积在 10mm² 及以下的单股铜芯线直接与设备的端子连接。
2）截面面积在 2.5mm² 及以下的多股铜芯线拧紧搪锡或接续端子后与设备端子连接。
3）截面面积大于 2.5mm² 的多股铜芯线，除设备自带插接式端子外，焊接或压接端子后再与设备端子连接；多股铜芯线与插接式端子连接前，端部拧紧搪锡。
（3）每个设备的端子接线不应多于 2 根电线。
（4）电源电缆的芯线连接管和端子规格与芯线的规格适配，且不得采用开口端子</td><td>5.3.3</td><td></td><td></td></tr>
<tr><td colspan="3">施工单位检查评定结果</td><td colspan="3">项目专业质量检查员　　　　年　月　日</td></tr>
<tr><td colspan="3">监理（建设）单位验收结论</td><td colspan="3">监理工程师
（建设单位项目专业技术负责人）　　　　年　月　日</td></tr>
</table>

线缆特性检测检验批质量验收记录

DT（GZ）S 0408

<table>
<tr><td colspan="3">单位工程名称</td><td colspan="4">城市轨道交通自动售检票系统工程</td></tr>
<tr><td colspan="3">分部工程名称</td><td colspan="4">线缆敷设及检测</td></tr>
<tr><td colspan="3">分项工程名称</td><td colspan="2">线缆特性检测</td><td>验收部位</td><td></td></tr>
<tr><td colspan="3">施工单位</td><td colspan="2"></td><td>项目经理</td><td></td></tr>
<tr><td colspan="3">施工质量验收标准名称及编号</td><td colspan="4">GB/T 50381—2018</td></tr>
<tr><td colspan="5">施工质量验收规范的规定</td><td>施工单位检查评定记录</td><td>监理（建设）单位验收记录</td></tr>
<tr><td rowspan="3">主控项目</td><td>1</td><td colspan="2">控制电缆线间和线对地间的绝缘电阻值应大于0.5MΩ</td><td>5.4.1</td><td></td><td></td></tr>
<tr><td>2</td><td colspan="2">光纤线路特性指标应符合下列规定：
（1）每根光纤接续损耗平均值应符合下列指标：
单模光纤 $\bar{\alpha} \leqslant 0.1$dB（1310nm、1550nm）；
多模光纤 $\bar{\alpha} \leqslant 0.2$dB。
（2）光纤线路衰减测试值应小于光纤线路衰减计算值。光纤线路衰减计算值应按下式计算：
$\alpha_1=\alpha_0 L+\bar{\alpha} n+\alpha_c m$
式中 α_1——光纤线路衰减计算值（dB）。
α_0——光纤衰减标称值（dB/km）。
$\bar{\alpha}$——光缆段每根光纤接头平均损耗（dB）：
单模光纤 $\bar{\alpha} \leqslant 0.08$dB（1310nm、1550nm）；
多模光纤 $\bar{\alpha} \leqslant 0.2$dB；
α_c——光纤活动连接器平均损耗（dB）：
单模光纤 $\alpha_c \leqslant 0.7$dB；
多模光纤 $\alpha_c \leqslant 1.0$dB；
L——光缆段长度(km)。
n——光缆段内每根光纤接头数。
M——光缆段内每根光纤活动连接器数。
（3）光缆布线链路的衰减（或介入损耗）在规定的传输窗口不应大于规定。
（4）光缆布线链路的最小光回波损耗应大于规定</td><td>5.4.2</td><td></td><td></td></tr>
<tr><td>3</td><td colspan="2">数据电缆的特性指标应符合现行国家标准《综合布线系统工程验收规范》GB/T 50312 中的有关规定</td><td>5.4.3</td><td></td><td></td></tr>
<tr><td colspan="3">施工单位检查评定结果</td><td colspan="4">项目专业质量检查员　　　　年　月　日</td></tr>
<tr><td colspan="3">监理（建设）单位验收结论</td><td colspan="4">监理工程师
（建设单位项目专业技术负责人）　　　　年　月　日</td></tr>
</table>

车票检测检验批质量验收记录

DT（GZ）S 0409

<table>
<tr><td colspan="3">单位工程名称</td><td colspan="4">城市轨道交通自动售检票系统工程</td></tr>
<tr><td colspan="3">分部工程名称</td><td colspan="4">车票</td></tr>
<tr><td colspan="3">分项工程名称</td><td colspan="2">车票检测</td><td>验收部位</td><td></td></tr>
<tr><td colspan="3">施工单位</td><td colspan="2"></td><td>项目经理</td><td></td></tr>
<tr><td colspan="3">施工质量验收标准名称及编号</td><td colspan="4">GB/T 50381—2018</td></tr>
<tr><td colspan="5">施工质量验收规范的规定</td><td>施工单位检查评定记录</td><td>监理（建设）单位验收记录</td></tr>
<tr><td rowspan="2">主控项目</td><td>1</td><td colspan="2">车票的一般物理特性应符合下列规定：
（1）车票的物理尺寸符合设计要求。
（2）车票封装的材料和工艺符合设计要求</td><td>7.2.1</td><td></td><td></td></tr>
<tr><td>2</td><td colspan="2">车票的其他特性宜提交第三方进行检测，并按下列要求进行检测：
（1）卡片型车票的动态弯曲应力应按现行国家标准《识别卡测试方法 第1部分：一般特性测试》GB/T 17554.1中规定的测试方法进行测试，测试后，车票应无异常。
（2）卡片型车票的动态扭曲应力应按现行国家标准《识别卡测试方法 第1部分：一般特性测试》GB/T 17554.1中规定的测试方法进行测试，测试后，车票应无异常。
（3）卡片型车票的弯曲韧性（只适用于卡片型储值票）应符合现行国家标准《识别卡 物理特性》GB/T 14916中的有关规定。
（4）可燃性应符合现行国家标准《识别卡 物理特性》GB/T 14916中的有关规定。
（5）有毒性应符合现行国家标准《识别卡 物理特性》GB/T 14916中的有关规定。
（6）耐化学性应符合现行国家标准《识别卡 物理特性》GB/T 14916中的有关规定。
（7）温湿度条件下的卡片型车票的尺寸稳定性和翘曲，应符合现行国家标准《识别卡 物理特性》GB/T 14916中的有关规定。
（8）卡片型车票的层间剥离强度应符合现行国家标准《识别卡 物理特性》GB/T14916中的有关规定。
（9）表面光油层剥离强度（只适用于卡片型单程票），应将测试专用胶带粘贴在车票表面上的测试区域内，用手指用力抹合，使其粘牢，并使胶带与被测物之间没有任何气泡，然后呈90°角把胶带猛然拉开，拉脱面积小于30%。</td><td>7.2.2</td><td></td><td></td></tr>
</table>

续表

单位工程名称	城市轨道交通自动售检票系统工程				
分部工程名称	车票				
分项工程名称	车票检测			验收部位	
施工单位				项目经理	
施工质量验收标准名称及编号	GB/T 50381—2018				
施工质量验收规范的规定				施工单位检查评定记录	监理（建设）单位验收记录
主控项目	2	（10）卡片型车票的翘曲应符合现行国家标准《识别卡 物理特性》GB/T 14916 中的有关规定。 （11）卡片型车票的可靠性（只适用于卡片型单程票），应采用弯曲半径不小于 25mm，弯曲角度为 90°，每张车票弯曲试验 1000 次后，车票应保持功能良好，车票表面无任何破裂。 （12）卡片型车票的粘连或并块，应按现行国家标准《识别卡测试方法 第 1 部分：一般特性测试》GB/T 17554.1 中规定的测试方法进行测试，当车票堆叠在一起时，不得出现分层、脱色或颜色转移、表面改变和票卡材料转移及变形等现象，票卡易于分离。 （13）在正常使用期间，车票和车票上已印刷的内容应能防止由于光照而产生变化。 （14）卡片型车票的抗热度应符合现行国家标准《识别卡 物理特性》GB/T 14916 中的有关规定。 （15）污染和车票部件的相互影响应符合现行国家标准《识别卡 物理特性》GB/T 14916 中的有关规定。 （16）紫外线应按现行国家标准《识别卡测试方法 第 1 部分：一般特性测试》GB/T 17554.1 中规定的测试方法进行测试，测试后，车票无异常。 （17）X 射线的测试，应能满足车票的任何一面暴露于 70 ~ 140keV 范围内的中等能量 X 射线后，车票能继续正常工作。 （18）静电应按现行国家标准《电磁兼容试验和测量技术静电放电抗扰度试验》GB/T 17626.2 中的有关规定测试方法（其中测试电压为 6kV）测试后，车票能继续正常工作。 （19）静磁场应满足在 640kA/m 的静态磁场内暴露后，车票能继续正常工作。	7.2.2		

续表

<table>
<tr><td colspan="2">单位工程名称</td><td colspan="4">城市轨道交通自动售检票系统工程</td></tr>
<tr><td colspan="2">分部工程名称</td><td colspan="4">车票</td></tr>
<tr><td colspan="2">分项工程名称</td><td colspan="2">车票检测</td><td>验收部位</td><td></td></tr>
<tr><td colspan="2">施工单位</td><td colspan="2"></td><td>项目经理</td><td></td></tr>
<tr><td colspan="2">施工质量验收标准名称及编号</td><td colspan="4">GB/T 50381—2018</td></tr>
<tr><td colspan="4">施工质量验收规范的规定</td><td>施工单位检查评定记录</td><td>监理（建设）单位验收记录</td></tr>
<tr><td rowspan="5">主控项目</td><td>2</td><td>（20）交变磁场应能满足在给出平均磁场强度的磁场内，在任意方向上暴露后，车票应能继续正常工作，并应符合以下规定：
平均时间为 6min，磁场的最大均方根值被限制在平均值的 33 倍内。磁场的峰值强度被限制在磁场平均强度的 33 倍以内。
在平均值为 10A/m rms、13.56MHz 频率的磁场中持续暴露后，车票能继续正常工作。平均时间为 30s，磁场的最大值被限制在 12A/mrms。
（21）交变电场应能满足在给出平均电场强度的电场内，在任意方向上暴露后，车票能继续正常工作。平均时间为 6min，电场的最大均方根值被限制在平均值的 33 倍以内。电场的峰值强度被限制在电场平均强度的 33 倍以内。
（22）筹码形车票的外壳防护等级应符合 IP66 的相关规定</td><td>7.2.2</td><td></td><td></td></tr>
<tr><td>3</td><td>使用车票读写机具应符合设计要求，并应对车票电气特性进行下列各项测试：
（1）车票数据格式接口。
（2）车票的读写功能。
（3）车票的兼容性。
（4）车票的安全性。
（5）车票与机具的读写感应距离</td><td>7.2.3</td><td></td><td></td></tr>
<tr><td>4</td><td>使用车票读写机具应符合设计要求，并应对车票作以下内容的检查：
（1）密钥安全性。
（2）票种合法性。
（3）车票初始化信息和交易信息等</td><td>7.2.4</td><td></td><td></td></tr>
<tr><td>5</td><td>车票（或储值票及单程票等）与车票读写机具的读写感应距离应符合设计要求</td><td>7.2.5</td><td></td><td></td></tr>
<tr><td>6</td><td>车票（或储值票及单程票等）与车票读写机具的读写处理速度应符合设计要求</td><td>7.2.6</td><td></td><td></td></tr>
</table>

续表

单位工程名称	城市轨道交通自动售检票系统工程				
分部工程名称	车票				
分项工程名称	车票检测			验收部位	
施工单位				项目经理	
施工质量验收标准名称及编号	GB/T 50381—2018				
施工质量验收规范的规定				施工单位检查评定记录	监理（建设）单位验收记录
一般项目	1	车票外观检验应符合下列规定： （1）车票平整光滑，无明显察觉的划痕、凹凸痕和摩擦痕。 （2）表面印刷清晰。 （3）无明显线圈和芯片等内封装物的显现。 （4）车票表面和边缘无任何毛刺	7.2.7		
	2	车票包装检查应符合下列规定： （1）满足合同对包装防护的要求，外观良好，运输途中未受损。 （2）出厂编号或批号（合同号）。 （3）生产日期。 （4）生产许可证编号。 （5）包装箱内文件：装箱单、产品合格证、产品检测报告	7.2.8		
施工单位检查评定结果	项目专业质量检查员　　　年　月　日				
监理（建设）单位验收结论	监理工程师 （建设单位项目专业技术负责人）　　　年　月　日				

车站终端设备安装检验批质量验收记录

DT（GZ）S 0410

单位工程名称	城市轨道交通自动售检票系统工程					
分部工程名称	车站终端设备					
分项工程名称	车站终端设备安装			验收部位		
施工单位				项目经理		
施工质量验收标准名称及编号	GB/T 50381—2018					
施工质量验收规范的规定				施工单位检查评定记录	监理（建设）单位验收记录	
主控项目	1	终端设备的进场质量应符合下列规定： （1）设备安装前应对设备进行开箱检查，设备应完整无缺，附件资料应齐全。 （2）终端设备的型号、规格、质量和数量符合设计要求。 （3）终端设备外形完好，表面无划痕及破损；设备的外形尺寸、设备内的各主要部件及接线端口的型号、规格应符合设计要求。 （4）终端设备接地点和设备接地必须连接可靠。 （5）终端设备构件连接紧密、牢固，安装用的紧固件有防锈层	6.2.1			
一般项目	1	终端设备安装的质量应符合下列要求： （1）设备安装位置符合设计要求。 （2）设备安装的通道宽度符合设计要求。 （3）各类终端设备周围留出足够的操作和维护空间。 （4）设备、底座安装牢固，底座与地面间作防水处理；设备安装垂直、水平偏差小于 2mm，自动检票机水平间隔偏差小于 5mm	6.2.2			
	2	安装于自动检票机上方的出入导向显示设备装置应安装牢固，安装位置符合设计要求	6.2.3			
施工单位检查评定结果	项目专业质量检查员　　　年　　月　　日					
监理（建设）单位验收结论	监理工程师 （建设单位项目专业技术负责人）　　　年　　月　　日					

设备配线检验批质量验收记录

DT（GZ）S 0411

<table>
<tr><td>单位工程名称</td><td colspan="4">城市轨道交通自动售检票系统工程</td></tr>
<tr><td>分部工程名称</td><td colspan="4">车站终端设备</td></tr>
<tr><td>分项工程名称</td><td colspan="2">设备配线</td><td>验收部位</td><td></td></tr>
<tr><td>施工单位</td><td colspan="2"></td><td>项目经理</td><td></td></tr>
<tr><td>施工质量验收标准名称及编号</td><td colspan="4">GB/T 50381—2018</td></tr>
</table>

<table>
<tr><td colspan="4">施工质量验收规范的规定</td><td>施工单位检查评定记录</td><td>监理（建设）单位验收记录</td></tr>
<tr><td>主控项目</td><td>1</td><td>设备间配线线缆的规格、型号应符合设计要求</td><td>6.5.1</td><td></td><td></td></tr>
<tr><td rowspan="3">一般项目</td><td>1</td><td>设备间的配线线缆不得破损、受潮、扭曲、折皱；配线转弯的弯曲半径不得小于线缆直径的 5 倍。在进、出设备的部位和转弯处，应固定牢固</td><td>6.5.2</td><td></td><td></td></tr>
<tr><td>2</td><td>设备间的配线线缆中间不得有接头。连接方式应符合设计要求</td><td>6.5.3</td><td></td><td></td></tr>
<tr><td>3</td><td>设备间的线缆布放应平直、整齐；绑扎应牢固</td><td>6.5.4</td><td></td><td></td></tr>
<tr><td colspan="2">施工单位检查评定结果</td><td colspan="4">项目专业质量检查员　　　　　　年　月　日</td></tr>
<tr><td colspan="2">监理（建设）单位验收结论</td><td colspan="4">监理工程师
（建设单位项目专业技术负责人）　　　　　　年　月　日</td></tr>
</table>

自动检票机检测检验批质量验收记录

DT（GZ）S 0412

单位工程名称			城市轨道交通自动售检票系统工程		
分部工程名称			车站终端设备		
分项工程名称			自动检票机检测	验收部位	
施工单位				项目经理	
施工质量验收标准名称及编号			GB/T 50381—2018		
施工质量验收规范的规定				施工单位检查评定记录	监理（建设）单位验收记录
主控项目	1	自动检票机与车站计算机间双向通信正常，并且自动检票机应能及时将交易数据上传车站计算机系统，并在车站计算机系统上显示交易记录	8.2.1		
	2	自动检票机主要性能应符合现行国家标准《城市轨道交通自动售检票系统技术条件》GB/T 20907 中的有关规定	8.2.2		
	3	安装在自动检票机上的读写机具与各种车票（包括单程票和储值票等）的读写感应距离应符合设计要求	8.2.3		
	4	自动检票机正常模式应符合下列规定： （1）自动检票机的出口与入口方向显示允许通行和禁止通行标志。 （2）在回收车票时，如有多个票箱，票箱之间能自动切换。当设备内票箱渐满至系统设定值时，自动检售票机能向车站计算机系统告警。 （3）自动检票机的乘客显示器和方向指示器能实时反映车票信息、通行指示和设备状态信息。 （4）在处理特种车票时，有声光进行提示，并符合设计要求。 （5）当双向自动检票机在一端使用时，另一端暂停使用，且乘客显示屏和方向指示器作显示相应提示	8.2.4		
	5	当正常使用车票时，自动检票机应自动完成进站和出站通行，进出站人数与相应车票使用次数相一致	8.2.5		
	6	当使用非正常车票时，自动检票机的乘客显示器应能显示提示信息，并应有声光告警，自动检票机的处理方式应符合设计要求	8.2.6		

续表

<table>
<tr><td colspan="2">单位工程名称</td><td colspan="4">城市轨道交通自动售检票系统工程</td></tr>
<tr><td colspan="2">分部工程名称</td><td colspan="4">车站终端设备</td></tr>
<tr><td colspan="2">分项工程名称</td><td colspan="2">自动检票机检测</td><td>验收部位</td><td></td></tr>
<tr><td colspan="2">施工单位</td><td colspan="2"></td><td>项目经理</td><td></td></tr>
<tr><td colspan="2">施工质量验收标准名称及编号</td><td colspan="4">GB/T 50381—2018</td></tr>
<tr><td rowspan="7">主控项目</td><td>7</td><td>在紧急模式下，启动计算机系统上的紧急模式或紧急按钮，所有自动检票机闸锁应立即全部解锁、处于常开状态，乘客可不使用车票快速通过自动检票机出站。所有自动检票机均应显示禁止进站标志和允许出站标志</td><td>8.2.7</td><td></td><td></td></tr>
<tr><td>8</td><td>当自动检票机正在交易遇电源中断时，自动检票机应能完成最后一笔交易并应保证交易记录不丢失。自动检票机闸锁应立即解锁，乘客不使用车票可通过自动检票机出站</td><td>8.2.8</td><td></td><td></td></tr>
<tr><td>9</td><td>当无票强行出站或进站时，自动检票机应能在保证安全的情况下，阻止进站或出站，并应有声光告警</td><td>8.2.9</td><td></td><td></td></tr>
<tr><td>10</td><td>安装于自动检票机上方的出入导向显示装置的显示应与自动检票机的方向指示器显示一致</td><td>8.2.10</td><td></td><td></td></tr>
<tr><td>11</td><td>当自动检票机同时检测到多张车票待处理时，应按设计要求的流程处理</td><td>8.2.11</td><td></td><td></td></tr>
<tr><td>12</td><td>自动检票机的乘客显示器所显示的内容和信息，应符合设计要求</td><td>8.2.12</td><td></td><td></td></tr>
<tr><td>13</td><td>在与线路中央计算机系统及车站计算机系统通信中断时，应支持离线模式运行，保存数据的时间应符合设计要求，当通信恢复后，应能自动上传未传数据</td><td>8.2.13</td><td></td><td></td></tr>
<tr><td colspan="3">施工单位检查评定结果</td><td colspan="3">项目专业质量检查员　　年　月　日</td></tr>
<tr><td colspan="3">监理（建设）单位验收结论</td><td colspan="3">监理工程师
（建设单位项目专业技术负责人）　　年　月　日</td></tr>
</table>

半自动售票机检测检验批质量验收记录

DT（GZ）S 0413

单位工程名称	城市轨道交通自动售检票系统工程				
分部工程名称	车站终端设备				
分项工程名称	半自动售票机检测			验收部位	
施工单位				项目经理	
施工质量验收标准名称及编号	GB/T 50381—2018				
施工质量验收规范的规定				施工单位检查评定记录	监理（建设）单位验收记录
主控项目	1	半自动售票机与车站计算机系统间双向通信正常，半自动售票机应能及时将交易数据上传车站计算机系统，并在车站计算机系统上显示交易记录	8.3.1		
	2	半自动售票机的基本功能应符合下列规定： （1）具有权限登录功能，记录所有人员的登录及退出数据，当操作员班次结束时，自动生成班次报告。 （2）具备相应的安全措施。 （3）打印有关车票及现金处理单据。 （4）对车票进行处理时，操作显示器显示车票处理及分析信息，并显示下一步操作的指示信息。在进行现金处理时，显示有关现金处理信息。操作显示器显示系统及设备状态信息。 （5）乘客显示器显示相关的车票分析、处理结果、现金信息。在未登录前或半自动售票机发生故障时，乘客显示器显示暂停服务的信息；在设备正常登录后，乘客显示器显示正常服务的信息。 （6）在与线路中央计算机及车站计算机通信中断时，能离线模式下工作，保存数据的时间应符合设计要求。在通信恢复后，能自动上传未传送的数据	8.3.2		
	3	半自动售票机应对车票作以下内容的检查： （1）密钥安全性。 （2）黑名单。 （3）未初始化。 （4）已初始化。 （5）使用地点、时间。 （6）余值 / 乘次。 （7）有效期。 （8）进出次序。 （9）更新信息。 （10）超程。 （11）超时等	8.3.3		

续表

单位工程名称	城市轨道交通自动售检票系统工程				
分部工程名称	车站终端设备				
分项工程名称	半自动售票机检测			验收部位	
施工单位				项目经理	
施工质量验收标准名称及编号	GB/T 50381—2018				
施工质量验收规范的规定				施工单位检查评定记录	监理（建设）单位验收记录
主控项目	4	车票发售时，显示器应显示下列内容： （1）赋值前，操作显示器显示将发售车票的类型、将赋值金额等相关信息，乘客显示器显示将发售车票的金额等相关信息。 （2）赋值后，操作显示器及乘客显示器显示将发售车票赋值后的金额	8.3.4		
	5	单张车票的处理时间应符合现行国家标准《城市轨道交通自动售检票系统技术条件》GB/T 20907 中的有关规定。有自动出票功能时，车票处理时间应符合设计要求	8.3.5		
	6	车票加值时，显示器应显示下列内容： （1）加值前，操作显示器及乘客显示器显示车票的余票等信息。 （2）加值后，操作显示器及乘客显示器显示车票的新余值等信息。 （3）加值失败，操作显示器显示失败信息并发出声音提示	8.3.6		
	7	车票更新应符合下列规定： （1）若车票存在两种及以上需同时更新的项目，则对每项更新处理进行确认。 （2）进行更新处理时，半自动售票机更新车票的进出站状态、时间及车费更新标志等编码信息。 （3）更新时有车票记录日期。 （4）车票的可更新次数限制，符合设计要求。 （5）黑名单或未初始化的无效车票不得予以更新。 （6）操作显示器显示车票的分析结果、历史交易数据及车票状态。 （7）乘客显示器显示车票分析结果、余值	8.3.7		
	8	在收款处理时，相应信息应在操作显示器及乘客显示器显示	8.3.8		

续表

<table>
<tr><td colspan="3">单位工程名称</td><td colspan="4">城市轨道交通自动售检票系统工程</td></tr>
<tr><td colspan="3">分部工程名称</td><td colspan="4">车站终端设备</td></tr>
<tr><td colspan="3">分项工程名称</td><td colspan="2">半自动售票机检测</td><td>验收部位</td><td></td></tr>
<tr><td colspan="3">施工单位</td><td colspan="2"></td><td>项目经理</td><td></td></tr>
<tr><td colspan="3">施工质量验收标准名称及编号</td><td colspan="4">GB/T 50381—2018</td></tr>
<tr><td colspan="5">施工质量验收规范的规定</td><td>施工单位检查评定记录</td><td>监理（建设）单位验收记录</td></tr>
<tr><td>主控项目</td><td>9</td><td colspan="2">半自动售票机所有金属的外壳或机体应可靠接地，其保护接地导体和保护连接导体应符合现行国家标准《信息技术设备的安全》GB 4943 中的有关规定</td><td>8.3.9</td><td></td><td></td></tr>
<tr><td colspan="3">施工单位检查评定结果</td><td colspan="4">项目专业质量检查员　　年　月　日</td></tr>
<tr><td colspan="3">监理（建设）单位验收结论</td><td colspan="4">监理工程师
（建设单位项目专 业技术负责人）　　年　月　日</td></tr>
</table>

自动售票机检测检验批质量验收记录

DT（GZ）S 0414

单位工程名称			城市轨道交通自动售检票系统工程		
分部工程名称			车站终端设备		
分项工程名称			自动售票机检测	验收部位	
施工单位				项目经理	
施工质量验收标准名称及编号			GB/T 50381—2018		
施工质量验收规范的规定				施工单位检查评定记录	监理（建设）单位验收记录
主控项目	1	自动售票机与车站计算机系统间双向通信正常时，自动售票机应及时将交易记录上传车站计算机系统并在车站计算机系统上显示交易记录	8.4.1		
	2	自动售票机具有多种操作模式符合设计要求	8.4.2		
	3	自动售票机的基本功能应符合下列规定： （1）发售有效车票。 （2）密钥安全性检查。 （3）具有向车站计算机系统上传车票处理交易、设备运行状态等数据，接收车站计算机系统或线路中央计算机系统下达的命令、票价表、黑名单及其他参数等数据，并应对版本控制参数执行自动生效处理。 （4）具备自动接收硬币、纸币、储值票和银行卡等一种或数种支付方式。 （5）在与线路中央计算机系统及车站计算机系统通信中断时，应能在离线模式下工作，保存数据的时间应符合设计要求。在通信恢复正常后，能自动上传未传送的数据	8.4.3		
	4	自动售票机的找零功能应符合设计要求	8.4.4		
	5	售票操作功能正常，并符合下列要求: （1）选择票种、张数以后，乘客显示器应显示相应的收费金额。 （2）乘客显示器应实时显示乘客投入金额或需投入金额。当投入金额大于或等于所需车费时，开始发售车票并找零，应符合设计要求。 （3）无效操作可通过不同声响或在乘客显示器上应有明确的提示显示。	8.4.5		

续表

<table>
<tr><td>单位工程名称</td><td colspan="5">城市轨道交通自动售检票系统工程</td></tr>
<tr><td>分部工程名称</td><td colspan="5">车站终端设备</td></tr>
<tr><td>分项工程名称</td><td colspan="3">自动售票机检测</td><td>验收部位</td><td></td></tr>
<tr><td>施工单位</td><td colspan="3"></td><td>项目经理</td><td></td></tr>
<tr><td>施工质量验收标准名称及编号</td><td colspan="5">GB/T 50381—2018</td></tr>
<tr><td colspan="4">施工质量验收规范的规定</td><td>施工单位检查评定记录</td><td>监理（建设）单位验收记录</td></tr>
<tr><td rowspan="4">主控项目</td><td>5</td><td>（4）出票口、退币口及找零口有车票、硬币或纸币时，宜有明显的声音提示或指示灯指示</td><td>8.4.5</td><td></td><td></td></tr>
<tr><td>6</td><td>车票发售功能正常，并应符合下列规定：
（1）车票处理模块应能一次性发售单张或多张车票。
（2）车票及找零宜进入同一个出票 / 找零处，并应有声光提示。
（3）单张车票的发售时间应符合现行国家标准《城市轨道交通自动售检票系统技术条件》GB/T 20907 中的有关规定</td><td>8.4.6</td><td></td><td></td></tr>
<tr><td>7</td><td>硬币处理模块功能正常，并应符合下列规定：
（1）硬币处理模块可接收硬币种类的参数设置。
（2）可接收硬币种类的数量符合设计要求。
（3）真币的接收率与假币的拒绝率，符合设计要求，无法识别的硬币给予退币处理。
（4）找零硬币的种类及每种硬币的存币量应符合设计要求。
（5）硬币暂存器的容量符合设计要求。
（6）硬币找零器的容量符合设计要求。
（7）暂停服务或关闭时，投币口关闭</td><td>8.4.7</td><td></td><td></td></tr>
<tr><td>8</td><td>纸币处理模块功能正常，并应符合下列规定：
（1）纸币处理模块可接收纸币种类的参数设置。
（2）可接收纸币种类的数量符合设计要求。
（3）纸币真币检测准确率和假币拒绝率，符合设计要求，无法识别的纸币给予退币处理。</td><td>8.4.8</td><td></td><td></td></tr>
</table>

续表

单位工程名称	城市轨道交通自动售检票系统工程				
分部工程名称	车站终端设备				
分项工程名称	自动售票机检测		验收部位		
施工单位			项目经理		
施工质量验收标准名称及编号	GB/T 50381—2018				
施工质量验收规范的规定				施工单位检查评定记录	监理（建设）单位验收记录
	8	（4）找零纸币的种类及每种纸币的存币量符合设计要求。 （5）纸币暂存器的容量符合设计要求。 （6）自动售票机暂停接收纸币、暂停服务或关闭时，投币口关闭	8.4.8		
	9	钱箱功能正常，并应符合下列规定： （1）钱箱的钱币存放容量符合设计要求。 （2）监测钱箱内钱币“将满”及“满”的状态。 （3）当钱箱的状态信息发生变化时，将立即上传至车站计算机。 （4）钱箱具有电子身份识别功能。 （5）钱箱带有安全锁装置，从自动售票机取走钱箱时，设备将暂停服务	8.4.9		
	10	自动售票机开门时应进行安全识别检测，应输入身份识别码和操作密码的时间限制，并有超时报警，同时上传至车站计算机	8.4.10		
	11	设备断电后应能完成最后一次的交易处理，并应保证交易记录不丢失	8.4.11		
	12	在购票操作，当出现不按规定的动作时，系统应能自动提示，提示内容应符合设计要求	8.4.12		
施工单位检查评定结果	项目专业质量检查员　　年　月　日				
监理（建设）单位验收结论	监理工程师 （建设单位项目专业技术负责人）　　年　月　日				

自动加值机、自动验票机、便携式验票机检测检验批质量验收记录

DT（GZ）S 0415

<table>
<tr><td colspan="3">单位工程名称</td><td colspan="3">城市轨道交通自动售检票系统工程</td></tr>
<tr><td colspan="3">分部工程名称</td><td colspan="3">车站终端设备</td></tr>
<tr><td colspan="3">分项工程名称</td><td colspan="2">自动加值机、自动验票机、便携式验票机检测</td><td>验收部位</td><td></td></tr>
<tr><td colspan="3">施工单位</td><td colspan="2"></td><td>项目经理</td><td></td></tr>
<tr><td colspan="3">施工质量验收标准名称及编号</td><td colspan="4">GB/T 50381—2018</td></tr>
<tr><td colspan="4">施工质量验收规范的规定</td><td>施工单位检查评定记录</td><td>监理（建设）单位验收记录</td></tr>
<tr><td rowspan="8">主控项目</td><td>1</td><td>自动加值机与车站计算机系统间双向通信正常时，自动加值机应及时将相关数据上传车站计算机系统并在车站计算机系统上显示记录</td><td>8.5.1</td><td></td><td></td></tr>
<tr><td>2</td><td>自动加值机的自助式加值功能，应符合设计要求</td><td>8.5.2</td><td></td><td></td></tr>
<tr><td>3</td><td>自动加值机、自动验票机应能通过乘客显示器显示所验车票的车票号、票内余额、有效期、卡状态以及最近几次消费交易等信息</td><td>8.5.3</td><td></td><td></td></tr>
<tr><td>4</td><td>对无效车票进行验票和加值时，应有相应的提示并拒绝验票和加值</td><td>8.5.4</td><td></td><td></td></tr>
<tr><td>5</td><td>纸币处理模块功能应符合下列规定：
（1）纸币处理模块可接收纸币种类的参数设置。
（2）可接收纸币种类的数量符合设计要求。
（3）纸币真币检测准确率和假币拒绝率，符合设计要求，无法识别的纸币给予退币处理。
（4）纸币暂存器的容量符合设计要求。
（5）暂停接收纸币、暂停服务或关闭时，投币口关闭</td><td>8.5.5</td><td></td><td></td></tr>
<tr><td>6</td><td>在验票或加值操作时，当出现不按规定操作的动作，设备应有相应的提示，提示内容应符合设计要求</td><td>8.5.6</td><td></td><td></td></tr>
<tr><td>7</td><td>自动加值机开门时应进行安全识别检测，有输入身份识别码和操作密码的时间限制，并有超时报警，同时上传至车站计算机</td><td>8.5.7</td><td></td><td></td></tr>
<tr><td>8</td><td>装卸钱箱时应通过身份密码指令验证，记录相应信息，并应上传车站计算机</td><td>8.5.8</td><td></td><td></td></tr>
</table>

续表

<table>
<tr><td colspan="3">单位工程名称</td><td colspan="3">城市轨道交通自动售检票系统工程</td></tr>
<tr><td colspan="3">分部工程名称</td><td colspan="3">车站终端设备</td></tr>
<tr><td colspan="3">分项工程名称</td><td>自动加值机、自动验票机、便携式验票机检测</td><td>验收部位</td><td></td></tr>
<tr><td colspan="3">施工单位</td><td></td><td>项目经理</td><td></td></tr>
<tr><td colspan="3">施工质量验收标准名称及编号</td><td colspan="3">GB/T 50381—2018</td></tr>
<tr><td colspan="4">施工质量验收规范的规定</td><td>施工单位检查评定记录</td><td>监理（建设）单位验收记录</td></tr>
<tr><td rowspan="2">主控项目</td><td>9</td><td>便携式验票机应能通过显示器显示车票的车票号、票内余额、有效期、卡状态等信息</td><td>8.5.9</td><td></td><td></td></tr>
<tr><td>10</td><td>自动加值机、自动验票机所有金属的外壳或机体应可靠接地，其保护接地导体和保护连接导体应符合现行国家标准《信息技术设备的安全》GB 4943 中的有关规定</td><td>8.5.10</td><td></td><td></td></tr>
<tr><td colspan="3">施工单位检查评定结果</td><td colspan="3">项目专业质量检查员　　　年　月　日</td></tr>
<tr><td colspan="3">监理（建设）单位验收结论</td><td colspan="3">监理工程师
（建设单位项目专业技术负责人）　　　年　月　日</td></tr>
</table>

机房设备安装检验批质量验收记录

DT（GZ）S 0416

<table>
<tr><td colspan="3">单位工程名称</td><td colspan="4">城市轨道交通自动售检票系统工程</td></tr>
<tr><td colspan="3">分部工程名称</td><td colspan="4">车站计算机系统</td></tr>
<tr><td colspan="3">分项工程名称</td><td colspan="2">机房设备安装</td><td>验收部位</td><td></td></tr>
<tr><td colspan="3">施工单位</td><td colspan="2"></td><td>项目经理</td><td></td></tr>
<tr><td colspan="3">施工质量验收标准名称及编号</td><td colspan="4">GB/T 50381—2018</td></tr>
<tr><td colspan="5">施工质量验收规范的规定</td><td>施工单位检查评定记录</td><td>监理（建设）单位验收记录</td></tr>
<tr><td rowspan="2">主控项目</td><td>1</td><td colspan="2">服务器、工作站、交换机、打印机、编码分拣机和机柜的型号、规格、质量和数量应符合设计要求</td><td>6.3.1</td><td></td><td></td></tr>
<tr><td>2</td><td colspan="2">各种机柜插接件应插接准确、牢固</td><td>6.3.2</td><td></td><td></td></tr>
<tr><td rowspan="4">一般项目</td><td>1</td><td colspan="2">服务器、工作站、交换机、打印机、编码分拣机的安装应稳定、牢固，位置应准确，并应符合设计要求</td><td>6.3.3</td><td></td><td></td></tr>
<tr><td>2</td><td colspan="2">机柜的安装质量应符合下列规定:
（1）机柜固定牢固、垂直、水平，允许偏差为2mm。
（2）同列机柜正面位于同一平面，允许偏差为5mm</td><td>6.3.4</td><td></td><td></td></tr>
<tr><td>3</td><td colspan="2">设备的附备件应齐全、完整</td><td>6.3.5</td><td></td><td></td></tr>
<tr><td>4</td><td colspan="2">设备的机箱漆饰应良好，不得有严重脱漆和锈蚀</td><td>6.3.6</td><td></td><td></td></tr>
<tr><td colspan="3">施工单位检查评定结果</td><td colspan="4">项目专业质量检查员　　年　月　日</td></tr>
<tr><td colspan="3">监理（建设）单位验收结论</td><td colspan="4">监理工程师
（建设单位项目专业技术负责人）　　年　月　日</td></tr>
</table>

设备配线检验批质量验收记录

DT（GZ）S 0417

<table>
<tr><td colspan="3">单位工程名称</td><td colspan="3">城市轨道交通自动售检票系统工程</td></tr>
<tr><td colspan="3">分部工程名称</td><td colspan="3">车站计算机系统</td></tr>
<tr><td colspan="3">分项工程名称</td><td>设备配线</td><td>验收部位</td><td></td></tr>
<tr><td colspan="3">施工单位</td><td></td><td>项目经理</td><td></td></tr>
<tr><td colspan="3">施工质量验收标准名称及编号</td><td colspan="3">GB/T 50381—2018</td></tr>
<tr><td colspan="4">施工质量验收规范的规定</td><td>施工单位检查评定记录</td><td>监理（建设）单位验收记录</td></tr>
<tr><td>主控项目</td><td>1</td><td>设备间配线线缆的规格、型号应符合设计要求</td><td>6.5.1</td><td></td><td></td></tr>
<tr><td rowspan="3">一般项目</td><td>1</td><td>设备间的配线线缆不得破损、受潮、扭曲、折皱；配线转弯的弯曲半径不得小于线缆直径的 5 倍。在进、出设备的部位和转弯处，应固定牢固</td><td>6.5.2</td><td></td><td></td></tr>
<tr><td>2</td><td>设备间的配线线缆中间不得有接头，连接方式应符合设计要求</td><td>6.5.3</td><td></td><td></td></tr>
<tr><td>3</td><td>设备间的线缆布放应平直、整齐；绑扎应牢固</td><td>6.5.4</td><td></td><td></td></tr>
<tr><td colspan="3">施工单位检查评定结果</td><td colspan="3">项目专业质量检查员 年 月 日</td></tr>
<tr><td colspan="3">监理（建设）单位验收结论</td><td colspan="3">监理工程师
（建设单位项目专业技术负责人） 年 月 日</td></tr>
</table>

紧急按钮安装检验批质量验收记录

DT（GZ）S 0418

<table>
<tr><td>单位工程名称</td><td colspan="5">城市轨道交通自动售检票系统工程</td></tr>
<tr><td>分部工程名称</td><td colspan="5">车站计算机系统</td></tr>
<tr><td>分项工程名称</td><td colspan="3">紧急按钮安装</td><td>验收部位</td><td></td></tr>
<tr><td>施工单位</td><td colspan="3"></td><td>项目经理</td><td></td></tr>
<tr><td>施工质量验收标准名称及编号</td><td colspan="5">GB/T 5038—2018</td></tr>
<tr><td colspan="4">施工质量验收规范的规定</td><td>施工单位检查评定记录</td><td>监理（建设）单位验收记录</td></tr>
<tr><td>主控项目</td><td>1</td><td>紧急按钮安装的质量应符合下列规定：
（1）紧急按钮的安装位置符合设计要求。
（2）紧急按钮的安装考虑操作方便并有明显醒目的标志。
（3）引入电缆或引出线采用屏蔽保护措施</td><td>6.4.1</td><td></td><td></td></tr>
<tr><td colspan="2">施工单位检查评定结果</td><td colspan="4">项目专业质量检查员　　　　年　月　日</td></tr>
<tr><td colspan="2">监理（建设）单位验收结论</td><td colspan="4">监理工程师
（建设单位项目专业技术负责人）　　　　年　月　日</td></tr>
</table>

车站局域网检测检验批质量验收记录

DT（GZ）S 0419

单位工程名称	城市轨道交通自动售检票系统工程				
分部工程名称	车站计算机系统				
分项工程名称	车站局域网检测		验收部位		
施工单位			项目经理		
施工质量验收标准名称及编号	GB/T 50381—2018				
施工质量验收规范的规定				施工单位检查评定记录	监理（建设）单位验收记录
主控项目	1	车站局域网应保证连通性	9.1.1		
	2	网络设备的性能应符合设计要求	9.1.2		
	3	网络系统容量、带宽、延时、丢包率、流量控制性能应符合设计要求	9.1.3		
施工单位检查评定结果	项目专业质量检查员　　年　月　日				
监理（建设）单位验收结论	监理工程师 （建设单位项目专业技术负责人）　　年　月　日				

车站计算机系统功能检测检验批质量验收记录

DT（GZ）S 0420

<table>
<tr><td colspan="3">单位工程名称</td><td colspan="4">城市轨道交通自动售检票系统工程</td></tr>
<tr><td colspan="3">分部工程名称</td><td colspan="4">车站计算机系统</td></tr>
<tr><td colspan="3">分项工程名称</td><td colspan="2">车站计算机系统功能检测</td><td>验收部位</td><td></td></tr>
<tr><td colspan="3">施工单位</td><td colspan="2"></td><td>项目经理</td><td></td></tr>
<tr><td colspan="3">施工质量验收标准名称及编号</td><td colspan="4">GB/T 50381—2018</td></tr>
<tr><td colspan="5">施工质量验收规范的规定</td><td>施工单位检查评定记录</td><td>监理（建设）单位验收记录</td></tr>
<tr><td rowspan="4">主控项目</td><td>1</td><td colspan="2">车站计算机与中央计算机系统间应双向通信正常</td><td>9.2.1</td><td></td><td></td></tr>
<tr><td>2</td><td colspan="2">车站计算机系统与本车站所有终端设备间应双向通信正常</td><td>9.2.2</td><td></td><td></td></tr>
<tr><td>3</td><td colspan="2">设备状态显示和监视功能应正常，并应符合下列规定：
（1）监视显示屏上显示的车站终端设备基本布置、数量应与实际相一致，且收费区和非收费区明确显示。
（2）监视显示屏上显示车站终端设备图标，能明确区分设备种类和设备号。
（3）能监视车站设备的运行状态，有变化或异常时能声光提示，能用颜色的不同显示来区分事件或故障类别，并能记录形成报表，符合设计要求。
（4）在系统、网络、设备等状态发生变化后，能自动接收其状态数据，监视器在5s内有声光告警。
（5）按照系统参数设置的查询频率查询车站设备的状态数据。
（6）能保存所有接收的设备状态数据</td><td>9.2.3</td><td></td><td></td></tr>
<tr><td>4</td><td colspan="2">车站计算机下达运行控制命令的功能正常，并应符合下列规定：
（1）可选择控制单台、一组、一类或车站全部设备的运行模式，如：正常服务、关闭、暂停服务、维修测试、故障、离线、双向自动检票机的单向进出或双向模式、紧急模式等。
（2）查询车站设备状态、寄存器数据和参数管理等信息，符合设计要求。
（3）对于双向自动检票机，可设置为仅进站、仅出站或双向模式。
（4）触发设备的各类数据上传，符合设计要求。
（5）上存寄存器数据、设备状态等数据信息</td><td>9.2.4</td><td></td><td></td></tr>
</table>

续表

单位工程名称		城市轨道交通自动售检票系统工程			
分部工程名称		车站计算机系统			
分项工程名称		车站计算机系统功能检测		验收部位	
施工单位				项目经理	
施工质量验收标准名称及编号		GB/T 50381—2018			
施工质量验收规范的规定				施工单位检查评定记录	监理（建设）单位验收记录
主控项目	5	运营模式设置功能正常，并应符合下列规定： （1）设置本车站的运营模式：正常模式、降级运行模式、紧急模式等均符合设计要求。 （2）设置本车站运营模式的实时性，响应时间符合设计要求	9.2.5		
	6	参数管理功能正常，并应符合下列规定： （1）查询车站系统当前使用的各类参数版本。 （2）查询终端设备当前使用的各类参数版本。 （3）查询参数版本的实时性，响应时间符合设计要求。 （4）参数同步功能正常	9.2.6		
	7	设备软件管理功能正常，并应符合下列规定： （1）显示车站系统当前使用的各类设备软件版本。 （2）查询终端设备当前使用的软件版本。 （3）软件版本查询的实时性，响应时间符合设计要求。 （4）下发软件功能正常、及时，符合设计要求	9.2.7		
	8	实时客流统计的实时性，应满足最近5min以前的客流数据能固定地反映在统计图表上，最近5min以内的客流数据能动态地反映在统计图表上，并可输出，应符合设计要求	9.2.8		
	9	日终处理和运营报表功能正常，并应符合下列规定： （1）操作界面上能实时显示日终处理的状态。 （2）日终处理的时效性，在设计要求时间内完成日终处理，包括：汇总统计、生成报表、打印、数据备份和系统清理的全部工作。 （3）查询以往运营日的日终处理情况，在设计时间内得到查询结果。 （4）成功完成日终处理后，自动生成并可打印各种运营报表。 （5）运营报表的种类符合设计要求。 （6）运营报表和实际相一致。 （7）报表查询的实时性，符合设计要求	9.2.9		

续表

<table>
<tr><td colspan="3">单位工程名称</td><td colspan="3">城市轨道交通自动售检票系统工程</td></tr>
<tr><td colspan="3">分部工程名称</td><td colspan="3">车站计算机系统</td></tr>
<tr><td colspan="3">分项工程名称</td><td>车站计算机系统功能检测</td><td>验收部位</td><td></td></tr>
<tr><td colspan="3">施工单位</td><td></td><td>项目经理</td><td></td></tr>
<tr><td colspan="3">施工质量验收标准名称及编号</td><td colspan="3">GB/T 50381—2018</td></tr>
<tr><td colspan="4">施工质量验收规范的规定</td><td>施工单位检查评定记录</td><td>监理（建设）单位验收记录</td></tr>
<tr><td rowspan="3">主控项目</td><td>10</td><td>系统后台处理功能应符合下列规定：
（1）系统能及时采集并上传交易、寄存器、事件和状态数据。
（2）系统能及时将各种参数接收、保存并准确下发到终端设备。
（3）数据采集的实时性，符合设计要求。
（4）系统单日客流处理能力和高峰客流处理能力，应符合设计要求。
（5）系统保存交易数据的时间符合设计要求</td><td>9.2.10</td><td></td><td></td></tr>
<tr><td>11</td><td>在与线路中央计算机系统通信中断时，应能在离线模式下工作，并保存一段时间的数据。在通信恢复正常后，应能自动上传未上传的数据</td><td>9.2.11</td><td></td><td></td></tr>
<tr><td>12</td><td>系统时间同步功能正常，并应符合下列规定：
（1）车站计算机系统的时间能与线路中央计算机系统的时间同步。
（2）车站计算机系统能在规定时间间隔或启动时与线路中央计算机系统进行时间同步。
（3）车站计算机系统能在规定时间间隔或启动时向车站设备下发时间同步指令</td><td>9.2.12</td><td></td><td></td></tr>
<tr><td colspan="3">施工单位检查评定结果</td><td colspan="3">项目专业质量检查员　　年　月　日</td></tr>
<tr><td colspan="3">监理（建设）单位验收结论</td><td colspan="3">监理工程师
（建设单位项目专业技术负责人）　　年　月　日</td></tr>
</table>

紧急按钮检测检验批质量验收记录

DT（GZ）S 0421

<table>
<tr><td colspan="4">单位工程名称</td><td colspan="3">城市轨道交通自动售检票系统工程</td></tr>
<tr><td colspan="4">分部工程名称</td><td colspan="3">车站计算机系统</td></tr>
<tr><td colspan="4">分项工程名称</td><td>紧急按钮检测</td><td>验收部位</td><td></td></tr>
<tr><td colspan="4">施工单位</td><td></td><td>项目经理</td><td></td></tr>
<tr><td colspan="4">施工质量验收标准名称及编号</td><td colspan="3">GB/T 50381—2018</td></tr>
<tr><td colspan="5">施工质量验收规范的规定</td><td>施工单位检查评定记录</td><td>监理（建设）单位验收记录</td></tr>
<tr><td rowspan="2">主控项目</td><td>1</td><td colspan="2">紧急按钮按下时，应能向车站设备发出紧急放行命令，并应在车站计算机和中央计算机上显示</td><td>9.3.1</td><td></td><td></td></tr>
<tr><td>2</td><td colspan="2">紧急按钮恢复后，所有车站设备能自动恢复正常运行，车站计算机和中央计算机应记录该状态</td><td>9.3.2</td><td></td><td></td></tr>
<tr><td colspan="3">施工单位检查评定结果</td><td colspan="4">项目专业质量检查员　　　　年　月　日</td></tr>
<tr><td colspan="3">监理（建设）单位验收结论</td><td colspan="4">监理工程师
（建设单位项目专业技术负责人）　　　　年　月　日</td></tr>
</table>

机房设备安装检验批质量验收记录

DT（GZ）S 0422

<table>
<tr><td colspan="3">单位工程名称</td><td colspan="4">城市轨道交通自动售检票系统工程</td></tr>
<tr><td colspan="3">分部工程名称</td><td colspan="4">线路中央计算机系统</td></tr>
<tr><td colspan="3">分项工程名称</td><td colspan="2">机房设备安装</td><td>验收部位</td><td></td></tr>
<tr><td colspan="3">施工单位</td><td colspan="2"></td><td>项目经理</td><td></td></tr>
<tr><td colspan="3">施工质量验收标准名称及编号</td><td colspan="4">GB/T 50381—2018</td></tr>
<tr><td colspan="5">施工质量验收规范的规定</td><td>施工单位检查评定记录</td><td>监理（建设）单位验收记录</td></tr>
<tr><td rowspan="2">主控项目</td><td>1</td><td colspan="2">服务器、工作站、交换机、打印机、编码分拣机和机柜的型号、规格、质量和数量应符合设计要求</td><td>6.3.1</td><td></td><td></td></tr>
<tr><td>2</td><td colspan="2">各种机柜插接件应插接准确、牢固</td><td>6.3.2</td><td></td><td></td></tr>
<tr><td rowspan="4">一般项目</td><td>1</td><td colspan="2">服务器、工作站、交换机、打印机、编码分拣机的安装应稳定、牢固，位置应准确，并应符合设计要求</td><td>6.3.3</td><td></td><td></td></tr>
<tr><td>2</td><td colspan="2">机柜的安装质量应符合下列规定：
（1）机柜固定牢固、垂直、水平，允许偏差为 2mm。
（2）同列机柜正面位于同一平面，允许偏差为 5mm</td><td>6.3.4</td><td></td><td></td></tr>
<tr><td>3</td><td colspan="2">设备的附备件应齐全、完整</td><td>6.3.5</td><td></td><td></td></tr>
<tr><td>4</td><td colspan="2">设备的机箱漆饰应良好，不得有严重脱漆和锈蚀</td><td>6.3.6</td><td></td><td></td></tr>
<tr><td colspan="3">施工单位检查评定结果</td><td colspan="4">项目专业质量检查员　　　　年　月　日</td></tr>
<tr><td colspan="3">监理（建设）单位验收结论</td><td colspan="4">监理工程师
（建设单位项目专业技术负责人）　　　　年　月　日</td></tr>
</table>

设备配线检验批质量验收记录

DT（GZ）S 0423

<table>
<tr><td colspan="3">单位工程名称</td><td colspan="4">城市轨道交通自动售检票系统工程</td></tr>
<tr><td colspan="3">分部工程名称</td><td colspan="4">线路中央计算机系统</td></tr>
<tr><td colspan="3">分项工程名称</td><td colspan="2">设备配线</td><td>验收部位</td><td></td></tr>
<tr><td colspan="3">施工单位</td><td colspan="2"></td><td>项目经理</td><td></td></tr>
<tr><td colspan="3">施工质量验收标准名称及编号</td><td colspan="4">GB/T 50381—2018</td></tr>
<tr><td colspan="5">施工质量验收规范的规定</td><td>施工单位检查评定记录</td><td>监理（建设）单位验收记录</td></tr>
<tr><td>主控项目</td><td>1</td><td colspan="2">设备间配线线缆的规格、型号应符合设计要求</td><td>6.5.1</td><td></td><td></td></tr>
<tr><td rowspan="3">一般项目</td><td>1</td><td colspan="2">设备间的配线线缆不得破损、受潮、扭曲、折皱；配线转弯的弯曲半径不得小于线缆直径的5倍。在进、出设备的部位和转弯处，应固定牢固</td><td>6.5.2</td><td></td><td></td></tr>
<tr><td>2</td><td colspan="2">设备间的配线线缆中间不得有接头，连接方式应符合设计要求</td><td>6.5.3</td><td></td><td></td></tr>
<tr><td>3</td><td colspan="2">设备间的线缆布放应平直、整齐；绑扎应牢固</td><td>6.5.4</td><td></td><td></td></tr>
<tr><td colspan="3">施工单位检查评定结果</td><td colspan="4">项目专业质量检查员　　　　　　年　月　日</td></tr>
<tr><td colspan="3">监理（建设）单位验收结论</td><td colspan="4">监理工程师
（建设单位项目专业技术负责人）　　　　　　年　月　日</td></tr>
</table>

线路中央计算机局域网检测检验批质量验收记录

DT（GZ）S 0424

<table>
<tr><td colspan="3">单位工程名称</td><td colspan="4">城市轨道交通自动售检票系统工程</td></tr>
<tr><td colspan="3">分部工程名称</td><td colspan="4">线路中央计算机系统</td></tr>
<tr><td colspan="3">分项工程名称</td><td colspan="2">线路中央计算机局域网检测</td><td>验收部位</td><td></td></tr>
<tr><td colspan="3">施工单位</td><td colspan="2"></td><td>项目经理</td><td></td></tr>
<tr><td colspan="3">施工质量验收标准名称及编号</td><td colspan="4">GB/T 50381—2018</td></tr>
<tr><td colspan="5">施工质量验收规范的规定</td><td>施工单位检查评定记录</td><td>监理（建设）单位验收记录</td></tr>
<tr><td rowspan="4">主控项目</td><td>1</td><td colspan="2">线路中央计算机系统应与车站计算机系统通信正常，线路中央计算机系统局域网应保证连通性</td><td>10.1.1</td><td></td><td></td></tr>
<tr><td>2</td><td colspan="2">网络设备的性能应符合设计要求</td><td>10.1.2</td><td></td><td></td></tr>
<tr><td>3</td><td colspan="2">网络系统容量、带宽、延时、丢包率、流量控制性能应符合设计要求</td><td>10.1.3</td><td></td><td></td></tr>
<tr><td>4</td><td colspan="2">局域网系统的冗余度应符合设计要求</td><td>10.1.4</td><td></td><td></td></tr>
<tr><td colspan="3">施工单位检查评定结果</td><td colspan="4">项目专业质量检查员　　　　年　月　日</td></tr>
<tr><td colspan="3">监理（建设）单位验收结论</td><td colspan="4">监理工程师
（建设单位项目专业技术负责人）　　　　年　月　日</td></tr>
</table>

线路中央计算机系统功能检测检验批质量验收记录

DT（GZ）S 0425

<table>
<tr><td colspan="3">单位工程名称</td><td colspan="3">城市轨道交通自动售检票系统工程</td></tr>
<tr><td colspan="3">分部工程名称</td><td colspan="3">线路中央计算机系统</td></tr>
<tr><td colspan="3">分项工程名称</td><td colspan="2">线路中央计算机系统功能检测</td><td>验收部位</td></tr>
<tr><td colspan="3">施工单位</td><td colspan="2"></td><td>项目经理</td></tr>
<tr><td colspan="3">施工质量验收标准名称及编号</td><td colspan="3">GB/T 50381—2018</td></tr>
<tr><td colspan="4">施工质量验收规范的规定</td><td>施工单位检查评定记录</td><td>监理（建设）单位验收记录</td></tr>
<tr><td rowspan="6">主控项目</td><td>1</td><td>车站系统运行模式监视和设置功能正常，并应符合下列规定：
（1）监视显示屏上显示的线路车站图正确无误，并显示各车站系统当前的运行模式。
（2）监视显示屏上应显示车站设备布局图，并显示相应设备的运行状态。
（3）设置车站的运营模式：正常模式、降级运行模式、紧急模式等均符合设计要求。
（4）设置车站运营模式的实时性，响应时间符合设计要求</td><td>10.2.1</td><td></td><td></td></tr>
<tr><td>2</td><td>车票管理功能正常，并应符合下列规定：
（1）车票动态库存管理功能。
（2）车票查询、统计功能。
（3）监控车票编码分拣设备</td><td>10.2.2</td><td></td><td></td></tr>
<tr><td>3</td><td>参数管理功能正常，并应符合下列规定：
（1）查询各类参数版本。
（2）编辑各类线路参数的草稿版本。
（3）向指定车站同步各类参数。
（4）查询参数版本的实时性，响应时间符合设计要求</td><td>10.2.3</td><td></td><td></td></tr>
<tr><td>4</td><td>用户及权限管理功能应符合设计要求</td><td>10.2.4</td><td></td><td></td></tr>
<tr><td>5</td><td>实时客流统计的实时性应符合设计要求</td><td>10.2.5</td><td></td><td></td></tr>
<tr><td>6</td><td>设备软件管理功能正常，并应符合下列规定：
（1）对终端设备软件包进行版本管理。
（2）查询设备当前使用的软件版本号。
（3）将系统中保存的终端设备软件包发送给指定车站、设备。</td><td>10.2.6</td><td></td><td></td></tr>
</table>

续表

单位工程名称		城市轨道交通自动售检票系统工程			
分部工程名称		线路中央计算机系统			
分项工程名称		线路中央计算机系统功能检测		验收部位	
施工单位				项目经理	
施工质量验收标准名称及编号		GB/T 50381—2018			
施工质量验收规范的规定				施工单位检查评定记录	监理（建设）单位验收记录
主控项目	6	（4）软件版本查询的实时性，响应时间符合设计要求。 （5）下发软件功能正常、及时，符合设计要求	10.2.6		
	7	日终处理、运营报表和交易数据查询功能正常，并应符合下列规定： （1）操作界面上能实时显示日终处理的状态。 （2）日终处理的时效性，符合设计要求。 （3）查询以往运营日日终处理情况的时效性，符合设计要求。 （4）成功完成日终处理后，自动生成并可打印各种运营报表。 （5）运营报表的种类符合设计要求。 （6）运营报表与实际相一致。 （7）报表查询实时性，符合设计要求。 （8）交易数据查询响应时间，符合设计要求	10.2.7		
	8	应急票发售和缴销功能正常，并应符合下列规定： （1）应急票的预赋值发行，符合设计要求。 （2）应急票的缴销，符合设计要求。 （3）预赋值、出售和缴销信息记录，可生成查询和统计报表，符合设计要求	10.2.8		
	9	系统后台处理功能应满足下列规定： （1）系统能及时采集并上存交易、寄存器、事件和状态数据。 （2）数据采集的实时性要求。 （3）系统能及时将各种参数接收、保存并准确下发到车站计算机系统。 （4）在系统、网络、设备均运行正常的情况下，接收清分系统下发的参数后，或操作界面下发命令后，下发完成时间符合设计要求。	10.2.9		

续表

<table>
<tr><td colspan="3">单位工程名称</td><td colspan="4">城市轨道交通自动售检票系统工程</td></tr>
<tr><td colspan="3">分部工程名称</td><td colspan="4">线路中央计算机系统</td></tr>
<tr><td colspan="3">分项工程名称</td><td colspan="2">线路中央计算机系统功能检测</td><td>验收部位</td><td></td></tr>
<tr><td colspan="3">施工单位</td><td colspan="2"></td><td>项目经理</td><td></td></tr>
<tr><td colspan="3">施工质量验收标准名称及编号</td><td colspan="4">GB/T 50381—2018</td></tr>
<tr><td colspan="5">施工质量验收规范的规定</td><td>施工单位检查评定记录</td><td>监理（建设）单位验收记录</td></tr>
<tr><td rowspan="3">主控项目</td><td>9</td><td colspan="2">（5）系统的单日客流处理能力和高峰客流处理能力，符合设计要求。
（6）系统应能保存交易数据的时间符合设计要求</td><td>10.2.9</td><td></td><td></td></tr>
<tr><td>10</td><td colspan="2">线路中央计算机系统应具有与票务清分系统的时间同步功能，满足设计要求</td><td>10.2.10</td><td></td><td></td></tr>
<tr><td>11</td><td colspan="2">维修管理功能正常，并应符合下列规定：
（1）故障监控。
（2）部件管理。
（3）维护统计</td><td>10.2.11</td><td></td><td></td></tr>
<tr><td colspan="3">施工单位检查评定结果</td><td colspan="4">项目专业质量检查员　　　　年　月　日</td></tr>
<tr><td colspan="3">监理（建设）单位验收结论</td><td colspan="4">监理工程师
（建设单位项目专业技术负责人）　　　　年　月　日</td></tr>
</table>

机房设备安装检验批质量验收记录

DT（GZ）S 0426

<table>
<tr><td colspan="2">单位工程名称</td><td colspan="4">城市轨道交通自动售检票系统工程</td></tr>
<tr><td colspan="2">分部工程名称</td><td colspan="4">票务清分系统</td></tr>
<tr><td colspan="2">分项工程名称</td><td colspan="2">机房设备安装</td><td>验收部位</td><td></td></tr>
<tr><td colspan="2">施工单位</td><td colspan="2"></td><td>项目经理</td><td></td></tr>
<tr><td colspan="2">施工质量验收标准名称及编号</td><td colspan="4">GB/T 50381—2018</td></tr>
<tr><td colspan="4">施工质量验收规范的规定</td><td>施工单位检查评定记录</td><td>监理（建设）单位验收记录</td></tr>
<tr><td rowspan="2">主控项目</td><td>1</td><td>服务器、工作站、交换机、打印机、编码分拣机和机柜的型号、规格、质量和数量应符合设计要求</td><td>6.3.1</td><td></td><td></td></tr>
<tr><td>2</td><td>各种机柜插接件应插接准确、牢固</td><td>6.3.2</td><td></td><td></td></tr>
<tr><td rowspan="4">一般项目</td><td>1</td><td>服务器、工作站、交换机、打印机、编码分拣机的安装应稳定、牢固，位置应准确，并应符合设计要求</td><td>6.3.3</td><td></td><td></td></tr>
<tr><td>2</td><td>机柜的安装质量应符合下列规定:
（1）机柜固定牢固、垂直、水平，允许偏差为2mm。
（2）同列机柜正面位于同一平面，允许偏差为5mm</td><td>6.3.4</td><td></td><td></td></tr>
<tr><td>3</td><td>设备的附备件应齐全、完整</td><td>6.3.5</td><td></td><td></td></tr>
<tr><td>4</td><td>设备的机箱漆饰应良好，不得有严重脱漆和锈蚀</td><td>6.3.6</td><td></td><td></td></tr>
<tr><td colspan="3">施工单位检查评定结果</td><td colspan="3">项目专业质量检查员　　　　年　月　日</td></tr>
<tr><td colspan="3">监理（建设）单位验收结论</td><td colspan="3">监理工程师
（建设单位项目专业技术负责人）　　　　年　月　日</td></tr>
</table>

设备配线检验批质量验收记录

DT（GZ）S 0427

<table>
<tr><td>单位工程名称</td><td colspan="5">城市轨道交通自动售检票系统工程</td></tr>
<tr><td>分部工程名称</td><td colspan="5">票务清分系统</td></tr>
<tr><td>分项工程名称</td><td colspan="3">设备配线</td><td>验收部位</td><td></td></tr>
<tr><td>施工单位</td><td colspan="3"></td><td>项目经理</td><td></td></tr>
<tr><td>施工质量验收标准名称及编号</td><td colspan="5">GB/T 50381—2018</td></tr>
<tr><td colspan="4">施工质量验收规范的规定</td><td>施工单位检查评定记录</td><td>监理（建设）单位验收记录</td></tr>
<tr><td>主控项目</td><td>1</td><td>设备间配线线缆的规格、型号应符合设计要求</td><td>6.5.1</td><td></td><td></td></tr>
<tr><td rowspan="3">一般项目</td><td>1</td><td>设备间的配线线缆不得破损、受潮、扭曲、折皱；配线转弯的弯曲半径不得小于线缆直径的 5 倍。在进、出设备的部位和转弯处，应固定牢固</td><td>6.5.2</td><td></td><td></td></tr>
<tr><td>2</td><td>设备间的配线线缆中间不得有接头，连接方式应符合设计要求</td><td>6.5.3</td><td></td><td></td></tr>
<tr><td>3</td><td>设备间的线缆布放应平直、整齐；绑扎应牢固</td><td>6.5.4</td><td></td><td></td></tr>
<tr><td colspan="2">施工单位检查评定结果</td><td colspan="4">项目专业质量检查员　　　年　月　日</td></tr>
<tr><td colspan="2">监理（建设）单位验收结论</td><td colspan="4">监理工程师
（建设单位项目专业技术负责人）　　　年　月　日</td></tr>
</table>

票务清分系统计算机局域网检测检验批质量验收记录

DT（GZ）S 0428

<table>
<tr><td colspan="3">单位工程名称</td><td colspan="4">城市轨道交通自动售检票系统工程</td></tr>
<tr><td colspan="3">分部工程名称</td><td colspan="4">票务清分系统</td></tr>
<tr><td colspan="3">分项工程名称</td><td colspan="2">票务清分系统计算机局域网检测</td><td>验收部位</td><td></td></tr>
<tr><td colspan="3">施工单位</td><td colspan="2"></td><td>项目经理</td><td></td></tr>
<tr><td colspan="3">施工质量验收标准名称及编号</td><td colspan="4">GB/T 50381—2018</td></tr>
<tr><td colspan="5">施工质量验收规范的规定</td><td>施工单位检查评定记录</td><td>监理（建设）单位验收记录</td></tr>
<tr><td rowspan="4">主控项目</td><td>1</td><td colspan="2">票务清分系统应与线路中央计算机系统通信正常，清分系统计算机局域网应保证连通性</td><td>11.1.1</td><td></td><td></td></tr>
<tr><td>2</td><td colspan="2">网络设备的性能应符合设计要求</td><td>11.1.2</td><td></td><td></td></tr>
<tr><td>3</td><td colspan="2">网络系统容量、带宽、延时、丢包率、流量控制性能应符合设计要求</td><td>11.1.3</td><td></td><td></td></tr>
<tr><td>4</td><td colspan="2">局域网系统的冗余应符合设计要求</td><td>11.1.4</td><td></td><td></td></tr>
<tr><td colspan="3">施工单位检查评定结果</td><td colspan="4">项目专业质量检查员　　　　年　月　日</td></tr>
<tr><td colspan="3">监理（建设）单位验收结论</td><td colspan="4">监理工程师
（建设单位项目专业技术负责人）　　　　年　月　日</td></tr>
</table>

票务清分系统功能检测检验批质量验收记录

DT（GZ）S 0429

<table>
<tr><td colspan="3">单位工程名称</td><td colspan="4">城市轨道交通自动售检票系统工程</td></tr>
<tr><td colspan="3">分部工程名称</td><td colspan="4">票务清分系统</td></tr>
<tr><td colspan="3">分项工程名称</td><td colspan="2">票务清分系统功能检测</td><td>验收部位</td><td></td></tr>
<tr><td colspan="3">施工单位</td><td colspan="2"></td><td>项目经理</td><td></td></tr>
<tr><td colspan="3">施工质量验收标准名称及编号</td><td colspan="4">GB/T 50381—2018</td></tr>
<tr><td colspan="5">施工质量验收规范的规定</td><td>施工单位检查评定记录</td><td>监理（建设）单位验收记录</td></tr>
<tr><td rowspan="5">主控项目</td><td>1</td><td colspan="2">清分规则功能检测应符合下列规定：
（1）路网基本信息管理。
（2）售票界面的维护功能。
（3）车票类型表参数管理。
（4）节假日、高峰时段等其他业务参数管理。
（5）清分比例表计算及调整。
（6）换乘规则计算及调整。
（7）路网费率表计算及调整。
（8）参数下发</td><td>11.2.1</td><td></td><td></td></tr>
<tr><td>2</td><td colspan="2">安全管理功能应符合下列规定：
（1）密钥管理，包括密钥的生成、发散、导出和导入。
（2）SAM 卡的管理。
（3）安全认证</td><td>11.2.2</td><td></td><td></td></tr>
<tr><td>3</td><td colspan="2">车票管理功能应符合下列规定：
（1）车票发行管理，包括车票类型定义、初始化编码、发行等。
（2）车票调配管理。
（3）车票分拣和注销管理。
（4）SAM 卡库存管理</td><td>11.2.3</td><td></td><td></td></tr>
<tr><td>4</td><td colspan="2">消息报文传输和转接功能应符合下列规定：
（1）消息报文接收。
（2）消息报文转接。
（3）消息报文发送</td><td>11.2.4</td><td></td><td></td></tr>
<tr><td>5</td><td colspan="2">交易清分功能应符合下列规定：
（1）清分处理，包括发售收益统计、运营收益统计、运营交易数据清分、对账结算。
（2）客流统计、分析。
（3）日终处理。
（4）运营报表</td><td>11.2.5</td><td></td><td></td></tr>
</table>

续表

单位工程名称	城市轨道交通自动售检票系统工程				
分部工程名称	票务清分系统				
分项工程名称	票务清分系统功能检测			验收部位	
施工单位				项目经理	
施工质量验收标准名称及编号	GB/T 50381—2018				
主控项目	6	应用业务管理功能应符合下列规定： （1）信息版本控制。 （2）系统代码参数配置。 （3）数据导入和导出管理。 （4）基础信息管理和信息发布。 （5）运营模式管理。 （6）车票黑名单管理。 （7）业务监控管理，主要是通信连接状态、客流、车票调配等。 （8）应用进程管理。 （9）应急票预授权管理。 （10）票卡应用信息查询。 （11）可疑账和挂失管理	11.2.6		
	7	清分系统应具有与其他相关清算系统的数据交换能力和清算功能，并应符合设计要求	11.2.7		
施工单位检查评定结果	项目专业质量检查员　　　　年　月　日				
监理（建设）单位验收结论	监理工程师 （建设单位项目专业技术负责人）　　　　年　月　日				

容灾备份功能检测检验批质量验收记录

DT（GZ）S 0430

<table>
<tr><td colspan="3">单位工程名称</td><td colspan="3">城市轨道交通自动售检票系统工程</td></tr>
<tr><td colspan="3">分部工程名称</td><td colspan="3">票务清分系统</td></tr>
<tr><td colspan="3">分项工程名称</td><td>容灾备份功能检测</td><td>验收部位</td><td></td></tr>
<tr><td colspan="3">施工单位</td><td></td><td>项目经理</td><td></td></tr>
<tr><td colspan="3">施工质量验收标准名称及编号</td><td colspan="3">GB/T 50381—2018</td></tr>
<tr><td colspan="4">施工质量验收规范的规定</td><td>施工单位检查评定记录</td><td>监理（建设）单位验收记录</td></tr>
<tr><td rowspan="3">主控项目</td><td>1</td><td>容灾计算机系统与票务清分系统通信正常，容灾系统计算机局域网应保证连通性</td><td>11.3.1</td><td></td><td></td></tr>
<tr><td>2</td><td>容灾功能正常，并应符合下列规定：
（1）具有清分系统主要功能，与清分系统保持同步。
（2）票务清分系统发生故障时，能切换到容灾系统，可承担清分系统的主要职能。
（3）当清分系统的数据失效时，能启动容灾系统的备用数据</td><td>11.3.2</td><td></td><td></td></tr>
<tr><td>3</td><td>数据备份和恢复功能正常，并应符合下列规定：
（1）容灾系统根据相应备份策略，对清分系统日常数据能实现在线同步备份。
（2）系统需要恢复时，可从容灾系统获取最近可用的全量或增量备份数据，恢复至上次备份的状态。
（3）备份原则能根据不同数据特征制订。
（4）能定期对备份数据的正确性和完整性进行检验</td><td>11.3.3</td><td></td><td></td></tr>
<tr><td colspan="3">施工单位检查评定结果</td><td colspan="3">项目专业质量检查员　　　　年　　月　　日</td></tr>
<tr><td colspan="3">监理（建设）单位验收结论</td><td colspan="3">监理工程师
（建设单位项目专业技术负责人）　　　　年　　月　　日</td></tr>
</table>

网络化运营验收检测检验批质量验收记录

DT（GZ）S 0431

单位工程名称		城市轨道交通自动售检票系统工程			
分部工程名称		票务清分系统			
分项工程名称		网络化运营验收检测		验收部位	
施工单位				项目经理	
施工质量验收标准名称及编号		GB/T 50381—2018			
施工质量验收规范的规定				施工单位检查评定记录	监理（建设）单位验收记录
主控项目	1	票务清分系统应与各线路中心计算机系统、各车站计算机系统等所有网络各终端设备通信正常，并确保连通性	11.4.1		
主控项目	2	网络化运营检测应符合下列规定： （1）检查票务清分系统或线路中央下发的所有运营参数，应准确无误。 （2）检查各终端设备接收的下发运营参数，应及时、准确、无误。 （3）对本网络内所有使用的各种类轨道交通专用车票进行初始化编码。 （4）对本网络内所有使用的各种车票，按模拟运营需要进行赋值。 （5）对本网络内所有使用的各种车票，在所有终端设备上进行模拟运营，对照设计要求的终端设备功能进行检测，每台终端设备的使用次数不少于10次。 （6）对本网络内的各线路车站之间进行换乘测试。 （7）测试检查所有交易金额，均符合本系统规定的票价规则。 （8）日切后，检查车站计算机系统、线路中央计算机系统和票务清分系统的各类报表，应准确无误，并符合设计要求	11.4.2		
施工单位检查评定结果		项目专业质量检查员　　　　年　月　日			
监理（建设）单位验收结论		监理工程师 （建设单位项目专业技术负责人）　　　　年　月　日			

电源设备安装检验批质量验收记录

DT（GZ）S 0432

<table>
<tr><td colspan="3">单位工程名称</td><td colspan="3">城市轨道交通自动售检票系统工程</td></tr>
<tr><td colspan="3">分部工程名称</td><td colspan="3">电源、接地、防雷与电磁兼容</td></tr>
<tr><td colspan="3">分项工程名称</td><td colspan="2">电源设备安装</td><td>验收部位</td><td></td></tr>
<tr><td colspan="3">施工单位</td><td colspan="2"></td><td>项目经理</td><td></td></tr>
<tr><td colspan="3">施工质量验收标准名称及编号</td><td colspan="4">GB/T 50381—2018</td></tr>
<tr><td colspan="4">施工质量验收规范的规定</td><td>施工单位检查评定记录</td><td>监理（建设）单位验收记录</td></tr>
<tr><td rowspan="5">主控项目</td><td>1</td><td>电源设备到达现场应对其型号、规格及容量进行检查，并应符合设计要求</td><td>12.2.1</td><td></td><td></td></tr>
<tr><td>2</td><td>配电柜各单元应插接良好，电气接触点应接触可靠、连接紧密；输入电源的相线和零线不得接错，其零线不得虚接或断开</td><td>12.2.2</td><td></td><td></td></tr>
<tr><td>3</td><td>蓄电池组安装应排列整齐、连接正确、接触良好，线应无腐蚀，充放电情况应良好，不得过放</td><td>12.2.3</td><td></td><td></td></tr>
<tr><td>4</td><td>UPS 输出端的中性线（N 极），必须由接地装置直接引来的接地干线相连接并重复接地。UPS 装置的可接近裸露导体应接地可靠，且应有标识</td><td>12.2.4</td><td></td><td></td></tr>
<tr><td>5</td><td>配电箱的安装应符合下列规定：
（1）配电箱体内器件完好、齐全，配置性能符合设计要求。
（2）回路编号齐全、正确。
（3）交流配电箱内，零线和保护线在零线和保护地线汇流排上连接，不得绞接，并有编号</td><td>12.2.5</td><td></td><td></td></tr>
<tr><td rowspan="2">一般项目</td><td>1</td><td>电源设备的安装位置、顺序、方向及进出线方式应符合设计要求</td><td>12.2.6</td><td></td><td></td></tr>
<tr><td>2</td><td>电源设备安装应符合下列规定：
（1）UPS 机柜、电池柜应固定在金属支架上，不应直接放置在防静电地板上。
（2）电源柜安装垂直度允许偏差为 1.5‰。
（3）电源柜应按设计要求采用防震措施。
（4）电源柜安装应牢固、端正。
（5）表面应平整，漆饰完好，标志齐全</td><td>12.2.7</td><td></td><td></td></tr>
</table>

续表

<table>
<tr><td colspan="3">单位工程名称</td><td colspan="3">城市轨道交通自动售检票系统工程</td></tr>
<tr><td colspan="3">分部工程名称</td><td colspan="3">电源、接地、防雷与电磁兼容</td></tr>
<tr><td colspan="3">分项工程名称</td><td>电源设备安装</td><td>验收部位</td><td></td></tr>
<tr><td colspan="3">施工单位</td><td></td><td>项目经理</td><td></td></tr>
<tr><td colspan="3">施工质量验收标准名称及编号</td><td colspan="3">GB/T 50381—2018</td></tr>
<tr><td colspan="4">施工质量验收规范的规定</td><td>施工单位检查评定记录</td><td>监理（建设）单位验收记录</td></tr>
<tr><td rowspan="3">一般项目</td><td>3</td><td>电源设备各种仪表指示应正常</td><td>12.2.8</td><td></td><td></td></tr>
<tr><td>4</td><td>蓄电池安装应符合下列规定：
（1）稳固、平正；标志正确、清晰、齐全。
（2）无渗漏。
（3）蓄电池架（柜）布设平稳、牢固、端正，全长水平偏差小于15mm</td><td>12.2.9</td><td></td><td></td></tr>
<tr><td>5</td><td>配电箱安装应符合下列规定：
（1）箱体无损坏或明显变形，开孔合适，切口整齐，漆饰完好。
（2）暗式配电箱盖紧贴墙面。
（3）配管与箱体连接有专用锁紧螺母。
（4）配电箱安装牢固，箱底边距地面宜为1.5m</td><td>12.2.10</td><td></td><td></td></tr>
<tr><td colspan="3">施工单位检查评定结果</td><td colspan="3">项目专业质量检查员　　年　月　日</td></tr>
<tr><td colspan="3">监理（建设）单位验收结论</td><td colspan="3">监理工程师
（建设单位项目专业技术负责人）　　年　月　日</td></tr>
</table>

电源布线检验批质量验收记录

DT（GZ）S 0433

<table>
<tr><td colspan="3">单位工程名称</td><td colspan="3">城市轨道交通自动售检票系统工程</td></tr>
<tr><td colspan="3">分部工程名称</td><td colspan="3">电源、接地、防雷与电磁兼容</td></tr>
<tr><td colspan="3">分项工程名称</td><td>电源布线</td><td>验收部位</td><td></td></tr>
<tr><td colspan="3">施工单位</td><td></td><td>项目经理</td><td></td></tr>
<tr><td colspan="3">施工质量验收标准名称及编号</td><td colspan="3">GB/T 50381—2018</td></tr>
<tr><td colspan="4">施工质量验收规范的规定</td><td>施工单位检查评定记录</td><td>监理（建设）单位验收记录</td></tr>
<tr><td rowspan="4">主控项目</td><td>1</td><td>电源线缆的型号、规格及数量应符合设计要求；电源线缆不得破损、受潮、扭曲、折皱；端子型号应正确</td><td>12.3.1</td><td></td><td></td></tr>
<tr><td>2</td><td>电源布线应符合下列规定：
（1）交、直流电源线缆应分开布放，不得绑在同一线束内。
（2）电源布线不得有接头。
（3）不同电压等级的线缆应分类布置，并应分别单独设槽、管敷设，在同一线槽内宜采用隔板隔开。
（4）电源线缆与数据线缆交叉敷设时宜成直角，平行敷设时，电源线缆与数据线缆的间距应符合设计要求。
（5）电源线缆与数据线缆和控制线缆分管槽敷设</td><td>12.3.2</td><td></td><td></td></tr>
<tr><td>3</td><td>电源线连接到地面插座盒、墙上插座盒、多功能插座板的接线应正确，设备引出电源线的位置应合适</td><td>12.3.3</td><td></td><td></td></tr>
<tr><td>4</td><td>电源端子接线必须正确，电源线缆两端的标志必须齐全。直流电源线必须以线色区分正、负极性，直流电源正、负极严禁错接与短路，接触必须牢固；交流电源线必须以线色区别相线、零线、地线，严禁错接与短路，接触必须牢固</td><td>12.3.4</td><td></td><td></td></tr>
<tr><td rowspan="2">一般项目</td><td>1</td><td>电源线缆的敷设路径和固定方法应符合设计要求</td><td>12.3.5</td><td></td><td></td></tr>
<tr><td>2</td><td>设备内外接线固定松紧应适度，无裸露导电部分</td><td>12.3.6</td><td></td><td></td></tr>
<tr><td colspan="3">施工单位检查评定结果</td><td colspan="3">项目专业质量检查员　　　　年　　月　　日</td></tr>
<tr><td colspan="3">监理（建设）单位验收结论</td><td colspan="3">监理工程师
（建设单位项目专业技术负责人）　　　　年　　月　　日</td></tr>
</table>

防雷与接地检验批质量验收记录

DT（GZ）S 0434

<table>
<tr><td colspan="3">单位工程名称</td><td colspan="4">城市轨道交通自动售检票系统工程</td></tr>
<tr><td colspan="3">分部工程名称</td><td colspan="4">电源、接地、防雷与电磁兼容</td></tr>
<tr><td colspan="3">分项工程名称</td><td colspan="2">防雷与接地</td><td>验收部位</td><td></td></tr>
<tr><td colspan="3">施工单位</td><td colspan="2"></td><td>项目经理</td><td></td></tr>
<tr><td colspan="3">施工质量验收标准名称及编号</td><td colspan="4">GB/T 50381—2018</td></tr>
<tr><td colspan="5">施工质量验收规范的规定</td><td>施工单位检查评定记录</td><td>监理（建设）单位验收记录</td></tr>
<tr><td rowspan="5">主控项目</td><td>1</td><td colspan="2">防雷、工作（或联合）接地、保护地线与设备连接应符合设计要求</td><td>12.4.1</td><td></td><td></td></tr>
<tr><td>2</td><td colspan="2">接地安装应符合下列规定:
（1）接地方式、设备接地端子排列、地线接入及连接应符合设计要求。
（2）接地铜排和螺栓、地线盘端子与室内接地连接导线连接应牢固、接触应良好。
（3）接地装置的各种连接处,应镀锡过渡,焊接不得有假焊或虚焊现象，焊点应作防腐处理。
（4）屏蔽接地要求数据电缆屏蔽层应单点接地。
（5）接地连接绝缘铜芯导线截面面积不得小于 $16mm^2$。
（6）金属线槽及其支架和引入或引出的金属导管应可靠接地。
（7）接地隐蔽工程部分应有检查验收合格记录。
（8）配电箱接地保护应可靠，且应有标识</td><td>12.4.2</td><td></td><td></td></tr>
<tr><td>3</td><td colspan="2">接地连接导线布放不得有接头</td><td>12.4.3</td><td></td><td></td></tr>
<tr><td>4</td><td colspan="2">系统的雷电防护等级、防雷设施的设置位置、方式及数量应符合设计要求</td><td>12.4.4</td><td></td><td></td></tr>
<tr><td>5</td><td colspan="2">设备的接地线与工作（或联合）地线及保护地线的连接应良好、牢固</td><td>12.4.5</td><td></td><td></td></tr>
<tr><td>一般项目</td><td>1</td><td colspan="2">从共用综合接地体引出的位置应符合设计要求</td><td>12.4.6</td><td></td><td></td></tr>
<tr><td colspan="3">施工单位检查评定结果</td><td colspan="4">项目专业质量检查员　　　　年　月　日</td></tr>
<tr><td colspan="3">监理（建设）单位验收结论</td><td colspan="4">监理工程师
（建设单位项目专业技术负责人）　　　　年　月　日</td></tr>
</table>

电源与接地检测检验批质量验收记录

DT（GZ）S 0435

<table>
<tr><td>单位工程名称</td><td colspan="5">城市轨道交通自动售检票系统工程</td></tr>
<tr><td>分部工程名称</td><td colspan="5">电源、接地、防雷与电磁兼容</td></tr>
<tr><td>分项工程名称</td><td colspan="3">电源与接地检测</td><td>验收部位</td><td></td></tr>
<tr><td>施工单位</td><td colspan="3"></td><td>项目经理</td><td></td></tr>
<tr><td>施工质量验收标准名称及编号</td><td colspan="5">GB/T 50381—2018</td></tr>
<tr><td colspan="4">施工质量验收规范的规定</td><td>施工单位检查评定记录</td><td>监理（建设）单位验收记录</td></tr>
<tr><td rowspan="6">主控项目</td><td>1</td><td>电源设备测试应符合下列规定：
（1）电源设备带电部分与金属外壳间的绝缘电阻大于 5MΩ。
（2）首次充、放电的各项指标均符合设计要求</td><td>12.5.1</td><td></td><td></td></tr>
<tr><td>2</td><td>电源设备的电性能测试应符合下列规定：
（1）人工或自动转换时，供电不中断。
（2）故障报警准确、可靠。
（3）蓄电池组容量符合设计要求。
（4）输出电压和输出电流超限时，保护电路动作准确。
（5）输入电源故障时，能自动转换蓄电池组供电。
（6）UPS 的输入、输出各级保护系统和技术性能指标符合设计要求</td><td>12.5.2</td><td></td><td></td></tr>
<tr><td>3</td><td>电源监控应能检测主电源及后备电源的供电情况</td><td>12.5.3</td><td></td><td></td></tr>
<tr><td>4</td><td>电源线缆的芯线间和芯线对地的绝缘电阻应大于 0.5MΩ</td><td>12.5.4</td><td></td><td></td></tr>
<tr><td>5</td><td>防雷设备的选用应符合设计要求，应由有资质的防雷测试单位进行检测，并应出具检测合格报告</td><td>12.5.5</td><td></td><td></td></tr>
<tr><td>6</td><td>防雷接地与交流工频接地、直流工作接地、安全保护接地必须共用综合接地体，接地装置的接地电阻值必须按接入设备中要求的最小值确定，其接地电阻测试值严禁大于 1Ω</td><td>12.5.6</td><td></td><td></td></tr>
<tr><td colspan="2">施工单位检查评定结果</td><td colspan="4">项目专业质量检查员　　　　年　　月　　日</td></tr>
<tr><td colspan="2">监理（建设）单位验收结论</td><td colspan="4">监理工程师
（建设单位项目专业技术负责人）　　　　年　　月　　日</td></tr>
</table>

第五章

通信工程系统

CHAPTER FIVE

支架、吊架安装检验批质量验收记录（一）

DT（GZ）T0401

<table>
<tr><td colspan="2">单位（子单位）工程名称</td><td colspan="5"></td></tr>
<tr><td colspan="2">分部工程名称 / 分项工程名称</td><td colspan="5"></td></tr>
<tr><td colspan="2">检验批部位</td><td colspan="2"></td><td>检验批容量</td><td colspan="2"></td></tr>
<tr><td colspan="2">施工单位</td><td colspan="3"></td><td>项目负责人</td><td></td></tr>
<tr><td colspan="2">执行的技术标准名称、编号及设计图号</td><td colspan="5"></td></tr>
<tr><td colspan="2">验收依据</td><td colspan="5"></td></tr>
<tr><td rowspan="6">主控项目</td><td colspan="2">验收项目</td><td>设计要求及标准规定</td><td>最小 / 实际抽样数量</td><td>检查记录</td><td>检查结果</td></tr>
<tr><td>1</td><td>支架、吊架到达现场应进行检查，其型号、规格和质量应符合设计要求及相关产品标准的规定</td><td>4.2.1</td><td></td><td></td><td></td></tr>
<tr><td>2</td><td>支架、吊架安装在有坡度（弧度）的电缆沟内或建筑物构架上时，其安装坡度（弧度）应与电缆沟或建筑物构架的坡度（弧度）相同</td><td>4.2.2</td><td></td><td></td><td></td></tr>
<tr><td>3</td><td>支架、吊架不应安装在具有较大振动、热源、腐蚀性液滴及排污沟道的位置，也不应安装在具有高温、高压、腐蚀性及易燃易爆等介质的工艺设备、管道以及能移动的构筑物上</td><td>4.2.3</td><td></td><td></td><td></td></tr>
<tr><td>4</td><td>支架、吊架安装在区间时，严禁超出设备限界</td><td>4.2.4</td><td></td><td></td><td></td></tr>
<tr><td>5</td><td></td><td></td><td></td><td></td><td></td></tr>
<tr><td colspan="2" rowspan="2">施工单位检查结果</td><td>专业工长（施工员）（签名）</td><td></td><td>施工班组长（签名）</td><td colspan="2"></td></tr>
<tr><td colspan="5">项目专业质量检查员（签名）: 年 月 日</td></tr>
<tr><td colspan="2">监理单位验收结论</td><td colspan="5">专业监理工程师（签名）: 年 月 日</td></tr>
</table>

支架、吊架安装检验批质量验收记录（二）

DT（GZ）T0401/1

<table>
<tr><td colspan="3">单位（子单位）工程名称</td><td colspan="4"></td></tr>
<tr><td colspan="3">分部工程名称 / 分项工程名称</td><td colspan="4"></td></tr>
<tr><td colspan="3">检验批部位</td><td colspan="2"></td><td>检验批容量</td><td></td></tr>
<tr><td colspan="3">施工单位</td><td colspan="2"></td><td>项目负责人</td><td></td></tr>
<tr><td colspan="3">执行的技术标准名称、编号及设计图号</td><td colspan="4"></td></tr>
<tr><td colspan="3">验收依据</td><td colspan="4"></td></tr>
<tr><td rowspan="6">一般项目</td><td colspan="2">验收项目</td><td>设计要求及标准规定</td><td>最小 / 实际抽样数量</td><td>检查记录</td><td>检查结果</td></tr>
<tr><td>1</td><td>支架、吊架宜经过热镀锌处理，切口处不应有卷边，表面应光洁、无毛刺，尺寸应准确，并应符合设计要求。支架与吊架的各臂应连接牢固</td><td>4.2.5</td><td></td><td></td><td></td></tr>
<tr><td>2</td><td>支架、吊架安装时应固定牢固、横平竖直、整齐美观。安装位置偏差不宜大于50mm。在同一直线上的支架、吊架应间距均匀，同层托板应在同一水平面上</td><td>4.2.6</td><td></td><td></td><td></td></tr>
<tr><td>3</td><td>安装金属线槽及保护管用的支架、吊架间距应符合设计图纸要求</td><td>4.2.7</td><td></td><td></td><td></td></tr>
<tr><td>4</td><td>敷设电缆用的支架、吊架间距应符合设计要求，水平敷设时宜为 0.8 ~ 1.5m，垂直敷设时宜为 1.0m</td><td>4.2.8</td><td></td><td></td><td></td></tr>
<tr><td>5</td><td></td><td></td><td></td><td></td><td></td></tr>
<tr><td colspan="3" rowspan="2">施工单位检查结果</td><td>专业工长（施工员）（签名）</td><td></td><td>施工班组长（签名）</td><td></td></tr>
<tr><td colspan="4">项目专业质量检查员（签名）:　　　　年　月　日</td></tr>
<tr><td colspan="3">监理单位验收结论</td><td colspan="4">专业监理工程师（签名）:　　　　年　月　日</td></tr>
</table>

线槽安装检验批质量验收记录（一）

DT（GZ）T0402

<table>
<tr><td colspan="3">单位（子单位）工程名称</td><td colspan="5"></td></tr>
<tr><td colspan="3">分部工程名称 / 分项工程名称</td><td colspan="5"></td></tr>
<tr><td colspan="3">检验批部位</td><td colspan="2"></td><td>检验批容量</td><td colspan="2"></td></tr>
<tr><td colspan="3">施工单位</td><td colspan="3"></td><td>项目负责人</td><td></td></tr>
<tr><td colspan="3">执行的技术标准名称、编号及设计图号</td><td colspan="5"></td></tr>
<tr><td colspan="3">验收依据</td><td colspan="5"></td></tr>
<tr><td rowspan="8">主控项目</td><td colspan="2">验收项目</td><td>设计要求及标准规定</td><td>最小 / 实际抽样数量</td><td>检查记录</td><td colspan="2">检查结果</td></tr>
<tr><td>1</td><td>线槽到达现场应进行检查，其型号、规格、质量应符合设计要求及相关产品标准的规定</td><td>4.3.1</td><td></td><td></td><td colspan="2"></td></tr>
<tr><td>2</td><td>线槽终端应进行封堵</td><td>4.3.2</td><td></td><td></td><td colspan="2"></td></tr>
<tr><td>3</td><td>金属线槽采用焊接连接时应牢固，内层平整，不应有明显的变形，埋设时焊接处应作防腐处理。采用螺栓连接或固定时应牢固</td><td>4.3.3</td><td></td><td></td><td colspan="2"></td></tr>
<tr><td>4</td><td>槽与槽之间、槽与设备盘（箱）之间、槽与盖之间、盖与盖之间的连接处，应对合严密</td><td>4.3.4</td><td></td><td></td><td colspan="2"></td></tr>
<tr><td>5</td><td>线槽与机架连接处应垂直，连接牢固</td><td>4.3.5</td><td></td><td></td><td colspan="2"></td></tr>
<tr><td>6</td><td>金属线槽应接地，接缝处应有连接线或跨接线。预埋线槽时，线槽的连接处、出线口、分线盒，均应作防水处理</td><td>4.3.6</td><td></td><td></td><td colspan="2"></td></tr>
<tr><td>7</td><td>当供电电缆与信号电缆在同一路径用线槽敷设时，宜分线槽敷设。若需要敷设在同一线槽内，应采用带金属隔板的金属线槽，分开敷设</td><td>4.3.7</td><td></td><td></td><td colspan="2"></td></tr>
<tr><td colspan="2" rowspan="2">施工单位检查结果</td><td>专业工长（施工员）（签名）</td><td colspan="2"></td><td>施工班组长（签名）</td><td colspan="2"></td></tr>
<tr><td colspan="6">项目专业质量检查员（签名）:　　　　年　月　日</td></tr>
<tr><td colspan="2">监理单位验收结论</td><td colspan="6">专业监理工程师（签名）:　　　　年　月　日</td></tr>
</table>

线槽安装检验批质量验收记录（二）

DT（GZ）T0402/1

<table>
<tr><td colspan="3">单位（子单位）工程名称</td><td colspan="4"></td></tr>
<tr><td colspan="3">分部工程名称 / 分项工程名称</td><td colspan="4"></td></tr>
<tr><td colspan="3">检验批部位</td><td></td><td>检验批容量</td><td colspan="2"></td></tr>
<tr><td colspan="3">施工单位</td><td colspan="2"></td><td>项目负责人</td><td></td></tr>
<tr><td colspan="3">执行的技术标准名称、编号及设计图号</td><td colspan="4"></td></tr>
<tr><td colspan="3">验收依据</td><td colspan="4"></td></tr>
<tr><td rowspan="7">一般项目</td><td colspan="2">验收项目</td><td>设计要求及标准规定</td><td>最小 / 实际抽样数量</td><td>检查记录</td><td>检查结果</td></tr>
<tr><td>1</td><td>金属线槽宜经过过热镀锌处理。在缆线转弯处，槽道开口的大小应与缆线相适应，切口处应光滑，不应有卷边，内、外壁及盖板表面应光洁、无毛刺，尺寸准确。槽底与盖板均应平整，侧壁应与槽底垂直</td><td>4.3.8</td><td></td><td></td><td></td></tr>
<tr><td>2</td><td>预埋线槽的出线口位置应符合设计要求。线槽的出线口宜与地面、墙面平齐</td><td>4.3.9</td><td></td><td></td><td></td></tr>
<tr><td>3</td><td>线槽的直线长度超过 50m 时，宜采取热膨胀补偿措施</td><td>4.3.10</td><td></td><td></td><td></td></tr>
<tr><td>4</td><td>两列线槽拼接偏差不应大于 2mm</td><td>4.3.11</td><td></td><td></td><td></td></tr>
<tr><td>5</td><td>当直接由线槽内引出电缆时，应采用合适的护圈保护电缆</td><td>4.3.12</td><td></td><td></td><td></td></tr>
<tr><td>6</td><td>线槽的安装应横平竖直，排列整齐。其上部与楼板之间应留有便于操作的空间。垂直排列的线槽拐弯时，其弯曲弧度应一致。线槽拐直角弯时，其弯头的弯曲半径不应小于槽内最粗电缆外径的 10 倍</td><td>4.3.13</td><td></td><td></td><td></td></tr>
<tr><td colspan="3" rowspan="2">施工单位检查结果</td><td>专业工长（施工员）（签名）</td><td></td><td>施工班组长（签名）</td><td></td></tr>
<tr><td colspan="4">项目专业质量检查员（签名）:　　　　年　月　日</td></tr>
<tr><td colspan="3">监理单位验收结论</td><td colspan="4">专业监理工程师（签名）:　　　　年　月　日</td></tr>
</table>

保护管安装检验批质量验收记录（一）

DT（GZ）T0403

<table>
<tr><td colspan="3">单位（子单位）工程名称</td><td colspan="5"></td></tr>
<tr><td colspan="3">分部工程名称 / 分项工程名称</td><td colspan="5"></td></tr>
<tr><td colspan="3">检验批部位</td><td colspan="2"></td><td>检验批容量</td><td colspan="2"></td></tr>
<tr><td colspan="3">施工单位</td><td colspan="3"></td><td>项目负责人</td><td></td></tr>
<tr><td colspan="3">执行的技术标准名称、编号及设计图号</td><td colspan="5"></td></tr>
<tr><td colspan="3">验收依据</td><td colspan="5"></td></tr>
<tr><td rowspan="6">主控项目</td><td colspan="2">验收项目</td><td>设计要求及标准规定</td><td>最小 / 实际抽样数量</td><td>检查记录</td><td colspan="2">检查结果</td></tr>
<tr><td>1</td><td>保护管到达现场应进行检查，其型号、规格、质量应符合设计要求及相关产品标准的规定</td><td>4.4.1</td><td></td><td></td><td colspan="2"></td></tr>
<tr><td>2</td><td>保护管两端管口应密封</td><td>4.4.2</td><td></td><td></td><td colspan="2"></td></tr>
<tr><td>3</td><td>金属保护管应接地，金属保护管连接后应保证整个系统的电气连通性</td><td>4.4.3</td><td></td><td></td><td colspan="2"></td></tr>
<tr><td>4</td><td>预埋保护管宜采用整根材料，如必须连接时，在连接处应作防水处理。预埋保护管管口应作防护处理</td><td>4.4.4</td><td></td><td></td><td colspan="2"></td></tr>
<tr><td>5</td><td></td><td></td><td></td><td></td><td colspan="2"></td></tr>
<tr><td colspan="2" rowspan="2">施工单位检查结果</td><td>专业工长（施工员）（签名）</td><td colspan="2"></td><td>施工班组长（签名）</td><td colspan="2"></td></tr>
<tr><td colspan="6">项目专业质量检查员（签名）:　　年　月　日</td></tr>
<tr><td colspan="2">监理单位验收结论</td><td colspan="6">专业监理工程师（签名）:　　年　月　日</td></tr>
</table>

保护管安装检验批质量验收记录（二）

DT（GZ）T0403/1

<table>
<tr><td colspan="3">单位（子单位）工程名称</td><td colspan="5"></td></tr>
<tr><td colspan="3">分部工程名称 / 分项工程名称</td><td colspan="5"></td></tr>
<tr><td colspan="3">检验批部位</td><td colspan="2"></td><td>检验批容量</td><td colspan="2"></td></tr>
<tr><td colspan="3">施工单位</td><td colspan="3"></td><td>项目负责人</td><td></td></tr>
<tr><td colspan="3">执行的技术标准名称、
编号及设计图号</td><td colspan="5"></td></tr>
<tr><td colspan="3">验收依据</td><td colspan="5"></td></tr>
<tr><td rowspan="6">一般项目</td><td colspan="2">验收项目</td><td>设计要求及标准规定</td><td>最小 / 实际抽样数量</td><td>检查记录</td><td colspan="2">检查结果</td></tr>
<tr><td>1</td><td>金属保护管宜经过镀锌处理，不应有变形及裂缝，管口应光滑、无锐边，内、外壁应光洁、无毛刺，尺寸准确</td><td>4.4.5</td><td></td><td></td><td colspan="2"></td></tr>
<tr><td>2</td><td>保护管增设接线盒或拉线盒的位置应符合设计或相关标准，接线盒或拉线盒开口朝向应方便施工。预埋箱、盒位置应正确，并固定牢固</td><td>4.4.6</td><td></td><td></td><td colspan="2"></td></tr>
<tr><td>3</td><td>预埋保护管应符合下列规定：
（1）伸入箱、盒内的长度不小于 5mm，并固定牢固，多根管伸入时应排列整齐。
（2）预埋的保护管引出表面时，管口宜伸出表面 200mm；当从地下引入落地式盘（箱）时，宜高出盘（箱）底内面 50mm。
（3）预埋的金属保护管，管外不应涂漆。
（4）预埋保护管埋入墙或混凝土内时，离表面的净距离不应小于 15mm</td><td>4.4.7</td><td></td><td></td><td colspan="2"></td></tr>
<tr><td>4</td><td>保护管应排列整齐、固定牢固。用管卡固定时，管卡间距应符合设计要求</td><td>4.4.8</td><td></td><td></td><td colspan="2"></td></tr>
<tr><td>5</td><td></td><td></td><td></td><td></td><td colspan="2"></td></tr>
<tr><td colspan="2" rowspan="2">施工单位检查结果</td><td colspan="2">专业工长（施工员）
（签名）</td><td colspan="2"></td><td>施工班组长
（签名）</td><td></td></tr>
<tr><td colspan="6">项目专业质量检查员（签名）:　　年　月　日</td></tr>
<tr><td colspan="2">监理单位验收结论</td><td colspan="6">专业监理工程师（签名）:　　年　月　日</td></tr>
</table>

通信管道安装检验批质量验收记录

DT（GZ）T0404

<table>
<tr><td colspan="3">单位（子单位）工程名称</td><td colspan="4"></td></tr>
<tr><td colspan="3">分部工程名称 / 分项工程名称</td><td colspan="4"></td></tr>
<tr><td colspan="3">检验批部位</td><td colspan="2"></td><td>检验批容量</td><td></td></tr>
<tr><td colspan="3">施工单位</td><td colspan="2"></td><td>项目负责人</td><td></td></tr>
<tr><td colspan="3">执行的技术标准名称、
编号及设计图号</td><td colspan="4"></td></tr>
<tr><td colspan="3">验收依据</td><td colspan="4"></td></tr>
<tr><td rowspan="4">主控项目</td><td colspan="2">验收项目</td><td>设计要求及标准规定</td><td>最小 / 实际抽样数量</td><td>检查记录</td><td>检查结果</td></tr>
<tr><td>1</td><td>通信管道所用的器材在使用之前应进行检查，其型号、规格、质量应符合设计要求及相关产品标准的规定</td><td>4.5.1</td><td></td><td></td><td></td></tr>
<tr><td>2</td><td>通信管道应进行试通，不能通过标准拉棒但能通过比标准拉棒直径小 1mm 的拉棒的孔段占试通总数（孔段）的比例不大于 10%</td><td>4.5.2</td><td></td><td></td><td></td></tr>
<tr><td>3</td><td></td><td></td><td></td><td></td><td></td></tr>
<tr><td rowspan="3">一般项目</td><td>1</td><td>人（手）孔四壁及基础表面应平整，铁件安装牢固，管道窗口处理美观</td><td>4.5.3</td><td></td><td></td><td></td></tr>
<tr><td>2</td><td>人（手）孔口圈安装质量、位置、高程应符合设计要求</td><td>4.5.4</td><td></td><td></td><td></td></tr>
<tr><td>3</td><td></td><td></td><td></td><td></td><td></td></tr>
<tr><td colspan="2" rowspan="2">施工单位检查结果</td><td>专业工长（施工员）
（签名）</td><td colspan="2"></td><td>施工班组长
（签名）</td><td></td></tr>
<tr><td colspan="5">项目专业质量检查员（签名）:　　　　年　　月　　日</td></tr>
<tr><td colspan="2">监理单位验收结论</td><td colspan="5">专业监理工程师（签名）:　　　　年　　月　　日</td></tr>
</table>

缆线布放检验批质量验收记录（一）

DT（GZ）T0405

<table>
<tr><td colspan="3">单位（子单位）工程名称</td><td colspan="4"></td></tr>
<tr><td colspan="3">分部工程名称 / 分项工程名称</td><td colspan="4"></td></tr>
<tr><td colspan="3">检验批部位</td><td colspan="2"></td><td>检验批容量</td><td></td></tr>
<tr><td colspan="3">施工单位</td><td colspan="2"></td><td>项目负责人</td><td></td></tr>
<tr><td colspan="3">执行的技术标准名称、
编号及设计图号</td><td colspan="4"></td></tr>
<tr><td colspan="3">验收依据</td><td colspan="4"></td></tr>
<tr><td rowspan="8">主控项目</td><td colspan="2">验收项目</td><td>设计要求及标准规定</td><td>最小 / 实际抽样数量</td><td>检查记录</td><td>检查结果</td></tr>
<tr><td>1</td><td>电源线、信号线，到达现场应进行检查，其型号、规格、质量应符合设计要求及相关产品标准的规定</td><td>4.6.1</td><td></td><td></td><td></td></tr>
<tr><td>2</td><td>电源线、信号线不应破损、受潮、扭曲、折皱，线径正确。每根电源线或信号线不应断线、错线，线间绝缘、组间绝缘应符合产品技术条件或设计要求</td><td>4.6.2</td><td></td><td></td><td></td></tr>
<tr><td>3</td><td>数条水平线槽垂直排列时，布放应按弱电、强电的顺序从上至下排列</td><td>4.6.3</td><td></td><td></td><td></td></tr>
<tr><td>4</td><td>线槽内的电缆、电线应排列整齐，不应扭绞、交叉及溢出线槽</td><td>4.6.4</td><td></td><td></td><td></td></tr>
<tr><td>5</td><td>缆线在管内或线槽内不应有接头和扭结。缆线的接头应在接线盒内焊接或用端子连接</td><td>4.6.5</td><td></td><td></td><td></td></tr>
<tr><td>6</td><td>当采用屏蔽电缆或穿金属保护管以及在线槽内敷设时，与具有强磁场和强电场的电气设备之间的净距离应大于0.8m。屏蔽线应单端接地</td><td>4.6.6</td><td></td><td></td><td></td></tr>
<tr><td>7</td><td>电源线与信号线交叉敷设时，应成直角；当平行敷设时，相互间的距离应符合设计要求</td><td>4.6.7</td><td></td><td></td><td></td></tr>
<tr><td colspan="3" rowspan="2">施工单位检查结果</td><td>专业工长（施工员）
（签名）</td><td></td><td>施工班组长
（签名）</td><td></td></tr>
<tr><td colspan="4">项目专业质量检查员（签名）:　　　　年　月　日</td></tr>
<tr><td colspan="3">监理单位验收结论</td><td colspan="4">专业监理工程师（签名）:　　　　年　月　日</td></tr>
</table>

缆线布放检验批质量验收记录（二）

DT（GZ）T0405/1

<table>
<tr><td colspan="3">单位（子单位）工程名称</td><td colspan="5"></td></tr>
<tr><td colspan="3">分部工程名称 / 分项工程名称</td><td colspan="5"></td></tr>
<tr><td colspan="3">检验批部位</td><td colspan="2"></td><td>检验批容量</td><td colspan="2"></td></tr>
<tr><td colspan="3">施工单位</td><td colspan="3"></td><td>项目负责人</td><td></td></tr>
<tr><td colspan="3">执行的技术标准名称、
编号及设计图号</td><td colspan="5"></td></tr>
<tr><td colspan="3">验收依据</td><td colspan="5"></td></tr>
<tr><td rowspan="6">一般项目</td><td colspan="2">验收项目</td><td>设计要求及标准规定</td><td>最小 / 实际抽样数量</td><td>检查记录</td><td colspan="2">检查结果</td></tr>
<tr><td>1</td><td>多芯电缆的弯曲半径，不应小于其外径的6倍</td><td>4.6.8</td><td></td><td></td><td colspan="2"></td></tr>
<tr><td>2</td><td>过伸缩缝、转接盒及缆线终端处应作余留处理</td><td>4.6.9</td><td></td><td></td><td colspan="2"></td></tr>
<tr><td>3</td><td>线槽敷设截面利用率不宜大于 50%，保护管敷设截面利用率不宜大于 40%</td><td>4.6.10</td><td></td><td></td><td colspan="2"></td></tr>
<tr><td>4</td><td>室内光缆宜在金属线槽中敷设，在桥架敷设时应在绑扎固定段加装垫层；应有必要的防护措施；转弯处应保持足够的弯曲半径，其弯曲半径不应小于光缆外径的 15 倍。光缆连接线两端的余留、处理应符合工艺要求</td><td>4.6.11</td><td></td><td></td><td colspan="2"></td></tr>
<tr><td>5</td><td></td><td></td><td></td><td></td><td colspan="2"></td></tr>
<tr><td colspan="2" rowspan="2">施工单位检查结果</td><td>专业工长（施工员）
（签名）</td><td colspan="2"></td><td>施工班组长
（签名）</td><td colspan="2"></td></tr>
<tr><td colspan="6">项目专业质量检查员（签名）:　　　　年　月　日</td></tr>
<tr><td colspan="2">监理单位验收结论</td><td colspan="6">专业监理工程师（签名）:　　　　年　月　日</td></tr>
</table>

光、电缆敷设检验批质量验收记录（一）

DT（GZ）T0406

<table>
<tr><td colspan="3">单位（子单位）工程名称</td><td colspan="5"></td></tr>
<tr><td colspan="3">分部工程名称 / 分项工程名称</td><td colspan="5"></td></tr>
<tr><td colspan="3">检验批部位</td><td colspan="2"></td><td>检验批容量</td><td colspan="2"></td></tr>
<tr><td colspan="3">施工单位</td><td colspan="3"></td><td>项目负责人</td><td></td></tr>
<tr><td colspan="3">执行的技术标准名称、
编号及设计图号</td><td colspan="5"></td></tr>
<tr><td colspan="3">验收依据</td><td colspan="5"></td></tr>
<tr><td rowspan="9">主控项目</td><td colspan="2">验收项目</td><td>设计要求及标准规定</td><td>最小 / 实际抽样数量</td><td>检查记录</td><td colspan="2">检查结果</td></tr>
<tr><td>1</td><td>光、电缆到达现场应进行检查，其型号、规格、质量应符合设计要求及相关产品标准的规定</td><td>5.2.1</td><td></td><td></td><td colspan="2"></td></tr>
<tr><td>2</td><td>光、电缆敷设前应进行单盘测试，测试指标应符合产品技术条件及设计要求</td><td>5.2.2</td><td></td><td></td><td colspan="2"></td></tr>
<tr><td>3</td><td>光、电缆线路的径路、敷设位置应符合设计要求</td><td>5.2.3</td><td></td><td></td><td colspan="2"></td></tr>
<tr><td>4</td><td>光、电缆线路的埋深应符合设计要求</td><td>5.2.4</td><td></td><td></td><td colspan="2"></td></tr>
<tr><td>5</td><td>光、电缆线路的防雷设施的设置地点、区段、数量、方式和防护措施应符合设计要求</td><td>5.2.5</td><td></td><td></td><td colspan="2"></td></tr>
<tr><td>6</td><td>光、电缆线路的防蚀和防电磁设施的设置地点、区段、数量、方式和防护措施应符合设计要求</td><td>5.2.6</td><td></td><td></td><td colspan="2"></td></tr>
<tr><td>7</td><td>光、电缆外护层（套）不得有破损、变形或扭伤，接头处应密封良好</td><td>5.2.7</td><td></td><td></td><td colspan="2"></td></tr>
<tr><td>8</td><td>光、电缆与其他管线的间隔距离应符合设计要求</td><td>5.2.8</td><td></td><td></td><td colspan="2"></td></tr>
<tr><td colspan="2" rowspan="2">施工单位检查结果</td><td>专业工长（施工员）
（签名）</td><td colspan="2"></td><td colspan="2">施工班组长
（签名）</td><td></td></tr>
<tr><td colspan="6">项目专业质量检查员（签名）:　　　　年　　月　　日</td></tr>
<tr><td colspan="2">监理单位验收结论</td><td colspan="6">专业监理工程师（签名）:　　　　年　　月　　日</td></tr>
</table>

光、电缆敷设检验批质量验收记录（二）

DT（GZ）T0406/1

<table>
<tr><td colspan="3">单位（子单位）工程名称</td><td colspan="5"></td></tr>
<tr><td colspan="3">分部工程名称 / 分项工程名称</td><td colspan="5"></td></tr>
<tr><td colspan="3">检验批部位</td><td colspan="2"></td><td>检验批容量</td><td colspan="2"></td></tr>
<tr><td colspan="3">施工单位</td><td colspan="3"></td><td>项目负责人</td><td></td></tr>
<tr><td colspan="3">执行的技术标准名称、
编号及设计图号</td><td colspan="5"></td></tr>
<tr><td colspan="3">验收依据</td><td colspan="5"></td></tr>
<tr><td rowspan="6">一般项目</td><td colspan="2">验收项目</td><td>设计要求及标准规定</td><td>最小 / 实际抽样数量</td><td>检查记录</td><td colspan="2">检查结果</td></tr>
<tr><td>1</td><td>光、电缆线路标桩的埋设应符合设计要求。光、电缆标桩应埋设在光、电缆径路的正上方，接续标桩应埋设在接续点的正上方，标识清楚</td><td>5.2.9</td><td></td><td></td><td colspan="2"></td></tr>
<tr><td>2</td><td>光缆敷设、接续或固定安装时的弯曲半径不应小于光缆外径的15倍。电缆敷设和接续时，铝护套电缆的弯曲半径不应小于电缆外径的15倍，铅护套电缆的弯曲半径不应小于电缆外径的7.5倍</td><td>5.2.10</td><td></td><td></td><td colspan="2"></td></tr>
<tr><td>3</td><td>光、电缆线路余留的设置位置和长度应符合设计要求</td><td>5.2.11</td><td></td><td></td><td colspan="2"></td></tr>
<tr><td>4</td><td></td><td></td><td></td><td></td><td colspan="2"></td></tr>
<tr><td>5</td><td></td><td></td><td></td><td></td><td colspan="2"></td></tr>
<tr><td colspan="2" rowspan="2">施工单位检查结果</td><td colspan="2">专业工长（施工员）
（签名）</td><td></td><td colspan="2">施工班组长
（签名）</td><td></td></tr>
<tr><td colspan="6">项目专业质量检查员（签名）:　　　　年　　月　　日</td></tr>
<tr><td colspan="2">监理单位验收结论</td><td colspan="6">专业监理工程师（签名）:　　　　年　　月　　日</td></tr>
</table>

电缆接续及引入终端检验批质量验收记录（一）

DT（GZ）T0407

<table>
<tr><td colspan="3">单位（子单位）工程名称</td><td colspan="5"></td></tr>
<tr><td colspan="3">分部工程名称 / 分项工程名称</td><td colspan="5"></td></tr>
<tr><td colspan="3">检验批部位</td><td colspan="2"></td><td>检验批容量</td><td colspan="2"></td></tr>
<tr><td colspan="3">施工单位</td><td colspan="3"></td><td>项目负责人</td><td></td></tr>
<tr><td colspan="3">执行的技术标准名称、
编号及设计图号</td><td colspan="5"></td></tr>
<tr><td colspan="3">验收依据</td><td colspan="5"></td></tr>
<tr><td rowspan="8">主控项目</td><td colspan="2">验收项目</td><td>设计要求及标准规定</td><td>最小 / 实际抽样数量</td><td>检查记录</td><td colspan="2">检查结果</td></tr>
<tr><td>1</td><td>电缆芯线应按顺序一一对应接续，接续完成后应检查无错线、断线，绝缘良好</td><td>5.3.1</td><td></td><td></td><td colspan="2"></td></tr>
<tr><td>2</td><td>直埋电缆接头套管应作绝缘防腐处理并将接头加以保护。人（手）孔内的电缆接头应放在托板架上，相邻接头放置位置应错开</td><td>5.3.2</td><td></td><td></td><td colspan="2"></td></tr>
<tr><td>3</td><td>电缆接头的埋深、固定方式、位置应符合设计要求</td><td>5.3.3</td><td></td><td></td><td colspan="2"></td></tr>
<tr><td>4</td><td>电缆引入室内时，其金属护套与相连接的室内金属构件间应绝缘</td><td>5.3.4</td><td></td><td></td><td colspan="2"></td></tr>
<tr><td>5</td><td>分歧尾巴电缆接入干线的端别应与干线端别相对应</td><td>5.3.5</td><td></td><td></td><td colspan="2"></td></tr>
<tr><td>6</td><td>接线盒、分线盒、交接箱的配线应卡接牢固、排列整齐、序号正确，并应有相应的标识</td><td>5.3.6</td><td></td><td></td><td colspan="2"></td></tr>
<tr><td>7</td><td>数字电缆引入应终接在数字配线架（DDF）上，音频电缆引入应终接在总配线架（MDF）上</td><td>5.3.7</td><td></td><td></td><td colspan="2"></td></tr>
<tr><td colspan="2" rowspan="2">施工单位检查结果</td><td>专业工长（施工员）
（签名）</td><td colspan="2"></td><td>施工班组长
（签名）</td><td colspan="2"></td></tr>
<tr><td colspan="6">项目专业质量检查员（签名）:　　　　年　月　日</td></tr>
<tr><td colspan="2">监理单位验收结论</td><td colspan="6">专业监理工程师（签名）:　　　　年　月　日</td></tr>
</table>

电缆接续及引入终端检验批质量验收记录（二）

DT（GZ）T0407/1

<table>
<tr><td colspan="3">单位（子单位）工程名称</td><td colspan="6"></td></tr>
<tr><td colspan="3">分部工程名称 / 分项工程名称</td><td colspan="6"></td></tr>
<tr><td colspan="3">检验批部位</td><td colspan="2"></td><td colspan="2">检验批容量</td><td colspan="2"></td></tr>
<tr><td colspan="3">施工单位</td><td colspan="4"></td><td>项目负责人</td><td></td></tr>
<tr><td colspan="3">执行的技术标准名称、
编号及设计图号</td><td colspan="6"></td></tr>
<tr><td colspan="3">验收依据</td><td colspan="6"></td></tr>
<tr><td rowspan="3">主
控
项
目</td><td colspan="2">验收项目</td><td>设计要求及标准规定</td><td>最小 / 实际抽样数量</td><td colspan="2">检查记录</td><td colspan="2">检查结果</td></tr>
<tr><td>8</td><td>数字配线架的安装应符合下列规定：
（1）数字配线架的型号、规格和安装位置应符合设计要求，架体安装应牢固可靠，紧固件应齐全且安装牢固。
（2）数字配线架上的标志应齐全、清晰、耐久可靠；连接器单元上应有标识。
（3）同轴头焊接应牢固、可靠。
（4）架内同轴缆应进行绑扎并有适当余留。
（5）数字配线架接地应可靠</td><td>5.3.8</td><td></td><td colspan="2"></td><td colspan="2"></td></tr>
<tr><td>9</td><td>总配线架的安装应符合下列规定：
（1）总配线架的型号、规格和安装位置应符合设计要求，架体安装应牢固可靠，紧固件应齐全且安装牢固。
（2）总配线架上的标志应齐全、清晰、耐久可靠；卡接（绕接）模块上应有标识。
（3）接线端子应卡接（绕接）牢固，接触可靠。
（4）接线排上任意互不相连的两接线端子之间以及任一接线端子和金属固定件之间，其绝缘电阻不应小于 50MΩ。
（5）总配线架的总地线和交换机的地线应实现等电位连接；引入总配线架的用户电缆其屏蔽层在电路两端应接地，局端应在入局界面处进线，室内与地线总汇集排连接接地，接地应可靠。
（6）总配线架告警系统应能发出可见可闻的告警信号</td><td>5.3.9</td><td></td><td colspan="2"></td><td colspan="2"></td></tr>
<tr><td colspan="2" rowspan="2">施工单位检查结果</td><td>专业工长（施工员）
（签名）</td><td colspan="2"></td><td colspan="2">施工班组长
（签名）</td><td colspan="2"></td></tr>
<tr><td colspan="7">项目专业质量检查员（签名）：　　　　年　　月　　日</td></tr>
<tr><td colspan="2">监理单位验收结论</td><td colspan="7">专业监理工程师（签名）：　　　　年　　月　　日</td></tr>
</table>

电缆接续及引入终端检验批质量验收记录（三）

DT（GZ）T0407/2

<table>
<tr><td colspan="2">单位（子单位）工程名称</td><td colspan="5"></td></tr>
<tr><td colspan="2">分部工程名称 / 分项工程名称</td><td colspan="5"></td></tr>
<tr><td colspan="2">检验批部位</td><td colspan="2"></td><td>检验批容量</td><td colspan="2"></td></tr>
<tr><td colspan="2">施工单位</td><td colspan="3"></td><td>项目负责人</td><td></td></tr>
<tr><td colspan="2">执行的技术标准名称、编号及设计图号</td><td colspan="5"></td></tr>
<tr><td colspan="2">验收依据</td><td colspan="5"></td></tr>
<tr><td rowspan="6">一般项目</td><td colspan="2">验收项目</td><td>设计要求及标准规定</td><td>最小 / 实际抽样数量</td><td>检查记录</td><td>检查结果</td></tr>
<tr><td>1</td><td>引入电缆应符合下列规定：
（1）成端的弯曲半径应符合本规范第 5.2.10 条的规定。
（2）室内电缆分线盒、交接箱安装在墙上时，其位置及高度应符合设计要求；从引入口到分线盒的电缆宜用线槽保护</td><td>5.3.10</td><td></td><td></td><td></td></tr>
<tr><td>2</td><td>接头装置宜按设计要求进行编号</td><td>5.3.11</td><td></td><td></td><td></td></tr>
<tr><td>3</td><td>电缆进入引入室后，上下行标识应清晰、准确</td><td>5.3.12</td><td></td><td></td><td></td></tr>
<tr><td>4</td><td></td><td></td><td></td><td></td><td></td></tr>
<tr><td>5</td><td></td><td></td><td></td><td></td><td></td></tr>
<tr><td rowspan="2" colspan="2">施工单位检查结果</td><td>专业工长（施工员）（签名）</td><td></td><td>施工班组长（签名）</td><td colspan="2"></td></tr>
<tr><td colspan="5">项目专业质量检查员（签名）:　　　年　月　日</td></tr>
<tr><td colspan="2">监理单位验收结论</td><td colspan="5">专业监理工程师（签名）:　　　年　月　日</td></tr>
</table>

光缆接续及引入终端检验批质量验收记录（一）

DT（GZ）T0408

<table>
<tr><td colspan="3">单位（子单位）工程名称</td><td colspan="5"></td></tr>
<tr><td colspan="3">分部工程名称 / 分项工程名称</td><td colspan="5"></td></tr>
<tr><td colspan="3">检验批部位</td><td colspan="2"></td><td>检验批容量</td><td colspan="2"></td></tr>
<tr><td colspan="3">施工单位</td><td colspan="3"></td><td>项目负责人</td><td></td></tr>
<tr><td colspan="3">执行的技术标准名称、
编号及设计图号</td><td colspan="5"></td></tr>
<tr><td colspan="3">验收依据</td><td colspan="5"></td></tr>
<tr><td rowspan="6">主控项目</td><td colspan="2">验收项目</td><td>设计要求及标准规定</td><td>最小 / 实际抽样数量</td><td>检查记录</td><td colspan="2">检查结果</td></tr>
<tr><td>1</td><td>光纤接续时应按光纤色谱、排列顺序，一一对应接续；光纤接续部位应用热缩加强管保护，加强管收缩应均匀、无气泡；光纤收容时的弯曲半径不应小于 40mm</td><td>5.4.1</td><td></td><td></td><td colspan="2"></td></tr>
<tr><td>2</td><td>直埋光缆的金属外护套和加强芯应紧固在接头盒内。两侧的金属外护套、金属加强芯应绝缘</td><td>5.4.2</td><td></td><td></td><td colspan="2"></td></tr>
<tr><td>3</td><td>光缆接头的埋深、固定方式、位置应符合设计要求，直埋光缆接头埋于地下时，应设防护</td><td>5.4.3</td><td></td><td></td><td colspan="2"></td></tr>
<tr><td>4</td><td>光缆引入室内时，应做绝缘接头，室内室外金属护层及金属加强芯应断开，并彼此绝缘</td><td>5.4.4</td><td></td><td></td><td colspan="2"></td></tr>
<tr><td>5</td><td>室内光缆应终端在光配线架或光终端盒上。光配线架或光终端盒的安装位置及面板排列应符合设计要求</td><td>5.4.5</td><td></td><td></td><td colspan="2"></td></tr>
<tr><td colspan="2" rowspan="2">施工单位检查结果</td><td>专业工长（施工员）
（签名）</td><td colspan="2"></td><td colspan="2">施工班组长
（签名）</td><td></td></tr>
<tr><td colspan="6">项目专业质量检查员（签名）:　　年　月　日</td></tr>
<tr><td colspan="2">监理单位验收结论</td><td colspan="6">专业监理工程师（签名）:　　年　月　日</td></tr>
</table>

光缆接续及引入终端检验批质量验收记录（二）

DT（GZ）T0408/1

<table>
<tr><td colspan="3">单位（子单位）工程名称</td><td colspan="5"></td></tr>
<tr><td colspan="3">分部工程名称 / 分项工程名称</td><td colspan="5"></td></tr>
<tr><td colspan="3">检验批部位</td><td colspan="2"></td><td>检验批容量</td><td colspan="2"></td></tr>
<tr><td colspan="3">施工单位</td><td colspan="3"></td><td>项目负责人</td><td></td></tr>
<tr><td colspan="3">执行的技术标准名称、编号及设计图号</td><td colspan="5"></td></tr>
<tr><td colspan="3">验收依据</td><td colspan="5"></td></tr>
<tr><td rowspan="2">主控项目</td><td colspan="2">验收项目</td><td>设计要求及标准规定</td><td>最小 / 实际抽样数量</td><td>检查记录</td><td colspan="2">检查结果</td></tr>
<tr><td>6</td><td>光配线架的安装应符合下列规定：
（1）光配线架的型号、规格和安装位置应符合设计要求，架体安装应牢固可靠，紧固件应齐全且安装牢固。
（2）光配线架上的标志应齐全、清晰、耐久可靠；光缆终端区光缆进、出应有标识。
（3）光纤盘内，光纤的盘留弯曲半径应大于40mm。
（4）裸光纤与尾纤的接续应符合本规范第5.4.1条的要求，其接头应加热熔保护管保护并按顺序加以排列固定。
（5）余留尾纤应按单元进行盘留，盘留弯曲半径应大于50mm</td><td>5.4.6</td><td></td><td></td><td colspan="2"></td></tr>
<tr><td rowspan="3">一般项目</td><td>1</td><td>光缆接续后的光纤收容余长单端引入引出不应小于0.8m，两端引入引出不应小于1.2m</td><td>5.4.7</td><td></td><td></td><td colspan="2"></td></tr>
<tr><td>2</td><td>光缆接续后应余留2～3m；光缆接头处的光缆弯曲半径不应小于护套外径的15倍</td><td>5.4.8</td><td></td><td></td><td colspan="2"></td></tr>
<tr><td>3</td><td>光缆进入引入室后，上下行标识应清晰、准确</td><td>5.4.9</td><td></td><td></td><td colspan="2"></td></tr>
<tr><td rowspan="2" colspan="2">施工单位检查结果</td><td>专业工长（施工员）
（签名）</td><td colspan="2"></td><td>施工班组长
（签名）</td><td colspan="2"></td></tr>
<tr><td colspan="6">项目专业质量检查员（签名）：　　　　年　月　日</td></tr>
<tr><td colspan="2">监理单位验收结论</td><td colspan="6">专业监理工程师（签名）：　　　　年　月　日</td></tr>
</table>

光、电缆线路特性检测检验批质量验收记录

DT（GZ）T0409

<table>
<tr><td colspan="3">单位（子单位）工程名称</td><td colspan="5"></td></tr>
<tr><td colspan="3">分部工程名称 / 分项工程名称</td><td colspan="5"></td></tr>
<tr><td colspan="3">检验批部位</td><td colspan="2"></td><td>检验批容量</td><td colspan="2"></td></tr>
<tr><td colspan="3">施工单位</td><td colspan="3"></td><td>项目负责人</td><td></td></tr>
<tr><td colspan="3">执行的技术标准名称、
编号及设计图号</td><td colspan="5"></td></tr>
<tr><td colspan="3">验收依据</td><td colspan="5"></td></tr>
<tr><td rowspan="6">主控项目</td><td colspan="2">验收项目</td><td>设计要求及标准规定</td><td>最小 / 实际抽样数量</td><td>检查记录</td><td colspan="2">检查结果</td></tr>
<tr><td>1</td><td>光缆线路在一个区间（中继段）内，每根光纤的背向散射曲线应平滑，无阶跃反射峰，接续损耗平均值应符合下列指标：
（1）单模光纤 $\bar{\alpha} \leqslant 0.08$dB（1310nm、1550nm）;
（2）多模光纤 $\bar{\alpha} \leqslant 0.2$dB</td><td>5.5.1</td><td></td><td></td><td colspan="2"></td></tr>
<tr><td>2</td><td>光缆线路区间（中继段）光纤线路衰减测试值应小于设计计算值</td><td>5.5.2</td><td></td><td></td><td colspan="2"></td></tr>
<tr><td>3</td><td>光缆线路区间（中继段）S 点的最小回波损耗指标应符合下列规定：
STM-1 1550nm 波长不应小于 20dB；
STM-4 1310nm 波长不应小于 20dB；
STM-4 1550nm 波长不应小于 24dB；
STM-16 1310nm、1550nm 波长不应小于 24dB</td><td>5.5.3</td><td></td><td></td><td colspan="2"></td></tr>
<tr><td>4</td><td>区间通信电缆低频四线组音频段电特性指标应符合规定</td><td>5.5.4</td><td></td><td></td><td colspan="2"></td></tr>
<tr><td>5</td><td>市话电缆直流电特性指标应符合规定</td><td>5.5.5</td><td></td><td></td><td colspan="2"></td></tr>
<tr><td colspan="2" rowspan="2">施工单位检查结果</td><td>专业工长（施工员）
（签名）</td><td colspan="2"></td><td>施工班组长
（签名）</td><td colspan="2"></td></tr>
<tr><td colspan="6">项目专业质量检查员（签名）:　　年　月　日</td></tr>
<tr><td colspan="2">监理单位验收结论</td><td colspan="6">专业监理工程师（签名）:　　年　月　日</td></tr>
</table>

传输设备安装检验批质量验收记录

DT（GZ）T0410

<table>
<tr><td colspan="3">单位（子单位）工程名称</td><td colspan="5"></td></tr>
<tr><td colspan="3">分部工程名称 / 分项工程名称</td><td colspan="5"></td></tr>
<tr><td colspan="3">检验批部位</td><td colspan="2"></td><td>检验批容量</td><td colspan="2"></td></tr>
<tr><td colspan="3">施工单位</td><td colspan="3"></td><td>项目负责人</td><td></td></tr>
<tr><td colspan="3">执行的技术标准名称、
编号及设计图号</td><td colspan="5"></td></tr>
<tr><td colspan="3">验收依据</td><td colspan="5"></td></tr>
<tr><td rowspan="5">主控项目</td><td colspan="2">验收项目</td><td>设计要求及标准规定</td><td>最小 / 实际抽样数量</td><td>检查记录</td><td colspan="2">检查结果</td></tr>
<tr><td>1</td><td>传输设备到达现场应进行检查，其型号、规格和质量应符合设计要求及相关产品标准的规定</td><td>6.2.1</td><td></td><td></td><td colspan="2"></td></tr>
<tr><td>2</td><td>机架（柜）电路插板的规格、数量和安装位置应符合设计要求</td><td>6.2.2</td><td></td><td></td><td colspan="2"></td></tr>
<tr><td>3</td><td></td><td></td><td></td><td></td><td colspan="2"></td></tr>
<tr><td>4</td><td></td><td></td><td></td><td></td><td colspan="2"></td></tr>
<tr><td rowspan="4">一般项目</td><td>1</td><td>设备安装位置、机架及底座的加固方式应符合设计要求</td><td>6.2.3</td><td></td><td></td><td colspan="2"></td></tr>
<tr><td>2</td><td>设备安装牢固，排列整齐，漆饰完好，铭牌、标记清楚正确，并符合设计要求</td><td>6.2.4</td><td></td><td></td><td colspan="2"></td></tr>
<tr><td>3</td><td>机架（柜）安装的垂直倾斜度偏差应小于机架（柜）高度的 1‰</td><td>6.2.5</td><td></td><td></td><td colspan="2"></td></tr>
<tr><td>4</td><td>传输系统电源及接地装置的安装应符合本规范第 14.2.5 ~ 14.2.9 条及第 14.6.7 ~ 14.6.10 条的相关规定</td><td>6.2.6</td><td></td><td></td><td colspan="2"></td></tr>
<tr><td colspan="2" rowspan="2">施工单位检查结果</td><td>专业工长（施工员）
（签名）</td><td colspan="2"></td><td>施工班组长
（签名）</td><td colspan="2"></td></tr>
<tr><td colspan="6">项目专业质量检查员（签名）:　　　　年　　月　　日</td></tr>
<tr><td colspan="2">监理单位验收结论</td><td colspan="6">专业监理工程师（签名）:　　　　年　　月　　日</td></tr>
</table>

传输设备配线检验批质量验收记录（一）

DT（GZ）T0411

<table>
<tr><td colspan="3">单位（子单位）工程名称</td><td colspan="5"></td></tr>
<tr><td colspan="3">分部工程名称 / 分项工程名称</td><td colspan="5"></td></tr>
<tr><td colspan="3">检验批部位</td><td colspan="2"></td><td>检验批容量</td><td colspan="2"></td></tr>
<tr><td colspan="3">施工单位</td><td colspan="3"></td><td>项目负责人</td><td></td></tr>
<tr><td colspan="3">执行的技术标准名称、
编号及设计图号</td><td colspan="5"></td></tr>
<tr><td colspan="3">验收依据</td><td colspan="5"></td></tr>
<tr><td rowspan="8">主控项目</td><td colspan="2">验收项目</td><td>设计要求及标准规定</td><td>最小 / 实际抽样数量</td><td>检查记录</td><td colspan="2">检查结果</td></tr>
<tr><td>1</td><td>传输设备的配线光、电缆到达现场应进行检查，其型号、规格、质量应符合设计要求及相关产品标准的规定。配线标识齐全、清晰、不易脱落</td><td>6.3.1</td><td></td><td></td><td colspan="2"></td></tr>
<tr><td>2</td><td>配线电缆和电线的芯线应无错线或断线、混线，中间不得有接头。配线电缆芯线间的绝缘电阻应符合下列规定：
（1）音频配线电缆不应小于 50MΩ。
（2）高频配线电缆不应小于 100MΩ。
（3）同轴配线电缆不应小于 1000MΩ</td><td>6.3.2</td><td></td><td></td><td colspan="2"></td></tr>
<tr><td>3</td><td>音频配线电缆近端串音衰减不应小于 78dB</td><td>6.3.3</td><td></td><td></td><td colspan="2"></td></tr>
<tr><td>4</td><td>光缆尾纤应按标定的纤序连接设备。光缆尾纤应单独布放并用垫衬固定，不得挤压、扭曲、捆绑。弯曲半径不应小于 50mm</td><td>6.3.4</td><td></td><td></td><td colspan="2"></td></tr>
<tr><td>5</td><td>电源端子配线应正确，配线两端的标志应齐全</td><td>6.3.5</td><td></td><td></td><td colspan="2"></td></tr>
<tr><td>6</td><td>设备地线必须连接良好</td><td>6.3.6</td><td></td><td></td><td colspan="2"></td></tr>
<tr><td>7</td><td>电缆、电线的屏蔽护套应接地可靠，并应与接地线就近连接</td><td>6.3.7</td><td></td><td></td><td colspan="2"></td></tr>
<tr><td colspan="2" rowspan="2">施工单位检查结果</td><td>专业工长（施工员）
（签名）</td><td colspan="2"></td><td>施工班组长
（签名）</td><td colspan="2"></td></tr>
<tr><td colspan="6">项目专业质量检查员（签名）：　　年　月　日</td></tr>
<tr><td colspan="2">监理单位验收结论</td><td colspan="6">专业监理工程师（签名）：　　年　月　日</td></tr>
</table>

传输设备配线检验批质量验收记录（二）

DT（GZ）T0411/1

单位（子单位）工程名称						
分部工程名称 / 分项工程名称						
检验批部位			检验批容量			
施工单位				项目负责人		
执行的技术标准名称、编号及设计图号						
验收依据						
一般项目		验收项目	设计要求及标准规定	最小 / 实际抽样数量	检查记录	检查结果
	1	配线电缆、电线的走向、路由应符合设计文件要求	6.3.8			
	2	配线电缆在电缆走道上应顺序平直排列。电缆槽道内配线应顺直。配线电缆弯曲半径不得小于其外径的 5 倍	6.3.9			
	3	电缆芯线的编扎应按色谱顺序分线，余留的芯线长度应符合更换编扎线最长芯线的要求	6.3.10			
	4	设备配线采用焊接时，焊接后芯线绝缘层应无烫伤、开裂及后缩现象，绝缘层离开端子边缘露铜不宜大于 1mm	6.3.11			
	5	设备配线采用绕接时，绕线应严密、紧贴，不应有叠绕。铜线除去绝缘外皮后，在绕线柱上的最少匝数：当芯线直径为 0.4 ~ 0.5mm 时应为 6 ~ 8 匝；0.6 ~ 1.0mm 时应为 4 ~ 6 匝。不接触绕接柱的芯线部分不宜露铜	6.3.12			
	6	设备配线采用卡接时，卡接电缆芯线的卡接端子应接触牢固	6.3.13			
	7	高频线、低频线、电源线应分开绑扎，交、直流配线应分开布放	6.3.14			
施工单位检查结果	专业工长（施工员）（签名）			施工班组长（签名）		
	项目专业质量检查员（签名）： 年 月 日					
监理单位验收结论	专业监理工程师（签名）： 年 月 日					

系统传输指标检测及功能检验检验批质量验收记录（一）

DT（GZ）T0412

<table>
<tr><td colspan="3">单位（子单位）工程名称</td><td colspan="4"></td></tr>
<tr><td colspan="3">分部工程名称 / 分项工程名称</td><td colspan="4"></td></tr>
<tr><td colspan="3">检验批部位</td><td></td><td>检验批容量</td><td colspan="2"></td></tr>
<tr><td colspan="3">施工单位</td><td colspan="2"></td><td>项目负责人</td><td></td></tr>
<tr><td colspan="3">执行的技术标准名称、编号及设计图号</td><td colspan="4"></td></tr>
<tr><td colspan="3">验收依据</td><td colspan="4"></td></tr>
<tr><td rowspan="5">主控项目</td><td colspan="2">验收项目</td><td>设计要求及标准规定</td><td>最小 / 实际抽样数量</td><td>检查记录</td><td>检查结果</td></tr>
<tr><td>1</td><td>传输系统光通道的接收光功率不应超过系统的过载光功率，并应符合下列要求：
$P_1 \geqslant P_R+M_c+M_e$
式中 P_1——接收端在 R 点实测系统接收光功率（dBm）；
P_R——在 R 点测得的接收器的接收灵敏度（dBm）；
M_c——光缆富裕度（dB）；
M_e——设备富裕度（dB）</td><td>6.4.1</td><td></td><td></td><td></td></tr>
<tr><td>2</td><td>传输设备光接口的以下性能指标测试应符合设计要求：
（1）平均发送光功率。
（2）接收机灵敏度。
（3）接收机最小过载功率</td><td>6.4.2</td><td></td><td></td><td></td></tr>
<tr><td>3</td><td>传输设备电接口的输入允许比特率容差应符合设计要求或产品技术条件</td><td>6.4.3</td><td></td><td></td><td></td></tr>
<tr><td>4</td><td>传输系统 2048kbit/s 数字接口应测试以下指标：
（1）2048kbit/s 数字接口端到端误码性能测试应符合要求。
（2）2048kbit/s 数字接口输入抖动容限和最大输出抖动性能应符合要求</td><td>6.4.4</td><td></td><td></td><td></td></tr>
<tr><td colspan="2" rowspan="2">施工单位检查结果</td><td>专业工长（施工员）（签名）</td><td colspan="2"></td><td>施工班组长（签名）</td><td></td></tr>
<tr><td colspan="5">项目专业质量检查员（签名）: 年 月 日</td></tr>
<tr><td colspan="2">监理单位验收结论</td><td colspan="5">专业监理工程师（签名）: 年 月 日</td></tr>
</table>

系统传输指标检测及功能检验检验批质量验收记录（二）

DT（GZ）T0412/1

<table>
<tr><td colspan="3">单位（子单位）工程名称</td><td colspan="5"></td></tr>
<tr><td colspan="3">分部工程名称 / 分项工程名称</td><td colspan="5"></td></tr>
<tr><td colspan="3">检验批部位</td><td colspan="2"></td><td>检验批容量</td><td colspan="2"></td></tr>
<tr><td colspan="3">施工单位</td><td colspan="3"></td><td>项目负责人</td><td></td></tr>
<tr><td colspan="3">执行的技术标准名称、编号及设计图号</td><td colspan="5"></td></tr>
<tr><td colspan="3">验收依据</td><td colspan="5"></td></tr>
<tr><td rowspan="5">主控项目</td><td colspan="2">验收项目</td><td>设计要求及标准规定</td><td>最小 / 实际抽样数量</td><td>检查记录</td><td colspan="2">检查结果</td></tr>
<tr><td>5</td><td>传输系统低速数据接口的端到端误码性能指标应满足以下要求：
（1）速率为 $N\times64$kbit/s（N=1 ~ 31）时，比特误码率（BER）不应大于 1×10^{-6}。
（2）速率小于 64kbit/s 时，比特误码率（BER）不应大于 1×10^{-5}</td><td>6.4.5</td><td></td><td></td><td colspan="2"></td></tr>
<tr><td>6</td><td>传输系统音频接口的音频特性应符合下列要求：
（1）通路电平：用参考测试频率 1020Hz 的正弦波信号，以 −10dBmO 的电平加到发送侧的输入端，在接收侧测得电平偏差限值应为 ±0.6dB（四线—四线）、±0.8dB（二线—二线）或 ±0.3dB（四线—数字口）、±0.4dB（二线—数字口）。
（2）净衰减频率特性应符合规定。
（3）增益随输入电平的变化应符合规定。
（4）空闲信道噪声（衡重噪声）：在音频通道输入、输出端都终接标称阻抗，空闲信道噪声（衡重噪声）不应大于 −65dBmOp。
（5）总失真（噪声法）应符合规定。
（6）路际串话电平应符合规定</td><td>6.4.6</td><td></td><td></td><td colspan="2"></td></tr>
<tr><td>7</td><td>传输系统以太网端到端的丢包率（IPLR）、时延（IPTD）、吞吐量（IPPT）指标应符合设计要求</td><td>6.4.7</td><td></td><td></td><td colspan="2"></td></tr>
<tr><td>8</td><td>传输系统自愈功能应正常，保护倒换时间应小于 50ms</td><td>6.4.8</td><td></td><td></td><td colspan="2"></td></tr>
<tr><td colspan="2" rowspan="2">施工单位检查结果</td><td>专业工长（施工员）（签名）</td><td colspan="2"></td><td>施工班组长（签名）</td><td colspan="2"></td></tr>
<tr><td colspan="6">项目专业质量检查员（签名）：　年　月　日</td></tr>
<tr><td colspan="2">监理单位验收结论</td><td colspan="6">专业监理工程师（签名）：　年　月　日</td></tr>
</table>

SDH 传输系统指标检测及功能检验检验批质量验收记录

DT（GZ）T0413

<table>
<tr><td colspan="3">单位（子单位）工程名称</td><td colspan="5"></td></tr>
<tr><td colspan="3">分部工程名称 / 分项工程名称</td><td colspan="5"></td></tr>
<tr><td colspan="3">检验批部位</td><td colspan="2"></td><td>检验批容量</td><td colspan="2"></td></tr>
<tr><td colspan="3">施工单位</td><td colspan="3"></td><td>项目负责人</td><td></td></tr>
<tr><td colspan="3">执行的技术标准名称、编号及设计图号</td><td colspan="5"></td></tr>
<tr><td colspan="3">验收依据</td><td colspan="5"></td></tr>
<tr><td rowspan="6">主控项目</td><td colspan="2">验收项目</td><td>设计要求及标准规定</td><td>最小 / 实际抽样数量</td><td>检查记录</td><td colspan="2">检查结果</td></tr>
<tr><td>1</td><td>SDH 传输系统端到端误码性能指标应满足规定</td><td>6.5.1</td><td></td><td></td><td colspan="2"></td></tr>
<tr><td>2</td><td>定时基准源应能正确倒换</td><td>6.5.2</td><td></td><td></td><td colspan="2"></td></tr>
<tr><td>3</td><td>SDH 传输系统抖动性能测试应包含以下项目：
（1）输出抖动测试指标应符合规定。
（2）输入抖动容限应符合规定</td><td>6.5.3</td><td></td><td></td><td colspan="2"></td></tr>
<tr><td>4</td><td></td><td></td><td></td><td></td><td colspan="2"></td></tr>
<tr><td>5</td><td></td><td></td><td></td><td></td><td colspan="2"></td></tr>
<tr><td colspan="2" rowspan="2">施工单位检查结果</td><td>专业工长（施工员）（签名）</td><td colspan="2"></td><td>施工班组长（签名）</td><td colspan="2"></td></tr>
<tr><td colspan="6">项目专业质量检查员（签名）:　　　　年　月　日</td></tr>
<tr><td colspan="2">监理单位验收结论</td><td colspan="6">专业监理工程师（签名）:　　　　年　月　日</td></tr>
</table>

ATM 传输系统指标检测及功能检验检验批质量验收记录

DT（GZ）T0414

<table>
<tr><td colspan="3">单位（子单位）工程名称</td><td colspan="5"></td></tr>
<tr><td colspan="3">分部工程名称 / 分项工程名称</td><td colspan="5"></td></tr>
<tr><td colspan="3">检验批部位</td><td colspan="2"></td><td>检验批容量</td><td colspan="2"></td></tr>
<tr><td colspan="3">施工单位</td><td colspan="3"></td><td>项目负责人</td><td></td></tr>
<tr><td colspan="3">执行的技术标准名称、编号及设计图号</td><td colspan="5"></td></tr>
<tr><td colspan="3">验收依据</td><td colspan="5"></td></tr>
<tr><td rowspan="4">主控项目</td><td colspan="2">验收项目</td><td>设计要求及标准规定</td><td>最小 / 实际抽样数量</td><td>检查记录</td><td colspan="2">检查结果</td></tr>
<tr><td>1</td><td>ATM 传输系统物理层光接口应测试以下指标：
（1）平均发送光功率、接收机灵敏度、接收机最小过载功率应符合本规范第 6.4.2 条的要求。
（2）ATM 系统误码性能测试应符合本规范第 6.5.1 条的要求。
（3）ATM 系统光接口抖动性能测试应符合本规范第 6.5.3 条的要求</td><td>6.6.1</td><td></td><td></td><td colspan="2"></td></tr>
<tr><td>2</td><td>ATM 层网络性能应测试以下指标，其指标应符合规定：
（1）信元丢失率（CLR）。
（2）信元差错率（CER）。
（3）信元传送时延（CTD）。
（4）信元时延变化（CDV）</td><td>6.6.2</td><td></td><td></td><td colspan="2"></td></tr>
<tr><td>3</td><td></td><td></td><td></td><td></td><td colspan="2"></td></tr>
<tr><td colspan="2" rowspan="2">施工单位检查结果</td><td colspan="2">专业工长（施工员）
（签名）</td><td colspan="2"></td><td>施工班组长
（签名）</td><td></td></tr>
<tr><td colspan="6">项目专业质量检查员（签名）:　　　　年　月　日</td></tr>
<tr><td colspan="2">监理单位验收结论</td><td colspan="6">专业监理工程师（签名）:　　　　年　月　日</td></tr>
</table>

OTN 传输系统指标检测及功能检验检验批质量验收记录（一）

DT（GZ）T0415

单位（子单位）工程名称							
分部工程名称 / 分项工程名称							
检验批部位					检验批容量		
施工单位						项目负责人	
执行的技术标准名称、编号及设计图号							
验收依据							
主控项目	验收项目		设计要求及标准规定	最小 / 实际抽样数量	检查记录	检查结果	
	1	OTN 系统光接口应测试以下指标： （1）平均发送光功率、接收机灵敏度、接收机最小过载功率应符合本规范第 6.4.2 条的要求。 （2）OTN 系统误码性能测试应符合本规范第 6.5.1 条的要求。 （3）OTN 系统光接口抖动性能测试应符合本规范第 6.5.3 条的要求	6.7.1				
	2	OTN 系统 RS-232、RS-422、RS485 端口点到点或点到多点连接功能检查应正常，测试低速口误码率（BER）应符合本规范第 6.4.5 条的规定	6.7.2				
	3	OTN 系统 X.21 接口点到点连接功能检查应正常，测试误码率（BER）应符合本规范第 6.4.5 条的规定	6.7.3				
	4	OTN 系统模拟电话、带信令语音通道的通话功能应正常	6.7.4				
	5	OTN 系统 El 接口端到端误码性能应符合本规范第 6.4.4 条的规定	6.7.5				
施工单位检查结果	专业工长（施工员）（签名）			施工班组长（签名）			
	项目专业质量检查员（签名）： 年 月 日						
监理单位验收结论	专业监理工程师（签名）： 年 月 日						

OTN 传输系统指标检测及功能检验检验批质量验收记录（二）

DT（GZ）T0415/1

<table>
<tr><td colspan="3">单位（子单位）工程名称</td><td colspan="5"></td></tr>
<tr><td colspan="3">分部工程名称 / 分项工程名称</td><td colspan="5"></td></tr>
<tr><td colspan="3">检验批部位</td><td colspan="2"></td><td>检验批容量</td><td colspan="2"></td></tr>
<tr><td colspan="3">施工单位</td><td colspan="3"></td><td>项目负责人</td><td></td></tr>
<tr><td colspan="3">执行的技术标准名称、
编号及设计图号</td><td colspan="5"></td></tr>
<tr><td colspan="3">验收依据</td><td colspan="5"></td></tr>
<tr><td rowspan="7">主控项目</td><td colspan="2">验收项目</td><td>设计要求及标准规定</td><td>最小 / 实际抽样数量</td><td>检查记录</td><td colspan="2">检查结果</td></tr>
<tr><td>6</td><td>OTN 系统 ISDN 接口误码测试，应符合本规范第 6.4.4 条和第 6.4.5 条的规定</td><td>6.7.6</td><td></td><td></td><td colspan="2"></td></tr>
<tr><td>7</td><td>OTN 系统以太网接口连接功能检查应正常</td><td>6.7.7</td><td></td><td></td><td colspan="2"></td></tr>
<tr><td>8</td><td>OTN 系统高保真音频接口检测，试听双向语音质量应清晰可懂、流畅、无漏字、无杂音，其测试电平衰减应符合设计要求或产品技术要求</td><td>6.7.8</td><td></td><td></td><td colspan="2"></td></tr>
<tr><td>9</td><td>OTN 系统视频接口，检查经系统传输的图像信号，应清晰无抖动、无雪花干扰、无马赛克现象等</td><td>6.7.9</td><td></td><td></td><td colspan="2"></td></tr>
<tr><td>10</td><td></td><td></td><td></td><td></td><td colspan="2"></td></tr>
<tr><td>11</td><td></td><td></td><td></td><td></td><td colspan="2"></td></tr>
<tr><td colspan="2" rowspan="2">施工单位检查结果</td><td>专业工长（施工员）
（签名）</td><td colspan="2"></td><td>施工班组长
（签名）</td><td colspan="2"></td></tr>
<tr><td colspan="6">项目专业质量检查员（签名）:　　年　月　日</td></tr>
<tr><td colspan="2">监理单位验收结论</td><td colspan="6">专业监理工程师（签名）:　　年　月　日</td></tr>
</table>

传输系统网管功能检验检验批质量验收记录（一）

DT（GZ）T0416

<table>
<tr><td colspan="3">单位（子单位）工程名称</td><td colspan="5"></td></tr>
<tr><td colspan="3">分部工程名称 / 分项工程名称</td><td colspan="5"></td></tr>
<tr><td colspan="3">检验批部位</td><td colspan="2"></td><td>检验批容量</td><td colspan="2"></td></tr>
<tr><td colspan="3">施工单位</td><td colspan="3"></td><td>项目负责人</td><td></td></tr>
<tr><td colspan="3">执行的技术标准名称、
编号及设计图号</td><td colspan="5"></td></tr>
<tr><td colspan="3">验收依据</td><td colspan="5"></td></tr>
<tr><td rowspan="6">主控项目</td><td colspan="2">验收项目</td><td>设计要求及标准规定</td><td>最小 / 实际抽样数量</td><td>检查记录</td><td colspan="2">检查结果</td></tr>
<tr><td>1</td><td>网管设备到达现场应进行检查，其型号、规格、质量应符合设计要求及相关产品标准的规定</td><td>6.8.1</td><td></td><td></td><td colspan="2"></td></tr>
<tr><td>2</td><td>所有网元应能接入网管系统。网管系统显示的配置应符合网元的实际配置。网管设备应能正确显示整个网络的拓扑结构</td><td>6.8.2</td><td></td><td></td><td colspan="2"></td></tr>
<tr><td>3</td><td>通过网管应能按预定路由表自动进行路由变更</td><td>6.8.3</td><td></td><td></td><td colspan="2"></td></tr>
<tr><td>4</td><td>故障管理应具有以下功能：
（1）告警功能：
1）故障定位；
2）设置故障等级；
3）告警指示；
4）告警历史记录。
（2）监视参数。
（3）近端和远端环回测试</td><td>6.8.4</td><td></td><td></td><td colspan="2"></td></tr>
<tr><td>5</td><td>性能管理功能应具有采集和分析误码性能的功能</td><td>6.8.5</td><td></td><td></td><td colspan="2"></td></tr>
<tr><td colspan="3" rowspan="2">施工单位检查结果</td><td>专业工长（施工员）
（签名）</td><td colspan="2"></td><td>施工班组长
（签名）</td><td></td></tr>
<tr><td colspan="5">项目专业质量检查员（签名）：　　　　年　　月　　日</td></tr>
<tr><td colspan="3">监理单位
验收结论</td><td colspan="5">专业监理工程师（签名）：　　　　年　　月　　日</td></tr>
</table>

传输系统网管功能检验检验批质量验收记录（二）

DT（GZ）T0416/1

<table>
<tr><td colspan="3">单位（子单位）工程名称</td><td colspan="5"></td></tr>
<tr><td colspan="3">分部工程名称 / 分项工程名称</td><td colspan="5"></td></tr>
<tr><td colspan="3">检验批部位</td><td colspan="2"></td><td>检验批容量</td><td colspan="2"></td></tr>
<tr><td colspan="3">施工单位</td><td colspan="3"></td><td>项目负责人</td><td></td></tr>
<tr><td colspan="3">执行的技术标准名称、
编号及设计图号</td><td colspan="5"></td></tr>
<tr><td colspan="3">验收依据</td><td colspan="5"></td></tr>
<tr><td rowspan="4">主控项目</td><td colspan="2">验收项目</td><td>设计要求及标准规定</td><td>最小 / 实际抽样数量</td><td>检查记录</td><td colspan="2">检查结果</td></tr>
<tr><td>6</td><td>配置管理应具有下列功能：
（1）各种业务时隙分配。
（2）通信关系配置（点对点、点对多点、总线和以太网）。
（3）通道的交叉连接和指配。
（4）1+1 或 1：N 保护倒换、低阶 / 高阶通道保护倒换以及自愈环配置</td><td>6.8.6</td><td></td><td></td><td colspan="2"></td></tr>
<tr><td>7</td><td>安全管理功能应具有下列功能：
（1）未经授权的人不能进入管理系统。
（2）具有有限授权的人只能进入相应授权部分。
（3）在安全受到侵扰后，应能利用备份文件恢复业务</td><td>6.8.7</td><td></td><td></td><td colspan="2"></td></tr>
<tr><td>8</td><td>保护功能应具有下列功能：
（1）业务的自动通道保护。
（2）网元与相关的网元管理设备之间、网元管理设备相互之间的信息通信应有自动通道保护措施。当具有远端接入功能时，本端网管设备或终端应能远端接入对端的网管设备，以监视对端网管设备所管区域系统的运行情况。
（3）当出现软件差错或电源失效恢复后，系统应返回初始工作状态</td><td>6.8.8</td><td></td><td></td><td colspan="2"></td></tr>
<tr><td colspan="2" rowspan="2">施工单位检查结果</td><td>专业工长（施工员）
（签名）</td><td colspan="2"></td><td colspan="2">施工班组长
（签名）</td><td></td></tr>
<tr><td colspan="6">项目专业质量检查员（签名）：　　　　年　月　日</td></tr>
<tr><td colspan="2">监理单位验收结论</td><td colspan="6">专业监理工程师（签名）：　　　　年　月　日</td></tr>
</table>

公务电话设备安装检验批质量验收记录

DT（GZ）T0417

单位（子单位）工程名称						
分部工程名称 / 分项工程名称						
检验批部位				检验批容量		
施工单位					项目负责人	
执行的技术标准名称、编号及设计图号						
验收依据						
	验收项目		设计要求及标准规定	最小 / 实际抽样数量	检查记录	检查结果
主控项目	1	程控交换设备到达现场应进行检查，其型号、规格、质量应符合设计要求及相关产品标准的规定	7.2.1			
主控项目	2	程控交换设备机架（柜）电路插板的规格、数量和安装位置应符合设计要求	7.2.2			
主控项目	3	区间电话安装严禁超出设备限界	7.2.3			
主控项目	4	区间电话安装位置和方向应符合设计要求	7.2.4			
一般项目	1	程控交换设备的安装应符合本规范第 6.2.3 ~ 6.2.5 条的相关规定	7.2.5			
一般项目	2	公务电话系统电源设备及接地装置的安装应符合本规范第 14.2.5 ~ 14.2.9 条及第 14.6.7 ~ 14.6.10 条的相关规定	7.2.6			
施工单位检查结果	专业工长（施工员）（签名）			施工班组长（签名）		
施工单位检查结果	项目专业质量检查员（签名）: 年 月 日					
监理单位验收结论	专业监理工程师（签名）: 年 月 日					

公务电话设备配线检验批质量验收记录

DT（GZ）T0418

<table>
<tr><td colspan="3">单位（子单位）工程名称</td><td colspan="5"></td></tr>
<tr><td colspan="3">分部工程名称 / 分项工程名称</td><td colspan="5"></td></tr>
<tr><td colspan="3">检验批部位</td><td colspan="2"></td><td>检验批容量</td><td colspan="2"></td></tr>
<tr><td colspan="3">施工单位</td><td colspan="3"></td><td>项目负责人</td><td></td></tr>
<tr><td colspan="3">执行的技术标准名称、
编号及设计图号</td><td colspan="5"></td></tr>
<tr><td colspan="3">验收依据</td><td colspan="5"></td></tr>
<tr><td rowspan="5">主控项目</td><td colspan="2">验收项目</td><td>设计要求及标准规定</td><td>最小 / 实际抽样数量</td><td>检查记录</td><td colspan="2">检查结果</td></tr>
<tr><td>1</td><td>程控交换设备的配线电缆到达现场应进行检查，其型号、规格、质量应符合设计要求及相关产品标准的规定。配线标识齐全、清晰、不易脱落</td><td>7.3.1</td><td></td><td></td><td colspan="2"></td></tr>
<tr><td>2</td><td>程控交换设备的配线应符合本规范第 6.3.2 ~ 6.3.7 条的相关规定</td><td>7.3.2</td><td></td><td></td><td colspan="2"></td></tr>
<tr><td>3</td><td>公务电话系统电源配线应符合本规范第 14.3.1 ~ 14.3.4 条的相关规定</td><td>7.3.3</td><td></td><td></td><td colspan="2"></td></tr>
<tr><td>4</td><td>公务电话系统地线的布放应符合本规范第 14.6.2 ~ 14.6.6 条的相关规定</td><td>7.3.4</td><td></td><td></td><td colspan="2"></td></tr>
<tr><td rowspan="2">一般项目</td><td>1</td><td>程控交换设备的配线应符合本规范第 6.3.8 ~ 6.3.14 条的相关规定</td><td>7.3.5</td><td></td><td></td><td colspan="2"></td></tr>
<tr><td>2</td><td>紧急电话、区间电话进线孔应作防水处理</td><td>7.3.6</td><td></td><td></td><td colspan="2"></td></tr>
<tr><td colspan="2" rowspan="2">施工单位检查结果</td><td>专业工长（施工员）
（签名）</td><td colspan="2"></td><td>施工班组长
（签名）</td><td colspan="2"></td></tr>
<tr><td colspan="6">项目专业质量检查员（签名）:　　　年　月　日</td></tr>
<tr><td colspan="2">监理单位验收结论</td><td colspan="6">专业监理工程师（签名）:　　　年　月　日</td></tr>
</table>

公务电话系统指标检测及功能检验检验批质量验收记录

DT（GZ）T0419

单位（子单位）工程名称							
分部工程名称 / 分项工程名称							
检验批部位				检验批容量			
施工单位					项目负责人		
执行的技术标准名称、编号及设计图号							
验收依据							
主控项目	验收项目		设计要求及标准规定	最小 / 实际抽样数量	检查记录	检查结果	
	1	公务电话系统的本局呼叫接续故障性能指标不应大于 4×10^{-4}	7.4.1				
	2	公务电话系统的局间呼叫接续故障性能指标不应大于 4×10^{-4}	7.4.2				
	3	公务电话系统的计费差错率性能指标不应大于 1×10^{-4}	7.4.3				
	4	忙时呼叫尝试次数（BHCA）性能指标应符合设计要求	7.4.4				
	5	公务电话系统的以下功能应符合设计要求： （1）系统建立功能。 （2）基本业务功能。 （3）新业务功能。 （4）话务统计功能。 （5）计费功能	7.4.5				
	6	公务电话系统的通话保持功能应符合设计要求	7.4.6				
	7	区间电话、紧急电话的通话及使用功能应符合设计要求	7.4.7				
施工单位检查结果	专业工长（施工员）（签名）			施工班组长（签名）			
	项目专业质量检查员（签名）：　　年　月　日						
监理单位验收结论	专业监理工程师（签名）：　　年　月　日						

公务电话系统网管功能检验检验批质量验收记录

DT（GZ）T0420

<table>
<tr><td colspan="3">单位（子单位）工程名称</td><td colspan="5"></td></tr>
<tr><td colspan="3">分部工程名称 / 分项工程名称</td><td colspan="5"></td></tr>
<tr><td colspan="3">检验批部位</td><td colspan="2"></td><td>检验批容量</td><td colspan="2"></td></tr>
<tr><td colspan="3">施工单位</td><td colspan="3"></td><td>项目负责人</td><td></td></tr>
<tr><td colspan="3">执行的技术标准名称、编号及设计图号</td><td colspan="5"></td></tr>
<tr><td colspan="3">验收依据</td><td colspan="5"></td></tr>
<tr><td rowspan="10">主控项目</td><td colspan="2">验收项目</td><td>设计要求及标准规定</td><td>最小 / 实际抽样数量</td><td>检查记录</td><td colspan="2">检查结果</td></tr>
<tr><td>1</td><td>公务电话系统网管终端应具有图形实时显示功能</td><td>7.5.1</td><td></td><td></td><td colspan="2"></td></tr>
<tr><td>2</td><td>公务电话系统的人机命令功能应符合设计要求</td><td>7.5.2</td><td></td><td></td><td colspan="2"></td></tr>
<tr><td>3</td><td>公务电话系统的故障诊断、告警功能应符合设计要求</td><td>7.5.3</td><td></td><td></td><td colspan="2"></td></tr>
<tr><td>4</td><td>公务电话系统的维护管理功能应符合设计要求</td><td>7.5.4</td><td></td><td></td><td colspan="2"></td></tr>
<tr><td>5</td><td>公务电话系统对远端模块的集中维护功能应符合设计要求</td><td>7.5.5</td><td></td><td></td><td colspan="2"></td></tr>
<tr><td>6</td><td>公务电话系统的计费及话务统计功能应符合设计要求</td><td>7.5.6</td><td></td><td></td><td colspan="2"></td></tr>
<tr><td>7</td><td></td><td></td><td></td><td></td><td colspan="2"></td></tr>
<tr><td>8</td><td></td><td></td><td></td><td></td><td colspan="2"></td></tr>
<tr><td>9</td><td></td><td></td><td></td><td></td><td colspan="2"></td></tr>
<tr><td colspan="2" rowspan="2">施工单位检查结果</td><td>专业工长（施工员）（签名）</td><td colspan="2"></td><td>施工班组长（签名）</td><td colspan="2"></td></tr>
<tr><td colspan="6">项目专业质量检查员（签名）:　　　年　月　日</td></tr>
<tr><td colspan="2">监理单位验收结论</td><td colspan="6">专业监理工程师（签名）:　　　年　月　日</td></tr>
</table>

专用电话设备安装检验批质量验收记录

DT（GZ）T0421

单位（子单位）工程名称							
分部工程名称 / 分项工程名称							
检验批部位				检验批容量			
施工单位					项目负责人		
执行的技术标准名称、编号及设计图号							
验收依据							
	验收项目		设计要求及标准规定	最小 / 实际抽样数量	检查记录		检查结果
主控项目	1	专用电话设备到达现场应进行检查，其型号、规格、质量应符合设计要求及相关产品标准的规定	8.2.1				
主控项目	2	专用电话设备机架（柜）电路插板的规格、数量和安装位置应符合设计要求	8.2.2				
一般项目	1	专用电话设备的安装应符合本规范第6.2.3～6.2.5条的相关规定	8.2.3				
一般项目	2	专用电话系统电源设备及接地装置的安装应符合本规范第14.2.5～14.2.9条及第14.6.7～14.6.10条的相关规定	8.2.4				
一般项目	3						
施工单位检查结果	专业工长（施工员）（签名）				施工班组长（签名）		
施工单位检查结果	项目专业质量检查员（签名）：年 月 日						
监理单位验收结论	专业监理工程师（签名）：年 月 日						

专用电话设备配线检验批质量验收记录

DT（GZ）T0422

<table>
<tr><td colspan="3">单位（子单位）工程名称</td><td colspan="4"></td></tr>
<tr><td colspan="3">分部工程名称 / 分项工程名称</td><td colspan="4"></td></tr>
<tr><td colspan="3">检验批部位</td><td></td><td>检验批容量</td><td colspan="2"></td></tr>
<tr><td colspan="3">施工单位</td><td colspan="2"></td><td>项目负责人</td><td></td></tr>
<tr><td colspan="3">执行的技术标准名称、
编号及设计图号</td><td colspan="4"></td></tr>
<tr><td colspan="3">验收依据</td><td colspan="4"></td></tr>
<tr><td rowspan="5">主控项目</td><td colspan="2">验收项目</td><td>设计要求及标准规定</td><td>最小 / 实际抽样数量</td><td>检查记录</td><td>检查结果</td></tr>
<tr><td>1</td><td>专用电话设备的配线电缆到达现场应进行检查，其型号、规格、质量应符合设计要求及相关产品标准的规定</td><td>8.3.1</td><td></td><td></td><td></td></tr>
<tr><td>2</td><td>专用电话设备的配线应符合本规范第 6.3.2 ~ 6.3.7 条的相关规定</td><td>8.3.2</td><td></td><td></td><td></td></tr>
<tr><td>3</td><td>专用电话系统电源配线应符合本规范第 14.3.1 ~ 14.3.4 条的相关规定</td><td>8.3.3</td><td></td><td></td><td></td></tr>
<tr><td>4</td><td>专用电话系统地线的布放应符合本规范第 14.6.2 ~ 14.6.6 条的相关规定</td><td>8.3.4</td><td></td><td></td><td></td></tr>
<tr><td rowspan="2">一般项目</td><td>1</td><td>专用电话设备的配线应符合本规范第 6.3.8 ~ 6.3.14 条的相关规定</td><td>8.3.5</td><td></td><td></td><td></td></tr>
<tr><td>2</td><td></td><td></td><td></td><td></td><td></td></tr>
<tr><td colspan="2" rowspan="2">施工单位检查结果</td><td>专业工长（施工员）
（签名）</td><td colspan="2"></td><td>施工班组长
（签名）</td><td></td></tr>
<tr><td colspan="5">项目专业质量检查员（签名）:　　　　年　　月　　日</td></tr>
<tr><td colspan="2">监理单位验收结论</td><td colspan="5">专业监理工程师（签名）:　　　　年　　月　　日</td></tr>
</table>

专用电话系统指标检测及功能检验检验批质量验收记录（一）

DT（GZ）T0423

<table>
<tr><td colspan="3">单位（子单位）工程名称</td><td colspan="5"></td></tr>
<tr><td colspan="3">分部工程名称 / 分项工程名称</td><td colspan="5"></td></tr>
<tr><td colspan="3">检验批部位</td><td colspan="2"></td><td>检验批容量</td><td colspan="2"></td></tr>
<tr><td colspan="3">施工单位</td><td colspan="3"></td><td>项目负责人</td><td></td></tr>
<tr><td colspan="3">执行的技术标准名称、编号及设计图号</td><td colspan="5"></td></tr>
<tr><td colspan="3">验收依据</td><td colspan="5"></td></tr>
<tr><td rowspan="4">主控项目</td><td colspan="2">验收项目</td><td>设计要求及标准规定</td><td>最小 / 实际抽样数量</td><td>检查记录</td><td colspan="2">检查结果</td></tr>
<tr><td>1</td><td>调度台值班台间的传输损耗不大于 7dB。模拟调度电话的端对端最大衰减应符合设计要求，且不宜大于 30dB</td><td>8.4.1</td><td></td><td></td><td colspan="2"></td></tr>
<tr><td>2</td><td>调度电话的功能应满足以下要求：
（1）告警及信号显示应准确。
（2）调度台以不同呼叫方式呼叫时，其调度分机接收应准确。
（3）调度台对调度分机摘挂机显示功能应正常。
（4）调度台与调度分机间的相互通话应清晰、正常。
（5）调度台对各调度分机具有选呼、组呼、群呼功能，并在任何情况下不应发生阻塞现象。
（6）调度分机可对调度台进行一般呼叫和紧急呼叫。
（7）备用通道倒换正常。
（8）特服电话功能符合设计要求</td><td>8.4.2</td><td></td><td></td><td colspan="2"></td></tr>
<tr><td>3</td><td>站内集中电话的功能应满足以下要求：
（1）值班台或分机的呼入、呼出及组呼时，应灯亮、铃响。
（2）分机呼入或呼出时的锁闭性能应可靠。
（3）回铃音及通话应清晰、正常。
（4）交直流电源转换电路动作应准确。
（5）值班台对其各分机之间的通话可进行监听、插话、强拆。
（6）分机宜具有延时热线功能，在规定时间内不拨号自动与值班台接通</td><td>8.4.3</td><td></td><td></td><td colspan="2"></td></tr>
<tr><td colspan="2" rowspan="2">施工单位检查结果</td><td>专业工长（施工员）（签名）</td><td colspan="2"></td><td colspan="2">施工班组长（签名）</td><td></td></tr>
<tr><td colspan="6">项目专业质量检查员（签名）：　　　　年　　月　　日</td></tr>
<tr><td colspan="2">监理单位验收结论</td><td colspan="6">专业监理工程师（签名）：　　　　年　　月　　日</td></tr>
</table>

专用电话系统指标检测及功能检验检验批质量验收记录（二）

DT（GZ）T0423/1

<table>
<tr><td colspan="3">单位（子单位）工程名称</td><td colspan="5"></td></tr>
<tr><td colspan="3">分部工程名称 / 分项工程名称</td><td colspan="5"></td></tr>
<tr><td colspan="3">检验批部位</td><td colspan="2"></td><td>检验批容量</td><td colspan="2"></td></tr>
<tr><td colspan="3">施工单位</td><td colspan="3"></td><td>项目负责人</td><td></td></tr>
<tr><td colspan="3">执行的技术标准名称、
编号及设计图号</td><td colspan="5"></td></tr>
<tr><td colspan="3">验收依据</td><td colspan="5"></td></tr>
<tr><td rowspan="5">主控项目</td><td colspan="2">验收项目</td><td>设计要求及标准规定</td><td>最小 / 实际抽样数量</td><td>检查记录</td><td colspan="2">检查结果</td></tr>
<tr><td>4</td><td>站间电话功能应满足以下要求：
（1）用户摘机即能迅速且无阻塞地沟通两车站值班员之间通话联络。
（2）在车站值班台上应有相应的热键及相对应的独立显示灯区分上下行车站。
（3）回铃音及通话应清晰、正常</td><td>8.4.4</td><td></td><td></td><td colspan="2"></td></tr>
<tr><td>5</td><td>紧急电话功能应满足以下要求：
（1）用户摘机即连接至车控室值班台上。
（2）在车站值班台上应有相应的显示灯。
（3）回铃音及通话应清晰、正常</td><td>8.4.5</td><td></td><td></td><td colspan="2"></td></tr>
<tr><td>6</td><td>会议电话功能应满足以下要求：
（1）告警设施应显示准确。
（2）主席台与分机送话时，应收话清晰，无失真和振鸣。
（3）主席台可随意增、减分机用户，且不应影响会议电话的进行。
（4）接口电平应符合设计规定</td><td>8.4.6</td><td></td><td></td><td colspan="2"></td></tr>
<tr><td>7</td><td>录音设备功能应满足以下要求：
（1）录音设备应对调度台与调度分机之间的通话内容及通话时间、分机号等信息进行记录。
（2）对所有录音可分别按日期、时间、通道号进行搜索。
（3）录音保存时间应符合设计要求</td><td>8.4.7</td><td></td><td></td><td colspan="2"></td></tr>
<tr><td colspan="2" rowspan="2">施工单位检查结果</td><td colspan="2">专业工长（施工员）
（签名）</td><td colspan="2"></td><td>施工班组长
（签名）</td><td></td></tr>
<tr><td colspan="6">项目专业质量检查员（签名）：　　　　年　月　日</td></tr>
<tr><td colspan="2">监理单位验收结论</td><td colspan="6">专业监理工程师（签名）：　　　　年　月　日</td></tr>
</table>

专用电话系统网管功能检验检验批质量验收记录

DT（GZ）T0424

<table>
<tr><td colspan="3">单位（子单位）工程名称</td><td colspan="5"></td></tr>
<tr><td colspan="3">分部工程名称 / 分项工程名称</td><td colspan="5"></td></tr>
<tr><td colspan="3">检验批部位</td><td colspan="2"></td><td>检验批容量</td><td colspan="2"></td></tr>
<tr><td colspan="3">施工单位</td><td colspan="3"></td><td>项目负责人</td><td></td></tr>
<tr><td colspan="3">执行的技术标准名称、
编号及设计图号</td><td colspan="5"></td></tr>
<tr><td colspan="3">验收依据</td><td colspan="5"></td></tr>
<tr><td rowspan="6">主控项目</td><td colspan="2">验收项目</td><td>设计要求及标准规定</td><td>最小 / 实际抽样数量</td><td>检查记录</td><td colspan="2">检查结果</td></tr>
<tr><td>1</td><td>专用电话网管功能应符合本规范第 7.5.1 ~ 7.5.6 条的相关规定</td><td>8.5.1</td><td></td><td></td><td colspan="2"></td></tr>
<tr><td>2</td><td></td><td></td><td></td><td></td><td colspan="2"></td></tr>
<tr><td>3</td><td></td><td></td><td></td><td></td><td colspan="2"></td></tr>
<tr><td>4</td><td></td><td></td><td></td><td></td><td colspan="2"></td></tr>
<tr><td>5</td><td></td><td></td><td></td><td></td><td colspan="2"></td></tr>
<tr><td colspan="2" rowspan="2">施工单位检查结果</td><td>专业工长（施工员）
（签名）</td><td colspan="2"></td><td>施工班组长
（签名）</td><td colspan="2"></td></tr>
<tr><td colspan="6">项目专业质量检查员（签名）: 年 月 日</td></tr>
<tr><td colspan="2">监理单位验收结论</td><td colspan="6">专业监理工程师（签名）: 年 月 日</td></tr>
</table>

铁塔安装检验批质量验收记录（一）

DT（GZ）T0425

<table>
<tr><td colspan="3">单位（子单位）工程名称</td><td colspan="5"></td></tr>
<tr><td colspan="3">分部工程名称 / 分项工程名称</td><td colspan="5"></td></tr>
<tr><td colspan="3">检验批部位</td><td colspan="2"></td><td>检验批容量</td><td colspan="2"></td></tr>
<tr><td colspan="3">施工单位</td><td colspan="3"></td><td>项目负责人</td><td></td></tr>
<tr><td colspan="3">执行的技术标准名称、编号及设计图号</td><td colspan="5"></td></tr>
<tr><td colspan="3">验收依据</td><td colspan="5"></td></tr>
<tr><td rowspan="7">主控项目</td><td colspan="2">验收项目</td><td>设计要求及标准规定</td><td>最小 / 实际抽样数量</td><td>检查记录</td><td colspan="2">检查结果</td></tr>
<tr><td>1</td><td>铁塔基础深度、标高及塔靴安装位置应符合设计要求</td><td>9.2.1</td><td></td><td></td><td colspan="2"></td></tr>
<tr><td>2</td><td>铁塔基础用混凝土原材料及混凝土强度等级应符合设计要求</td><td>9.2.2</td><td></td><td></td><td colspan="2"></td></tr>
<tr><td>3</td><td>铁塔的高度应符合设计要求，垂直度偏差不应大于1.5‰</td><td>9.2.3</td><td></td><td></td><td colspan="2"></td></tr>
<tr><td>4</td><td>天线加挂支柱高度及方位、平台位置及尺寸、爬梯的设置方式应符合设计要求</td><td>9.2.4</td><td></td><td></td><td colspan="2"></td></tr>
<tr><td>5</td><td>铁塔防雷装置、接地引下线和接地电阻应符合设计要求</td><td>9.2.5</td><td></td><td></td><td colspan="2"></td></tr>
<tr><td>6</td><td>铁塔塔体的接地电阻应符合设计要求，塔体金属构件间应保证电气连通</td><td>9.2.6</td><td></td><td></td><td colspan="2"></td></tr>
<tr><td colspan="2" rowspan="2">施工单位检查结果</td><td>专业工长（施工员）（签名）</td><td></td><td colspan="2">施工班组长（签名）</td><td colspan="2"></td></tr>
<tr><td colspan="6">项目专业质量检查员（签名）:　　　年　月　日</td></tr>
<tr><td colspan="2">监理单位验收结论</td><td colspan="6">专业监理工程师（签名）:　　　年　月　日</td></tr>
</table>

铁塔安装检验批质量验收记录（二）

DT（GZ）T0425/1

<table>
<tr><td colspan="3">单位（子单位）工程名称</td><td colspan="5"></td></tr>
<tr><td colspan="3">分部工程名称 / 分项工程名称</td><td colspan="5"></td></tr>
<tr><td colspan="3">检验批部位</td><td colspan="2"></td><td>检验批容量</td><td colspan="2"></td></tr>
<tr><td colspan="3">施工单位</td><td colspan="3"></td><td>项目负责人</td><td></td></tr>
<tr><td colspan="3">执行的技术标准名称、
编号及设计图号</td><td colspan="5"></td></tr>
<tr><td colspan="3">验收依据</td><td colspan="5"></td></tr>
<tr><td rowspan="7">一般项目</td><td colspan="2">验收项目</td><td>设计要求及标准规定</td><td>最小 / 实际抽样数量</td><td>检查记录</td><td colspan="2">检查结果</td></tr>
<tr><td>1</td><td>铁塔基础顶面应水平平整，塔靴及基础面应紧密贴合，允许水平误差为 3mm</td><td>9.2.7</td><td></td><td></td><td colspan="2"></td></tr>
<tr><td>2</td><td>铁塔构件的镀锌层应均匀光滑、不翘皮，不得出现返锈现象</td><td>9.2.8</td><td></td><td></td><td colspan="2"></td></tr>
<tr><td>3</td><td>铁塔塔靴与基础预埋螺栓的连接必须用双螺母，塔身安装螺栓穿入方向应一致，螺母应拧紧，螺栓外露丝扣不应少于两扣</td><td>9.2.9</td><td></td><td></td><td colspan="2"></td></tr>
<tr><td>4</td><td>铁塔接地装置应选择在土壤电阻率较低处埋设，间距应为 5m，埋深为 0.5 ~ 0.8m 或冻土层以下，与其他接地体间距离不宜小于 20m</td><td>9.2.10</td><td></td><td></td><td colspan="2"></td></tr>
<tr><td>5</td><td></td><td></td><td></td><td></td><td colspan="2"></td></tr>
<tr><td>6</td><td></td><td></td><td></td><td></td><td colspan="2"></td></tr>
<tr><td colspan="2" rowspan="2">施工单位检查结果</td><td>专业工长（施工员）
（签名）</td><td colspan="2"></td><td>施工班组长
（签名）</td><td colspan="2"></td></tr>
<tr><td colspan="6">项目专业质量检查员（签名）:　　　　年　　月　　日</td></tr>
<tr><td colspan="2">监理单位验收结论</td><td colspan="6">专业监理工程师（签名）:　　　　年　　月　　日</td></tr>
</table>

天馈线检验批质量验收记录（一）

DT（GZ）T0426

<table>
<tr><td colspan="3">单位（子单位）工程名称</td><td colspan="4"></td></tr>
<tr><td colspan="3">分部工程名称 / 分项工程名称</td><td colspan="4"></td></tr>
<tr><td colspan="3">检验批部位</td><td></td><td>检验批容量</td><td colspan="2"></td></tr>
<tr><td colspan="3">施工单位</td><td colspan="2"></td><td>项目负责人</td><td></td></tr>
<tr><td colspan="3">执行的技术标准名称、编号及设计图号</td><td colspan="4"></td></tr>
<tr><td colspan="3">验收依据</td><td colspan="4"></td></tr>
<tr><td rowspan="6">主控项目</td><td colspan="2">验收项目</td><td>设计要求及标准规定</td><td>最小 / 实际抽样数量</td><td>检查记录</td><td>检查结果</td></tr>
<tr><td>1</td><td>天线、馈线、塔顶放大器型号、规格应符合设计要求及相关产品标准的规定</td><td>9.3.1</td><td></td><td></td><td></td></tr>
<tr><td>2</td><td>杆塔和站厅天线的安装高度、方向和固定方式应符合设计要求</td><td>9.3.2</td><td></td><td></td><td></td></tr>
<tr><td>3</td><td>天馈线防雷应符合下列要求：
（1）天线杆（塔）应设有单独的避雷针，避雷针引下线应作固定并与接地体连接良好。
（2）天线避雷地线的接地电阻应符合设计要求。
（3）天线避雷针对天线的保护角度应小于45°。
（4）基站同轴电缆馈线的金属外护层，应在上部、下部和经走线架进机房入口处就近接地，在机房入口处的接地应与就近的接地系统连通</td><td>9.3.3</td><td></td><td></td><td></td></tr>
<tr><td>4</td><td>馈线不得有接头，天馈线连接处及馈线与室外防雷器的连接处应作防水处理</td><td>9.3.4</td><td></td><td></td><td></td></tr>
<tr><td>5</td><td>天馈线的技术性能应满足下列规定：
（1）天馈线驻波比在工作频段内不应大于1.5。
（2）按馈线长度和部件计算的总衰减应符合技术指标要求</td><td>9.3.5</td><td></td><td></td><td></td></tr>
<tr><td colspan="2" rowspan="2">施工单位检查结果</td><td>专业工长（施工员）
（签名）</td><td></td><td>施工班组长
（签名）</td><td colspan="2"></td></tr>
<tr><td colspan="5">项目专业质量检查员（签名）:　　　　年　月　日</td></tr>
<tr><td colspan="2">监理单位验收结论</td><td colspan="5">专业监理工程师（签名）:　　　　年　月　日</td></tr>
</table>

天馈线检验批质量验收记录（二）

DT（GZ）T0426/1

<table>
<tr><td colspan="3">单位（子单位）工程名称</td><td colspan="5"></td></tr>
<tr><td colspan="3">分部工程名称 / 分项工程名称</td><td colspan="5"></td></tr>
<tr><td colspan="3">检验批部位</td><td colspan="2"></td><td>检验批容量</td><td colspan="2"></td></tr>
<tr><td colspan="3">施工单位</td><td colspan="3"></td><td>项目负责人</td><td></td></tr>
<tr><td colspan="3">执行的技术标准名称、
编号及设计图号</td><td colspan="5"></td></tr>
<tr><td colspan="3">验收依据</td><td colspan="5"></td></tr>
<tr><td rowspan="6">一般项目</td><td colspan="2">验收项目</td><td>设计要求及标准规定</td><td>最小 / 实际抽样数量</td><td>检查记录</td><td colspan="2">检查结果</td></tr>
<tr><td>1</td><td>馈线引入机房前，在墙洞入口处应做滴水弯</td><td>9.3.6</td><td></td><td></td><td colspan="2"></td></tr>
<tr><td>2</td><td>天线避雷地线接地体与连接线（如扁钢）等焊接处应作防腐处理</td><td>9.3.7</td><td></td><td></td><td colspan="2"></td></tr>
<tr><td>3</td><td>钢丝绳拉线固定处应装有绝缘子，并应在侧墙上用膨胀螺栓固定牢固，引入馈线的房檐易摩擦部位应采取防护措施</td><td>9.3.8</td><td></td><td></td><td colspan="2"></td></tr>
<tr><td>4</td><td>站厅天线的安装位置应符合设计要求，并满足无线信号对站厅的覆盖要求</td><td>9.3.9</td><td></td><td></td><td colspan="2"></td></tr>
<tr><td>5</td><td></td><td></td><td></td><td></td><td colspan="2"></td></tr>
<tr><td colspan="2" rowspan="2">施工单位检查结果</td><td colspan="2">专业工长（施工员）
（签名）</td><td></td><td>施工班组长
（签名）</td><td colspan="2"></td></tr>
<tr><td colspan="6">项目专业质量检查员（签名）:　　　　年　月　日</td></tr>
<tr><td colspan="2">监理单位验收结论</td><td colspan="6">专业监理工程师（签名）:　　　　年　月　日</td></tr>
</table>

漏泄同轴电缆检验批质量验收记录（一）

DT（GZ）T0427

<table>
<tr><td colspan="2">单位（子单位）工程名称</td><td colspan="5"></td></tr>
<tr><td colspan="2">分部工程名称 / 分项工程名称</td><td colspan="5"></td></tr>
<tr><td colspan="2">检验批部位</td><td colspan="2"></td><td>检验批容量</td><td colspan="2"></td></tr>
<tr><td colspan="2">施工单位</td><td colspan="3"></td><td>项目负责人</td><td></td></tr>
<tr><td colspan="2">执行的技术标准名称、编号及设计图号</td><td colspan="5"></td></tr>
<tr><td colspan="2">验收依据</td><td colspan="5"></td></tr>
<tr><td rowspan="5">主控项目</td><td colspan="2">验收项目</td><td>设计要求及标准规定</td><td>最小 / 实际抽样数量</td><td>检查记录</td><td>检查结果</td></tr>
<tr><td>1</td><td>漏泄同轴电缆（以下简称漏缆）到达现场应进行检查，其型号、规格、质量应符合设计要求及相关产品标准的规定</td><td>9.4.1</td><td></td><td></td><td></td></tr>
<tr><td>2</td><td>漏缆应在现场进行单盘测试，其直流电气特性应符合规定。交流电气特性宜作为漏缆在批量出厂前在厂内进行抽测的检验项目，或采用工厂提供的出厂测试记录。交流电气特性主要检查特性阻抗、电压驻波比、标准耦合损耗、传输衰减等，应符合设计要求</td><td>9.4.2</td><td></td><td></td><td></td></tr>
<tr><td>3</td><td>漏缆的安装应符合下列规定:
（1）隧道内吊挂漏缆，其吊挂位置和距钢轨面的高度应符合设计要求，漏缆的开口方向应面向列车。
（2）高架或地面区段漏缆托架的安装间隔应符合设计要求。
（3）漏缆不应急剧弯曲，弯曲半径应符合规定</td><td>9.4.3</td><td></td><td></td><td></td></tr>
<tr><td>4</td><td>漏缆的连接必须保持原漏缆结构及开槽间距不变，固定接头应连续可靠、连接牢固，装配后接头外部应按设计要求防护</td><td>9.4.4</td><td></td><td></td><td></td></tr>
<tr><td colspan="2" rowspan="2">施工单位检查结果</td><td>专业工长（施工员）
（签名）</td><td colspan="2"></td><td>施工班组长
（签名）</td><td></td></tr>
<tr><td colspan="5">项目专业质量检查员（签名）: 年 月 日</td></tr>
<tr><td colspan="2">监理单位验收结论</td><td colspan="5">专业监理工程师（签名）: 年 月 日</td></tr>
</table>

漏泄同轴电缆检验批质量验收记录（二）

DT（GZ）T0427/1

<table>
<tr><td colspan="3">单位（子单位）工程名称</td><td colspan="5"></td></tr>
<tr><td colspan="3">分部工程名称 / 分项工程名称</td><td colspan="5"></td></tr>
<tr><td colspan="3">检验批部位</td><td colspan="2"></td><td>检验批容量</td><td colspan="2"></td></tr>
<tr><td colspan="3">施工单位</td><td colspan="3"></td><td>项目负责人</td><td></td></tr>
<tr><td colspan="3">执行的技术标准名称、编号及设计图号</td><td colspan="5"></td></tr>
<tr><td colspan="3">验收依据</td><td colspan="5"></td></tr>
<tr><td rowspan="3">主控项目</td><td colspan="2">验收项目</td><td>设计要求及标准规定</td><td>最小 / 实际抽样数量</td><td>检查记录</td><td colspan="2">检查结果</td></tr>
<tr><td>5</td><td>漏缆装配后，应进行下列项目测试：
（1）直流电气特性应测试内、外导体直流电阻、绝缘介电强度、绝缘电阻等，指标应满足要求。
（2）交流电气特性应测试电压驻波比和传输衰减，其指标应符合设计要求</td><td>9.4.5</td><td></td><td></td><td colspan="2"></td></tr>
<tr><td>6</td><td>漏缆装配结束后，应进行中继段静态场强测试，其指标应符合设计要求</td><td>9.4.6</td><td></td><td></td><td colspan="2"></td></tr>
<tr><td rowspan="4">一般项目</td><td>1</td><td>隧道内漏缆支架的安装应符合下列规定：
（1）支架的位置、安装强度及距钢轨面的高度应符合设计要求。
（2）洞内吊夹安装位置和间隔应符合设计要求</td><td>9.4.7</td><td></td><td></td><td colspan="2"></td></tr>
<tr><td>2</td><td>隧道外区段漏缆吊挂后最大下垂幅度应在 0.15 ~ 0.2m 范围内（在 20℃时）</td><td>9.4.8</td><td></td><td></td><td colspan="2"></td></tr>
<tr><td>3</td><td>连接器装配后接头外部应进行防护，并固定可靠</td><td>9.4.9</td><td></td><td></td><td colspan="2"></td></tr>
<tr><td>4</td><td>合路器与分路器的安装位置应符合设计要求，并不得修剪合路器原配电缆长度；系统改造时，两个分路器之间的连接电缆长度应符合系统改造设计要求；分路器空余端要求接上相应的终端负载</td><td>9.4.10</td><td></td><td></td><td colspan="2"></td></tr>
<tr><td colspan="2" rowspan="2">施工单位检查结果</td><td>专业工长（施工员）（签名）</td><td colspan="2"></td><td colspan="2">施工班组长（签名）</td><td></td></tr>
<tr><td colspan="6">项目专业质量检查员（签名）:　　年　月　日</td></tr>
<tr><td colspan="2">监理单位验收结论</td><td colspan="6">专业监理工程师（签名）:　　年　月　日</td></tr>
</table>

无线通信设备安装检验批质量验收记录

DT（GZ）T0428

单位（子单位）工程名称						
分部工程名称 / 分项工程名称						
检验批部位				检验批容量		
施工单位					项目负责人	
执行的技术标准名称、编号及设计图号						
验收依据						
	验收项目		设计要求及标准规定	最小 / 实际抽样数量	检查记录	检查结果
主控项目	1	无线通信设备到达现场应进行检查，其型号、规格、质量应符合设计要求及相关产品标准的规定	9.5.1			
	2	无线设备安装和配线应符合本规范第 6.2.2 条和第 6.3.1 ~ 6.3.7 条的相关规定	9.5.2			
	3	基站和直放站的避雷器安装应串接于天线馈线和室内同轴馈线之间。避雷装置应安装在建筑物电缆入口处的墙壁上方，并应防雨	9.5.3			
	4	高架及地面区间直放站应设置独立的防护地线。接地电阻不应大于 10Ω	9.5.4			
一般项目	1	无线设备安装位置和安装方式应符合设计要求	9.5.5			
	2	馈线在室内应路由合理，支撑牢固	9.5.6			
	3	机车台应安装在便于维修的位置，控制盒应安装在便于司机操作的位置。在机车上敷设电缆应固定牢靠，并留一定余量	9.5.7			
	4	直放站的安装位置除应有必要的供电和照明设备外，还应符合防水、防盗、防寒、散热等要求	9.5.8			
施工单位检查结果	专业工长（施工员）（签名）			施工班组长（签名）		
	项目专业质量检查员（签名）: 年 月 日					
监理单位验收结论	专业监理工程师（签名）: 年 月 日					

无线通信系统指标检测检验批质量验收记录（一）

DT（GZ）T0429

<table>
<tr><td colspan="3">单位（子单位）工程名称</td><td colspan="5"></td></tr>
<tr><td colspan="3">分部工程名称 / 分项工程名称</td><td colspan="5"></td></tr>
<tr><td colspan="3">检验批部位</td><td colspan="2"></td><td>检验批容量</td><td colspan="2"></td></tr>
<tr><td colspan="3">施工单位</td><td colspan="3"></td><td>项目负责人</td><td></td></tr>
<tr><td colspan="3">执行的技术标准名称、
编号及设计图号</td><td colspan="5"></td></tr>
<tr><td colspan="3">验收依据</td><td colspan="5"></td></tr>
<tr><td rowspan="5">主控项目</td><td colspan="2">验收项目</td><td>设计要求及标准规定</td><td>最小 / 实际抽样数量</td><td>检查记录</td><td colspan="2">检查结果</td></tr>
<tr><td>1</td><td>站台、站厅、车场、室内及区间每条轨道中心两侧 5m 内线路的场强覆盖，在 95%的地点、时间概率条件下，其功率电平值应达到设计要求</td><td>9.6.1</td><td></td><td></td><td colspan="2"></td></tr>
<tr><td>2</td><td>无线通信系统语音部分的以下性能指标应符合设计要求：
（1）语音质量。
（2）接通率。
（3）掉话率。
（4）平均呼叫建立时延。
（5）切换失败率</td><td>9.6.2</td><td></td><td></td><td colspan="2"></td></tr>
<tr><td>3</td><td>无线通信系统数据部分的以下性能指标应符合设计要求：
（1）平均时延。
（2）平均丢包率。
（3）平均吞吐量</td><td>9.6.3</td><td></td><td></td><td colspan="2"></td></tr>
<tr><td>4</td><td>基站设备的以下性能指标应符合设计要求或设备技术条件规定：
（1）信道机前向功率、反向功率、驻波比。
（2）射频输出口功率、驻波比。
（3）发射频率偏差。
（4）基站发射调制精度均方根值（RMS）矢量误差，峰值（Peak）矢量误差</td><td>9.6.4</td><td></td><td></td><td colspan="2"></td></tr>
<tr><td colspan="2" rowspan="2">施工单位检查结果</td><td colspan="2">专业工长（施工员）
（签名）</td><td colspan="2"></td><td>施工班组长
（签名）</td><td></td></tr>
<tr><td colspan="6">项目专业质量检查员（签名）:　　　年　　月　　日</td></tr>
<tr><td colspan="2">监理单位验收结论</td><td colspan="6">专业监理工程师（签名）:　　　年　　月　　日</td></tr>
</table>

无线通信系统指标检测检验批质量验收记录（二）

DT（GZ）T0429/1

<table>
<tr><td colspan="3">单位（子单位）工程名称</td><td colspan="5"></td></tr>
<tr><td colspan="3">分部工程名称 / 分项工程名称</td><td colspan="5"></td></tr>
<tr><td colspan="3">检验批部位</td><td colspan="2"></td><td>检验批容量</td><td colspan="2"></td></tr>
<tr><td colspan="3">施工单位</td><td colspan="3"></td><td>项目负责人</td><td></td></tr>
<tr><td colspan="3">执行的技术标准名称、编号及设计图号</td><td colspan="5"></td></tr>
<tr><td colspan="3">验收依据</td><td colspan="5"></td></tr>
<tr><td rowspan="3">主控项目</td><td colspan="2">验收项目</td><td>设计要求及标准规定</td><td>最小 / 实际抽样数量</td><td>检查记录</td><td colspan="2">检查结果</td></tr>
<tr><td>5</td><td>射频直放站的以下性能指标应符合设计要求或设备技术条件规定：
（1）正、反向输入、输出电平。
（2）静噪门限电平。
（3）自动增益控制范围</td><td>9.6.5</td><td></td><td></td><td colspan="2"></td></tr>
<tr><td>6</td><td>光纤直放站的以下性能指标应符合设计要求或设备技术条件规定：
（1）输出光功率。
（2）输入光功率。
（3）光接收动态范围。
（4）输出功率。
（5）增益调节范围</td><td>9.6.6</td><td></td><td></td><td colspan="2"></td></tr>
<tr><td rowspan="2">一般项目</td><td>1</td><td>车厢内的场强覆盖应符合设计要求</td><td>9.6.7</td><td></td><td></td><td colspan="2"></td></tr>
<tr><td>2</td><td></td><td></td><td></td><td></td><td colspan="2"></td></tr>
<tr><td colspan="2" rowspan="2">施工单位检查结果</td><td>专业工长（施工员）（签名）</td><td colspan="2"></td><td>施工班组长（签名）</td><td colspan="2"></td></tr>
<tr><td colspan="6">项目专业质量检查员（签名）：　　　　年　月　日</td></tr>
<tr><td colspan="2">监理单位验收结论</td><td colspan="6">专业监理工程师（签名）：　　　　年　月　日</td></tr>
</table>

无线通信系统功能检验检验批质量验收记录

DT（GZ）T0430

单位（子单位）工程名称						
分部工程名称 / 分项工程名称						
检验批部位			检验批容量			
施工单位				项目负责人		
执行的技术标准名称、编号及设计图号						
验收依据						
主控项目		验收项目	设计要求及标准规定	最小 / 实际抽样数量	检查记录	检查结果
主控项目	1	无线交换机、基站设备、直放站及调度设备等的各项功能应符合设计要求	9.7.1			
主控项目	2	无线通信系统的以下功能应工作正常： （1）全呼、组呼、选呼、紧急呼叫。 （2）直通模式呼叫（DMO）。 （3）呼入呼出限制。 （4）呼叫限时功能。 （5）来话显示与缩位拨号功能。 （6）迟后进入、超出服务区指示功能。 （7）短数据服务。 （8）分组数据服务。 （9）强拆功能。 （10）通话录音功能。 （11）故障显示功能。 （12）计费管理功能。 （13）冗余功能。 （14）单基站工作模式。 （15）动态分组功能。 （16）排队和遇忙回叫功能。 （17）转接外线功能。 （18）调度台对列车的广播功能	9.7.2			
施工单位检查结果	专业工长（施工员）（签名）			施工班组长（签名）		
施工单位检查结果	项目专业质量检查员（签名）: 年 月 日					
监理单位验收结论	专业监理工程师（签名）: 年 月 日					

无线通信系统网管功能检验检验批质量验收记录

DT（GZ）T0431

单位（子单位）工程名称						
分部工程名称 / 分项工程名称						
检验批部位			检验批容量			
施工单位				项目负责人		
执行的技术标准名称、编号及设计图号						
验收依据						
主控项目	验收项目		设计要求及标准规定	最小 / 实际抽样数量	检查记录	检查结果
	1	无线通信系统网管应能显示整个无线网络的拓扑结构	9.8.1			
	2	无线通信系统网管的配置管理功能应符合设计要求	9.8.2			
	3	无线通信系统网管的故障管理和事件管理功能应符合设计要求	9.8.3			
	4	无线通信系统网管的性能管理、状态管理、软件管理和统计管理功能应符合设计要求	9.8.4			
	5	无线通信系统网管的配置管理、安全管理、系统管理、用户管理功能应符合设计要求	9.8.5			
施工单位检查结果	专业工长（施工员）（签名）			施工班组长（签名）		
	项目专业质量检查员（签名）: 年 月 日					
监理单位验收结论	专业监理工程师（签名）: 年 月 日					

闭路电视监视设备安装检验批质量验收记录

DT（GZ）T0432

<table>
<tr><td colspan="3">单位（子单位）工程名称</td><td colspan="5"></td></tr>
<tr><td colspan="3">分部工程名称 / 分项工程名称</td><td colspan="5"></td></tr>
<tr><td colspan="3">检验批部位</td><td colspan="2"></td><td>检验批容量</td><td colspan="2"></td></tr>
<tr><td colspan="3">施工单位</td><td colspan="3"></td><td>项目负责人</td><td></td></tr>
<tr><td colspan="3">执行的技术标准名称、编号及设计图号</td><td colspan="5"></td></tr>
<tr><td colspan="3">验收依据</td><td colspan="5"></td></tr>
<tr><td rowspan="4">主控项目</td><td colspan="2">验收项目</td><td>设计要求及标准规定</td><td>最小 / 实际抽样数量</td><td>检查记录</td><td colspan="2">检查结果</td></tr>
<tr><td>1</td><td>闭路电视监视设备到达现场应进行检查，其型号、规格、质量应符合设计要求及相关产品标准的规定</td><td>10.2.1</td><td></td><td></td><td colspan="2"></td></tr>
<tr><td>2</td><td>闭路电视监视设备机架（柜）电路插板的规格、数量和安装位置应符合设计要求</td><td>10.2.2</td><td></td><td></td><td colspan="2"></td></tr>
<tr><td>3</td><td>在室外露天处安装摄像机时，避雷针和摄像装置的安装应牢靠、稳固</td><td>10.2.3</td><td></td><td></td><td colspan="2"></td></tr>
<tr><td rowspan="5">一般项目</td><td>1</td><td>监视器的安装位置应使屏幕不受外来光直射，当有不可避免的光时，应加遮光罩遮挡</td><td>10.2.4</td><td></td><td></td><td colspan="2"></td></tr>
<tr><td>2</td><td>监视器装设在固定的机架和柜内时，应采取通风散热措施</td><td>10.2.5</td><td></td><td></td><td colspan="2"></td></tr>
<tr><td>3</td><td>监视器的外部可调节部分，应暴露在便于操作的位置，并可加保护盖</td><td>10.2.6</td><td></td><td></td><td colspan="2"></td></tr>
<tr><td>4</td><td>闭路电视监视机架及机内设备的安装应符合本规范第 6.2.3 ~ 6.2.5 条的相关规定</td><td>10.2.7</td><td></td><td></td><td colspan="2"></td></tr>
<tr><td>5</td><td>闭路电视监视系统电源设备及接地装置的安装应符合本规范第 14.2.5 ~ 14.2.9 条及第 14.6.7 ~ 14.6.10 条的相关规定</td><td>10.2.8</td><td></td><td></td><td colspan="2"></td></tr>
<tr><td colspan="2" rowspan="2">施工单位检查结果</td><td>专业工长（施工员）（签名）</td><td colspan="2"></td><td>施工班组长（签名）</td><td colspan="2"></td></tr>
<tr><td colspan="6">项目专业质量检查员（签名）:　　　　年　月　日</td></tr>
<tr><td colspan="2">监理单位验收结论</td><td colspan="6">专业监理工程师（签名）:　　　　年　月　日</td></tr>
</table>

闭路电视监视设备配线检验批质量验收记录

DT（GZ）T0433

<table>
<tr><td colspan="3">单位（子单位）工程名称</td><td colspan="6"></td></tr>
<tr><td colspan="3">分部工程名称 / 分项工程名称</td><td colspan="6"></td></tr>
<tr><td colspan="3">检验批部位</td><td colspan="2"></td><td>检验批容量</td><td colspan="3"></td></tr>
<tr><td colspan="3">施工单位</td><td colspan="3"></td><td>项目负责人</td><td colspan="2"></td></tr>
<tr><td colspan="3">执行的技术标准名称、
编号及设计图号</td><td colspan="6"></td></tr>
<tr><td colspan="3">验收依据</td><td colspan="6"></td></tr>
<tr><td></td><td colspan="2">验收项目</td><td>设计要求及标准规定</td><td colspan="2">最小 / 实际抽样数量</td><td>检查记录</td><td colspan="2">检查结果</td></tr>
<tr><td rowspan="4">主控项目</td><td>1</td><td>闭路电视监视设备的配线电缆到达现场应进行检查，其型号、规格、质量应符合设计要求及相关产品标准的规定</td><td>10.3.1</td><td colspan="2"></td><td></td><td colspan="2"></td></tr>
<tr><td>2</td><td>闭路电视监视系统电缆的敷设应符合本规范第 4.6.1 ~ 4.6.7 条的相关规定</td><td>10.3.2</td><td colspan="2"></td><td></td><td colspan="2"></td></tr>
<tr><td>3</td><td>闭路电视监视系统电源配线应符合本规范第 14.3.1 ~ 14.3.4 条的相关规定</td><td>10.3.3</td><td colspan="2"></td><td></td><td colspan="2"></td></tr>
<tr><td>4</td><td>闭路电视监视系统地线的布放应符合本规范第 14.6.2 ~ 14.6.6 条的相关规定</td><td>10.3.4</td><td colspan="2"></td><td></td><td colspan="2"></td></tr>
<tr><td rowspan="5">一般项目</td><td>1</td><td>闭路电视监视系统电缆敷设还应符合本规范第 4.6.8 ~ 4.6.10 条的相关规定</td><td>10.3.5</td><td colspan="2"></td><td></td><td colspan="2"></td></tr>
<tr><td>2</td><td>从摄像机引出的电缆宜留有 1m 的余量，并不得影响摄像机的转动</td><td>10.3.6</td><td colspan="2"></td><td></td><td colspan="2"></td></tr>
<tr><td>3</td><td>摄像机的电缆和电源线均应固定，并不得用插头承受电缆的自重</td><td>10.3.7</td><td colspan="2"></td><td></td><td colspan="2"></td></tr>
<tr><td>4</td><td>室外设备连接电缆时，宜从设备的下部进线</td><td>10.3.8</td><td colspan="2"></td><td></td><td colspan="2"></td></tr>
<tr><td>5</td><td>闭路电视监视系统用同轴电缆敷设的弯曲半径应大于电缆直径的 15 倍</td><td>10.3.9</td><td colspan="2"></td><td></td><td colspan="2"></td></tr>
<tr><td colspan="2" rowspan="2">施工单位检查结果</td><td>专业工长（施工员）
（签名）</td><td colspan="2"></td><td colspan="2">施工班组长
（签名）</td><td colspan="2"></td></tr>
<tr><td colspan="7">项目专业质量检查员（签名）:　　　　年　　月　　日</td></tr>
<tr><td colspan="2">监理单位验收结论</td><td colspan="7">专业监理工程师（签名）:　　　　年　　月　　日</td></tr>
</table>

闭路电视监视系统指标检测及功能检验检验批质量验收记录（一）

DT（GZ）T0434

<table>
<tr><td colspan="3">单位（子单位）工程名称</td><td colspan="5"></td></tr>
<tr><td colspan="3">分部工程名称 / 分项工程名称</td><td colspan="5"></td></tr>
<tr><td colspan="3">检验批部位</td><td colspan="2"></td><td>检验批容量</td><td colspan="2"></td></tr>
<tr><td colspan="3">施工单位</td><td colspan="3"></td><td>项目负责人</td><td></td></tr>
<tr><td colspan="3">执行的技术标准名称、
编号及设计图号</td><td colspan="5"></td></tr>
<tr><td colspan="3">验收依据</td><td colspan="5"></td></tr>
<tr><td rowspan="7">主控项目</td><td colspan="2">验收项目</td><td>设计要求及标准规定</td><td>最小 / 实际抽样数量</td><td>检查记录</td><td colspan="2">检查结果</td></tr>
<tr><td>1</td><td>闭路电视监视系统的质量主观评价应采用“五级损伤制”评定，随机信噪比、单频干扰、电源干扰、脉冲干扰四项主观评价项目的得分值均不应低于 4 分</td><td>10.4.1</td><td></td><td></td><td colspan="2"></td></tr>
<tr><td>2</td><td>系统图像水平清晰度应符合设计要求；若无设计要求，黑白电视系统不应低于 400 线，彩色电视系统不应低于 270 线</td><td>10.4.2</td><td></td><td></td><td colspan="2"></td></tr>
<tr><td>3</td><td>系统图像画面的灰度不应低于 8 级</td><td>10.4.3</td><td></td><td></td><td colspan="2"></td></tr>
<tr><td>4</td><td>系统的各路视频信号送至监视器输入端时，其电平值应为 1Vp−p ± 3dB/75Ω</td><td>10.4.4</td><td></td><td></td><td colspan="2"></td></tr>
<tr><td>5</td><td>系统的微分增益、微分相位指标，应符合设计要求及相关产品标准的规定</td><td>10.4.5</td><td></td><td></td><td colspan="2"></td></tr>
<tr><td>6</td><td>系统的信噪比性能指标应符合设计要求；无设计要求时，随机信噪比不应小于 37dB；低照度使用时，监视画面达到可用图像，其系统信噪比不应小于 25dB</td><td>10.4.6</td><td></td><td></td><td colspan="2"></td></tr>
<tr><td colspan="2" rowspan="2">施工单位检查结果</td><td>专业工长（施工员）
（签名）</td><td colspan="2"></td><td colspan="2">施工班组长
（签名）</td><td></td></tr>
<tr><td colspan="6">项目专业质量检查员（签名）:　　　　年　月　日</td></tr>
<tr><td colspan="2">监理单位验收结论</td><td colspan="6">专业监理工程师（签名）:　　　　年　月　日</td></tr>
</table>

闭路电视监视系统指标检测及功能检验检验批质量验收记录（二）

DT（GZ）T0434/1

单位（子单位）工程名称						
分部工程名称 / 分项工程名称						
检验批部位				检验批容量		
施工单位					项目负责人	
执行的技术标准名称、编号及设计图号						
验收依据						
主控项目		验收项目	设计要求及标准规定	最小 / 实际抽样数量	检查记录	检查结果
	7	闭路电视监视系统的以下功能指标应符合设计要求： （1）云台水平转动。 （2）云台垂直转动。 （3）自动光圈调节。 （4）调焦功能。 （5）变倍功能。 （6）切换功能。 （7）录像功能。 （8）报警功能。 （9）防护套功能。 （10）字符叠加、时间同步功能。 （11）电源开关控制功能	10.4.7			
	8	闭路电视监视系统控制中心显示系统的显示功能应符合设计要求	10.4.8			
	9	控制中心画面选择的优先级功能应符合设计要求	10.4.9			
施工单位检查结果	专业工长（施工员）（签名）			施工班组长（签名）		
	项目专业质量检查员（签名）： 年 月 日					
监理单位验收结论	专业监理工程师（签名）： 年 月 日					

闭路电视监视系统网管功能检验检验批质量验收记录

DT（GZ）T0435

<table>
<tr><td colspan="3">单位（子单位）工程名称</td><td colspan="5"></td></tr>
<tr><td colspan="3">分部工程名称 / 分项工程名称</td><td colspan="5"></td></tr>
<tr><td colspan="3">检验批部位</td><td colspan="2"></td><td>检验批容量</td><td colspan="2"></td></tr>
<tr><td colspan="3">施工单位</td><td colspan="3"></td><td>项目负责人</td><td></td></tr>
<tr><td colspan="3">执行的技术标准名称、
编号及设计图号</td><td colspan="5"></td></tr>
<tr><td colspan="3">验收依据</td><td colspan="5"></td></tr>
<tr><td rowspan="4">主控项目</td><td colspan="2">验收项目</td><td>设计要求及标准规定</td><td>最小 / 实际抽样数量</td><td>检查记录</td><td colspan="2">检查结果</td></tr>
<tr><td>1</td><td>闭路电视监视系统网管的以下功能应符合设计要求：
（1）对车站摄像机的数量和种类、机号的设置。
（2）对摄像机顺序切换、群切等功能的设置。
（3）对监视器的数量的设置。
（4）对摄像机和监视器代号字符的设置。
（5）对各矩阵通信口的设置。
（6）对用户密码和球形机使用优先级的设置。
（7）对报警功能的设置。
（8）控制中心和各车站电视相关设备（含切换矩阵等）的故障诊断。
（9）调度员操作命令的记录</td><td>10.5.1</td><td></td><td></td><td colspan="2"></td></tr>
<tr><td>2</td><td>闭路电视监视系统各车站网管设备和控制中心网管设备的数据通信功能应符合设计要求</td><td>10.5.2</td><td></td><td></td><td colspan="2"></td></tr>
<tr><td>3</td><td>闭路电视监视系统网管的人机交互功能应符合设计要求</td><td>10.5.3</td><td></td><td></td><td colspan="2"></td></tr>
<tr><td colspan="2" rowspan="2">施工单位检查结果</td><td>专业工长（施工员）
（签名）</td><td colspan="2"></td><td colspan="2">施工班组长
（签名）</td><td></td></tr>
<tr><td colspan="6">项目专业质量检查员（签名）:　　　　年　月　日</td></tr>
<tr><td colspan="2">监理单位验收结论</td><td colspan="6">专业监理工程师（签名）:　　　　年　月　日</td></tr>
</table>

广播设备安装检验批质量验收记录（一）

DT（GZ）T0436

<table>
<tr><td colspan="3">单位（子单位）工程名称</td><td colspan="5"></td></tr>
<tr><td colspan="3">分部工程名称 / 分项工程名称</td><td colspan="5"></td></tr>
<tr><td colspan="3">检验批部位</td><td colspan="2"></td><td>检验批容量</td><td colspan="2"></td></tr>
<tr><td colspan="3">施工单位</td><td colspan="3"></td><td>项目负责人</td><td></td></tr>
<tr><td colspan="3">执行的技术标准名称、
编号及设计图号</td><td colspan="5"></td></tr>
<tr><td colspan="3">验收依据</td><td colspan="5"></td></tr>
<tr><td rowspan="9">主控项目</td><td colspan="2">验收项目</td><td>设计要求及标准规定</td><td>最小 / 实际抽样数量</td><td>检查记录</td><td colspan="2">检查结果</td></tr>
<tr><td>1</td><td>广播系统控制设备、噪声传感器、扬声器及电缆到达现场应进行检查，其型号、规格、质量应符合设计要求</td><td>11.2.1</td><td></td><td></td><td colspan="2"></td></tr>
<tr><td>2</td><td>广播系统室内设备的机架（柜）电路插板的规格、数量和安装位置应符合设计要求</td><td>11.2.2</td><td></td><td></td><td colspan="2"></td></tr>
<tr><td>3</td><td>安装扬声器严禁超出设备限界，不得影响与行车有关的信号和标志</td><td>11.2.3</td><td></td><td></td><td colspan="2"></td></tr>
<tr><td>4</td><td>外场扬声器安装用电杆的规格应符合设计要求</td><td>11.2.4</td><td></td><td></td><td colspan="2"></td></tr>
<tr><td>5</td><td>当扩音馈线为地下电缆时，所用电缆盒和线间变压器盒的端子绝缘电阻，应符合产品技术条件规定</td><td>11.2.5</td><td></td><td></td><td colspan="2"></td></tr>
<tr><td>6</td><td>露天扬声器馈线引入室内时，应装设真空保安器</td><td>11.2.6</td><td></td><td></td><td colspan="2"></td></tr>
<tr><td>7</td><td>控制中心和车站广播的负载区数量应符合设计要求</td><td>11.2.7</td><td></td><td></td><td colspan="2"></td></tr>
<tr><td>8</td><td>控制中心录音设备规格、型号应符合设计要求，录音功能应正常</td><td>11.2.8</td><td></td><td></td><td colspan="2"></td></tr>
<tr><td colspan="3" rowspan="2">施工单位检查结果</td><td>专业工长（施工员）
（签名）</td><td></td><td>施工班组长
（签名）</td><td colspan="2"></td></tr>
<tr><td colspan="5">项目专业质量检查员（签名）:　　　　年　　月　　日</td></tr>
<tr><td colspan="3">监理单位验收结论</td><td colspan="5">专业监理工程师（签名）:　　　　年　　月　　日</td></tr>
</table>

广播设备安装检验批质量验收记录（二）

DT（GZ）T0436/1

<table>
<tr><td colspan="3">单位（子单位）工程名称</td><td colspan="5"></td></tr>
<tr><td colspan="3">分部工程名称 / 分项工程名称</td><td colspan="5"></td></tr>
<tr><td colspan="3">检验批部位</td><td colspan="2"></td><td>检验批容量</td><td colspan="2"></td></tr>
<tr><td colspan="3">施工单位</td><td colspan="3"></td><td>项目负责人</td><td></td></tr>
<tr><td colspan="3">执行的技术标准名称、编号及设计图号</td><td colspan="5"></td></tr>
<tr><td colspan="3">验收依据</td><td colspan="5"></td></tr>
<tr><td rowspan="6">一般项目</td><td colspan="2">验收项目</td><td>设计要求及标准规定</td><td>最小 / 实际抽样数量</td><td>检查记录</td><td colspan="2">检查结果</td></tr>
<tr><td>1</td><td>广播系统室内设备的安装应符合本规范第6.2.3 ~ 6.2.5条的相关规定</td><td>11.2.9</td><td></td><td></td><td colspan="2"></td></tr>
<tr><td>2</td><td>广播系统控制设备、扬声器的安装位置与安装方式应符合设计要求</td><td>11.2.10</td><td></td><td></td><td colspan="2"></td></tr>
<tr><td>3</td><td>扬声器支撑架安装应牢固，扬声器单元或零部件应安装紧密</td><td>11.2.11</td><td></td><td></td><td colspan="2"></td></tr>
<tr><td>4</td><td>广播系统电源设备及接地装置的安装应符合本规范第14.2.5 ~ 14.2.9条及第14.6.7 ~ 14.6.10条的相关规定</td><td>11.2.12</td><td></td><td></td><td colspan="2"></td></tr>
<tr><td>5</td><td></td><td></td><td></td><td></td><td colspan="2"></td></tr>
<tr><td colspan="2" rowspan="2">施工单位检查结果</td><td>专业工长（施工员）（签名）</td><td colspan="2"></td><td>施工班组长（签名）</td><td colspan="2"></td></tr>
<tr><td colspan="6">项目专业质量检查员（签名）:　　　　年　月　日</td></tr>
<tr><td colspan="2">监理单位验收结论</td><td colspan="6">专业监理工程师（签名）:　　　　年　月　日</td></tr>
</table>

广播设备配线检验批质量验收记录

DT（GZ）T0437

<table>
<tr><td colspan="3">单位（子单位）工程名称</td><td colspan="4"></td></tr>
<tr><td colspan="3">分部工程名称 / 分项工程名称</td><td colspan="4"></td></tr>
<tr><td colspan="3">检验批部位</td><td colspan="1"></td><td>检验批容量</td><td colspan="2"></td></tr>
<tr><td colspan="3">施工单位</td><td colspan="2"></td><td>项目负责人</td><td></td></tr>
<tr><td colspan="3">执行的技术标准名称、
编号及设计图号</td><td colspan="4"></td></tr>
<tr><td colspan="3">验收依据</td><td colspan="4"></td></tr>
<tr><td rowspan="5">主控项目</td><td colspan="2">验收项目</td><td>设计要求及标准规定</td><td>最小 / 实际抽样数量</td><td>检查记录</td><td>检查结果</td></tr>
<tr><td>1</td><td>广播设备的配线电缆到达现场应进行检查，其型号、规格、质量应符合设计要求及相关产品标准的规定</td><td>11.3.1</td><td></td><td></td><td></td></tr>
<tr><td>2</td><td>广播系统室内设备的缆线布放应符合本规范第 4.6.1 ~ 4.6.7 条的相关规定</td><td>11.3.2</td><td></td><td></td><td></td></tr>
<tr><td>3</td><td>广播系统电源配线应符合本规范第 14.3.1 ~ 14.3.4 条的相关规定</td><td>11.3.3</td><td></td><td></td><td></td></tr>
<tr><td>4</td><td>广播系统地线的布放应符合本规范第 14.6.2 ~ 14.6.6 条的相关规定</td><td>11.3.4</td><td></td><td></td><td></td></tr>
<tr><td rowspan="2">一般项目</td><td>1</td><td>广播系统室内设备的配线还应符合本规范第 4.6.8 ~ 4.6.10 条的相关规定</td><td>11.3.5</td><td></td><td></td><td></td></tr>
<tr><td>2</td><td></td><td></td><td></td><td></td><td></td></tr>
<tr><td colspan="2" rowspan="2">施工单位检查结果</td><td>专业工长（施工员）
（签名）</td><td colspan="2"></td><td>施工班组长
（签名）</td><td></td></tr>
<tr><td colspan="5">项目专业质量检查员（签名）:　　　年　月　日</td></tr>
<tr><td colspan="2">监理单位验收结论</td><td colspan="5">专业监理工程师（签名）:　　　年　月　日</td></tr>
</table>

广播系统指标检测及功能检验检验批质量验收记录（一）

DT（GZ）T0438

<table>
<tr><td colspan="3">单位（子单位）工程名称</td><td colspan="5"></td></tr>
<tr><td colspan="3">分部工程名称 / 分项工程名称</td><td colspan="5"></td></tr>
<tr><td colspan="3">检验批部位</td><td colspan="2"></td><td>检验批容量</td><td colspan="2"></td></tr>
<tr><td colspan="3">施工单位</td><td colspan="3"></td><td>项目负责人</td><td></td></tr>
<tr><td colspan="3">执行的技术标准名称、编号及设计图号</td><td colspan="5"></td></tr>
<tr><td colspan="3">验收依据</td><td colspan="5"></td></tr>
<tr><td rowspan="5">主控项目</td><td colspan="2">验收项目</td><td>设计要求及标准规定</td><td>最小 / 实际抽样数量</td><td>检查记录</td><td colspan="2">检查结果</td></tr>
<tr><td>1</td><td>广播系统功率放大器的下列性能指标应符合设计要求或产品技术条件：
（1）额定输出电压。
（2）输出功率。
（3）频率响应。
（4）谐波失真。
（5）信噪比。
（6）输出电压调整率。
（7）输入过激励。
（8）输入灵敏度</td><td>11.4.1</td><td></td><td></td><td colspan="2"></td></tr>
<tr><td>2</td><td>语音合成器的下列性能指标应符合设计要求或产品技术条件：
（1）频率响应。
（2）谐波失真。
（3）信噪比。
（4）输出电平。
（5）回放时间。
（6）播放通道</td><td>11.4.2</td><td></td><td></td><td colspan="2"></td></tr>
<tr><td>3</td><td>广播系统的最大声压级指标应符合设计要求</td><td>11.4.3</td><td></td><td></td><td colspan="2"></td></tr>
<tr><td>4</td><td>广播系统的声场不均匀度指标应符合设计要求</td><td>11.4.4</td><td></td><td></td><td colspan="2"></td></tr>
<tr><td colspan="2" rowspan="2">施工单位检查结果</td><td>专业工长（施工员）
（签名）</td><td colspan="2"></td><td colspan="2">施工班组长
（签名）</td><td></td></tr>
<tr><td colspan="6">项目专业质量检查员（签名）:　　　　年　　月　　日</td></tr>
<tr><td colspan="2">监理单位验收结论</td><td colspan="6">专业监理工程师（签名）:　　　　年　　月　　日</td></tr>
</table>

广播系统指标检测及功能检验检验批质量验收记录（二）

DT（GZ）T0438/1

<table>
<tr><td colspan="3">单位（子单位）工程名称</td><td colspan="4"></td></tr>
<tr><td colspan="3">分部工程名称 / 分项工程名称</td><td colspan="4"></td></tr>
<tr><td colspan="3">检验批部位</td><td colspan="2"></td><td>检验批容量</td><td></td></tr>
<tr><td colspan="3">施工单位</td><td colspan="2"></td><td>项目负责人</td><td></td></tr>
<tr><td colspan="3">执行的技术标准名称、
编号及设计图号</td><td colspan="4"></td></tr>
<tr><td colspan="3">验收依据</td><td colspan="4"></td></tr>
<tr><td rowspan="5">主控项目</td><td colspan="2">验收项目</td><td>设计要求及标准规定</td><td>最小 / 实际抽样数量</td><td>检查记录</td><td>检查结果</td></tr>
<tr><td>5</td><td>车站广播设备的以下功能应符合设计要求：
（1）优先级功能。
（2）分区、分路广播功能。
（3）多路平行广播功能。
（4）自动、手动、紧急三种不同播音方式。
（5）车站接收列车运行信息并自动播音。
（6）功放故障诊断与切换。
（7）状态查询功能。
（8）负载、功放主要技术指标测量的功能</td><td>11.4.5</td><td></td><td></td><td></td></tr>
<tr><td>6</td><td>车站播音盒应具备播音功能、监听功能、故障显示、噪声探测及控制功能</td><td>11.4.6</td><td></td><td></td><td></td></tr>
<tr><td>7</td><td>控制中心设备的以下功能应符合设计要求：
（1）全选、单选、组选车站和各广播区的功能。
（2）优先级功能。
（3）与时钟子系统的时间同步功能。
（4）多路平行广播功能。
（5）监听功能</td><td>11.4.7</td><td></td><td></td><td></td></tr>
<tr><td>8</td><td>广播系统的以下功能应符合设计要求：
（1）广播切换。
（2）广播显示。
（3）编程广播。
（4）预录及语音合成广播。
（5）噪声检测。
（6）消防广播。
（7）列车广播。
（8）集中维护管理</td><td>11.4.8</td><td></td><td></td><td></td></tr>
<tr><td colspan="2" rowspan="2">施工单位检查结果</td><td colspan="2">专业工长（施工员）
（签名）</td><td></td><td>施工班组长
（签名）</td><td></td></tr>
<tr><td colspan="5">项目专业质量检查员（签名）:　　年　月　日</td></tr>
<tr><td colspan="2">监理单位验收结论</td><td colspan="5">专业监理工程师（签名）:　　年　月　日</td></tr>
</table>

广播系统指标检测及功能检验检验批质量验收记录（三）

DT（GZ）T0438/2

单位（子单位）工程名称					
分部工程名称/分项工程名称					
检验批部位			检验批容量		
施工单位			项目负责人		
执行的技术标准名称、编号及设计图号					
验收依据					

		验收项目	设计要求及标准规定	最小/实际抽样数量	检查记录	检查结果
一般项目	1	噪声传感器功能检查应符合设计要求	11.4.9			
	2					
	3					
	4					

施工单位检查结果	专业工长（施工员）（签名）		施工班组长（签名）	
	项目专业质量检查员（签名）: 年 月 日			
监理单位验收结论	专业监理工程师（签名）: 年 月 日			

广播系统网管功能检验检验批质量验收记录

DT（GZ）T0439

<table>
<tr><td colspan="3">单位（子单位）工程名称</td><td colspan="5"></td></tr>
<tr><td colspan="3">分部工程名称 / 分项工程名称</td><td colspan="5"></td></tr>
<tr><td colspan="3">检验批部位</td><td colspan="2"></td><td>检验批容量</td><td colspan="2"></td></tr>
<tr><td colspan="3">施工单位</td><td colspan="3"></td><td>项目负责人</td><td></td></tr>
<tr><td colspan="3">执行的技术标准名称、
编号及设计图号</td><td colspan="5"></td></tr>
<tr><td colspan="3">验收依据</td><td colspan="5"></td></tr>
<tr><td rowspan="7">主控项目</td><td colspan="2">验收项目</td><td>设计要求及标准规定</td><td>最小 / 实际抽样数量</td><td>检查记录</td><td colspan="2">检查结果</td></tr>
<tr><td>1</td><td>控制中心应能监测车站的播音控制盒、各功能模块以及各功放的状态</td><td>11.5.1</td><td></td><td></td><td colspan="2"></td></tr>
<tr><td>2</td><td>各车站自动播音的内容应能在控制中心集中修改</td><td>11.5.2</td><td></td><td></td><td colspan="2"></td></tr>
<tr><td>3</td><td>控制中心应能自动记录中心调度员的广播时间、操作过程，并提供至少两路录音输出</td><td>11.5.3</td><td></td><td></td><td colspan="2"></td></tr>
<tr><td>4</td><td>控制中心应能测试任意车站的负载区（开路或短路）和功放技术指标（功率、频率响应等）</td><td>11.5.4</td><td></td><td></td><td colspan="2"></td></tr>
<tr><td>5</td><td>远程修改参数后观察车站被修改后的参数应有相应变化</td><td>11.5.5</td><td></td><td></td><td colspan="2"></td></tr>
<tr><td>6</td><td>便携式维护终端能对各音量参数进行修改，应能测试设备模块</td><td>11.5.6</td><td></td><td></td><td colspan="2"></td></tr>
<tr><td colspan="3" rowspan="2">施工单位检查结果</td><td>专业工长（施工员）
（签名）</td><td></td><td>施工班组长
（签名）</td><td colspan="2"></td></tr>
<tr><td colspan="5">项目专业质量检查员（签名）:　　　　年　　月　　日</td></tr>
<tr><td colspan="3">监理单位验收结论</td><td colspan="5">专业监理工程师（签名）:　　　　年　　月　　日</td></tr>
</table>

乘客信息显示设备安装检验批质量验收记录

DT（GZ）T0440

<table>
<tr><td colspan="3">单位（子单位）工程名称</td><td colspan="5"></td></tr>
<tr><td colspan="3">分部工程名称 / 分项工程名称</td><td colspan="5"></td></tr>
<tr><td colspan="3">检验批部位</td><td colspan="2"></td><td>检验批容量</td><td colspan="2"></td></tr>
<tr><td colspan="3">施工单位</td><td colspan="3"></td><td>项目负责人</td><td></td></tr>
<tr><td colspan="3">执行的技术标准名称、编号及设计图号</td><td colspan="5"></td></tr>
<tr><td colspan="3">验收依据</td><td colspan="5"></td></tr>
<tr><td rowspan="6">主控项目</td><td colspan="2">验收项目</td><td>设计要求及标准规定</td><td>最小 / 实际抽样数量</td><td>检查记录</td><td colspan="2">检查结果</td></tr>
<tr><td>1</td><td>乘客信息显示设备到达现场应进行检查，其型号、规格、质量应符合设计要求及相关产品标准的规定</td><td>12.2.1</td><td></td><td></td><td colspan="2"></td></tr>
<tr><td>2</td><td>乘客信息显示设备机架(柜)电路插板的规格、数量和安装位置应符合设计要求</td><td>12.2.2</td><td></td><td></td><td colspan="2"></td></tr>
<tr><td>3</td><td>电子显示设备屏幕的安装位置应不受外来光直射，周围没有遮挡物</td><td>12.2.3</td><td></td><td></td><td colspan="2"></td></tr>
<tr><td>4</td><td>电子显示设备的保护接地端子应有明确标记并接地良好。在熔断器和开关电源处应有警告标志</td><td>12.2.4</td><td></td><td></td><td colspan="2"></td></tr>
<tr><td>5</td><td>电子显示设备的支撑架应安装牢固</td><td>12.2.5</td><td></td><td></td><td colspan="2"></td></tr>
<tr><td rowspan="2">一般项目</td><td>1</td><td>乘客信息显示设备的安装应符合本规范第 6.2.3 ~ 6.2.5 条的相关规定</td><td>12.2.6</td><td></td><td></td><td colspan="2"></td></tr>
<tr><td>2</td><td>乘客信息显示系统电源设备及接地装置的安装应符合本规范第 14.2.5 ~ 14.2.9 条及第 14.6.7 ~ 14.6.10 条的相关规定</td><td>12.2.7</td><td></td><td></td><td colspan="2"></td></tr>
<tr><td colspan="2" rowspan="2">施工单位检查结果</td><td>专业工长（施工员）
（签名）</td><td colspan="2"></td><td>施工班组长
（签名）</td><td colspan="2"></td></tr>
<tr><td colspan="6">项目专业质量检查员（签名）:　　　　年　月　日</td></tr>
<tr><td colspan="2">监理单位验收结论</td><td colspan="6">专业监理工程师（签名）:　　　　年　月　日</td></tr>
</table>

乘客信息显示设备配线检验批质量验收记录

DT（GZ）T0441

单位（子单位）工程名称						
分部工程名称 / 分项工程名称						
检验批部位			检验批容量			
施工单位				项目负责人		
执行的技术标准名称、编号及设计图号						
验收依据						
		验收项目	设计要求及标准规定	最小 / 实际抽样数量	检查记录	检查结果
主控项目	1	乘客信息显示设备的配线电缆到达现场应进行检查，其型号、规格、质量应符合设计要求及相关产品标准的规定	12.3.1			
	2	乘客信息显示设备的配线应符合本规范第 6.3.2 ~ 6.3.7 条的相关规定	12.3.2			
	3	乘客信息显示系统电源配线应符合本规范第 14.3.1 ~ 14.3.4 条的相关规定	12.3.3			
	4	乘客信息显示系统地线的布放应符合本规范第 14.6.2 ~ 14.6.6 条的相关规定	12.3.4			
一般项目	1	乘客信息显示设备的配线应符合本规范第 6.3.8 ~ 6.3.14 条的相关规定	12.3.5			
	2	电子显示设备配线成端应有预留	12.3.6			
	3					
施工单位检查结果	专业工长（施工员）（签名）			施工班组长（签名）		
	项目专业质量检查员（签名）: 年 月 日					
监理单位验收结论	专业监理工程师（签名）: 年 月 日					

乘客信息显示系统指标检测及功能检验检验批质量验收记录（一）

DT（GZ）T0442

<table>
<tr><td colspan="3">单位（子单位）工程名称</td><td colspan="5"></td></tr>
<tr><td colspan="3">分部工程名称 / 分项工程名称</td><td colspan="5"></td></tr>
<tr><td colspan="3">检验批部位</td><td colspan="2"></td><td>检验批容量</td><td colspan="2"></td></tr>
<tr><td colspan="3">施工单位</td><td colspan="3"></td><td>项目负责人</td><td></td></tr>
<tr><td colspan="3">执行的技术标准名称、
编号及设计图号</td><td colspan="5"></td></tr>
<tr><td colspan="3">验收依据</td><td colspan="5"></td></tr>
<tr><td rowspan="9">主控项目</td><td colspan="2">验收项目</td><td>设计要求及标准规定</td><td>最小 / 实际抽样数量</td><td>检查记录</td><td colspan="2">检查结果</td></tr>
<tr><td>1</td><td>文本 LED 显示屏和图文 LED 显示屏的移入移出方式及显示方式应符合设计要求</td><td>12.4.1</td><td></td><td></td><td colspan="2"></td></tr>
<tr><td>2</td><td>计算视频 LED 显示屏的动画、文字显示和灰度功能应符合设计要求</td><td>12.4.2</td><td></td><td></td><td colspan="2"></td></tr>
<tr><td>3</td><td>电视视频 LED 显示屏的动画、文字显示、灰度和电视录像功能应符合设计要求</td><td>12.4.3</td><td></td><td></td><td colspan="2"></td></tr>
<tr><td>4</td><td>LED 显示系统的分区、分路文字显示功能及显示规格应符合设计要求</td><td>12.4.4</td><td></td><td></td><td colspan="2"></td></tr>
<tr><td>5</td><td>显示设备的视频显示屏幕应能按照设计要求分区显示</td><td>12.4.5</td><td></td><td></td><td colspan="2"></td></tr>
<tr><td>6</td><td>显示设备的视频显示图像分辨率不应小于 704×576</td><td>12.4.6</td><td></td><td></td><td colspan="2"></td></tr>
<tr><td>7</td><td>显示设备的视频显示应可叠加彩色字幕，且色彩不小于 1670 万色，并具有 256 级半透明效果</td><td>12.4.7</td><td></td><td></td><td colspan="2"></td></tr>
<tr><td>8</td><td>显示设备单位显示面积的最大功耗或显示设备的总功耗应符合设计要求</td><td>12.4.8</td><td></td><td></td><td colspan="2"></td></tr>
<tr><td colspan="2" rowspan="2">施工单位检查结果</td><td>专业工长（施工员）
（签名）</td><td colspan="2"></td><td colspan="2">施工班组长
（签名）</td><td></td></tr>
<tr><td colspan="6">项目专业质量检查员（签名）:　　　　年　月　日</td></tr>
<tr><td colspan="2">监理单位验收结论</td><td colspan="6">专业监理工程师（签名）:　　　　年　月　日</td></tr>
</table>

乘客信息显示系统指标检测及功能检验检验批质量验收记录（二）

DT（GZ）T0442/1

单位（子单位）工程名称					
分部工程名称 / 分项工程名称					
检验批部位			检验批容量		
施工单位				项目负责人	
执行的技术标准名称、编号及设计图号					
验收依据					

		验收项目	设计要求及标准规定	最小 / 实际抽样数量	检查记录	检查结果
主控项目	9	车站显示系统的以下功能应符合设计要求： （1）优先级显示功能。 （2）分区、分路显示功能。 （3）自动、手动、紧急三种显示方式。 （4）自动生成或随时变更修改显示。 （5）自动倒换至备用显示控制设备。 （6）与车站控制设备的时间同步	12.4.9			
	10	控制中心系统应能全选、单选、组选车站和在各显示区进行显示，能根据实际需要设置显示优先级	12.4.10			
	11	控制中心系统应能向车站发送列车运行信息，并能按预设程序自动播放	12.4.11			
	12	控制中心系统应与时钟子系统的时间同步。	12.4.12			

施工单位检查结果	专业工长（施工员）（签名）		施工班组长（签名）	
	项目专业质量检查员（签名）： 年 月 日			
监理单位验收结论	专业监理工程师（签名）： 年 月 日			

乘客信息显示系统网管功能检验检验批质量验收记录

DT（GZ）T0443

<table>
<tr><td colspan="3">单位（子单位）工程名称</td><td colspan="5"></td></tr>
<tr><td colspan="3">分部工程名称 / 分项工程名称</td><td colspan="5"></td></tr>
<tr><td colspan="3">检验批部位</td><td colspan="2"></td><td>检验批容量</td><td colspan="2"></td></tr>
<tr><td colspan="3">施工单位</td><td colspan="3"></td><td>项目负责人</td><td></td></tr>
<tr><td colspan="3">执行的技术标准名称、
编号及设计图号</td><td colspan="5"></td></tr>
<tr><td colspan="3">验收依据</td><td colspan="5"></td></tr>
<tr><td rowspan="6">主控项目</td><td colspan="2">验收项目</td><td>设计要求及标准规定</td><td>最小 / 实际抽样数量</td><td>检查记录</td><td colspan="2">检查结果</td></tr>
<tr><td>1</td><td>乘客信息显示系统控制中心网管上应能监测车站显示设备的工作状态</td><td>12.5.1</td><td></td><td></td><td colspan="2"></td></tr>
<tr><td>2</td><td>乘客信息显示系统各车站自动显示的内容应能在控制中心网管上集中修改</td><td>12.5.2</td><td></td><td></td><td colspan="2"></td></tr>
<tr><td>3</td><td>在控制中心网管上应能检测任意车站显示设备的技术性能指标</td><td>12.5.3</td><td></td><td></td><td colspan="2"></td></tr>
<tr><td>4</td><td>便携式维护终端应能对各参数进行修改和检测设备模块，远程修改参数后，各车站被修改的参数应能相应变化</td><td>12.5.4</td><td></td><td></td><td colspan="2"></td></tr>
<tr><td>5</td><td></td><td></td><td></td><td></td><td colspan="2"></td></tr>
<tr><td colspan="2" rowspan="2">施工单位检查结果</td><td>专业工长（施工员）
（签名）</td><td colspan="2"></td><td>施工班组长
（签名）</td><td colspan="2"></td></tr>
<tr><td colspan="6">项目专业质量检查员（签名）:　　　　年　　月　　日</td></tr>
<tr><td colspan="2">监理单位验收结论</td><td colspan="6">专业监理工程师（签名）:　　　　年　　月　　日</td></tr>
</table>

时钟设备安装检验批质量验收记录

DT（GZ）T0444

单位（子单位）工程名称						
分部工程名称 / 分项工程名称						
检验批部位				检验批容量		
施工单位				项目负责人		
执行的技术标准名称、编号及设计图号						
验收依据						
		验收项目	设计要求及标准规定	最小 / 实际抽样数量	检查记录	检查结果
主控项目	1	时钟设备到达现场应进行检查，其型号、规格、质量应符合设计要求及相关产品标准的规定	13.2.1			
	2	时钟设备机架（柜）电路插板的规格、数量和安装位置应符合设计要求	13.2.2			
	3	标准信号接收单元的接收天线头应安装在室外，且周围无明显遮挡物；时间信号接收器应安装在室内，安装方式应符合设计要求	13.2.3			
一般项目	1	时钟设备的安装应符合本规范第6.2.3～6.2.5条的相关规定	13.2.4			
	2	子钟安装位置和高度应符合设计要求	13.2.5			
	3	子钟支架安装应牢固、稳定	13.2.6			
	4	时钟系统电源设备及接地装置的安装应符合本规范第14.2.5～14.2.9条及第14.6.7～14.6.10条的相关规定	13.2.7			
施工单位检查结果	专业工长（施工员）（签名）			施工班组长（签名）		
	项目专业质量检查员（签名）: 年 月 日					
监理单位验收结论	专业监理工程师（签名）: 年 月 日					

时钟设备配线检验批质量验收记录

DT（GZ）T0445

单位（子单位）工程名称						
分部工程名称 / 分项工程名称						
检验批部位				检验批容量		
施工单位					项目负责人	
执行的技术标准名称、编号及设计图号						
验收依据						
		验收项目	设计要求及标准规定	最小 / 实际抽样数量	检查记录	检查结果
主控项目	1	时钟设备的配线电缆到达现场应进行检查，其型号、规格、质量应符合设计要求及相关产品标准的规定	13.3.1			
主控项目	2	时钟设备的缆线布放应符合本规范第 4.6.1 ~ 4.6.7 条的相关规定	13.3.2			
主控项目	3	时钟系统电源配线应符合本规范第 14.3.1 ~ 14.3.4 条的相关规定	13.3.3			
主控项目	4	时钟系统地线的布放应符合本规范第 14.6.2 ~ 14.6.6 条的相关规定	13.3.4			
主控项目	5					
一般项目	1	时钟系统缆线的布放应符合本规范第 4.6.8 ~ 4.6.10 条的相关规定	13.3.5			
一般项目	2					
施工单位检查结果	专业工长（施工员）（签名）			施工班组长（签名）		
施工单位检查结果	项目专业质量检查员（签名）: 年 月 日					
监理单位验收结论	专业监理工程师（签名）: 年 月 日					

时钟系统指标检测及功能检验检验批质量验收记录

DT（GZ）T0446

<table>
<tr><td colspan="3">单位（子单位）工程名称</td><td colspan="5"></td></tr>
<tr><td colspan="3">分部工程名称 / 分项工程名称</td><td colspan="5"></td></tr>
<tr><td colspan="3">检验批部位</td><td colspan="2"></td><td>检验批容量</td><td colspan="2"></td></tr>
<tr><td colspan="3">施工单位</td><td colspan="3"></td><td>项目负责人</td><td></td></tr>
<tr><td colspan="3">执行的技术标准名称、编号及设计图号</td><td colspan="5"></td></tr>
<tr><td colspan="3">验收依据</td><td colspan="5"></td></tr>
<tr><td rowspan="8">主控项目</td><td colspan="2">验收项目</td><td>设计要求及标准规定</td><td>最小 / 实际抽样数量</td><td>检查记录</td><td colspan="2">检查结果</td></tr>
<tr><td>1</td><td>数字式子钟的时、分、秒或日期的显示应符合设计要求；指针式子钟的机芯应完好无损、运行自如、没有卡滞现象</td><td>13.4.1</td><td></td><td></td><td colspan="2"></td></tr>
<tr><td>2</td><td>子钟和母钟的自身校时精度及带有全球定位系统（GPS）的中心母钟的校时精度应符合设计要求</td><td>13.4.2</td><td></td><td></td><td colspan="2"></td></tr>
<tr><td>3</td><td>GPS、母钟、子钟和电源的主备用自动切换功能应符合设计要求</td><td>13.4.3</td><td></td><td></td><td colspan="2"></td></tr>
<tr><td>4</td><td>时钟系统向其他系统提供的标准时间信号格式应符合设计要求</td><td>13.4.4</td><td></td><td></td><td colspan="2"></td></tr>
<tr><td>5</td><td>系统故障时的声光报警功能应正常</td><td>13.4.5</td><td></td><td></td><td colspan="2"></td></tr>
<tr><td>6</td><td>母钟及子钟的自动校时功能应符合设计要求</td><td>13.4.6</td><td></td><td></td><td colspan="2"></td></tr>
<tr><td>7</td><td>中心母钟中断，子钟驱动器（二级母钟）应能正常工作；子钟驱动器（二级母钟）中断，子钟应能正常工作</td><td>13.4.7</td><td></td><td></td><td colspan="2"></td></tr>
<tr><td colspan="2" rowspan="2">施工单位检查结果</td><td>专业工长（施工员）
（签名）</td><td colspan="2"></td><td colspan="2">施工班组长
（签名）</td><td></td></tr>
<tr><td colspan="6">项目专业质量检查员（签名）:　　　　年　月　日</td></tr>
<tr><td colspan="2">监理单位验收结论</td><td colspan="6">专业监理工程师（签名）:　　　　年　月　日</td></tr>
</table>

时钟系统网管功能检验检验批质量验收记录

DT（GZ）T0447

单位（子单位）工程名称						
分部工程名称 / 分项工程名称						
检验批部位				检验批容量		
施工单位					项目负责人	
执行的技术标准名称、编号及设计图号						
验收依据						
主控项目	验收项目		设计要求及标准规定	最小 / 实际抽样数量	检查记录	检查结果
	1	时钟系统网管应能监控和显示时钟系统主要设备的运行状态	13.5.1			
	2	时钟系统网管应能正确显示故障点及故障类型	13.5.2			
	3	时钟系统网管应能记录故障发生时间及修复时间，并能显示和打印	13.5.3			
	4					
	5					
施工单位检查结果	专业工长（施工员）（签名）			施工班组长（签名）		
	项目专业质量检查员（签名）: 年 月 日					
监理单位验收结论	专业监理工程师（签名）: 年 月 日					

电源系统设备安装检验批质量验收记录

DT（GZ）T0448

<table>
<tr><td colspan="3">单位（子单位）工程名称</td><td colspan="6"></td></tr>
<tr><td colspan="3">分部工程名称 / 分项工程名称</td><td colspan="6"></td></tr>
<tr><td colspan="3">检验批部位</td><td colspan="2"></td><td>检验批容量</td><td colspan="3"></td></tr>
<tr><td colspan="3">施工单位</td><td colspan="3"></td><td>项目负责人</td><td colspan="2"></td></tr>
<tr><td colspan="3">执行的技术标准名称、编号及设计图号</td><td colspan="6"></td></tr>
<tr><td colspan="3">验收依据</td><td colspan="6"></td></tr>
<tr><td rowspan="5">主控项目</td><td colspan="2">验收项目</td><td>设计要求及标准规定</td><td colspan="2">最小 / 实际抽样数量</td><td colspan="2">检查记录</td><td>检查结果</td></tr>
<tr><td>1</td><td>电源设备到达现场应进行检查，其型号、规格、质量应符合设计要求及相关产品标准的规定</td><td>14.2.1</td><td colspan="2"></td><td colspan="2"></td><td></td></tr>
<tr><td>2</td><td>交、直流配电设备的进、出线配电开关及保护装置的数量、规格应符合设计要求</td><td>14.2.2</td><td colspan="2"></td><td colspan="2"></td><td></td></tr>
<tr><td>3</td><td>蓄电池架（柜）的加工形式、规格尺寸和平面布置应符合设计要求</td><td>14.2.3</td><td colspan="2"></td><td colspan="2"></td><td></td></tr>
<tr><td>4</td><td>电源设备的绝缘性能应满足以下规定：
（1）电源设备的带电部分与金属外壳间的绝缘电阻，不应小于 5MΩ。
（2）电源配线的芯线间和芯线对地绝缘电阻不应小于 1MΩ</td><td>14.2.4</td><td colspan="2"></td><td colspan="2"></td><td></td></tr>
<tr><td rowspan="5">一般项目</td><td>1</td><td>电源设备的基础型钢的规格、数量、安装位置应符合室内地面荷载要求</td><td>14.2.5</td><td colspan="2"></td><td colspan="2"></td><td></td></tr>
<tr><td>2</td><td>电源设备的安装位置应符合设计要求</td><td>14.2.6</td><td colspan="2"></td><td colspan="2"></td><td></td></tr>
<tr><td>3</td><td>电源设备应表面平整，标志齐全，漆色一致，安装整洁</td><td>14.2.7</td><td colspan="2"></td><td colspan="2"></td><td></td></tr>
<tr><td>4</td><td>电源设备机柜安装的垂直允许偏差为 1.5‰</td><td>14.2.8</td><td colspan="2"></td><td colspan="2"></td><td></td></tr>
<tr><td>5</td><td>蓄电池安装应排列整齐，距离均匀一致，蓄电池连接接触应良好</td><td>14.2.9</td><td colspan="2"></td><td colspan="2"></td><td></td></tr>
<tr><td colspan="2" rowspan="2">施工单位检查结果</td><td colspan="2">专业工长（施工员）
（签名）</td><td colspan="2"></td><td colspan="2">施工班组长
（签名）</td><td></td></tr>
<tr><td colspan="7">项目专业质量检查员（签名）:　　　　年　　月　　日</td></tr>
<tr><td colspan="2">监理单位验收结论</td><td colspan="7">专业监理工程师（签名）:　　　　年　　月　　日</td></tr>
</table>

电源系统设备配线检验批质量验收记录

DT（GZ）T0449

单位（子单位）工程名称						
分部工程名称 / 分项工程名称						
检验批部位			检验批容量			
施工单位				项目负责人		
执行的技术标准名称、编号及设计图号						
验收依据						
		验收项目	设计要求及标准规定	最小 / 实际抽样数量	检查记录	检查结果
主控项目	1	电源设备配线用电源线应采用整段线料，中间禁止有接头	14.3.1			
主控项目	2	连接柜（箱）面板上的电器及控制板等可动部位的电源线应采用多股铜芯软电源线，敷设长度应有适当余留	14.3.2			
主控项目	3	引入或引出交流不间断电源装置的电源线、缆和控制线、缆应分开敷设，在电缆支架上平行敷设时应保持 150mm 的距离	14.3.3			
主控项目	4	直流电源线必须以线色区别正、负极性，直流电源正负极严禁错接与短路，接触必须牢固；交流电源线必须以线色区别相线、零线、地线，严禁错接与短路，接触必须牢固	14.3.4			
一般项目	1	电源设备的输出电源线、缆应成束绑扎，不同电压等级，交流、直流线路及计算机控制线路应分别绑扎并有标识	14.3.5			
一般项目	2	所有电源设备线、缆绑扎固定后不应妨碍手动开关或抽出式部件的拉出或推入	14.3.6			
一般项目	3	走线架上布放电源配线的绑扎线在横铁下不应有交叉，在地槽内布放电源配线应平直并拢，地槽应清洁，盖板应严密	14.3.7			
施工单位检查结果	专业工长（施工员）（签名）			施工班组长（签名）		
施工单位检查结果	项目专业质量检查员（签名）： 年 月 日					
监理单位验收结论	专业监理工程师（签名）： 年 月 日					

电源系统指标检测及功能检验检验批质量验收记录

DT（GZ）T0450

<table>
<tr><td colspan="3">单位（子单位）工程名称</td><td colspan="5"></td></tr>
<tr><td colspan="3">分部工程名称 / 分项工程名称</td><td colspan="5"></td></tr>
<tr><td colspan="3">检验批部位</td><td colspan="2"></td><td>检验批容量</td><td colspan="2"></td></tr>
<tr><td colspan="3">施工单位</td><td colspan="3"></td><td>项目负责人</td><td></td></tr>
<tr><td colspan="3">执行的技术标准名称、
编号及设计图号</td><td colspan="5"></td></tr>
<tr><td colspan="3">验收依据</td><td colspan="5"></td></tr>
<tr><td rowspan="10">主控项目</td><td colspan="2">验收项目</td><td>设计要求及标准规定</td><td>最小 / 实际抽样数量</td><td>检查记录</td><td colspan="2">检查结果</td></tr>
<tr><td>1</td><td>高频开关电源整流模块的控制调整和输出特性应符合产品技术条件规定</td><td>14.4.1</td><td></td><td></td><td colspan="2"></td></tr>
<tr><td>2</td><td>高频开关电源整流模块的 $n+1$ 热备份功能应符合设计要求</td><td>14.4.2</td><td></td><td></td><td colspan="2"></td></tr>
<tr><td>3</td><td>交流不间断电源设备的输出电压稳定性、波形畸变系数、频率、相位等各项技术性能指标必须符合产品技术条件规定</td><td>14.4.3</td><td></td><td></td><td colspan="2"></td></tr>
<tr><td>4</td><td>交流不间断电源设备的手动与自动转换功能，自动稳压及稳流功能等应符合设计要求</td><td>14.4.4</td><td></td><td></td><td colspan="2"></td></tr>
<tr><td>5</td><td>交流不间断电源设备的切换时间及切换电压值、输出电压、频率、负荷充放电时间等性能指标应符合设计要求</td><td>14.4.5</td><td></td><td></td><td colspan="2"></td></tr>
<tr><td>6</td><td>电源设备的输出过电压、欠电压和过电流防护功能应符合设计要求</td><td>14.4.6</td><td></td><td></td><td colspan="2"></td></tr>
<tr><td>7</td><td>交流配电柜（箱）的机械电气双重联锁功能、手动切换功能、自动切换装置的延时性能等应符合设计要求</td><td>14.4.7</td><td></td><td></td><td colspan="2"></td></tr>
<tr><td>8</td><td>通信电源系统进行人工或自动转换时，对通信设备供电不得中断</td><td>14.4.8</td><td></td><td></td><td colspan="2"></td></tr>
<tr><td>9</td><td>蓄电池组的容量应能符合设计要求</td><td>14.4.9</td><td></td><td></td><td colspan="2"></td></tr>
<tr><td colspan="2" rowspan="2">施工单位检查结果</td><td>专业工长（施工员）
（签名）</td><td colspan="2"></td><td colspan="2">施工班组长
（签名）</td><td></td></tr>
<tr><td colspan="6">项目专业质量检查员（签名）:　　　年　月　日</td></tr>
<tr><td colspan="2">监理单位验收结论</td><td colspan="6">专业监理工程师（签名）:　　　年　月　日</td></tr>
</table>

电源监控系统功能检验检验批质量验收记录（一）

DT（GZ）T0451

单位（子单位）工程名称						
分部工程名称 / 分项工程名称						
检验批部位			检验批容量			
施工单位				项目负责人		
执行的技术标准名称、编号及设计图号						
验收依据						
主控项目		验收项目	设计要求及标准规定	最小 / 实际抽样数量	检查记录	检查结果
主控项目	1	电源监控系统应具有对全线各站、车辆段、停车场的通信电源设备进行遥控、遥信、遥测的功能	14.5.1			
主控项目	2	电源监控系统应能保存各站电源设备故障告警的历史信息	14.5.2			
主控项目	3	电源监控系统的系统软件应具有设置权限等功能，并能记录相应的登入登出操作	14.5.3			
主控项目	4	控制中心监控系统应采用汉语语言，应具备图形显示、曲线显示、颜色显示等方式，应能打印各种状态、信息、参数数据表和动态图形	14.5.4			
主控项目	5	车站（场）电源监控设备数字量输入、输出点的动作应符合设计要求	14.5.5			
主控项目	6	车站（场）电源监控设备的模拟量输入精度检测应符合下列要求： （1）在采用模拟显示表显示时，其测量值和显示值的相对误差不应大于 2%。 （2）在采用数字显示表显示时，其测量值和显示值的相对误差不应大于 5‰	14.5.6			
主控项目	7	车站（场）电源监控设备模拟量输出控制效果应符合设计要求	14.5.7			
施工单位检查结果		专业工长（施工员）（签名）		施工班组长（签名）		
施工单位检查结果		项目专业质量检查员（签名）：　　年　月　日				
监理单位验收结论		专业监理工程师（签名）：　　年　月　日				

电源监控系统功能检验检验批质量验收记录（二）

DT（GZ）T0451/1

<table>
<tr><td colspan="3">单位（子单位）工程名称</td><td colspan="5"></td></tr>
<tr><td colspan="3">分部工程名称 / 分项工程名称</td><td colspan="5"></td></tr>
<tr><td colspan="3">检验批部位</td><td colspan="2"></td><td>检验批容量</td><td colspan="2"></td></tr>
<tr><td colspan="3">施工单位</td><td colspan="3"></td><td>项目负责人</td><td></td></tr>
<tr><td colspan="3">执行的技术标准名称、
编号及设计图号</td><td colspan="5"></td></tr>
<tr><td colspan="3">验收依据</td><td colspan="5"></td></tr>
<tr><td rowspan="5">主控项目</td><td colspan="2">验收项目</td><td>设计要求及标准规定</td><td>最小 / 实际抽样数量</td><td>检查记录</td><td colspan="2">检查结果</td></tr>
<tr><td>8</td><td>关闭控制中心网管的监控主机或断开传输通道，电源监控系统全部车站（场）监控设备及受控电源设备运行应正常</td><td>14.5.8</td><td></td><td></td><td colspan="2"></td></tr>
<tr><td>9</td><td>关闭车站（场）监控设备电源后，车站（场）电源设备应运行正常，重新受电后，车站（场）监控设备应能自动检测电源设备的运行、记录状态并予以恢复</td><td>14.5.9</td><td></td><td></td><td colspan="2"></td></tr>
<tr><td>10</td><td></td><td></td><td></td><td></td><td colspan="2"></td></tr>
<tr><td>11</td><td></td><td></td><td></td><td></td><td colspan="2"></td></tr>
<tr><td colspan="2" rowspan="2">施工单位检查结果</td><td>专业工长（施工员）
（签名）</td><td colspan="2"></td><td>施工班组长
（签名）</td><td colspan="2"></td></tr>
<tr><td colspan="6">项目专业质量检查员（签名）:　　　年　月　日</td></tr>
<tr><td colspan="2">监理单位验收结论</td><td colspan="6">专业监理工程师（签名）:　　　年　月　日</td></tr>
</table>

接地装置检验批质量验收记录（一）

DT（GZ）T0452

<table>
<tr><td colspan="3">单位（子单位）工程名称</td><td colspan="5"></td></tr>
<tr><td colspan="3">分部工程名称 / 分项工程名称</td><td colspan="5"></td></tr>
<tr><td colspan="3">检验批部位</td><td colspan="2"></td><td>检验批容量</td><td colspan="2"></td></tr>
<tr><td colspan="3">施工单位</td><td colspan="3"></td><td>项目负责人</td><td></td></tr>
<tr><td colspan="3">执行的技术标准名称、编号及设计图号</td><td colspan="5"></td></tr>
<tr><td colspan="3">验收依据</td><td colspan="5"></td></tr>
<tr><td rowspan="7">主控项目</td><td colspan="2">验收项目</td><td>设计要求及标准规定</td><td>最小 / 实际抽样数量</td><td>检查记录</td><td colspan="2">检查结果</td></tr>
<tr><td>1</td><td>接地装置的型号、规格、质量应符合设计要求</td><td>14.6.1</td><td></td><td></td><td colspan="2"></td></tr>
<tr><td>2</td><td>接地系统的接地类型、引入方式等均应符合设计要求</td><td>14.6.2</td><td></td><td></td><td colspan="2"></td></tr>
<tr><td>3</td><td>通信系统的以下部分均应接地：
（1）通信电源设备的基础型钢、金属框架、装有电器的可开启的柜门。
（2）通信设备、监控设备的机架、机壳。
（3）电缆线路的金属护套和屏蔽层，防护用金属管路、金属桥架。
（4）电源接地。
（5）防雷接地</td><td>14.6.3</td><td></td><td></td><td colspan="2"></td></tr>
<tr><td>4</td><td>电源系统接地保护或接零保护应可靠，且有标识</td><td>14.6.4</td><td></td><td></td><td colspan="2"></td></tr>
<tr><td>5</td><td>独立设置接地体的接地装置的接地电阻值应满足以下规定：
（1）安全保护接地电阻不大于 10Ω。
（2）防雷接地电阻不大于 10Ω。
（3）联合接地电阻不大于 1 ~ 4Ω</td><td>14.6.5</td><td></td><td></td><td colspan="2"></td></tr>
<tr><td>6</td><td>利用建筑物基础钢筋接地方式的接地电阻不应大于 1Ω</td><td>14.6.6</td><td></td><td></td><td colspan="2"></td></tr>
<tr><td colspan="3" rowspan="2">施工单位检查结果</td><td>专业工长（施工员）
（签名）</td><td colspan="2"></td><td>施工班组长
（签名）</td><td></td></tr>
<tr><td colspan="5">项目专业质量检查员（签名）：　　年　月　日</td></tr>
<tr><td colspan="3">监理单位验收结论</td><td colspan="5">专业监理工程师（签名）：　　年　月　日</td></tr>
</table>

接地装置检验批质量验收记录（二）

DT（GZ）T0452/1

<table>
<tr><td colspan="3">单位（子单位）工程名称</td><td colspan="4"></td></tr>
<tr><td colspan="3">分部工程名称 / 分项工程名称</td><td colspan="4"></td></tr>
<tr><td colspan="3">检验批部位</td><td></td><td>检验批容量</td><td colspan="2"></td></tr>
<tr><td colspan="3">施工单位</td><td></td><td>项目负责人</td><td colspan="2"></td></tr>
<tr><td colspan="3">执行的技术标准名称、编号及设计图号</td><td colspan="4"></td></tr>
<tr><td colspan="3">验收依据</td><td colspan="4"></td></tr>
<tr><td rowspan="6">一般项目</td><td colspan="2">验收项目</td><td>设计要求及标准规定</td><td>最小 / 实际抽样数量</td><td>检查记录</td><td>检查结果</td></tr>
<tr><td>1</td><td>接地装置的埋设位置应符合设计要求</td><td>14.6.7</td><td></td><td></td><td></td></tr>
<tr><td>2</td><td>接地装置的焊接应采用搭接焊，搭接处应作防腐处理</td><td>14.6.8</td><td></td><td></td><td></td></tr>
<tr><td>3</td><td>地线盘（箱）、接地铜排安装应符合下列规定：
（1）接地铜排和螺栓结合紧密、导电性能良好。
（2）接地铜排端子分配符合设计要求。
（3）地线盘（箱）端子应连接紧密</td><td>14.6.9</td><td></td><td></td><td></td></tr>
<tr><td>4</td><td>通信设备接地线与交流配电设备的接地线宜分开敷设</td><td>14.6.10</td><td></td><td></td><td></td></tr>
<tr><td>5</td><td></td><td></td><td></td><td></td><td></td></tr>
<tr><td colspan="2" rowspan="2">施工单位检查结果</td><td>专业工长（施工员）
（签名）</td><td></td><td>施工班组长
（签名）</td><td colspan="2"></td></tr>
<tr><td colspan="5">项目专业质量检查员（签名）:　　年　月　日</td></tr>
<tr><td colspan="2">监理单位验收结论</td><td colspan="5">专业监理工程师（签名）:　　年　月　日</td></tr>
</table>

第六章

轨道工程系统

CHAPTER SIX

CP Ⅲ测设检验批质量验收记录

DT（GZ）G401

单位（子单位）工程名称		分部（子分部）工程名称		分项工程名称	
施工单位		项目负责人		检验批容量	
分包单位		分包单位项目负责人		检验批部位	
施工依据			验收依据	[A]《广州地铁轨道工程精密测量技术规程》 [B]《广州地铁轨道精密验收检测技术标准》	

		验收项目					设计要求及规范规定	最小/实际抽样数量	检查记录	检查结果
主控项目	1	控制点组件所用的材料的规格、形式、外观								
	2	中线、水平贯通测量、净空测量已完成								
	3	控制点设置位置	CP Ⅲ控制点				轨道控制点应沿线路成对布设，纵向网点间距 30 ~ 60m，高于轨面 0.7 ~ 1.2m			
	4	测量精度	平面自由网	允许偏差	方向改正数		±3″			
					距离改正数		±2mm			
			平面约束网		与起算点联测	方向改正数	±4″			
						距离改正数	±4mm			
					轨道控制点联测	方向改正数	±3″			
						距离改正数	±2mm			
					方向观测中误差		±1.8″			
					距离观测中误差		±1mm			
					点位中误差		3mm			
					相邻点相对点位中误差		±1mm			
			高程控制网		高差改正数		≤ 1mm			
					高差观测值的中误差		≤ 1mm			
					高程中误差		≤ 2mm			
					平差后相邻点高差中误差		±1mm			
一般项目	1	预埋件埋设完成及不使用时，应加设保护盖，以防止异物进入预埋件内影响预埋件正常使用及安装精度								

施工单位检查结果	专业工长： 项目专业质量检查员： 年 月 日
监理单位验收结论	专业监理工程师： 年 月 日

轨道架设及安装检验批质量验收记录

DT（GZ）G402

单位（子单位）工程名称		分部（子分部）工程名称			分项工程名称		
施工单位		项目负责人			检验批容量		
分包单位		分包单位项目负责人			检验批部位		
施工依据			验收依据		[A]《铁路轨道工程施工质量验收标准》TB10413-2003 [B]《地下铁道工程施工及验收规范》GB/T 50299-2018		

		验收项目	设计要求及规范规定	最小/实际抽样数量	检查记录	检查结果
主控项目	1	钢轨、扣件、轨枕的类型、规格和质量应符合设计要求和产品标准规定（施工规范的要求）				
	2	钢轨架设前必须调直，扣件的飞边、毛刺等应打磨干净并涂油				
	3	排轨均应采用支撑架架设，其架设间距：直线段宜3m、曲线段宜2.5m设置一个，直线段支撑架应垂直线路方向，曲线段支撑架应垂直线路的切线方向				
	4	架设于支撑架上的钢轨应初步调整其水平、位置、轨距和高程，轨枕位置准确	水平2mm；轨距+2，−1变化率不得大于1‰；高程±5mm；轨枕位置625mm，安装距离±10mm			
	5	轨枕安装时，直线段两股钢轨的轨枕中心线应与线路中线垂直，曲线段应与线路中线的切线方向垂直	符合设计及规范要求			
	6	配轨采用相对式接头符合[B]13.5.2要求	直线段允许相错量为20mm；曲线段允许相错量为规定缩短量之半加15mm；当缩短轨对接布置困难而需要错接时，其错开距离不应小于3m			
	7	承轨槽边缘至道床变形缝、钢轨普通（绝缘）接缝中心距离	≥70mm			
一般项目	1	轨枕或短轨枕安装距离	±10mm			
	2	轨枕的垫板安装完毕，其扣件宜先安装轨道的一侧再安装另一侧，位置正确后拧紧螺栓。钢轨的普通接头和绝缘接头，应按设计轨缝宽度安装夹板后拧紧螺栓				

施工单位检查结果	专业工长： 项目专业质量检查员：　　　　年　月　日
监理单位验收结论	专业监理工程师：　　　　年　月　日

钢轨铺设及调整检验批质量验收记录

DT（GZ）G403

<table>
<tr><td colspan="3">单位（子单位）工程名称</td><td></td><td>分部（子分部）工程名称</td><td></td><td>分项工程名称</td><td colspan="2"></td></tr>
<tr><td colspan="3">施工单位</td><td></td><td>项目负责人</td><td></td><td>检验批容量</td><td colspan="2"></td></tr>
<tr><td colspan="3">分包单位</td><td></td><td>分包单位项目负责人</td><td></td><td>检验批部位</td><td colspan="2"></td></tr>
<tr><td colspan="3">施工依据</td><td colspan="2"></td><td>验收依据</td><td colspan="3">[A]《铁路轨道工程施工质量验收标准》TB10413—2003
[B]《地下铁道工程施工及验收规范》GB/T 50299—2018</td></tr>
<tr><td></td><td colspan="3">验收项目</td><td colspan="2">设计要求及规范规定</td><td>最小 / 实际抽样数量</td><td>检查记录</td><td>检查结果</td></tr>
<tr><td rowspan="2">主控项目</td><td>1</td><td colspan="2">轨道应按设计图并依照基标进行调整</td><td colspan="2">道尺使用前应校正，允许偏差 0，+0.5mm</td><td></td><td></td><td></td></tr>
<tr><td>2</td><td colspan="2">配轨采用相对式接头，符合 [B] 13.5.2 要求</td><td colspan="2">直线段允许相错量为 20mm；曲线段允许相错量为规定缩短量之半加 15mm；当缩短轨对接布置困难而需要错接时，其错开距离不应小于 3m</td><td></td><td></td><td></td></tr>
<tr><td rowspan="12">一般项目</td><td>1</td><td colspan="2">曲线超高和轨距加宽符合设计要求</td><td colspan="2">轨距的变化率不应大于 1‰</td><td></td><td></td><td></td></tr>
<tr><td rowspan="11">2</td><td rowspan="11">轨道钢轨调整允许偏差(mm)</td><td>轨道中心线距基标中心线</td><td colspan="2">±2</td><td></td><td></td><td></td></tr>
<tr><td>直线段轨道方向(10m 弦量)</td><td colspan="2">1</td><td></td><td></td><td></td></tr>
<tr><td>轨道曲线正矢调整(20m 弦量)</td><td colspan="2">[B]
表 13.5.4</td><td></td><td></td><td></td></tr>
<tr><td>轨道高程与设计比较</td><td colspan="2">±1</td><td></td><td></td><td></td></tr>
<tr><td>钢轨左、右股水平差</td><td colspan="2">≤1</td><td></td><td></td><td></td></tr>
<tr><td>在延长 18m 的距离范围内三角坑</td><td colspan="2">≤1</td><td></td><td></td><td></td></tr>
<tr><td>轨顶前后高低差(10m 弦量)</td><td colspan="2">≤1</td><td></td><td></td><td></td></tr>
<tr><td>轨距</td><td colspan="2">+2，−1</td><td></td><td></td><td></td></tr>
<tr><td>轨底坡</td><td colspan="2">按 1/40 设置</td><td></td><td></td><td></td></tr>
<tr><td>轨缝</td><td colspan="2">0，+1</td><td></td><td></td><td></td></tr>
<tr><td>钢轨接头的轨面、轨头内侧平（直）顺</td><td colspan="2">0.5</td><td></td><td></td><td></td></tr>
<tr><td colspan="4">施工单位检查结果</td><td colspan="5">专业工长：
项目专业质量检查员：　　　　年　月　日</td></tr>
<tr><td colspan="4">监理单位验收结论</td><td colspan="5">专业监理工程师：　　　　年　月　日</td></tr>
</table>

道床钢筋检验批质量验收记录

DT（GZ）G404

单位（子单位）工程名称		分部（子分部）工程名称		分项工程名称	
施工单位		项目负责人		检验批容量	
分包单位		分包单位项目负责人		检验批部位	
施工依据			验收依据	[A]《铁路轨道工程施工质量验收标准》TB 10413—2003 [B]《地下铁道工程施工及验收规范》GB/T 50299—2018 [C]《铁路混凝土工程施工质量验收标准》TB 10424—2010	

		验收项目			设计要求及规范规定	最小/实际抽样数量	检查记录	检查结果
主控项目	1	钢筋进场时，必须按批抽取试件作力学性能（屈服强度、拉伸强度和伸长率）和工艺性能（冷弯）试验，其质量必须符合现行国家标准的规定和设计要求						
	2	钢筋的加工应符合设计要求						
	3	钢筋接头的技术要求和外观质量应符合现行国家标准规定						
	4	安装的钢筋品种、级别、规格和数量必须符合设计要求，绑扎结构钢筋和迷流钢筋时，必须将迷流端子引出，并确保塑料隔离层完好						
一般项目	1	允许偏差（mm）	受力钢筋排距		±5			
	2		分布钢筋排距		±20			
	3		箍筋间距	绑扎骨架	±20			
				焊接骨架	±10			
	4		加工尺寸		±20			
	5		弯起点位置（包括加工偏差 ±20mm）		30			
	6		钢筋保护层厚度 c（mm）	隔振器处	+10，−5			

施工单位检查结果	专业工长： 项目专业质量检查员：　　　　年　　月　　日
监理单位验收结论	专业监理工程师：　　　　年　　月　　日

道床模板安装检验批质量验收记录

DT（GZ）G405

<table>
<tr><td>单位（子单位）工程名称</td><td></td><td>分部（子分部）工程名称</td><td></td><td>分项工程名称</td><td></td></tr>
<tr><td>施工单位</td><td></td><td>项目负责人</td><td></td><td>检验批容量</td><td></td></tr>
<tr><td>分包单位</td><td></td><td>分包单位项目负责人</td><td></td><td>检验批部位</td><td></td></tr>
<tr><td>施工依据</td><td colspan="2"></td><td>验收依据</td><td colspan="2">[A]《铁路轨道工程施工质量验收标准》TB 10413—2003
[B]《地下铁道工程施工及验收规范》GB/T 50299—2018
[C]《铁路混凝土工程施工质量验收标准》TB 10424-2010</td></tr>
</table>

<table>
<tr><td></td><td colspan="6">验收项目</td><td>设计要求及规范规定</td><td>最小/实际抽样数量</td><td>检查记录</td><td>检查结果</td></tr>
<tr><td rowspan="3">主控项目</td><td>1</td><td colspan="5">模板及支架的强度、刚度和稳定性应符合国家现行技术规范的规定</td><td></td><td></td><td></td><td></td></tr>
<tr><td>2</td><td colspan="5">模板安装必须稳固、牢靠，接缝严密，不得漏浆。模板与混凝土的接触面必须清理干净并涂刷隔离剂。浇筑混凝土前，模板内的积水和杂物应清理干净</td><td></td><td></td><td></td><td></td></tr>
<tr><td>3</td><td colspan="5">剪力铰、隔振器外套筒安装位置正确，隔振器外套筒与底板胶结牢固，并把外套筒的吊耳和上部结构钢筋连接在一起，两板之间构造缝按设计要求设置</td><td></td><td></td><td></td><td></td></tr>
<tr><td rowspan="10">一般项目</td><td rowspan="6">1</td><td rowspan="10">允许偏差（mm）</td><td rowspan="6">道床模板安装</td><td colspan="3">相邻两板表面高差</td><td>2</td><td></td><td></td><td></td></tr>
<tr><td colspan="3">模板表面平整度</td><td>2</td><td></td><td></td><td></td></tr>
<tr><td colspan="3">高度</td><td>±5</td><td></td><td></td><td></td></tr>
<tr><td colspan="3">宽度</td><td>±5</td><td></td><td></td><td></td></tr>
<tr><td colspan="3">位置</td><td>±3</td><td></td><td></td><td></td></tr>
<tr><td colspan="3">中线</td><td>2</td><td></td><td></td><td></td></tr>
<tr><td rowspan="4">2</td><td rowspan="4">预埋件加预留孔洞的留置</td><td rowspan="2">预留孔洞</td><td colspan="2">中心位置</td><td>10</td><td></td><td></td><td></td></tr>
<tr><td colspan="2">尺寸</td><td>+10，0</td><td></td><td></td><td></td></tr>
<tr><td colspan="3">剪力铰中心位置</td><td>3</td><td></td><td></td><td></td></tr>
<tr><td colspan="3">隔振器外套筒中心位置</td><td>±3</td><td></td><td></td><td></td></tr>
<tr><td colspan="4">施工单位检查结果</td><td colspan="7">专业工长：
项目专业质量检查员：　　　　年　月　日</td></tr>
<tr><td colspan="4">监理单位验收结论</td><td colspan="7">
专业监理工程师：　　　　年　月　日</td></tr>
</table>

道床混凝土灌注检验批质量验收记录

DT（GZ）G406

单位（子单位）工程名称		分部（子分部）工程名称			分项工程名称		
施工单位		项目负责人			检验批容量		
分包单位		分包单位项目负责人			检验批部位		
施工依据				验收依据	[A]《铁路轨道工程施工质量验收标准》TB 10413—2003 [B]《地下铁道工程施工及验收规范》GB/T 50299—2018 [C]《铁路混凝土工程施工质量验收标准》TB 10424—2010		

		验收项目		设计要求及规范规定	最小/实际抽样数量	检查记录	检查结果
主控项目	1	道床混凝土的原材料、强度等级及其他性能必须符合设计要求					
	2	道床的断面尺寸、排水沟和纵坡、两板间构造缝的位置和处理应符合设计和施工技术方案的要求					
	3	混凝土浇筑完毕后，应按施工技术方案及时采取有效的养护措施					
一般项目	1	灌注混凝土的脚手架，必须独立设置并牢固，不得和钢轨、支撑架连挂，严禁震动器触及支撑架和钢轨					
	2	混凝土结构表面应密实平整、颜色均匀，不得有漏筋、蜂窝、孔洞、疏松、麻面和缺棱掉角等缺陷					
	3	混凝土总碱含量应符合设计及相关标准规定要求					
	4	允许偏差（mm）	混凝土抗压强度				
			每块浮置板宽度	±6			
			每块浮置板长度	±12			
			浮置板高度	±5			
			浮置板见构造缝宽度	±5			
			中线	2			
			浮置板顶面平整度	3			
			浮置板道床面高程	2			
	5	混凝土浇筑终凝后应及时按设计要求进行养护，拆除支撑架时的混凝土强度满足设计规定，养护达到混凝土设计强度时方可进行下道工序					

施工单位检查结果	专业工长： 项目专业质量检查员：　　　　年　　月　　日
监理单位验收结论	专业监理工程师：　　　　年　　月　　日

轨道架设及轨枕安装检验批质量验收记录

DT（GZ）G407

单位（子单位）工程名称		分部（子分部）工程名称			分项工程名称		
施工单位		项目负责人			检验批容量		
分包单位		分包单位项目负责人			检验批部位		
施工依据			验收依据		[A]《铁路轨道工程施工质量验收标准》TB 10413—2003 [B]《地下铁道工程施工及验收规范》GB/T 50299—2018		
	验收项目		设计要求及规范规定	最小 / 实际抽样数量	检查记录	检查结果	
主控项目	1	钢轨架设前必须调直，扣件的飞边、毛刺等应打磨干净并涂油					
主控项目	2	钢轨均应采用支撑架架设，其架设间距：直线段 3m、曲线段宜 2.5m 设置一个，直线段支撑架应垂直线路方向，曲线段支撑架应垂直线路的切线方向					
主控项目	3	架设于支撑架上的钢轨应初步调整其水平、位置、轨距和高程，并测放出轨枕位置					
主控项目	4	轨枕安装时，直线段两股钢轨的轨枕中心线应与线路中心线垂直，曲线段应与线路中心线的切线方向垂直					
主控项目	5	承轨槽边缘至道床变形缝、钢轨普通（绝缘）接缝中心距离≥ 70mm					
一般项目	1	允许偏差（mm）	轨枕间距	±10			
一般项目	2	轨枕的垫板安装完毕，其扣件宜先安装轨道的一侧再安装另一侧，位置正确后拧紧螺栓。钢轨的普通接头和绝缘接头，应按设计轨缝宽度安装夹板后拧紧螺栓					
施工单位检查结果	专业工长： 项目专业质量检查员：　　　　年　月　日						
监理单位验收结论	专业监理工程师：　　　　年　月　日						

轨道调整检验批质量验收记录

DT（GZ）G408

<table>
<tr><td colspan="3">单位（子单位）工程名称</td><td colspan="2"></td><td>分部（子分部）工程名称</td><td></td><td colspan="2">分项工程名称</td><td colspan="2"></td></tr>
<tr><td colspan="3">施工单位</td><td colspan="2"></td><td>项目负责人</td><td></td><td colspan="2">检验批容量</td><td colspan="2"></td></tr>
<tr><td colspan="3">分包单位</td><td colspan="2"></td><td>分包单位项目负责人</td><td></td><td colspan="2">检验批部位</td><td colspan="2"></td></tr>
<tr><td colspan="3">施工依据</td><td colspan="3"></td><td>验收依据</td><td colspan="4">[A]《铁路轨道工程施工质量验收标准》TB 10413—2003
[B]《地下铁道工程施工及验收规范》GB/T 50299—2018</td></tr>
<tr><td colspan="6">验收项目</td><td>设计要求及规范规定</td><td colspan="2">最小/实际抽样数量</td><td>检查记录</td><td>检查结果</td></tr>
<tr><td>主控项目</td><td>1</td><td colspan="4">轨道应按设计图并依照基标进行调整</td><td></td><td colspan="2"></td><td></td><td></td></tr>
<tr><td rowspan="13">一般项目</td><td>1</td><td colspan="4">曲线超高和轨距加宽符合设计要求</td><td>轨距变化率不应大于1‰</td><td colspan="2"></td><td></td><td></td></tr>
<tr><td rowspan="12">2</td><td rowspan="12">轨道钢轨调整允许偏差（mm）</td><td colspan="3">轨道中心线距基标中心线</td><td>±2</td><td colspan="2"></td><td></td><td></td></tr>
<tr><td colspan="3">直线段轨道方向（10m 弦量）</td><td>1</td><td colspan="2"></td><td></td><td></td></tr>
<tr><td colspan="3">轨道曲线正矢调整（20m 弦量）</td><td>—</td><td colspan="2"></td><td></td><td></td></tr>
<tr><td colspan="3">轨道高程与设计比较</td><td>±1</td><td colspan="2"></td><td></td><td></td></tr>
<tr><td colspan="3">钢轨左、右股水平差</td><td>≤1</td><td colspan="2"></td><td></td><td></td></tr>
<tr><td colspan="3">在延长 18m 的距离范围内三角坑</td><td>≤1</td><td colspan="2"></td><td></td><td></td></tr>
<tr><td colspan="3">轨顶前后高低差（10m）弦量</td><td>≤1</td><td colspan="2"></td><td></td><td></td></tr>
<tr><td colspan="3">轨距</td><td>+2，−1</td><td colspan="2"></td><td></td><td></td></tr>
<tr><td colspan="3">轨底坡</td><td>按 1/40 设置</td><td colspan="2"></td><td></td><td></td></tr>
<tr><td colspan="3">轨缝</td><td>0，+1</td><td colspan="2"></td><td></td><td></td></tr>
<tr><td colspan="3">钢轨接头的轨面、轨头内侧平（直）顺</td><td>0.5</td><td colspan="2"></td><td></td><td></td></tr>
<tr><td colspan="3">轨顶距感应板安装基面高度 218mm</td><td>±1</td><td colspan="2"></td><td></td><td></td></tr>
<tr><td colspan="4">施工单位检查结果</td><td colspan="7">专业工长：
项目专业质量检查员：　　　　年　月　日</td></tr>
<tr><td colspan="4">监理单位验收结论</td><td colspan="7">专业监理工程师：　　　　年　月　日</td></tr>
</table>

隔振器就位检验批质量验收记录

DT（GZ）G409

单位（子单位）工程名称		分部（子分部）工程名称		分项工程名称		
施工单位		项目负责人		检验批容量		
分包单位		分包单位项目负责人		检验批部位		
施工依据			验收依据	《浮置板轨道技术规范》CJJ/T 191—2012		

		验收项目		设计要求及规范规定	最小/实际抽样数量	检查记录	检查结果
主控项目	1	隔振器质量、性能应符合设计要求					
	2	隔振器安装前，应将外套筒内清理干净，对其金属件外表面、内筒密封圈进行检查，如有损坏进行修补及更换，阻尼器内筒不得进入水、油或其他液体，如进水、油应及时吸出，若油水混入，必须更换阻尼剂，重新密封					
	3	混凝土达到设计强度后方可进行顶升作业，顶升前应在每块板上布置测点。每块板一次顶升不得超过10mm					
一般项目	1	允许偏差（mm）	浮置板顶升高度 40mm	±1			
	2	顶升作业完成后，进行轨道水平方向的调整和密封条的安装					

施工单位检查结果	专业工长： 项目专业质量检查员：　　　　年　月　日
监理单位验收结论	专业监理工程师：　　　　年　月　日

道岔铺设检验批质量验收记录

DT（GZ）G410

<table>
<tr><td colspan="2">单位（子单位）工程名称</td><td colspan="2"></td><td>分部（子分部）工程名称</td><td></td><td>分项工程名称</td><td colspan="3"></td></tr>
<tr><td colspan="2">施工单位</td><td colspan="2"></td><td>项目负责人</td><td></td><td>检验批容量</td><td colspan="3"></td></tr>
<tr><td colspan="2">分包单位</td><td colspan="2"></td><td>分包单位项目负责人</td><td></td><td>检验批部位</td><td colspan="3"></td></tr>
<tr><td colspan="2">施工依据</td><td colspan="4"></td><td>验收依据</td><td colspan="3">[A]《铁路轨道工程施工质量验收标准》TB10413-2003
[B]《地下铁道工程施工及验收规范》GB/T 50299-2018</td></tr>
<tr><td></td><td colspan="4">验收项目</td><td>设计要求及规范规定</td><td>最小/实际抽样数量</td><td>检查记录</td><td colspan="2">检查结果</td></tr>
<tr><td rowspan="7">主控项目</td><td>1</td><td colspan="3">道岔、岔枕及扣件的类型、规格和质量应符合设计要求和产品标准规定</td><td></td><td></td><td></td><td colspan="2"></td></tr>
<tr><td>2</td><td colspan="3">钢轨支撑架应按设计位置设置</td><td></td><td></td><td></td><td colspan="2"></td></tr>
<tr><td>3</td><td colspan="3">架设于支撑架上的道岔应初步调整其水平、位置、轨距和高程，并测放出岔枕位置</td><td></td><td></td><td></td><td colspan="2"></td></tr>
<tr><td>4</td><td colspan="3">道岔辙叉部分的岔枕应垂直辙岔角的平分线，转辙器及连接部分应与道岔直股方向垂直（或按图）</td><td></td><td></td><td></td><td colspan="2"></td></tr>
<tr><td>5</td><td colspan="3">岔枕的垫板安装完毕，其扣件宜先安装钢轨的一侧再安装另一侧，位置正确后拧紧螺栓。钢轨的普通接头和绝缘接头，应按设计轨缝宽度安装夹板后拧紧螺栓</td><td></td><td></td><td></td><td colspan="2"></td></tr>
<tr><td>6</td><td colspan="3">道岔位置应按设计铺设，基本轨和引轨长度符合设计要求，且无硬弯、裂纹、倾斜，辙叉、尖轨、转辙器安装符合设计要求</td><td></td><td></td><td></td><td colspan="2"></td></tr>
<tr><td>7</td><td colspan="3">承轨槽边缘至道床变形缝、钢轨普通（绝缘）接缝中心距离≥70mm</td><td></td><td></td><td></td><td colspan="2"></td></tr>
<tr><td>一般项目</td><td>1</td><td>允许偏差(mm)</td><td colspan="2">岔枕安装位置间距</td><td>±10</td><td></td><td></td><td colspan="2"></td></tr>
<tr><td colspan="3">施工单位检查结果</td><td colspan="7">专业工长:
项目专业质量检查员: 年 月 日</td></tr>
<tr><td colspan="3">监理单位验收结论</td><td colspan="7">专业监理工程师: 年 月 日</td></tr>
</table>

道岔调整检验批质量验收记录

DT（GZ）G411

单位（子单位）工程名称		分部（子分部）工程名称			分项工程名称		
施工单位		项目负责人			检验批容量		
分包单位		分包单位项目负责人			检验批部位		
施工依据			验收依据		[A]《铁路轨道工程施工质量验收标准》TB10413-2003 [B]《地下铁道工程施工及验收规范》GB/T 50299-2018		
	验收项目		设计要求及规范规定	最小/实际抽样数量	检查记录	检查结果	
主控项目	道岔普通接头、绝缘接头应按设计图布置						
一般项目	道岔调整允许偏差(mm)	里程位置	±15				
		全长范围内高程	±1				
		全长范围内高低差	≤2				
		左右股水平	1				
		道岔方向	1				
		导曲线支距	1				
		附带曲线正矢连续差（10m 弦量）	1				
		尖轨尖端轨距	±1				
		尖轨与基本轨的间隙	≤1				
		曲尖轨在第一连接杆处动程	≥160				
		护轨头部外侧至辙岔心作用边距离 1391mm	0，+2				
		护轨头部外侧至翼轨作用边距离 1348mm	0，-1				
		轨面应平顺，滑床板在同一平面内，轨撑与基本轨密贴，其间隙	≤0.5				
		轨顶距感应板安装基面高度 218mm	±1mm				
施工单位检查结果	专业工长： 项目专业质量检查员：　　　　年　月　日						
监理单位验收结论	专业监理工程师：　　　　年　月　日						

道岔钢筋检验批质量验收记录

DT（GZ）G412

<table>
<tr><td colspan="2">单位（子单位）工程名称</td><td colspan="2"></td><td colspan="2">分部（子分部）工程名称</td><td></td><td>分项工程名称</td><td colspan="2"></td></tr>
<tr><td colspan="2">施工单位</td><td colspan="2"></td><td colspan="2">项目负责人</td><td></td><td>检验批容量</td><td colspan="2"></td></tr>
<tr><td colspan="2">分包单位</td><td colspan="2"></td><td colspan="2">分包单位项目负责人</td><td></td><td>检验批部位</td><td colspan="2"></td></tr>
<tr><td colspan="2">施工依据</td><td colspan="4"></td><td>验收依据</td><td colspan="3">[A]《铁路轨道工程施工质量验收标准》TB 10413—2003
[B]《地下铁道工程施工及验收规范》GB/T 50299—2018
[C]《铁路混凝土工程施工质量验收标准》TB 10424-2010</td></tr>
<tr><td colspan="6">验收项目</td><td>设计要求及规范规定</td><td>最小/实际抽样数量</td><td>检查记录</td><td>检查结果</td></tr>
<tr><td rowspan="4">主控项目</td><td>1</td><td colspan="4">钢筋进场时，必须按批抽取试件作力学性能（屈服强度、拉伸强度和伸长率）和工艺性能（冷弯）试验，其质量必须符合现行国家标准的规定和设计要求</td><td></td><td></td><td></td><td></td></tr>
<tr><td>2</td><td colspan="4">钢筋的加工应符合设计要求</td><td></td><td></td><td></td><td></td></tr>
<tr><td>3</td><td colspan="4">钢筋接头的技术要求和外观质量应符合现行国家标准规定</td><td></td><td></td><td></td><td></td></tr>
<tr><td>4</td><td colspan="4">安装的钢筋品种、级别、规格和数量必须符合设计要求，绑扎结构钢筋和迷流钢筋时，必须将迷流端子引出。塑料隔离层保持完好</td><td></td><td></td><td></td><td></td></tr>
<tr><td rowspan="9">一般项目</td><td>1</td><td rowspan="9">允许偏差（mm）</td><td colspan="3">受力钢筋排距</td><td>±5</td><td></td><td></td><td></td></tr>
<tr><td>2</td><td colspan="3">分布钢筋间距</td><td>±20</td><td></td><td></td><td></td></tr>
<tr><td rowspan="2">3</td><td colspan="2" rowspan="2">箍筋间距</td><td>绑扎骨架</td><td>+20</td><td rowspan="2"></td><td rowspan="2"></td><td rowspan="2"></td></tr>
<tr><td>焊接骨架</td><td>±10</td></tr>
<tr><td>4</td><td colspan="3">加工尺寸</td><td>±20</td><td></td><td></td><td></td></tr>
<tr><td>5</td><td colspan="3">弯起点位置（包括加工偏差 ±20mm）</td><td>30</td><td></td><td></td><td></td></tr>
<tr><td rowspan="3">6</td><td colspan="2" rowspan="3">钢筋保护层厚度 c（mm）</td><td>$c \geqslant 35$</td><td>+10，−5</td><td rowspan="3"></td><td rowspan="3"></td><td rowspan="3"></td></tr>
<tr><td>$25 < c < 35$</td><td>+5，−2</td></tr>
<tr><td>$c \leqslant 25$</td><td>+3，−1</td></tr>
<tr><td colspan="3">施工单位检查结果</td><td colspan="7">专业工长：
项目专业质量检查员：　　　　年　月　日</td></tr>
<tr><td colspan="3">监理单位验收结论</td><td colspan="7">专业监理工程师：　　　　年　月　日</td></tr>
</table>

道岔模板安装检验批质量验收记录

DT（GZ）G413

<table>
<tr><td colspan="3">单位（子单位）工程名称</td><td colspan="2"></td><td colspan="2">分部（子分部）工程名称</td><td></td><td>分项工程名称</td><td colspan="2"></td></tr>
<tr><td colspan="3">施工单位</td><td colspan="2"></td><td colspan="2">项目负责人</td><td></td><td>检验批容量</td><td colspan="2"></td></tr>
<tr><td colspan="3">分包单位</td><td colspan="2"></td><td colspan="2">分包单位项目负责人</td><td></td><td>检验批部位</td><td colspan="2"></td></tr>
<tr><td colspan="3">施工依据</td><td colspan="4"></td><td>验收依据</td><td colspan="3">[A]《铁路轨道工程施工质量验收标准》TB 10413—2003
[B]《地下铁道工程施工及验收规范》GB/T 50299—2018
[C]《铁路混凝土工程施工质量验收标准》TB 10424-2010</td></tr>
<tr><td></td><td colspan="6">验收项目</td><td>设计要求及规范规定</td><td>最小/实际抽样数量</td><td>检查记录</td><td>检查结果</td></tr>
<tr><td rowspan="3">主控项目</td><td>1</td><td colspan="5">模板及支架的强度、刚度和稳定性应符合国家现行技术规范的规定</td><td></td><td></td><td></td><td></td></tr>
<tr><td>2</td><td colspan="5">模板安装必须稳固牢靠，接缝严密，不得漏浆。模板与混凝土的接触面必须清理干净并涂刷隔离剂。浇筑混凝土前，模板内的积水和杂物应清理干净</td><td></td><td></td><td></td><td></td></tr>
<tr><td>3</td><td colspan="5">转辙机坑应按设计位置布置，施工时应严格控制机坑和沟深尺寸</td><td></td><td></td><td></td><td></td></tr>
<tr><td rowspan="11">一般项目</td><td rowspan="6">1</td><td rowspan="11">允许偏差(mm)</td><td rowspan="6">道床模板安装</td><td colspan="3">相邻两板表面高差</td><td>2</td><td></td><td></td><td></td></tr>
<tr><td colspan="3">模板表面平整度</td><td>2</td><td></td><td></td><td></td></tr>
<tr><td colspan="3">高度</td><td>±5</td><td></td><td></td><td></td></tr>
<tr><td colspan="3">宽度</td><td>±5</td><td></td><td></td><td></td></tr>
<tr><td colspan="3">位置</td><td>±3</td><td></td><td></td><td></td></tr>
<tr><td colspan="3">中线</td><td>2</td><td></td><td></td><td></td></tr>
<tr><td rowspan="3">2</td><td rowspan="3">预埋件和预留孔洞的留置</td><td rowspan="2">预留孔洞</td><td colspan="2">中心位置</td><td>10</td><td></td><td></td><td></td></tr>
<tr><td colspan="2">尺寸</td><td>+10，0</td><td></td><td></td><td></td></tr>
<tr><td colspan="3">预埋件中心位置</td><td>3</td><td></td><td></td><td></td></tr>
<tr><td rowspan="2">3</td><td colspan="2" rowspan="2">道床变形缝及水沟模板支立</td><td>位置</td><td>±5</td><td></td><td></td><td></td></tr>
<tr><td>垂直度</td><td>2</td><td></td><td></td><td></td></tr>
<tr><td colspan="4">施工单位检查结果</td><td colspan="7">专业工长：
项目专业质量检查员：　　　　年　月　日</td></tr>
<tr><td colspan="4">监理单位验收结论</td><td colspan="7">专业监理工程师：　　　　年　月　日</td></tr>
</table>

道岔混凝土灌注检验批质量验收记录

DT（GZ）G414

单位（子单位）工程名称			分部（子分部）工程名称		分项工程名称			
施工单位			项目负责人		检验批容量			
分包单位			分包单位项目负责人		检验批部位			
施工依据				验收依据	[A]《铁路轨道工程施工质量验收标准》TB 10413—2003 [B]《地下铁道工程施工及验收规范》GB/T 50299—2018 [C]《铁路混凝土工程施工质量验收标准》TB 10424—2010			
验收项目				设计要求及规范规定	最小/实际抽样数量	检查记录	检查结果	
主控项目	1	道床混凝土的原材料、强度等级及其他性能必须符合设计要求						
	2	道床的断面尺寸、排水沟的纵坡、两板间构造缝的位置和处理应符合设计和施工技术方案的要求						
	3	混凝土浇筑完毕后，应按施工技术方案及时采取有效的养护措施						
	4	混凝土总碱含量应符合设计及相关标准规定要求						
	5	混凝土抗压强度符合设计要求						
一般项目	1	灌注混凝土的脚手架，必须独立设置并牢固，不得和钢轨、支撑架连挂，严禁震动器触及支撑架和钢轨						
		混凝土结构表面应密实平整、颜色均匀，不得有漏筋、蜂窝、孔洞、疏松、麻面和缺棱掉角等缺陷						
	2	道床混凝土初凝前应及时进行面层及排水沟的抹面，并将钢轨、轨枕、扣件等表面的灰浆清理干净						
	3	允许偏差（mm）	道床板顶面宽度	±10				
			道床面与承轨台顶面相对高差	±5				
			道床板间伸缩缝宽度	±5				
			中线	2				
			道床板顶面平整度	3				
			道床面高程	0，−5				
	4	混凝土浇筑终凝后应及时按设计要求养护，拆除支撑架和道床上行驶车辆及承重时的混凝土强度满足验标规定						
施工单位检查结果	专业工长： 项目专业质量检查员：　　　　年　月　日							
监理单位验收结论	专业监理工程师：　　　　年　月　日							

钢轨焊接检验批质量验收记录

DT（GZ）G415

<table>
<tr><td colspan="2">单位（子单位）工程名称</td><td></td><td colspan="2">分部（子分部）工程名称</td><td></td><td>分项工程名称</td><td colspan="3"></td></tr>
<tr><td colspan="2">施工单位</td><td></td><td colspan="2">项目负责人</td><td></td><td>检验批容量</td><td colspan="3"></td></tr>
<tr><td colspan="2">分包单位</td><td></td><td colspan="2">分包单位项目负责人</td><td></td><td>检验批部位</td><td colspan="3"></td></tr>
<tr><td colspan="2">施工依据</td><td colspan="4"></td><td>验收依据</td><td colspan="3">[A]《铁路轨道工程施工质量验收标准》TB 10413—2003
[B]《钢轨焊接》TB/T 1632—2014</td></tr>
<tr><td></td><td colspan="5">验收项目</td><td>设计要求及规范规定</td><td>最小/实际抽样数量</td><td>检查记录</td><td>检查结果</td></tr>
<tr><td rowspan="7">主控项目</td><td>1</td><td colspan="4">钢轨焊接接头的形式检验和周期性生产检验</td><td></td><td></td><td></td><td></td></tr>
<tr><td>2</td><td colspan="4">钢轨焊接接头的探伤检查</td><td></td><td></td><td></td><td></td></tr>
<tr><td>3</td><td colspan="4">钢轨焊接接头外观质量</td><td></td><td></td><td></td><td></td></tr>
<tr><td>4</td><td colspan="4">钢轨胶结绝缘接头焊接前的电绝缘性能测定</td><td></td><td></td><td></td><td></td></tr>
<tr><td rowspan="3">5</td><td rowspan="3" colspan="2">焊接接头平直度允许偏差（mm）</td><td colspan="2">轨顶面</td><td>+0.3
0</td><td></td><td></td><td></td></tr>
<tr><td colspan="2">轨头内侧工作面</td><td>+0.3</td><td></td><td></td><td></td></tr>
<tr><td colspan="2">轨底（焊筋）</td><td>+0.5
0</td><td></td><td></td><td></td></tr>
<tr><td>一般项目</td><td>1</td><td colspan="4">焊接接头编号、标记及记录</td><td></td><td></td><td></td><td></td></tr>
<tr><td colspan="3">施工单位检查结果</td><td colspan="7">专业工长：
项目专业质量检查员：年　月　日</td></tr>
<tr><td colspan="3">监理单位验收结论</td><td colspan="7">专业监理工程师：年　月　日</td></tr>
</table>

线路锁定检验批质量验收记录

DT（GZ）G416

<table>
<tr><td>单位（子单位）工程名称</td><td></td><td colspan="2">分部（子分部）工程名称</td><td></td><td>分项工程名称</td><td colspan="2"></td></tr>
<tr><td>施工单位</td><td></td><td colspan="2">项目负责人</td><td></td><td>检验批容量</td><td colspan="2"></td></tr>
<tr><td>分包单位</td><td></td><td colspan="2">分包单位项目负责人</td><td></td><td>检验批部位</td><td colspan="2"></td></tr>
<tr><td>施工依据</td><td colspan="3"></td><td>验收依据</td><td colspan="3">《铁路轨道工程施工质量验收标准》TB 10413-2003</td></tr>
<tr><td></td><td colspan="3">验收项目</td><td>设计要求及规范规定</td><td>最小/实际抽样数量</td><td>检查记录</td><td>检查结果</td></tr>
<tr><td rowspan="6">主控项目</td><td>1</td><td>位移观测桩设置</td><td>第 7.6.1 条</td><td></td><td></td><td></td><td></td></tr>
<tr><td>2</td><td>实际锁定轨温</td><td>第 7.6.2 条</td><td></td><td></td><td></td><td></td></tr>
<tr><td>3</td><td colspan="2">左右两股钢轨、相邻单元轨节的锁定轨温差</td><td>不得大于 5℃</td><td></td><td></td><td></td></tr>
<tr><td>4</td><td colspan="2">同一区间内各单元轨条的最高与最低锁定轨温差</td><td>不得大于 10℃</td><td></td><td></td><td></td></tr>
<tr><td rowspan="2">5</td><td rowspan="2">位移量</td><td>位移观测桩处换算法 200mm 范围内</td><td>不得大于 10mm</td><td></td><td></td><td></td></tr>
<tr><td>任一位移观测桩处</td><td>不得大于 20mm</td><td></td><td></td><td></td></tr>
<tr><td rowspan="4">一般项目</td><td>1</td><td colspan="2">焊接接头编号、标记及记录</td><td>第 7.6.6 条</td><td></td><td></td><td></td></tr>
<tr><td rowspan="3">2</td><td rowspan="3">缓冲区钢轨接头</td><td>螺栓扭矩</td><td>1000N·m</td><td></td><td></td><td></td></tr>
<tr><td>接头处的钢轨面高低差及轨距线错牙</td><td>1mm</td><td></td><td></td><td></td></tr>
<tr><td>接头轨缝</td><td>按设计 4mm 预留</td><td></td><td></td><td></td></tr>
<tr><td colspan="2">施工单位检查结果</td><td colspan="6">专业工长：
项目专业质量检查员： 年 月 日</td></tr>
<tr><td colspan="2">监理单位验收结论</td><td colspan="6">专业监理工程师： 年 月 日</td></tr>
</table>

轨道整理检验批质量验收记录

DT（GZ）G417

<table>
<tr><td colspan="3">单位（子单位）工程名称</td><td></td><td>分部（子分部）工程名称</td><td></td><td>分项工程名称</td><td colspan="2"></td></tr>
<tr><td colspan="3">施工单位</td><td></td><td>项目负责人</td><td></td><td>检验批容量</td><td colspan="2"></td></tr>
<tr><td colspan="3">分包单位</td><td></td><td>分包单位项目负责人</td><td></td><td>检验批部位</td><td colspan="2"></td></tr>
<tr><td colspan="3">施工依据</td><td colspan="2"></td><td>验收依据</td><td colspan="3">[A]《铁路轨道工程施工质量验收标准》TB 10413-2003
[B]《地下铁道工程施工及验收规范》GB/T 50299—2018</td></tr>
<tr><td></td><td colspan="4">验收项目</td><td>设计要求及规范规定</td><td>最小 / 实际抽样数量</td><td>检查记录</td><td>检查结果</td></tr>
<tr><td rowspan="6">主控项目</td><td>1</td><td rowspan="6">无碴轨道静态质量问题几何尺寸(mm)</td><td colspan="2">轨距</td><td>+3、−2
变化率≤ 1‰</td><td></td><td></td><td></td></tr>
<tr><td rowspan="2">2</td><td rowspan="2">轨向</td><td>直线 (10m 弦量)</td><td>2</td><td></td><td></td><td></td></tr>
<tr><td>曲线正矢差</td><td>[B] 13.8.4</td><td></td><td></td><td></td></tr>
<tr><td>3</td><td colspan="2">水平</td><td>2</td><td></td><td></td><td></td></tr>
<tr><td>4</td><td colspan="2">三角坑 (18m 范围)</td><td>2</td><td></td><td></td><td></td></tr>
<tr><td>5</td><td colspan="2">高底 (10m 弦)</td><td>2</td><td></td><td></td><td></td></tr>
<tr><td rowspan="4">一般项目</td><td>1</td><td rowspan="3">无碴轨道整理允许偏差(mm)</td><td colspan="2">中线 (mm)</td><td>3</td><td></td><td></td><td></td></tr>
<tr><td>2</td><td colspan="2">线间距 (mm)</td><td>+3
0</td><td></td><td></td><td></td></tr>
<tr><td>3</td><td colspan="2">轨面高程 (mm)</td><td>±2</td><td></td><td></td><td></td></tr>
<tr><td>4</td><td colspan="3">轨顶距感应板安装基面高度 218mm</td><td>±2 mm</td><td></td><td></td><td></td></tr>
<tr><td colspan="4">施工单位检查结果</td><td colspan="5">专业工长:
项目专业质量检查员: 年 月 日</td></tr>
<tr><td colspan="4">监理单位验收结论</td><td colspan="5">专业监理工程师: 年 月 日</td></tr>
</table>

线路、信号标志检验批质量验收记录

DT（GZ）G418

单位（子单位）工程名称			分部（子分部）工程名称		分项工程名称			
施工单位			项目负责人		检验批容量			
分包单位			分包单位项目负责人		检验批部位			
施工依据				验收依据	《铁路轨道工程施工质量验收标准》TB 10413—2003			
验收项目				设计要求及规范规定	最小 / 实际抽样数量	检查记录	检查结果	
主控项目	1	标志的材料、规格、图案	第 12.0.1 条					
	2	标志的数量、位置、高度	第 12.0.2 条					
	3	标志的牢固性、显示方向	第 12.0.3 条					
一般项目	1	标志设置端正	第 12.0.4 条					
	2	标志的涂装、色泽	第 12.0.4 条					
	3	标志的图像、字迹	第 12.0.4 条					
施工单位检查结果	专业工长： 项目专业质量检查员：年 月 日							
监理单位验收结论	专业监理工程师：年 月 日							

车档检验批质量验收记录

DT（GZ）G419

单位（子单位）工程名称		分部（子分部）工程名称		分项工程名称			
施工单位		项目负责人		检验批容量			
分包单位		分包单位项目负责人		检验批部位			
施工依据			验收依据				
	验收项目		设计要求及规范规定	最小/实际抽样数量	检查记录	检查结果	
主控项目	1	材质、规格符合设计要求					
	2	安装位置符合设计要求					
	3	安装符合设计要求					
施工单位检查结果	专业工长： 项目专业质量检查员：　　年　月　日						
监理单位验收结论	专业监理工程师：　　年　月　日						

卷材防水层工程检验批质量验收记录

DT（GZ）G420

单位（子单位）工程名称			分部（子分部）工程名称		分项工程名称			
施工单位			项目负责人		检验批容量			
分包单位			分包单位项目负责人		检验批部位			
施工依据					验收依据	GB 50208—2011		
验收项目				设计要求及规范规定	最小/实际抽样数量	检查记录	检查结果	
主控项目	1	卷材及配套材料质量	第 4.3.10 条					
	2	细部做法	第 4.3.11 条					
一般项目	1	基层质量	第 4.3.12 条					
	2	卷材搭接缝	第 4.3.13 条					
	3	保护层	第 4.3.14 条					
	4	卷材搭接宽度允许偏差		−10mm				
施工单位检查结果	专业工长： 项目专业质量检查员： 年 月 日							
监理单位验收结论	专业监理工程师： 年 月 日							

涂料防水层工程检验批质量验收记录

DT（GZ）G421

单位（子单位）工程名称			分部（子分部）工程名称		分项工程名称			
施工单位			项目负责人		检验批容量			
分包单位			分包单位项目负责人		检验批部位			
施工依据				验收依据	GB 50208—2011			
	验收项目			设计要求及规范规定	最小 / 实际抽样数量		检查记录	检查结果
主控项目	1	涂料质量及配合比	第 4.4.7 条					
	2	细部做法	第 4.4.8 条					
一般项目	1	基层质量	第 4.4.9 条					
	2	外观质量	第 4.4.10 条					
	3	涂料层厚度（mm)(设计厚度 D= ）		平均厚度≥ D ≥最小厚度				
	4	保护层与防水层粘结	第 4.4.12 条					
施工单位检查结果	专业工长： 项目专业质量检查员： 年 月 日							
监理单位验收结论	专业监理工程师： 年 月 日							

钢筋加工工程检验批质量验收记录

DT（GZ）G422

<table>
<tr><td>单位（子单位）工程名称</td><td colspan="2"></td><td colspan="2">分部（子分部）工程名称</td><td></td><td>分项工程名称</td><td colspan="2"></td></tr>
<tr><td>施工单位</td><td colspan="2"></td><td colspan="2">项目负责人</td><td></td><td>检验批容量</td><td colspan="2"></td></tr>
<tr><td>分包单位</td><td colspan="2"></td><td colspan="2">分包单位项目负责人</td><td></td><td>检验批部位</td><td colspan="2"></td></tr>
<tr><td>施工依据</td><td colspan="4">《混凝土结构工程施工质量验收规范》GB 50204—2015</td><td>验收依据</td><td colspan="3">GB 50204—2015</td></tr>
<tr><td colspan="5">验收项目</td><td>设计要求及规范规定</td><td>最小/实际抽样数量</td><td>检查记录</td><td>检查结果</td></tr>
<tr><td rowspan="5">主控项目</td><td>1</td><td colspan="2">钢筋进场时要作屈服强度、抗拉强度、伸长率、弯曲性能和重量偏差检查</td><td colspan="2">第 5.2.1 条</td><td></td><td></td><td></td></tr>
<tr><td>2</td><td colspan="2">抗震用钢筋强度实测值</td><td colspan="2">第 5.2.3 条</td><td></td><td></td><td></td></tr>
<tr><td>3</td><td colspan="2">钢筋弯折的弯弧内直径</td><td colspan="2">第 5.3.1 条</td><td></td><td></td><td></td></tr>
<tr><td>4</td><td colspan="2">纵向受力钢筋的弯折后平直段长度</td><td colspan="2">第 5.3.2 条</td><td></td><td></td><td></td></tr>
<tr><td>5</td><td colspan="2">箍筋、拉筋的末端做成弯钩</td><td colspan="2">第 5.3.3 条</td><td></td><td></td><td></td></tr>
<tr><td rowspan="5">一般项目</td><td>1</td><td colspan="2">外观质量</td><td colspan="2">第 5.2.4 条</td><td></td><td></td><td></td></tr>
<tr><td>2</td><td colspan="2">钢筋调直</td><td colspan="2">第 5.3.3 条</td><td></td><td></td><td></td></tr>
<tr><td rowspan="3">3</td><td rowspan="3">钢筋加工允许偏差</td><td colspan="2">受力钢筋沿长度方向全长的净尺寸</td><td>±10mm</td><td></td><td></td><td></td></tr>
<tr><td colspan="2">弯起钢筋的弯折位置</td><td>±20mm</td><td></td><td></td><td></td></tr>
<tr><td colspan="2">箍筋外廓尺寸</td><td>±5mm</td><td></td><td></td><td></td></tr>
<tr><td colspan="2">施工单位检查结果</td><td colspan="7">专业工长：
项目专业质量检查员：　　　　年　　月　　日</td></tr>
<tr><td colspan="2">监理单位验收结论</td><td colspan="7">专业监理工程师：　　　　年　　月　　日</td></tr>
</table>

钢筋安装工程检验批质量验收记录

DT（GZ）G423

<table>
<tr><td colspan="3">单位（子单位）工程名称</td><td colspan="3"></td><td>分部（子分部）工程名称</td><td></td><td colspan="2">分项工程名称</td><td colspan="2"></td></tr>
<tr><td colspan="3">施工单位</td><td colspan="3"></td><td>项目负责人</td><td></td><td colspan="2">检验批容量</td><td colspan="2"></td></tr>
<tr><td colspan="3">分包单位</td><td colspan="3"></td><td>分包单位项目负责人</td><td></td><td colspan="2">检验批部位</td><td colspan="2"></td></tr>
<tr><td colspan="3">施工依据</td><td colspan="4">《混凝土结构工程施工质量验收规范》GB 50204—2015</td><td>验收依据</td><td colspan="4">GB 50204—2015</td></tr>
<tr><td></td><td colspan="6">验收项目</td><td>设计要求及规范规定</td><td colspan="2">最小/实际抽样数量</td><td>检查记录</td><td>检查结果</td></tr>
<tr><td rowspan="3">主控项目</td><td>1</td><td colspan="3">钢筋的连接方式</td><td colspan="2">第5.4.1条</td><td></td><td colspan="2"></td><td></td><td></td></tr>
<tr><td>2</td><td colspan="3">机械连接和焊接接头的力学性能、弯曲性能</td><td colspan="2">第5.4.2条</td><td></td><td colspan="2"></td><td></td><td></td></tr>
<tr><td>3</td><td colspan="3">受力钢筋的牌号、规格和数量</td><td colspan="2">第5.5.1条</td><td></td><td colspan="2"></td><td></td><td></td></tr>
<tr><td rowspan="17">一般项目</td><td>1</td><td colspan="3">钢筋接头位置和数量</td><td colspan="2">第5.4.3条</td><td></td><td colspan="2"></td><td></td><td></td></tr>
<tr><td>2</td><td colspan="3">钢筋机械连接接头、焊接接头的外观质量</td><td colspan="2">第5.4.5条</td><td></td><td colspan="2"></td><td></td><td></td></tr>
<tr><td>3</td><td colspan="3">纵向受力钢筋机械连接、焊接的接头面积百分率</td><td colspan="2">第5.4.6条</td><td></td><td colspan="2"></td><td></td><td></td></tr>
<tr><td>4</td><td colspan="3">搭接长度范围内的箍筋</td><td colspan="2">第5.4.8条</td><td></td><td colspan="2"></td><td></td><td></td></tr>
<tr><td rowspan="13">5</td><td rowspan="13">钢筋安装允许偏差</td><td rowspan="2">绑扎钢筋网</td><td colspan="3">长、宽</td><td>±10mm</td><td colspan="2"></td><td></td><td></td></tr>
<tr><td colspan="3">网眼尺寸</td><td>±20mm</td><td colspan="2"></td><td></td><td></td></tr>
<tr><td rowspan="2">绑扎钢筋骨架</td><td colspan="3">长</td><td>±10mm</td><td colspan="2"></td><td></td><td></td></tr>
<tr><td colspan="3">宽、高</td><td>±5mm</td><td colspan="2"></td><td></td><td></td></tr>
<tr><td rowspan="5">受力钢筋</td><td colspan="3">间距</td><td>±10mm</td><td colspan="2"></td><td></td><td></td></tr>
<tr><td colspan="3">排距</td><td>±5mm</td><td colspan="2"></td><td></td><td></td></tr>
<tr><td rowspan="3">保护层厚度</td><td colspan="2">基础</td><td>±10mm</td><td colspan="2"></td><td></td><td></td></tr>
<tr><td colspan="2">柱、梁</td><td>±5mm</td><td colspan="2"></td><td></td><td></td></tr>
<tr><td colspan="2">板、墙、壳</td><td>±3mm</td><td colspan="2"></td><td></td><td></td></tr>
<tr><td colspan="4">绑扎箍筋、横向钢筋间距</td><td>±20mm</td><td colspan="2"></td><td></td><td></td></tr>
<tr><td colspan="4">钢筋弯起点位置</td><td>20mm</td><td colspan="2"></td><td></td><td></td></tr>
<tr><td rowspan="2">预埋件</td><td colspan="3">中心线位置</td><td>5mm</td><td colspan="2"></td><td></td><td></td></tr>
<tr><td colspan="3">水平高差</td><td>+3，0mm</td><td colspan="2"></td><td></td><td></td></tr>
<tr><td colspan="4">施工单位检查结果</td><td colspan="8">专业工长：
项目专业质量检查员：　　　　年　月　日</td></tr>
<tr><td colspan="4">监理单位验收结论</td><td colspan="8">专业监理工程师：　　　　年　月　日</td></tr>
</table>

现浇结构模板安装工程检验批质量验收记录

DT（GZ）G424

<table>
<tr><td colspan="3">单位（子单位）工程名称</td><td></td><td colspan="2">分部（子分部）工程名称</td><td></td><td>分项工程名称</td><td colspan="3"></td></tr>
<tr><td colspan="3">施工单位</td><td></td><td colspan="2">项目负责人</td><td></td><td>检验批容量</td><td colspan="3"></td></tr>
<tr><td colspan="3">分包单位</td><td></td><td colspan="2">分包单位项目负责人</td><td></td><td>检验批部位</td><td colspan="3"></td></tr>
<tr><td colspan="3">施工依据</td><td colspan="3">《混凝土结构工程施工质量验收规范》GB 50204—2015</td><td>验收依据</td><td colspan="4">GB 50204—2015</td></tr>
<tr><td></td><td colspan="5">验收项目</td><td>设计要求及规范规定</td><td>最小/实际抽样数量</td><td>检查记录</td><td colspan="2">检查结果</td></tr>
<tr><td rowspan="4">主控项目</td><td>1</td><td colspan="3">模板及支架用材料的技术指标</td><td>第4.2.1条</td><td></td><td></td><td></td><td colspan="2"></td></tr>
<tr><td>2</td><td colspan="3">现浇混凝土结构模板及支架的安装质量</td><td>第4.2.2条</td><td></td><td></td><td></td><td colspan="2"></td></tr>
<tr><td>3</td><td colspan="3">后浇带处的模板及支架应独立设置</td><td>第4.2.3条</td><td></td><td></td><td></td><td colspan="2"></td></tr>
<tr><td>4</td><td colspan="3">支架竖杆或竖向模板安装在土层</td><td>第4.2.4条</td><td></td><td></td><td></td><td colspan="2"></td></tr>
<tr><td rowspan="21">一般项目</td><td>1</td><td colspan="3">模板安装的要求</td><td>第4.2.5条</td><td></td><td></td><td></td><td colspan="2"></td></tr>
<tr><td>2</td><td colspan="3">避免隔离剂污染</td><td>第4.2.6条</td><td></td><td></td><td></td><td colspan="2"></td></tr>
<tr><td>3</td><td colspan="3">模板起拱高度</td><td>第4.2.7条</td><td></td><td></td><td></td><td colspan="2"></td></tr>
<tr><td rowspan="8">4</td><td rowspan="8">预埋件、预留孔洞允许偏差</td><td colspan="3">预埋钢板中心线位置</td><td>3mm</td><td></td><td></td><td colspan="2"></td></tr>
<tr><td colspan="3">预埋管、预留孔中心线位置</td><td>3mm</td><td></td><td></td><td colspan="2"></td></tr>
<tr><td rowspan="2">预埋筋</td><td colspan="2">中心线位置</td><td>5mm</td><td></td><td></td><td colspan="2"></td></tr>
<tr><td colspan="2">外露长度</td><td>+10，0mm</td><td></td><td></td><td colspan="2"></td></tr>
<tr><td rowspan="2">预埋螺栓</td><td colspan="2">中心线位置</td><td>2mm</td><td></td><td></td><td colspan="2"></td></tr>
<tr><td colspan="2">外露长度</td><td>+10，0mm</td><td></td><td></td><td colspan="2"></td></tr>
<tr><td rowspan="2">预留洞</td><td colspan="2">中心线位置</td><td>10mm</td><td></td><td></td><td colspan="2"></td></tr>
<tr><td colspan="2">尺寸</td><td>+10，0mm</td><td></td><td></td><td colspan="2"></td></tr>
<tr><td rowspan="8">5</td><td rowspan="8">模板安装允许偏差</td><td colspan="3">轴线位置</td><td>5mm</td><td></td><td></td><td colspan="2"></td></tr>
<tr><td colspan="3">底模上表面标高</td><td>±5mm</td><td></td><td></td><td colspan="2"></td></tr>
<tr><td rowspan="2">模板内部尺寸</td><td colspan="2">基础</td><td>±10mm</td><td></td><td></td><td colspan="2"></td></tr>
<tr><td colspan="2">柱、墙、梁</td><td>+5mm</td><td></td><td></td><td colspan="2"></td></tr>
<tr><td rowspan="2">柱、墙垂直度</td><td colspan="2">层高≤6m</td><td>8mm</td><td></td><td></td><td colspan="2"></td></tr>
<tr><td colspan="2">层高>6m</td><td>10mm</td><td></td><td></td><td colspan="2"></td></tr>
<tr><td colspan="3">相邻模板表面高差</td><td>2mm</td><td></td><td></td><td colspan="2"></td></tr>
<tr><td colspan="3">表面平整度</td><td>5mm</td><td></td><td></td><td colspan="2"></td></tr>
<tr><td colspan="4">施工单位检查结果</td><td colspan="7">专业工长：
项目专业质量检查员：　　　　年　月　日</td></tr>
<tr><td colspan="4">监理单位验收结论</td><td colspan="7">专业监理工程师：　　　　年　月　日</td></tr>
</table>

混凝土施工工程检验批质量验收记录

DT（GZ）G425

<table>
<tr><td colspan="3">单位（子单位）工程名称</td><td></td><td>分部（子分部）工程名称</td><td></td><td>分项工程名称</td><td colspan="2"></td></tr>
<tr><td colspan="3">施工单位</td><td></td><td>项目负责人</td><td></td><td>检验批容量</td><td colspan="2"></td></tr>
<tr><td colspan="3">分包单位</td><td></td><td>分包单位项目负责人</td><td></td><td>检验批部位</td><td colspan="2"></td></tr>
<tr><td colspan="3">施工依据</td><td colspan="2">《混凝土结构工程施工质量验收规范》GB 50204—2015</td><td>验收依据</td><td colspan="3">GB 50204—2015</td></tr>
<tr><td></td><td colspan="3">验收项目</td><td>设计要求及规范规定</td><td>最小/实际抽样数量</td><td>检查记录</td><td colspan="2">检查结果</td></tr>
<tr><td>主控项目</td><td>1</td><td>混凝土强度等级及试件的取样和留置</td><td>第7.4.1条</td><td></td><td></td><td></td><td colspan="2"></td></tr>
<tr><td rowspan="2">一般项目</td><td>1</td><td>后浇带的留设位置</td><td>第7.4.2条</td><td></td><td></td><td></td><td colspan="2"></td></tr>
<tr><td>2</td><td>混凝土养护</td><td>第7.4.3条</td><td></td><td></td><td></td><td colspan="2"></td></tr>
<tr><td colspan="3">施工单位检查结果</td><td colspan="6">专业工长：
项目专业质量检查员：　　　　年　　月　　日</td></tr>
<tr><td colspan="3">监理单位验收结论</td><td colspan="6">专业监理工程师：　　　　年　　月　　日</td></tr>
</table>

现浇混凝土结构观感质量及尺寸偏差检验批质量验收记录

DT（GZ）G426

<table>
<tr><td>单位（子单位）工程名称</td><td colspan="3"></td><td colspan="2">分部（子分部）工程名称</td><td></td><td>分项工程名称</td><td colspan="2"></td></tr>
<tr><td>施工单位</td><td colspan="3"></td><td colspan="2">项目负责人</td><td></td><td>检验批容量</td><td colspan="2"></td></tr>
<tr><td>分包单位</td><td colspan="3"></td><td colspan="2">分包单位项目负责人</td><td></td><td>检验批部位</td><td colspan="2"></td></tr>
<tr><td>施工依据</td><td colspan="5">《混凝土结构工程施工质量验收规范》GB 50204—2015</td><td>验收依据</td><td colspan="3">GB 50204—2015</td></tr>
<tr><td></td><td colspan="5">验收项目</td><td>设计要求及规范规定</td><td>最小 / 实际抽样数量</td><td>检查记录</td><td>检查结果</td></tr>
<tr><td rowspan="2">主控项目</td><td>1</td><td>外观质量不应有严重缺陷</td><td colspan="3">第 8.2.1 条</td><td></td><td></td><td></td><td></td></tr>
<tr><td>2</td><td>不应有影响结构性能和使用功能的尺寸偏差</td><td colspan="3">第 8.3.1 条</td><td></td><td></td><td></td><td></td></tr>
<tr><td rowspan="19">一般项目</td><td>1</td><td>外观质量一般缺陷</td><td colspan="3">第 8.2.2 条</td><td></td><td></td><td></td><td></td></tr>
<tr><td rowspan="3">2</td><td rowspan="3">轴线位置</td><td colspan="3">整体基础</td><td>15mm</td><td></td><td></td><td></td></tr>
<tr><td colspan="3">独立基础</td><td>10mm</td><td></td><td></td><td></td></tr>
<tr><td colspan="3">墙、柱、梁</td><td>8mm</td><td></td><td></td><td></td></tr>
<tr><td rowspan="3">3</td><td rowspan="3">垂直度</td><td rowspan="2">层高</td><td colspan="2">≤ 6m</td><td>10mm</td><td></td><td></td><td></td></tr>
<tr><td colspan="2">> 6m</td><td>12mm</td><td></td><td></td><td></td></tr>
<tr><td colspan="3">全高（H）H=</td><td>H/10000 且 ≤ 80mm</td><td></td><td></td><td></td></tr>
<tr><td rowspan="2">4</td><td rowspan="2">标高</td><td colspan="3">层高</td><td>±10mm</td><td></td><td></td><td></td></tr>
<tr><td colspan="3">全高</td><td>±30mm</td><td></td><td></td><td></td></tr>
<tr><td>5</td><td colspan="4">截面尺寸</td><td>+8mm，−5m</td><td></td><td></td><td></td></tr>
<tr><td rowspan="2">6</td><td rowspan="2">电梯井</td><td colspan="3">中心位置</td><td>10mm</td><td></td><td></td><td></td></tr>
<tr><td colspan="3">长、宽尺寸</td><td>+25，0mm</td><td></td><td></td><td></td></tr>
<tr><td>7</td><td colspan="4">表面平整度</td><td>8mm</td><td></td><td></td><td></td></tr>
<tr><td rowspan="3">8</td><td rowspan="3">预埋设施中心线位置</td><td colspan="3">预埋件</td><td>10mm</td><td></td><td></td><td></td></tr>
<tr><td colspan="3">预埋螺栓</td><td>5mm</td><td></td><td></td><td></td></tr>
<tr><td colspan="3">预埋管</td><td>5mm</td><td></td><td></td><td></td></tr>
<tr><td>9</td><td colspan="4">预留洞、孔中心线位置</td><td>15mm</td><td></td><td></td><td></td></tr>
<tr><td>10</td><td>轴线位置</td><td colspan="3">整体基础</td><td>15mm</td><td></td><td></td><td></td></tr>
<tr><td colspan="2">施工单位检查结果</td><td colspan="8">专业工长：
项目专业质量检查员：　　　　年　月　日</td></tr>
<tr><td colspan="2">监理单位验收结论</td><td colspan="8">专业监理工程师：　　　　年　月　日</td></tr>
</table>

模板拆除工程检验批质量验收记录

DT（GZ）G427

<table>
<tr><td>单位（子单位）工程名称</td><td colspan="2"></td><td>分部（子分部）工程名称</td><td></td><td>分项工程名称</td><td colspan="3"></td></tr>
<tr><td>施工单位</td><td colspan="2"></td><td>项目负责人</td><td></td><td>检验批容量</td><td colspan="3"></td></tr>
<tr><td>分包单位</td><td colspan="2"></td><td>分包单位项目负责人</td><td></td><td>检验批部位</td><td colspan="3"></td></tr>
<tr><td>施工依据</td><td colspan="3">《混凝土结构工程施工质量验收规范》GB 50204—2015</td><td>验收依据</td><td colspan="4">GB 50204—2015</td></tr>
<tr><td></td><td colspan="3">验收项目</td><td>设计要求及规范规定</td><td colspan="2">最小/实际抽样数量</td><td>检查记录</td><td>检查结果</td></tr>
<tr><td rowspan="3">主控项目</td><td>1</td><td>底模及其支架拆除时的混凝土强度</td><td>第 4.3.1 条</td><td></td><td colspan="2"></td><td></td><td></td></tr>
<tr><td>2</td><td>后张法预应力构件侧模和底模拆除时间</td><td>第 4.3.2 条</td><td></td><td colspan="2"></td><td></td><td></td></tr>
<tr><td>3</td><td>后浇带拆模和支顶</td><td>第 4.3.3 条</td><td></td><td colspan="2"></td><td></td><td></td></tr>
<tr><td rowspan="2">一般项目</td><td>1</td><td>避免拆模损伤</td><td>第 4.3.4 条</td><td></td><td colspan="2"></td><td></td><td></td></tr>
<tr><td>2</td><td>模板拆除、堆放和清运</td><td>第 4.3.5 条</td><td></td><td colspan="2"></td><td></td><td></td></tr>
<tr><td colspan="2">施工单位检查结果</td><td colspan="7">专业工长：
项目专业质量检查员：　　　　年　　月　　日</td></tr>
<tr><td colspan="2">监理单位验收结论</td><td colspan="7">专业监理工程师：　　　　年　　月　　日</td></tr>
</table>

附录

广州市轨道交通机电设备工程质量技术资料组卷目录与索引

APPENDIX

一、设备安装工程综合管理

序号	文件题名	表格索引编码
1	项目经理任命及授权通知书	GD-C1-311
2	施工单位项目经理工程质量终身责任承诺书	GD-C1-312/1
3	建设单位项目负责人工程质量终身责任承诺书	GD-C1-312/2
4	勘察单位项目负责人工程质量终身责任承诺书	GD-C1-312/3
5	设计单位项目负责人工程质量终身责任承诺书	GD-C1-312/4
6	监理单位总监理工程师工程质量终身责任承诺书	GD-C1-312/5
7	工程项目启用印章通知书	GD-C1-313
8	工程项目人员职务任命及授权签字通知书	GD-C1-314
9	工程项目管理人员岗位设置通知书	GD-C1-315
10	工程项目管理人员变更通知书	GD-C1-316
11	专业分包施工单位资格报审表	GD-C1-317
12	施工现场质量管理检查记录	GD-C1-318
13	单位（分部）工程开工报审表	GD-C1-319
14	施工日志	GD-C1-3110
15	单位工程施工总结（无表式）	GD-C1-3111
16	分部（子分部、分项）工程施工小结（无表式）	GD-C1-3112
17	工程质量事故（停工）通知书	GD-C1-3113
18	工程质量事故调查处理报告	GD-C1-3114
19	工程复工申请 / 批复书	GD-C1-3115
20	设计交底记录（一）	GD-C1-321/1
21	设计交底记录（二）	GD-C1-321/2
22	施工图设计文件会审记录（一）	GD-C1-322/1
23	施工图设计文件会审记录（二）	GD-C1-322/2
24	施工图设计文件变更（洽商）记录	GD-C1-323
25	设计变更通知单汇总表	GD-C1-324
26	施工组织设计（工程方案）封面	GD-C1-325/1
27	____分包专业施工方案	GD-C1-325/2
28	施工组织设计（工程方案）报审表	GD-C1-326
29	工程测试器具（设备）配备核查表	GD-C1-327
30	分项工程施工技术交底记录	GD-C1-328
31	分项工程施工技术交底记录（续）	GD-C1-328/1
32	质量样板验收记录	GD-C1-329
33	分部（系统）所属子分部（和子系统）工程划分方案	GD-C1-3210

续表

序号	文件题名	表格索引编码
34	分项工程质量验收检验批划分方案（通用表式一）	GD-C1-3212/1
35	分项工程质量验收检验批划分方案（通用表式二）	GD-C1-3212/2
36	检验批质量验收抽样检验计划方案	GD-C1-3213
37	地基/基桩检测方案	GD-C1-3214
38	工程验收/检测报审表	GD-C1-3215
39	整改意见处理报审表	GD-C1-3216
40	现场实体（试件、系统）抽检计划表	GD-C1-3217
41	检测抽样、送样、实检见证确认记录	GD-C1-3218
42	确认检测合格报审表	GD-C1-3219
43	现场实体（试件、系统）检测报告汇总核查表	GD-C1-32120
44	现场实体（试件、系统）检测报告汇总核查表（续）	GD-C1-32120/1
45	建筑工程竣工概况表	GD-C1-32121
46	建筑室外工程竣工概况表	GD-C1-32122

二、给水排水工程

工程控制资料	序号	文件题名	表格索引编码
验收记录	1	单位（子单位）工程竣工验收报审表	GD-E1-91
	2	单位（子单位）工程质量控制资料核查记录	GD-E1-92
	3	单位（子单位）工程安全和功能检验资料核查及主要功能抽查记录	GD-E1-93
	4	单位（子单位）工程观感质量检查记录	GD-E1-94
	5	建筑给水排水及供暖分部工程施工技术管理和质量控制资料核查记录	GD-C5-7326
	6	建筑给水排水及供暖分部工程安全和功能检验资料核查及主要功能抽查记录	GD-C5-7336
	7	分部（子分部）工程质量验收记录	GD-C5-7312
	8	建筑给水排水分部工程观感质量检查	GD-C5-7346
产品质量证明文件	1	施工物资产品质量证明文件汇总核查表	GD-C2-43
	2	设备及主要材料（配件）产品质量证明文件	厂家提供
	3	进场产品见证检验（复验）抽检计划表	GD-C2-42
	4	施工物资产品合格证收集整理表	GD-C2-41
	5	设备及主要材料（配件）进场复验、抽检报告（第三方检测机构出具的检测报告）	第三方出具
施工记录	1	隐蔽工程验收记录	GD-C4-611
	2	专业工种 / 工序之间交接验收记录	GD-C4-612
	3	中间交接验收记录	GD-C4-613
	4	设备基础（机架）复验记录	GD-C4-641
	5	阀门、配件安装前检查试验记录	GD-C4-642
	6	管道、管件现场焊接（熔接）检查记录	GD-C4-643
	7	管道系统冲洗（吹扫）记录	GD-C4-644
	8	调压阀（装置）调试记录	GD-C4-645
	9	管道系统压力试验记录	GD-C4-646
	10	非密闭水箱（罐）满水试验记录	GD-C4-647
	11	密闭水箱（罐）水压试验记录	GD-C4-648
	12	给水管道系统通水试验记录	GD-C4-6410
	13	离心式水泵安装检测记录	GD-C4-6411
	14	水泵试运转调试记录	GD-C4-6412
	15	室内排水管道通球试验记录	GD-C4-651
	16	室内排水管道灌水和通水试验记录	GD-C4-652
	17	室外排水管道灌水和通水试验记录	GD-C4-653

续表

工程控制资料	序号	文件题名	表格索引编码
施工记录	18	卫生器具满水和通水试验记录	GD-C4-654
	19	给水系统消毒和取样送检记录	GD-C4-655
	20	消火栓试射试验记录	GD-C4-657
第三方对实体质量检测的报告	1	生活给水［含普通市政自来水、高质自来水、杂用自来水、纯净（直饮）水、泳池供水等］系统的水质检验报告	第三方出具
分项工程及检验批质量验收记录	1	分项工程质量验收记录	GD-C5-721
	2	给水管道及配件安装检验批质量验收记录	GD-C5-7121
	3	给水设备安装检验批质量验收记录	GD-C5-7122
	4	室内消火栓系统安装检验批质量验收记录	GD-C5-7123
	5	排水管道及配件安装检验批质量验收记录	GD-C5-7124
	6	雨水管道及配件安装检验批质量验收记录	GD-C5-7125
	7	卫生器具安装检验批质量验收记录	GD-C5-7128
	8	卫生器具给水配件安装检验批质量验收记录	GD-C5-7129
	9	卫生器具排水管道安装检验批质量验收记录	GD-C5-71210
	10	室外给水管网给水管道安装检验批质量验收记录	GD-C5-71218
	11	室外消火栓系统安装检验批质量验收记录	GD-C5-71219
	12	室外排水管网排水管道安装检验批质量验收记录	GD-C5-71220
	13	室外排水管网排水管沟与井池检验批质量验收记录	GD-C5-71221
	14	建筑中水系统检验批质量验收记录	GD-C5-71224

三、电气工程

工程控制资料	序号	文件题名	表格索引编码
验收记录	1	单位（子单位）工程竣工验收报审表	GD-E1-91
	2	单位（子单位）工程质量控制资料核查记录	GD-E1-92
	3	单位（子单位）工程安全和功能检验资料核查及主要功能抽查记录	GD-E1-93
	4	单位（子单位）工程观感质量检查记录	GD-E1-94
	5	建筑电气分部工程施工技术管理和质量控制资料核查记录	GD-C5-7327
	6	建筑电气分部工程安全和功能检验资料核查及主要功能抽查记录	GD-C5-7337
	7	分部（子分部）工程质量验收记录	GD-C5-7312
	8	建筑电气分部工程观感质量检查评定记录汇总表	GD-C5-7347
产品质量证明文件	1	施工物资产品质量证明文件汇总核查表	GD-C2-43
	2	设备及主要材料（配件）产品质量证明文件	厂家提供
	3	进场产品见证检验（复验）抽检计划表	GD-C2-42
	4	施工物资产品合格证收集整理表	GD-C2-41
	5	设备及主要材料（配件）进场复验、抽检报告（第三方检测机构出具的检测报告）	第三方出具
施工记录	1	隐蔽工程验收记录	GD-C4-611
	2	专业工种 / 工序之间交接验收记录	GD-C4-612
	3	中间交接验收记录	GD-C4-613
	4	线路设备装置器具绝缘电阻测试记录	GD-C4-6413
	5	供配电线路绝缘电阻测试记录	GD-C4-6414
	6	接地电阻测试记录	GD-C4-6415
	7	线路（装置）直流电阻测试记录	GD-C4-6416
	8	电气装置送电检测调试记录	GD-C4-6417
	9	不间断电源（UPS）应急电源（EPS）机组运行试验记录	GD-C4-6418
	10	机组单台或并机投切转换及联锁控制调试记录	GD-C4-6419
	11	电气照明系统运行试验记录	GD-C4-6420
	12	漏电保护装置测试记录	GD-C4-655
	13	低压配电系统接地故障回路阻抗测试记录	GD-C4-658
	14	灯具支吊装置过载试验记录	GD-C4-659
	15	避雷针支持件抗拔试验记录	GD-C4-6510
	16	柴油发电机组运行试验前静态测试记录	GD-C4-6511
	17	柴油发电机组负载连续运行试验记录	GD-C4-6512
	18	变配电系统安装工程资料册封面	GD-C4-6513

续表

工程控制资料	序号	文件题名	表格索引编码
第三方对实体质量检测的报告	1	柴油发电机组的空载负载运行及其备用供电系统自动投切转换联锁控制第三方检测试验报告或专业承包安装单位自检记录	第三方出具
	2	不间断电源（UPS）机组（供电系统）的空载 / 负载运行调试及其备用供电系统自动投 / 切转换联锁控制第三方检测试验报告或专业承包安装单位自检记录	
分项工程及检验批质量验收记录	1	分项工程质量验收记录	GD-C5-721
	2	变压器、箱式变电所安装检验批质量验收记录	GD-C5-71232
	3	成套配电柜、控制柜（台、箱）和配电柜（盘）安装	GD-C5-71233
	4	电动机、电加热器及电动执行机构检查	GD-C5-71234
	5	柴油发电机组安装检验批质量验收记录	GD-C5-71235
	6	UPS 及 EPS 安装检验批质量验收记录	GD-C5-71236
	7	电气设备试验和试运行检验批质量验收记录	GD-C5-71237
	8	母线槽安装检验批质量验收记录	GD-C5-71238
	9	梯架、托盘和槽盒安装检验批质量验收记录	GD-C5-71239
	10	导管敷设检验批质量验收记录	GD-C5-71240
	11	电缆敷设检验批质量验收记录	GD-C5-71241
	12	管内穿线和槽盒内敷线检验批质量验收记录	GD-C5-71242
	13	塑料护套线直敷布线检验批质量验收记录	GD-C5-71243
	14	钢索配线检验批质量验收记录	GD-C5-71244
	15	电缆头制作、导线连接和线路绝缘测试检验批质量验收记录	GD-C5-71245
	16	普通灯具安装检验批质量验收记录	GD-C5-71246
	17	专用灯具安装检验批质量验收记录	GD-C5-71247
	18	开关、插座、风扇安装检验批质量验收记录	GD-C5-71248
	19	建筑物照明通电试运行检验批质量验收记录	GD-C5-71249
	20	接地装置安装检验批质量验收记录	GD-C5-71250
	21	接地干线敷设检验批质量验收记录	GD-C5-71251
	22	防雷引下线及接闪器安装检验批质量验收记录	GD-C5-71252

四、智能工程

工程控制资料	序号	文件题名	表格索引编码
验收记录	1	单位（子单位）工程竣工验收报审表	GD-E1-91
	2	单位（子单位）工程质量控制资料核查记录	GD-E1-92
	3	单位（子单位）工程安全和功能检验资料核查及主要功能抽查记录	GD-E1-93
	4	单位（子单位）工程观感质量检查记录	GD-E1-94
	5	智能建筑分部工程施工技术管理和质量控制资料核查记录	GD-C5-7328
	6	智能建筑分部工程安全和功能检验资料核查及主要功能抽查记录	GD-C5-7338
	7	分部（子分部）工程质量验收记录	GD-C5-7312
	8	智能建筑分部工程观感质量检查评定记录汇总表	GD-C5-7349
产品质量证明文件	1	施工物资产品质量证明文件汇总核查表	GD-C2-43
	2	设备及主要材料（配件）产品质量证明文件	厂家提供
	3	进场产品见证检验（复验）抽检计划表	GD-C2-42
	4	施工物资产品合格证收集整理表	GD-C2-41
	5	设备及主要材料（配件）进场复验、抽检报告（第三方检测机构出具的检测报告）	第三方出具
施工记录	1	隐蔽工程验收记录	GD-C4-611
	2	专业工种 / 工序之间交接验收记录	GD-C4-612
	3	中间交接验收记录	GD-C4-613
	4	建筑设备能耗监测系统功能测试记录	GD-C4-6421
	5	智能建筑机房工程质量检测记录	GD-C4-6422
	6	智能建筑机房工程子分部工程检测记录汇总表	GD-C4-6423
	7	智能建筑防雷与接地子分部工程检测记录汇总表	GD-C4-6424
	8	智能化集成系统功能测评记录	GD-C4-6514
	9	住宅建筑到户光纤链路性能测试记录	GD-C4-6515
	10	电话交换系统测评记录	GD-C4-6516
	11	信息网络系统连通调试记录	GD-C4-6517
	12	信息网络系统功能测评记录	GD-C4-6518
	13	综合布线系统电气、光纤性能测试记录	GD-C4-6519
	14	有线电视、卫星电视接收系统测评记录	GD-C4-6520
	15	公共广播系统测评记录	GD-C4-6521
	16	会议系统测评记录	GD-C4-6522
	17	信息导引及发布系统功能测评记录	GD-C4-6523
	18	时钟系统功能测试记录	GD-C4-6524
	19	信息化应用系统功能测评记录	GD-C4-6525

续表

工程控制资料	序号	文件题名	表格索引编码
施工记录	20	传感器、执行器功能测试记录	GD-C4-6526
	21	暖通空调冷热源设备监控系统功能测试记录	GD-C4-6527
	22	通风空调设备监控系统功能测试记录	GD-C4-6528
	23	变配电设备监控系统功能测试记录	GD-C4-6529
	24	公共照明设备监控系统功能测试记录	GD-C4-6530
	25	给水排水设备监控系统功能测试记录	GD-C4-6531
	26	电梯设备监控系统功能测试记录	GD-C4-6532
	27	建筑设备监控系统工作站、分站（控制器）监控功能测试记录	GD-C4-6533
	28	建筑设备监控系统数据通信接口测试记录	GD-C4-6534
	29	建筑设备监控系统实时性、可靠性、可维护性功能测试记录	GD-C4-6535
	30	建筑设备监控系统性能评测记录	GD-C4-6536
	31	入侵报警系统测试记录	GD-C4-6537
	32	视频安防监控系统测试记录	GD-C4-6538
	33	出入口控制（门禁）系统测试记录	GD-C4-6539
	34	电子巡查（巡更）系统测试记录	GD-C4-6540
	35	停车场管理系统测评记录	GD-C4-6541
	36	访客对讲系统测评记录	GD-C4-6542
	37	住宅报警求助、家电监控系统测评记录	GD-C4-6543
	38	应急响应系统功能测评记录	GD-C4-6544
	39	智能建筑智能化集成系统子分部工程检测记录汇总表	GD-C4-6545
	40	智能建筑用户电话交换系统子分部工程检测记录汇总表	GD-C4-6546
	41	智能建筑信息网络系统子分部工程检测记录汇总表	GD-C4-6547
	42	智能建筑综合布线系统子分部工程检测记录汇总表	GD-C4-6548
	43	智能建筑有线电视及卫星电视接收系统	GD-C4-6549
	44	智能建筑公共广播系统子分部工程检测记录汇总表	GD-C4-6550
	45	智能建筑会议系统子分部工程检测记录汇总表	GD-C4-6551
	46	智能建筑信息引导及发布系统子分部工程检测记录汇总表	GD-C4-6552
	47	智能建筑时钟系统子分部工程检测记录汇总表	GD-C4-6553
	48	智能建筑信息化应用系统子分部工程检测记录汇总表	GD-C4-6554
	49	智能建筑设备监控系统子分部工程检测记录汇总表	GD-C4-6555
	50	智能建筑安全技术防范系统子分部工程检测记录汇总表	GD-C4-6556
	51	智能建筑应急响应系统子分部工程检测记录汇总表	GD-C4-6557

续表

工程控制资料	序号	文件题名	表格索引编码
施工记录	52	智能建筑分部工程检测记录汇总表	GD-C4-6558
	53	智能建筑工程验收结论汇总表	GD-C4-6559
第三方对实体质量检测的报告	1	通信网络系统检测报告	第三方出具
	2	信息网络系统检测报告	
	3	设备监控系统检测报告	
	4	安全防范系统检测报告	
	5	综合布线系统检测报告	
	6	智能化集成系统检测报告	
	7	电源与接地系统检测报告	
	8	相关的机房、监控室及重要办公区域的室内环境指标检测报告（记录）	
分项工程及检验批质量验收记录	1	安装场地检查检验批质量验收记录	GD-C5-71254
	2	梯架、托盘、槽盒和导管安装检验批质量验收记录	GD-C5-71255
	3	线缆敷设检验批质量验收记录	GD-C5-71256
	4	线缆敷设检验批质量验收记录（续）	GD-C5-71256/1
	5	软件安装检验批质量验收记录	GD-C5-71257
	6	软件安装检验批质量验收记录（续）	GD-C5-71257/1
	7	系统试运行检验批质量验收记录	GD-C5-71258
	8	智能化集成系统接口及系统调试检验批质量验收记录	GD-C5-71259
	9	用户电话交换系统接口及系统调试检验批质量验收记录	GD-C5-71260
	10	信息网络系统调试检验批质量验收记录	GD-C5-71261
	11	综合布线系统调试检验批质量验收记录	GD-C5-71262
	12	有线电视及卫星电视接收系统调试检验批质量验收记录	GD-C5-71263
	13	公共广播系统调试检验批质量验收记录	GD-C5-71264
	14	会议系统调试检验批质量验收记录	GD-C5-71265
	15	信息导引及发布系统调试检验批质量验收记录	GD-C5-71266
	16	时钟系统调试检验批质量验收记录	GD-C5-71267
	17	信息化应用系统调试检验批质量验收记录	GD-C5-71268
	18	建筑设备监控系统调试检验批质量验收记录	GD-C5-71269
	19	火灾自动报警系统调试检验批质量验收记录	GD-C5-71270
	20	安全技术防范系统调试检验批质量验收记录	GD-C5-71271
	21	应急响应系统调试检验批质量验收记录	GD-C5-71272
	22	机房工程系统调试检验批质量验收记录	GD-C5-71273

续表

工程控制资料	序号	文件题名	表格索引编码
分项工程及检验批质量验收记录	23	防雷与接地系统调试检验批质量验收记录	GD-C5-71274
	24	设备安装检验批质量验收记录	GD-C5-71275
	25	用户电话交换系统设备安装检验批质量验收记录	GD-C5-71276
	26	用户电话交换系统设备安装检验批质量验收记录（续）	GD-C5-71276/1
	27	机柜、机架、配线架安装检验批质量验收记录	GD-C5-71277
	28	信息插座安装检验批质量验收记录	GD-C5-71278
	29	链路或信道测试检验批质量验收记录	GD-C5-71279
	30	有线电视及卫星电视接收系统设备安装检验批质量验收记录	GD-C5-71280
	31	公共广播系统设备安装检验批质量验收记录	GD-C5-71281
	32	会议系统设备安装检验批质量验收记录	GD-C5-71282
	33	信息导引及发布系统显示设备安装检验批质量验收记录	GD-C5-71283
	34	时钟系统设备安装检验批质量验收记录	GD-C5-71284
	35	建筑设备监控系统设备安装检验批质量验收记录	GD-C5-71285
	36	建筑设备监控系统设备安装检验批质量验收记录（续）	GD-C5-71285/1
	37	火灾自动报警系统设备安装检验批质量验收记录	GD-C5-71286
	38	安全技术防范系统设备安装检验批质量验收记录	GD-C5-71287
	39	机房工程系统设备安装检验批质量验收记录	GD-C5-71288
	40	机房防雷与接地系统检验批质量验收记录	GD-C5-71289
	41	机房空气调节系统检验批质量验收记录	GD-C5-71290
	42	机房给水排水系统检验批质量验收记录	GD-C5-71291
	43	机房综合布线系统检验批质量验收记录	GD-C5-71292
	44	机房监控与安全防范系统检验批质量验收记录	GD-C5-71293

五、通风与空调工程

工程控制资料	序号	文件题名	表格索引编码
验收记录	1	单位（子单位）工程竣工验收报审表	GD-E1-91
	2	单位（子单位）工程质量控制资料核查记录	GD-E1-92
	3	单位（子单位）工程安全和功能检验资料核查及主要功能抽查记录	GD-E1-93
	4	单位（子单位）工程观感质量检查记录	GD-E1-94
	5	通风与空调分部工程施工技术管理和质量控制资料核查记录	GD-C5-7329
	6	通风与空调分部工程安全和功能检验资料核查及主要功能抽查记录	GD-C5-7339
	7	分部（子分部）工程质量验收记录	GD-C5-7312
	8	通风与空调分部工程观感质量检查评定记录汇总表	GD-C5-7348
产品质量证明文件	1	施工物资产品质量证明文件汇总核查表	GD-C2-43
	2	设备及主要材料（配件）产品质量证明文件	厂家提供
	3	进场产品见证检验（复验）抽检计划表	GD-C2-42
	4	施工物资产品合格证收集整理表	GD-C2-41
	5	设备及主要材料（配件）进场复验、抽检报告（第三方检测机构出具的检测报告）	第三方出具
施工记录	1	隐蔽工程验收记录	GD-C4-611
	2	专业工种 / 工序之间交接验收记录	GD-C4-612
	3	中间交接验收记录	GD-C4-613
	4	风管及配件加工制作工艺性能测试记录	GD-C4-6425
	5	风管系统安装后严密性测试记录	GD-C4-6426
	6	通风空调风系统总干管支管风量测试记录	GD-C4-6427
	7	风口风量调试记录	GD-C4-6428
	8	空调水系统流量测试记录	GD-C4-6429
	9	空调室内空气环境参数测试记录	GD-C4-6430
	10	设备（系统）运行试验记录	GD-C4-6431
	11	调试（检测）记录	GD-C4-6432
	12	普通法兰连接的矩形金属风管及配件加工制作质量检验记录	GD-C4-6560
	13	薄板法兰无法兰连接的矩形金属风管及配件加工制作质量检验记录	GD-C4-6561
	14	圆形（或扁圆形等其他不规则形）金属风管及配件加工制作质量检验记录	GD-C4-6562
	15	矩形绝热复合板风管及配件加工制作质量检验记录	GD-C4-6563
	16	玻璃钢风管及配件加工制作质量检验记录	GD-C4-6564
	17	硬聚氯乙烯塑料风管及配件加工制作质量检验记录	GD-C4-6565
	18	防火风阀防排烟风阀（风口）检查试验记录	GD-C4-6566

续表

工程控制资料	序号	文件题名	表格索引编码
施工记录	19	通风机空调风机试运转测试记录	GD-C4-6567
	20	防烟加压送风系统送风量测试记录	GD-C4-6568
	21	防烟加压送风系统正压测试记录	GD-C4-6569
	22	通风空调高效过滤器泄漏测试记录	GD-C4-6570
	23	组合式空调机组现场组装漏风量测试记录	GD-C4-6571
	24	风机盘管机组安装前测试记录	GD-C4-6572
	25	冷却塔安装检测记录	GD-C4-6573
	26	冷却塔试运转测试记录	GD-C4-6574
第三方对实体质量检测的报告	1	送、排烟及空调系统相关功能（参数）的检测报告	第三方出具
	2	净化空调系统洁净室内洁净度的检测报告	
	3	有室内静压或相关气压差要求的舒适性或工艺性空调房间（厅、堂、室、区）的静压、压差检测报告	
	4	风管系统漏风量的检测报告	
分项工程及检验批质量验收记录	1	分项工程质量验收记录	GD-C5-721
	2	风管与配件制作检验批质量验收记录Ⅰ	GD-C5-712103
	3	风管与配件制作检验批质量验收记录Ⅱ	GD-C5-712104
	4	部件制作检验批质量验收记录	GD-C5-712105
	5	风管系统安装检验批质量验收记录（Ⅰ）	GD-C5-712106
	6	风管系统安装检验批质量验收记录（Ⅱ）	GD-C5-712107
	7	风管系统安装检验批质量验收记录（Ⅲ）	GD-C5-712108
	8	风机安装检验批质量验收记录	GD-C5-712109
	9	空气处理设备安装检验批质量验收记录（Ⅰ）（通风系统）	GD-C5-712110
	10	空气处理设备安装检验批质量验收记录（Ⅱ）（空调系统）	GD-C5-712111
	11	空气处理设备安装检验批质量验收记录（Ⅲ）（净化空调系统）	GD-C5-712112
	12	风管与设备防腐检验批质量验收记录	GD-C5-712113
	13	通风与空调工程系统调试检验批质量验收记录	GD-C5-712114
	14	风管与设备绝热检验批质量验收记录	GD-C5-712115
	15	空调水系统安装检验批质量验收记录（Ⅰ）（金属管道）	GD-C5-712116
	16	空调水系统安装检验批质量验收记录（Ⅱ）（非金属管道）	GD-C5-712117
	17	空调水系统安装检验批质量验收记录（Ⅲ）（设备）	GD-C5-712118
	18	管道、设备防腐与绝热检验批质量验收记录	GD-C5-712119

六、电梯工程

工程控制资料	序号	文件题名	表格索引编码
验收记录	1	单位（子单位）工程竣工验收报审表	GD-E1-91
	2	单位（子单位）工程质量控制资料核查记录	GD-E1-92
	3	单位（子单位）工程安全和功能检验资料核查及主要功能抽查记录	GD-E1-93
	4	单位（子单位）工程观感质量检查记录	GD-E1-94
	5	电梯分部工程施工技术管理和质量控制资料核查记录	GD-C5-73211
	6	电梯分部工程安全和功能检验资料核查及主要功能抽查记录	GD-C5-73311
	7	分部（子分部）工程质量验收记录	GD-C5-7312
	8	电梯分部工程观感质量检查评定记录汇总表	GD-C5-73411
产品质量证明文件	1	施工物资产品质量证明文件汇总核查表	GD-C2-43
	2	设备及主要材料（配件）产品质量证明文件	厂家提供
	3	进场产品见证检验（复验）抽检计划表	GD-C2-42
	4	施工物资产品合格证收集整理表	GD-C2-41
	5	设备及主要材料（配件）进场复验、抽检报告（第三方检测机构出具的检测报告）	第三方出具
施工记录	1	隐蔽工程验收记录	GD-C4-611
	2	专业工种 / 工序之间交接验收记录	GD-C4-612
	3	中间交接验收记录	GD-C4-613
第三方对实体质量检测的报告	1	电梯分部的各功能（参数）检测试验报告	第三方出具
分项工程及检验批质量验收记录	1	分项工程质量验收记录	GD-C5-721
	2	电梯安装设备进场验收检验批质量验收记录	GD-C5-712142
	3	电梯安装土建交接检验检验批质量验收记录	GD-C5-712143
	4	电梯安装驱动主机检验批质量验收记录	GD-C5-712144
	5	电梯安装导轨检验批质量验收记录	GD-C5-712145
	6	电梯安装门系统检验批质量验收记录	GD-C5-712146
	7	电梯安装轿厢检验检验批质量验收记录	GD-C5-712147
	8	电梯安装对重检验批质量验收记录	GD-C5-712148
	9	电梯安装安全部件检验批质量验收记录	GD-C5-712149
	10	电梯安装悬挂装置、随行电缆、补偿装置检验批质量验收记录	GD-C5-712150
	11	电梯安装电气装置检验批质量验收记录	GD-C5-712151
	12	曳引（强制）电梯安装整机安装验收检验批质量验收记录	GD-C5-712152
	13	电梯安装液压系统检验批质量验收记录	GD-C5-712153

续表

工程控制资料	序号	文件题名	表格索引编码
分项工程及检验批质量验收记录	14	电梯安装悬挂装置、随行电缆检验批质量验收记录	GD-C5-712154
	15	液压式电梯安装整机安装验收检验批质量验收记录	GD-C5-712155
	16	自动扶梯、自动人行道设备进场验收检验批质量验收记录	GD-C5-712156
	17	自动扶梯、自动人行道土建交接检验检验批质量验收记录	GD-C5-712157
	18	自动扶梯、自动人行道整机安装验收检验批质量验收记录	GD-C5-712158

七、自动喷水灭火系统工程

工程控制资料	序号	文件题名	表格索引编码
验收记录	1	单位（子单位）工程竣工验收报审表	GD-E1-91
	2	单位（子单位）工程质量控制资料核查记录	GD-E1-92
	3	单位（子单位）工程安全和功能检验资料核查及主要功能抽查记录	GD-E1-93
	4	单位（子单位）工程观感质量检查记录	GD-E1-94
	5	自动喷水灭火系统工程施工技术管理和质量控制资料核查记录	GD-C5-73212
	6	自动喷水灭火系统工程安全和功能检验资料核查及主要功能抽查记录	GD-C5-73312
	7	分部（子分部）工程质量验收记录	GD-C5-7312
	8	自动喷水灭火系统工程观感质量检查评定记录汇总表	GD-C5-73412
产品质量证明文件	1	施工物资产品质量证明文件汇总核查表	GD-C2-43
	2	设备及主要材料（配件）产品质量证明文件	厂家提供
	3	进场产品见证检验（复验）抽检计划表	GD-C2-42
	4	施工物资产品合格证收集整理表	GD-C2-41
	5	设备及主要材料（配件）进场复验、抽检报告（第三方检测机构出具的检测报告）	第三方出具
施工记录	1	隐蔽工程验收记录	GD-C4-611
	2	专业工种 / 工序之间交接验收记录	GD-C4-612
	3	中间交接验收记录	GD-C4-613
	4	消防喷头安装前检查试验记录	GD-C4-6579
	5	自动喷水灭火系统联动试验记录	GD-C4-6580
	6	自动喷水灭火系统竣工质量检查验收记录	GD-C4-6581
第三方对实体质量检测的报告	1	自动喷水灭火系统的各功能（参数）检测试验报告	第三方出具
分项工程及检验批质量验收记录	1	分项工程质量验收记录	GD-C5-721
	2	消防水箱安装和消防水池施工检验批质量验收记录	GD-C5-712125
	3	消防水泵接合器安装检验批质量验收记录	GD-C5-712126
	4	消防水泵和稳压泵安装检验批质量验收记录	GD-C5-712127
	5	消防气压给水设备安装检验批质量验收记录	GD-C5-712128
	6	管网安装检验批质量验收记录	GD-C5-712129
	7	报警雨淋阀组安装检验批质量验收记录	GD-C5-712130
	8	其他组件安装检验批质量验收记录	GD-C5-712131
	9	冲洗检验批质量验收记录	GD-C5-712132

续表

工程控制资料	序号	文件题名	表格索引编码
分项工程及检验批质量验收记录	10	水压试验检验批质量验收记录	GD-C5-712133
	11	气压试验检验批质量验收记录	GD-C5-712134
	12	喷头安装检验批质量验收记录	GD-C5-712135
	13	水源测试检验批质量验收记录	GD-C5-712136
	14	消防水泵调试检验批质量验收记录	GD-C5-712137
	15	稳压泵调试检验批质量验收记录	GD-C5-712138
	16	报警、雨淋阀组调试检验批质量验收记录	GD-C5-712139
	17	联动试验检验批质量验收记录	GD-C5-712140
	18	排水装置调试检验批质量验收记录	GD-C5-712141

八、气体灭火系统工程

工程控制资料	序号	文件题名	表格索引编码
验收记录	1	单位（子单位）工程竣工验收报审表	GD-E1-91
	2	单位（子单位）工程质量控制资料核查记录	GD-E1-92
	3	单位（子单位）工程安全和功能检验资料核查及主要功能抽查记录	GD-E1-93
	4	单位（子单位）工程观感质量检查记录	GD-E1-94
	5	气体灭火系统工程施工技术管理和质量控制资料核查记录	GD-C5-73213
	6	气体灭火系统工程安全和功能检验资料核查及主要功能抽查记录	GD-C5-73313
	7	分部（子分部）工程质量验收记录	GD-C5-7312
	8	气体灭火系统工程观感质量检查评定记录汇总表	GD-C5-73413
产品质量证明文件	1	施工物资产品质量证明文件汇总核查表	GD-C2-43
	2	设备及主要材料（配件）产品质量证明文件	厂家提供
	3	进场产品见证检验（复验）抽检计划表	GD-C2-42
	4	施工物资产品合格证收集整理表	GD-C2-41
	5	设备及主要材料（配件）进场复验、抽检报告（第三方检测机构出具的检测报告）	第三方出具
施工记录	1	隐蔽工程验收记录	GD-C4-611
	2	专业工种 / 工序之间交接验收记录	GD-C4-612
	3	中间交接验收记录	GD-C4-613
	4	气体灭火系统灭火剂储存容器进场测试记录	GD-C4-6582
	5	气体灭火系统阀驱动装置进场测试记录	GD-C4-6583
	6	气体灭火系统模拟启动、喷气、切换操作试验记录	GD-C4-6584
	7	气体灭火系统施工过程质量检查验收记录	GD-C4-6585
第三方对实体质量检测的报告	1	气体灭火系统的各功能（参数）检测试验报告	第三方出具
分项工程及检验批质量验收记录	1	分项工程质量验收记录	GD-C5-721

九、泡沫灭火系统工程

工程控制资料	序号	文件题名	表格索引编码
验收记录	1	单位（子单位）工程竣工验收报审表	GD-E1-91
	2	单位（子单位）工程质量控制资料核查记录	GD-E1-92
	3	单位（子单位）工程安全和功能检验资料核查及主要功能抽查记录	GD-E1-93
	4	单位（子单位）工程观感质量检查记录	GD-E1-94
	5	泡沫灭火系统工程施工技术管理和质量控制资料核查记录	GD-C5-73214
	6	泡沫灭火系统工程安全和功能检验资料核查及主要功能抽查记录	GD-C5-73314
	7	分部（子分部）工程质量验收记录	GD-C5-7312
	8	泡沫灭火系统工程观感质量检查评定记录汇总表	GD-C5-73414
产品质量证明文件	1	施工物资产品质量证明文件汇总核查表	GD-C2-43
	2	设备及主要材料（配件）产品质量证明文件	厂家提供
	3	进场产品见证检验（复验）抽检计划表	GD-C2-42
	4	施工物资产品合格证收集整理表	GD-C2-41
	5	设备及主要材料（配件）进场复验、抽检报告（第三方检测机构出具的检测报告）	第三方出具
施工记录	1	隐蔽工程验收记录	GD-C4-611
	2	专业工种 / 工序之间交接验收记录	GD-C4-612
	3	中间交接验收记录	GD-C4-613
	4	泡沫灭火系统调试记录	GD-C4-6586
	5	泡沫灭火系统施工过程质量检查验收记录	GD-C4-6587
第三方对实体质量检测的报告	1	泡沫灭火系统的各功能（参数）检测试验报告	第三方出具
分项工程及检验批质量验收记录	1	分项工程质量验收记录	GD-C5-721

十、火灾自动报警系统工程

工程控制资料	序号	文件题名	表格索引编码
验收记录	1	单位（子单位）工程竣工验收报审表	GD-E1-91
	2	单位（子单位）工程质量控制资料核查记录	GD-E1-92
	3	单位（子单位）工程安全和功能检验资料核查及主要功能抽查记录	GD-E1-93
	4	单位（子单位）工程观感质量检查记录	GD-E1-94
	5	火灾自动报警系统工程施工技术管理和质量控制资料核查记录	GD-C5-73215
	6	火灾自动报警系统工程安全和功能检验资料核查及主要功能抽查记录	GD-C5-73315
	7	分部（子分部）工程质量验收记录	GD-C5-7312
	8	火灾自动报警系统工程观感质量检查评定记录汇总表	GD-C5-73415
产品质量证明文件	1	施工物资产品质量证明文件汇总核查表	GD-C2-43
	2	设备及主要材料（配件）产品质量证明文件	厂家提供
	3	进场产品见证检验（复验）抽检计划表	GD-C2-42
	4	施工物资产品合格证收集整理表	GD-C2-41
	5	设备及主要材料（配件）进场复验、抽检报告（第三方检测机构出具的检测报告）	第三方出具
施工记录	1	火灾自动报警系统施工过程质量检查验收记录	GD-C4-6588
	2	火灾自动报警系统施工过程质量检查验收记录（续一）	GD-C4-6588/1
	3	火灾自动报警系统施工过程质量检查验收记录（续二）	GD-C4-6588/2
	4	火灾自动报警系统施工过程质量检查验收记录（续三）	GD-C4-6588/3
	5	火灾自动报警系统施工过程质量检查验收记录（续四）	GD-C4-6588/4
	6	火灾自动报警系统施工过程质量检查验收记录（续五）	GD-C4-6588/5
	7	火灾自动报警系统施工过程质量检查验收记录（续六）	GD-C4-6588/6
	8	火灾自动报警系统施工过程质量检查验收记录（续七）	GD-C4-6588/7
	9	火灾自动报警系统施工过程质量检查验收记录（续八）	GD-C4-6588/8
	10	火灾自动报警系统施工过程质量检查验收记录（续九）	GD-C4-6588/9
	11	火灾自动报警系统施工过程质量检查验收记录（续十）	GD-C4-6588/10
	12	火灾自动报警系统施工过程质量检查验收记录（续十一）	GD-C4-6588/11
	13	火灾自动报警系统施工过程质量检查验收记录（续十二）	GD-C4-6588/12
第三方对实体质量检测的报告	1	各相关子系统功能（参数）的第三方检测报告	第三方出具
分项工程及检验批质量验收记录	1	分项工程质量验收记录	GD-C5-721
	2	火灾自动报警系统调试检验批质量验收记录	GD-C5-71270
	3	火灾自动报警系统设备安装检验批质量验收记录	GD-C5-71286

十一、节能工程

工程控制资料	序号	文件题名	表格索引编码
验收记录	1	单位（子单位）工程竣工验收报审表	GD-E1-91
	2	单位（子单位）工程质量控制资料核查记录	GD-E1-92
	3	单位（子单位）工程安全和功能检验资料核查及主要功能抽查记录	GD-E1-93
	4	单位（子单位）工程观感质量检查记录	GD-E1-94
	5	建筑节能分部（建筑设备）工程安全和功能检验资料核查及主要功能抽查记录	GD-C5-73310
	6	建筑节能分部工程（建筑设备）施工技术管理和质量控制资料核查记录	GD-C5-73210
	7	分部（子分部）工程质量验收记录	GD-C5-7312
	8	建筑节能分部工程（建筑设备）观感质量检查评定记录汇总表	GD-C5-73410
产品质量证明文件	1	施工物资产品质量证明文件汇总核查表	GD-C2-43
	2	设备及主要材料（配件）产品质量证明文件	厂家提供
	3	进场产品见证检验（复验）抽检计划表	GD-C2-42
	4	施工物资产品合格证收集整理表	GD-C2-41
	5	设备及主要材料（配件）进场复验、抽检报告（第三方检测机构出具的检测报告）	第三方出具
施工记录	1	隐蔽工程验收记录	GD-C4-611
	2	专业工种 / 工序之间交接验收记录	GD-C4-612
	3	中间交接验收记录	GD-C4-613
第三方对实体质量检测的报告	1	供冷（暖）空调室内温度第三方检测报告	第三方出具
	2	各类风系统各风口的风量第三方检测报告	
	3	各类通风、空调风系统的总风量第三方检测报告	
	4	供冷（暖）空调冷（热）水系统的总流量第三方检测报告	
	5	供冷（暖）空调制冷（热）机组冷却水系统的总流量第三方检测报告	
	6	各空调机组（空气处理器）冷（热）水流量第三方检测报告	
	7	各照明功能区域（房、室）内的平均照度和功率密度第三方检测报告	
	8	低压配电系统的节能性能（电压总谐波畸变率、奇次和偶次谐波含有率、谐波电流等电源质量参数）第三方检测报告	
	9	各类设备监控系统 (BA) 的各种节能监控功能（参数）第三方检测报告	
	10	通风与空调的监控系统的控制功能及故障报警功能第三方检测报告	
	11	能源管理系统的管理软件功能第三方检测报告	

续表

工程控制资料	序号	文件题名	表格索引编码
分项工程及检验批质量验收记录	1	分项工程质量验收记录	GD-C5-721
	2	通风与空调节能工程检验批质量验收记录	GD-C5-712121
	3	空调系统冷热源及管网节能工程检验批质量验收记录	GD-C5-712122
	4	配电与照明节能工程检验批质量验收记录	GD-C5-712123
	5	监测与控制节能工程检验批质量验收记录	GD-C5-712124

十二、屏蔽门系统

工程控制资料	序号	文件题名	表格索引编码
验收记录	1	单位（子单位）工程竣工验收报审表	GD-E1-91
	2	单位（子单位）工程质量控制资料核查记录	GD-E1-92
	3	单位（子单位）工程安全和功能检验资料核查及主要功能抽查记录	GD-E1-93
	4	单位（子单位）工程观感质量检查记录	GD-E1-94
产品质量证明文件	1	设备及主要材料（配件）产品质量证明文件汇总表	DT（GZ）P0201
	2	设备及主要材料（配件）进场检查验收记录汇总表	DT（GZ）P0202
	3	设备及主要材料（配件）进场复验抽检报告汇总表	DT（GZ）P0203
	4	合格证明细表	DT（GZ）P0204
	5	系统、设备及主要材料（配件）进场复验抽检报告（第三方检测机构出具的检测报告）	第三方出具
施工记录	1	设备材料（配件）进场（开箱）检查验收记录	DT（GZ）P0205
	2	屏蔽门立柱垂直度测量记录	DT（GZ）P0206
	3	屏蔽门立柱间距测量记录	DT（GZ）P0207
	4	屏蔽门门槛偏移量检测记录	DT（GZ）P0208
	5	滑动门门槛间隙检测记录	DT（GZ）P0209
	6	滑动门门框到轨道中心线的距离检测记录	DT（GZ）P0210
	7	滑动门宽度测量记录	DT（GZ）P0211
工程安全和功能检验资料及主要功能抽查记录	1	滑动门开门和关门阻止力检测记录	DT（GZ）P0301
	2	滑动门手动 / 钥匙解锁力检测记录	DT（GZ）P0302
	3	应急门（端门）手动 / 钥匙开门力检测记录	DT（GZ）P0303
	4	供配电线路绝缘电阻测试记录	DT（GZ）P0304
	5	门体系统绝缘电阻检测记录	DT（GZ）P0305
	6	电气接地（等电位）电阻测试记录	DT（GZ）P0306
	7	电气照明系统通电运行试验记录	DT（GZ）P0307
	8	系统调试记录	DT（GZ）P0308
	9	屏蔽门 5000 次循环试验测试记录	DT（GZ）P0309
分项工程及检验批质量验收记录	1	分项工程质量验收记录	GD-C5-721
	2	门槛安装检验批质量验收记录	DT（GZ）P0401
	3	上部结构安装检验批质量验收记录（一）	DT（GZ）P0402
		上部结构安装检验批质量验收记录（二）	DT（GZ）P0402/1
	4	门体结构安装检验批质量验收记录	DT（GZ）P0403
	5	固定门安装检验批质量验收记录	DT（GZ）P0404

续表

工程控制资料	序号	文件题名	表格索引编码
分项工程及检验批质量验收记录	6	滑动门安装检验批质量验收记录	DT（GZ）P0405
	7	应急门安装检验批质量验收记录	DT（GZ）P0406
	8	顶箱盖板安装检验批质量验收记录	DT（GZ）P0407
	9	端门活动门安装检验批质量验收记录	DT（GZ）P0408
	10	电线、电缆穿管和线槽敷线检验批质量验收记录	DT（GZ）P0409
	11	配电柜、控制柜和配电箱安装检验批质量验收记录	DT（GZ）P0410
	12	接地装置安装检验批质量验收记录	DT（GZ）P0411
	13	中央接口盘（PSC）安装检验批质量验收记录	DT（GZ）P0412
	14	电源系统安装检验批质量验收记录	DT（GZ）P0413
	15	系统调试检验批质量验收记录	DT（GZ）P0414

十三、供电工程系统

工程控制资料	序号	文件题名	表格索引编码
验收记录	1	单位（子单位）工程竣工验收报审表	GD-E1-91
	2	单位（子单位）工程质量控制资料核查记录	GD-E1-92
	3	单位（子单位）工程安全和功能检验资料核查及主要功能抽查记录	GD-E1-93
	4	单位（子单位）工程观感质量检查记录	GD-E1-94
产品质量证明文件	1	施工物资产品质量证明文件汇总核查表	GD-C2-43
	2	设备及主要材料（配件）产品质量证明文件	厂家提供
	3	进场产品见证检验（复验）抽检计划表	GD-C2-42
	4	施工物资产品合格证收集整理表	GD-C2-41
	5	设备及主要材料（配件）进场复验、抽检报告（第三方检测机构出具的检测报告）	第三方出具
施工记录	1	隐蔽工程验收记录	GD-C4-611
	2	专业工种 / 工序之间交接验收记录	GD-C4-612
	3	中间交接验收记录	GD-C4-613
分项工程及检验批质量验收记录	1	分项工程质量验收记录	GD-C5-721
	2	设备基础预埋件检验批质量验收记录	DT（GZ）D0401
	3	网栅检验批质量验收记录	DT（GZ）D0402
	4	接地装置检验批质量验收记录（变电所检测）（一） 接地装置检验批质量验收记录（变电所检测）（二）	DT（GZ）D0403 DT（GZ）D0403/1
	5	变压器安装检验批质量验收记录（一） 变压器安装检验批质量验收记录（二）	DT（GZ）D0404 DT（GZ）D0404/1
	6	整流器柜、负极柜安装检验批质量验收记录（一） 整流器柜、负极柜安装检验批质量验收记录（二）	DT（GZ）D0405 DT（GZ）D0405/1
	7	轨电位限制装置检验批质量验收记录（一）	DT（GZ）D0406
		轨电位限制装置检验批质量验收记录（二）	DT（GZ）D0406/1
		轨电位限制装置检验批质量验收记录（三）	DT（GZ）D0406/2
	8	36kVGIS 开关柜安装检验批质量验收记录（一） 36kVGIS 开关柜安装检验批质量验收记录（二） 36kVGIS 开关柜安装检验批质量验收记录（三）	DT（GZ）D0407 DT（GZ）D0407/1 DT（GZ）D0407/2
	9	DC1500V 开关柜安装检验批质量验收记录（一） DC1500V 开关柜安装检验批质量验收记录（二） DC1500V 开关柜安装检验批质量验收记录（三） DC1500V 开关柜安装检验批质量验收记录（四）	DT（GZ）D0408 DT（GZ）D0408/1 DT（GZ）D0408/2 DT（GZ）D0408/3
	10	交直流电源装置安装检验批质量验收记录（一） 交直流电源装置安装检验批质量验收记录（二） 交直流电源装置安装检验批质量验收记录（三）	DT（GZ）D0409 DT（GZ）D0409/1 DT（GZ）D0409/2

续表

工程控制资料	序号	文件题名	表格索引编码
分项工程及检验批质量验收记录	11	电缆支（桥）架安装检验批质量验收记录（一） 电缆支（桥）架安装检验批质量验收记录（二）	DT（GZ）D0410 DT（GZ）D0410/1
	12	电力电缆及控制电缆检验批质量验收记录（变电所检测）（一） 电力电缆及控制电缆检验批质量验收记录（变电所检测）（二） 电力电缆及控制电缆检验批质量验收记录（变电所检测）（三） 电力电缆及控制电缆检验批质量验收记录（变电所检测）（四） 电力电缆及控制电缆检验批质量验收记录（变电所检测）（五） 电力电缆及控制电缆检验批质量验收记录（变电所检测）（六）	DT（GZ）D0411 DT（GZ）D0411/1 DT（GZ）D0411/2 DT（GZ）D0411/3 DT（GZ）D0411/4 DT（GZ）D0411/5
	13	变电所综合自动化检验批质量验收记录（一） 变电所综合自动化检验批质量验收记录（二） 变电所综合自动化检验批质量验收记录（三）	DT（GZ）D0412 DT（GZ）D0412/1 DT（GZ）D0412/2
	14	供电系统调试检验批质量验收记录	DT（GZ）D0413
	15	变电所附属设施检验批质量验收记录	DT（GZ）D0414
	16	变电所启动试运行及送电开通检验批质量验收记录（一） 变电所启动试运行及送电开通检验批质量验收记录（二）	DT（GZ）D0415 DT（GZ）D0415/1
	17	复合材料疏散平台检验批质量验收记录（一） 复合材料疏散平台检验批质量验收记录（二）	DT（GZ）D0416 DT（GZ）D0416/1
	18	平台扶手检验批质量验收记录	DT（GZ）D0417
	19	平台步梯检验批质量验收记录	DT（GZ）D0418
	20	电缆防护管检验批质量验收记录（一） 电缆防护管检验批质量验收记录（二）	DT（GZ）D0419 DT（GZ）D0419/1
	21	电缆支架制作及安装检验批质量验收记录（一） 电缆支架制作及安装检验批质量验收记录（二） 电缆支架制作及安装检验批质量验收记录（三） 电缆支架制作及安装检验批质量验收记录（四）	DT（GZ）D0420 DT（GZ）D0420/1 DT（GZ）D0420/2 DT（GZ）D0420/3
	22	电力电缆及控制电缆检验批质量验收记录（环网检验批）（一） 电力电缆及控制电缆检验批质量验收记录（环网检验批）（二） 电力电缆及控制电缆检验批质量验收记录（环网检验批）（三） 电力电缆及控制电缆检验批质量验收记录（环网检验批）（四） 电力电缆及控制电缆检验批质量验收记录（环网检验批）（五） 电力电缆及控制电缆检验批质量验收记录（环网检验批）（六）	DT（GZ）D0421 DT（GZ）D0421/1 DT（GZ）D0421/2 DT（GZ）D0421/3 DT（GZ）D0421/4 DT（GZ）D0421/5
	23	接地装置检验批质量验收记录（环网检测批）（一） 接地装置检验批质量验收记录（环网检测批）（二） 接地装置检验批质量验收记录（环网检测批）（三）	DT（GZ）D0422 DT（GZ）D0422/1 DT（GZ）D0422/2
	24	埋入杆件及底座填充检验批质量验收记录	DT（GZ）D0423
	25	支持悬挂装置检验批质量验收记录（一） 支持悬挂装置检验批质量验收记录（二）	DT（GZ）D0424 DT（GZ）D0424/1

续表

工程控制资料	序号	文件题名	表格索引编码
分项工程及检验批质量验收记录	26	汇流排架设及调整检验批质量验收记录	DT（GZ）D0425
	27	架空地线架设及调整检验批质量验收记录	DT（GZ）D0426
	28	接触线架设及调整检验批质量验收记录	DT（GZ）D0427
	29	中心锚结检验批质量验收记录	DT（GZ）D0428
	30	分段绝缘器检验批质量验收记录	DT（GZ）D0429
	31	锚段关节检验批质量验收记录	DT（GZ）D0430
	32	膨胀接头检验批质量验收记录	DT（GZ）D0431
	33	电连接检验批质量验收记录	DT（GZ）D0432
	34	接地安装检验批质量验收记录	DT（GZ）D0433
	35	线岔检验批质量验收记录	DT（GZ）D0434
	36	电缆敷设检验批质量验收记录	DT（GZ）D0435
	37	刚柔过渡安装检验批质量验收记录	DT（GZ）D0436
	38	隔离开关检验批质量验收记录	DT（GZ）D0437
	39	均、回流电缆敷设及箱体安装检验批质量验收记录	DT（GZ）D0438
	40	警示防护设施检验批质量验收记录	DT（GZ）D0439
	41	冷、热滑试验及送电开通检验批质量验收记录	DT（GZ）D0440
	42	参考电极检验批质量验收记录	DT（GZ）D0441
	43	道床收集网检验批质量验收记录	DT（GZ）D0442
	44	传感器、转换器安装检验批质量验收记录	DT（GZ）D0443
	45	排流柜检验批质量验收记录	DT（GZ）D0444
	46	电缆敷设及与钢轨连接检验批质量验收记录	DT（GZ）D0445
	47	监测装置安装检验批质量验收记录	DT（GZ）D0446
	48	防护系统测试检验批质量验收记录	DT（GZ）D0447
	49	底座支架安装检验批质量验收记录	DT（GZ）D0448
	50	设备机柜、设备机箱、工作台安装检验批质量验收记录（一） 设备机柜、设备机箱、工作台安装检验批质量验收记录（二）	DT（GZ）D0449 DT（GZ）D0449/1
	51	计算机设备、打印机安装检验批质量验收记录	DT（GZ）D0450
	52	电源设备安装检验批质量验收记录（一） 电源设备安装检验批质量验收记录（二）	DT（GZ）D0451 DT（GZ）D0451/1
	53	管、盒、槽安装检验批质量验收记录（一） 管、盒、槽安装检验批质量验收记录（二）	DT（GZ）D0452 DT（GZ）D0452/1
	54	电（光）缆敷设、连接及终端检验批质量验收记录	DT（GZ）D0453

续表

工程控制资料	序号	文件题名	表格索引编码
分项工程及检验批质量验收记录	55	底座支架安装检验批质量验收记录	DT（GZ）D0454
	56	电力监控检验批质量验收记录	DT（GZ）D0455
	57	设备机柜（箱）、工作台打印台安装检验批质量验收记录（一） 设备机柜（箱）、工作台打印台安装检验批质量验收记录（二）	DT（GZ）D0456 DT（GZ）D0456/1

十四、信号工程系统

工程控制资料	序号	文件题名	表格索引编码
单位工程验收记录	1	单位（子单位）工程竣工验收报审表	GD-E1-91
	2	单位（子单位）工程质量控制资料核查记录	GD-E1-92
	3	单位（子单位）工程安全和功能检验资料核查及主要功能抽查记录	GD-E1-93
	4	单位（子单位）工程观感质量检查记录	GD-E1-94
产品质量证明文件	1	施工物资产品质量证明文件汇总核查表	GD-C2-43
	2	设备及主要材料（配件）产品质量证明文件	厂家提供
	3	进场产品见证检验（复验）抽检计划表	GD-C2-42
	4	施工物资产品合格证收集整理表	GD-C2-41
	5	设备及主要材料（配件）进场复验、抽检报告（第三方检测机构出具的检测报告）	第三方出具
施工记录	1	隐蔽工程验收记录	GD-C4-611
	2	专业工种 / 工序之间交接验收记录	GD-C4-612
	3	中间交接验收记录	GD-C4-613
第三方对实体质量检测的报告	1	列车自动防护系统检测报告（记录）	第三方出具检测报告
	2	列车自动运行系统检测报告（记录）	
	3	列车自动监控系统检测报告（记录）	
	4	列车自动控制系统检测报告（记录）	
	5	电源及接地系统检测报告（记录）	
	6	相关的机房、监控室及重要办公区域的室内环境指标检测报告（记录）	
分项工程及检验批质量验收记录	1	分项工程质量验收记录	GD-C5-721
	2	支架、线槽安装检验批质量验收记录（一） 支架、线槽安装检验批质量验收记录（二）	DT（GZ）X0301 DT（GZ）X0301/1
	3	电（光）缆敷设检验批质量验收记录（一） 电（光）缆敷设检验批质量验收记录（二） 电（光）缆敷设检验批质量验收记录（三）	DT（GZ）X0302 DT（GZ）X0302/1 DT（GZ）X0302/2
	4	电（光）缆防护检验批质量验收记录（一） 电（光）缆防护检验批质量验收记录（二） 电（光）缆防护检验批质量验收记录（三）	DT（GZ）X0303 DT（GZ）X0303/1 DT（GZ）X0303/2
	5	电（光）缆接续检验批质量验收记录（一） 电（光）缆接续检验批质量验收记录（二）	DT（GZ）X0304 DT（GZ）X0304/1
	6	箱、盒安装检验批质量验收记录（一） 箱、盒安装检验批质量验收记录（二） 箱、盒安装检验批质量验收记录（三）	DT（GZ）X0305 DT（GZ）X0305/1 DT（GZ）X0305/2

续表

工程控制资料	序号	文件题名	表格索引编码
分项工程及检验批质量验收记录	7	高柱信号机安装检验批质量验收记录（一） 高柱信号机安装检验批质量验收记录（二） 高柱信号机安装检验批质量验收记录（三）	DT（GZ）X0306 DT（GZ）X0306/1 DT（GZ）X0306/2
	8	矮型信号机安装检验批质量验收记录（一） 矮型信号机安装检验批质量验收记录（二）	DT（GZ）X0307 DT（GZ）X0307/1
	9	非标信号机安装检验批质量验收记录	DT（GZ）X0308 DT（GZ）X0308/1
	10	发车指示器安装检验批质量验收记录	DT（GZ）X0309
	11	按钮装置安装检验批质量验收记录	DT（GZ）X0310
	12	安装装置安装检验批质量验收记录（一） 安装装置安装检验批质量验收记录（二） 安装装置安装检验批质量验收记录（三）	DT（GZ）X0311 DT（GZ）X0311/1 DT（GZ）X0311/2
	13	外锁闭装置安装检验批质量验收记录	DT（GZ）X0312
	14	转辙机安装检验批质量验收记录	DT（GZ）X0313
	15	有绝缘轨道电路安装检验批质量验收记录（一） 有绝缘轨道电路安装检验批质量验收记录（二） 有绝缘轨道电路安装检验批质量验收记录（三） 有绝缘轨道电路安装检验批质量验收记录（四）	DT（GZ）X0314 DT（GZ）X0314/1 DT（GZ）X0314/2 DT（GZ）X0314/3
	16	无绝缘轨道电路安装检验批质量验收记录（一） 无绝缘轨道电路安装检验批质量验收记录（二）	DT（GZ）X0315 DT（GZ）X0315/1
	17	阻抗连接器安装检验批质量验收记录	DT（GZ）X0316
	18	环线安装检验批质量验收记录	DT（GZ）X0317
	19	波导管安装检验批质量验收记录（一） 波导管安装检验批质量验收记录（二）	DT（GZ）X0318 DT（GZ）X0318/1
	20	漏泄同轴电缆敷设检验批质量验收记录	DT（GZ）X0319
	21	应答器安装检验批质量验收记录	DT（GZ）X0320
	22	定位天线安装检验批质量验收记录	DT（GZ）X0321
	23	终端接收器安装检验批质量验收记录	DT（GZ）X0322
	24	无线接入单元安装检验批质量验收记录	DT（GZ）X0323
	25	计轴装置安装检验批质量验收记录（一） 计轴装置安装检验批质量验收记录（二）	DT（GZ）X0324 DT（GZ）X0324/1
	26	机柜及设备、人机界面安装检验批质量验收记录	DT（GZ）X0325
	27	天线及测速装置安装检验批质量验收记录	DT（GZ）X0326
	28	配线检验批质量验收记录	DT（GZ）X0327
	29	机柜（架）安装检验批质量验收记录	DT（GZ）X0328 DT（GZ）X0328/1

续表

工程控制资料	序号	文件题名	表格索引编码
分项工程及检验批质量验收记录	30	走线架（槽）安装检验批质量验收记录	DT（GZ）X0329
	31	电（光）缆引入及安装检验批质量验收记录	DT（GZ）X0330
	32	操作显示设备安装检验批质量验收记录（一） 操作显示设备安装检验批质量验收记录（二）	DT（GZ）X0331 DT（GZ）X0331/1
	33	大屏设备安装检验批质量验收记录	DT（GZ）X0332
	34	电源设备安装检验批质量验收记录（一） 电源设备安装检验批质量验收记录（二）	DT（GZ）X0333 DT（GZ）X0333/1
	35	配线检验批质量验收记录（一） 配线检验批质量验收记录（二）	DT（GZ）X0334 DT（GZ）X0334/1
	36	防雷设施安装检验批质量验收记录	DT（GZ）X0335
	37	接地装置安装检验批质量验收记录（一） 接地装置安装检验批质量验收记录（二）	DT（GZ）X0336 DT（GZ）X0336/1
	38	设备标识检验批质量验收记录（一） 设备标识检验批质量验收记录（二）	DT（GZ）X0337 DT（GZ）X0337/1
	39	硬面化检验批质量验收记录	DT（GZ）X0338
	40	室内单项试验检验批质量验收记录	DT（GZ）X0339
	41	室外单项试验检验批质量验收记录（一） 室外单项试验检验批质量验收记录（二）	DT（GZ）X0340 DT（GZ）X0340/1
	42	综合试验检验批质量验收记录	DT（GZ）X0341
	43	列车自动防护系统（ATP）功能检验检验批质量验收记录	DT（GZ）X0342 DT（GZ）X0342/1
	44	列车自动监控系统（ATS）功能检验检验批质量验收记录（一） 列车自动监控系统（ATS）功能检验检验批质量验收记录（二） 列车自动监控系统（ATS）功能检验检验批质量验收记录（三） 列车自动监控系统（ATS）功能检验检验批质量验收记录（四）	DT（GZ）X0343 DT（GZ）X0343/1 DT（GZ）X0343/2 DT（GZ）X0343/3
	45	列车自动运行系统（ATO）功能检验检验批质量验收记录（一） 列车自动运行系统（ATO）功能检验检验批质量验收记录（二）	DT（GZ）X0344 DT（GZ）X0344/1
	46	列车自动控制系统（ATC）功能检验检验批质量验收记录	DT（GZ）X0345
	47	电（光）缆敷设检验批质量验收记录（一） 电（光）缆敷设检验批质量验收记录（二）	DT（GZ）X0346 DT（GZ）X0346/1
	48	电（光）缆防护检验批质量验收记录（一） 电（光）缆防护检验批质量验收记录（二）	DT（GZ）X0347 DT（GZ）X0347/1
	49	电（光）缆线路－电（光）缆接续检验批质量验收记录	DT（GZ）X0348
	50	箱、盒安装检验批质量验收记录（一） 箱、盒安装检验批质量验收记录（二）	DT（GZ）X0349 DT（GZ）X0349/1

续表

工程控制资料	序号	文件题名	表格索引编码
分项工程及检验批质量验收记录	51	高柱信号机安装检验批质量验收记录（一） 高柱信号机安装检验批质量验收记录（二）	DT（GZ）X0350 DT（GZ）X0350/1
	52	矮型信号机安装检验批质量验收记录（一） 矮型信号机安装检验批质量验收记录（二）	DT（GZ）X0351 DT（GZ）X0351/1
	53	发车指示器安装检验批质量验收记录	DT（GZ）X0352
	54	按钮装置安装检验批质量验收记录	DT（GZ）X0353
	55	安装装置安装检验批质量验收记录（一） 安装装置安装检验批质量验收记录（二）	DT（GZ）X0354 DT（GZ）X0354/1
	56	外锁闭装置安装检验批质量验收记录	DT（GZ）X0355
	57	转辙机安装检验批质量验收记录	DT（GZ）X0356
	58	有绝缘轨道电路安装检验批质量验收记录（一） 有绝缘轨道电路安装检验批质量验收记录（二） 有绝缘轨道电路安装检验批质量验收记录（三） 有绝缘轨道电路安装检验批质量验收记录（四）	DT（GZ）X0357 DT（GZ）X0357/1 DT（GZ）X0357/2 DT（GZ）X0357/3
	59	计轴装置安装检验批质量验收记录（一） 计轴装置安装检验批质量验收记录（二）	DT（GZ）X0358 DT（GZ）X0358/1
	60	机柜（架）安装检验批质量验收记录（一） 机柜（架）安装检验批质量验收记录（二）	DT（GZ）X0359 DT（GZ）X0359/1
	61	走线架（槽）安装检验批质量验收记录	DT（GZ）X0360
	62	电（光）缆引入及安装检验批质量验收记录	DT（GZ）X0361
	63	操作显示设备安装检验批质量验收记录（一） 操作显示设备安装检验批质量验收记录（二）	DT（GZ）X0362 DT（GZ）X0362/1
	64	电源设备安装检验批质量验收记录（一） 电源设备安装检验批质量验收记录（二）	DT（GZ）X0363 DT（GZ）X0363/1
	65	配线检验批质量验收记录（一） 配线检验批质量验收记录（二）	DT（GZ）X0364 DT（GZ）X0364/1
	66	防雷设施安装检验批质量验收记录	DT（GZ）X0365
	67	接地装置安装检验批质量验收记录（一） 接地装置安装检验批质量验收记录（二）	DT（GZ）X0366 DT（GZ）X0366/1
	68	安装调试检验批质量验收记录	DT（GZ）X0367
	69	系统功能检验检验批质量验收记录	DT（GZ）X0368
	70	设备标识检验批质量验收记录（一） 设备标识检验批质量验收记录（二）	DT（GZ）X0369 DT（GZ）X0369/1
	71	硬面化检验批质量验收记录	DT（GZ）X0370
	72	室内单项试验检验批质量验收记录	DT（GZ）X0371

续表

工程控制资料	序号	文件题名	表格索引编码
分项工程及检验批质量验收记录	73	室外单项试验检验批质量验收记录（一） 室外单项试验检验批质量验收记录（二） 室外单项试验检验批质量验收记录（三）	DT（GZ）X0372 DT（GZ）X0372/1 DT（GZ）X0372/2
	74	综合试验检验批质量验收记录	DT（GZ）X0373
	75	微机检测设备功能检验检验批质量验收记录	DT（GZ）X0374

十五、自动检售票系统工程系统

工程控制资料	序号	文件题名	表格索引编码
验收记录	1	单位（子单位）工程竣工验收报审表	GD–E1–91
	2	单位（子单位）工程质量控制资料核查记录	GD–E1–92
	3	单位（子单位）工程安全和功能检验资料核查及主要功能抽查记录	GD–E1–93
	4	单位（子单位）工程观感质量检查记录	GD–E1–94
产品质量证明文件	1	施工物资产品质量证明文件汇总核查表	GD–C2–43
	2	设备及主要材料（配件）产品质量证明文件	厂家提供
	3	进场产品见证检验（复验）抽检计划表	GD–C2–42
	4	施工物资产品合格证收集整理表	GD–C2–41
	5	设备及主要材料（配件）进场复验、抽检报告（第三方检测机构出具的检测报告）	第三方出具
施工记录	1	隐蔽工程验收记录	GD–C4–611
	2	专业工种 / 工序之间交接验收记录	GD–C4–612
	3	中间交接验收记录	GD–C4–613
第三方对实体质量检测的报告	1	车站终端设备检测报告（记录）	第三方出具检测报告
	2	车站计算机系统检测报告（记录）	
	3	线路中央计算机系统检测报告（记录）	
	4	票务清分系统检测报告（记录）	
	5	电源、接地、防雷与电磁兼容检测报告（记录）	
	6	相关的机房、监控室及重要办公区域的室内环境指标检测报告（记录）	
分项工程及检验批质量验收记录	1	分项工程质量验收记录	GD–C5–721
	2	管槽安装检验批质量验收记录	DT（GZ）S0401
	3	管槽接头检验批质量验收记录	DT（GZ）S0402
	4	管槽封口检验批质量验收记录	DT（GZ）S0403
	5	桥架安装检验批质量验收记录	DT（GZ）S0404
	6	线缆敷设检验批质量验收记录	DT（GZ）S0405
	7	线缆引入检验批质量验收记录	DT（GZ）S0406
	8	线缆接续检验批质量验收记录	DT（GZ）S0407
	9	线缆特性检测检验批质量验收记录	DT（GZ）S0408
	10	车票检测检验批质量验收记录	DT（GZ）S0409
	11	车站终端设备安装检验批质量验收记录	DT（GZ）S0410
	12	设备配线检验批质量验收记录	DT（GZ）S0411
	13	自动检票机检测检验批质量验收记录	DT（GZ）S0412

续表

工程控制资料	序号	文件题名	表格索引编码
分项工程及检验批质量验收记录	14	半自动售票机检测检验批质量验收记录	DT（GZ）S0413
	15	自动售票机检测检验批质量验收记录	DT（GZ）S0414
	16	自动加值机、自动验票机、便携式验票机检测检验批质量验收记录	DT（GZ）S0415
	17	机房设备安装检验批质量验收记录	DT（GZ）S0416
	18	设备配线检验批质量验收记录	DT（GZ）S0417
	19	紧急按钮安装检验批质量验收记录	DT（GZ）S0418
	20	车站局域网检测检验批质量验收记录	DT（GZ）S0419
	21	车站计算机系统功能检测检验批质量验收记录	DT（GZ）S0420
	22	紧急按钮检测检验批质量验收记录	DT（GZ）S0421
	23	机房设备安装检验批质量验收记录	DT（GZ）S0422
	24	设备配线检验批质量验收记录	DT（GZ）S0423
	25	线路中央计算机局域网检测检验批质量验收记录	DT（GZ）S0424
	26	线路中央计算机系统功能检测检验批质量验收记录	DT（GZ）S0425
	27	机房设备安装检验批质量验收记录	DT（GZ）S0426
	28	设备配线检验批质量验收记录	DT（GZ）S0427
	29	票务清分系统计算机局域网检测检验批质量验收记录	DT（GZ）S0428
	30	票务清分系统功能检测检验批质量验收记录	DT（GZ）S0429
	31	容灾备份功能检测检验批质量验收记录	DT（GZ）S0430
	32	网络化运营验收检测检验批质量验收记录	DT（GZ）S0431
	33	电源设备安装检验批质量验收记录	DT（GZ）S0432
	34	电源布线检验批质量验收记录	DT（GZ）S0433
	35	防雷与接地检验批质量验收记录	DT（GZ）S0434
	36	电源与接地检测检验批质量验收记录	DT（GZ）S0435

十六、通信工程系统

工程控制资料	序号	文件题名	表格索引编码
验收记录	1	单位（子单位）工程竣工验收报审表	GD–E1–91
	2	单位（子单位）工程质量控制资料核查记录	GD–E1–92
	3	单位（子单位）工程安全和功能检验资料核查及主要功能抽查记录	GD–E1–93
	4	单位（子单位）工程观感质量检查记录	GD–E1–94
产品质量证明文件	1	施工物资产品质量证明文件汇总核查表	GD–C2–43
	2	设备及主要材料（配件）产品质量证明文件	厂家提供
	3	进场产品见证检验（复验）抽检计划表	GD–C2–42
	4	施工物资产品合格证收集整理表	GD–C2–41
	5	设备及主要材料（配件）进场复验、抽检报告（第三方检测机构出具的检测报告）	第三方出具
施工记录	1	隐蔽工程验收记录	GD–C4–611
	2	专业工种 / 工序之间交接验收记录	GD–C4–612
	3	中间交接验收记录	GD–C4–613
第三方对实体质量检测的报告	1	传输系统检测报告（记录）	第三方出具检测报告
	2	公务电话系统检测报告（记录）	
	3	专用电话系统检测报告（记录）	
	4	无线通信系统检测报告（记录）	
	5	闭路电视监视系统检测报告（记录）	
	6	广播系统检测报告（记录）	
	7	乘客信息显示系统检测报告（记录）	
	8	时钟系统检测报告（记录）	
	9	电源及接地系统检测报告（记录）	
分项工程及检验批质量验收记录	1	分项工程质量验收记录	GD–C5–721
	2	支架、吊架安装检验批质量验收记录（一） 支架、吊架安装检验批质量验收记录（二）	DT（GZ）T0401 DT（GZ）T0401/1
	3	线槽安装检验批质量验收记录（一） 线槽安装检验批质量验收记录（二）	DT（GZ）T0402 DT（GZ）T0402/1
	4	保护管安装检验批质量验收记录（一） 保护管安装检验批质量验收记录（二）	DT（GZ）T0403 DT（GZ）T0403/1
	5	通信管道安装检验批质量验收记录	DT（GZ）T0404
	6	缆线布放检验批质量验收记录（一） 缆线布放检验批质量验收记录（二）	DT（GZ）T0405 DT（GZ）T0405/1
	7	光、电缆敷设检验批质量验收记录（一） 光、电缆敷设检验批质量验收记录（二）	DT（GZ）T0406 DT（GZ）T0406/1

续表

工程控制资料	序号	文件题名	表格索引编码
分项工程及检验批质量验收记录	8	电缆接续及引入终端检验批质量验收记录（一） 电缆接续及引入终端检验批质量验收记录（二） 电缆接续及引入终端检验批质量验收记录（三）	DT（GZ）T0407 DT（GZ）T0407/1 DT（GZ）T0407/2
	9	光缆接续及引入终端检验批质量验收记录（一） 光缆接续及引入终端检验批质量验收记录（二）	DT（GZ）T0408 DT（GZ）T0408/1
	10	光、电缆线路特性检测检验批质量验收记录	DT（GZ）T0409
	11	传输设备安装检验批质量验收记录	DT（GZ）T0410
	12	传输设备配线检验批质量验收记录（一） 传输设备配线检验批质量验收记录（二）	DT（GZ）T0411 DT（GZ）T0411/1
	13	系统传输指标检测及功能检验检验批质量验收记录（一） 系统传输指标检测及功能检验检验批质量验收记录（二）	DT（GZ）T0412 DT（GZ）T0412/1
	14	SDH 传输系统指标检测及功能检验检验批质量验收记录	DT（GZ）T0413
	15	ATM 传输系统指标检测及功能检验检验批质量验收记录	DT（GZ）T0414
	16	OTN 传输系统指标检测及功能检验检验批质量验收记录（一） OTN 传输系统指标检测及功能检验检验批质量验收记录（二）	DT（GZ）T0415 DT（GZ）T0415/1
	17	传输系统网管功能检验批质量验收记录（一） 传输系统网管功能检验批质量验收记录（二）	DT（GZ）T0416 DT（GZ）T0416/1
	18	公务电话设备安装检验批质量验收记录	DT（GZ）T0417
	19	公务电话系统 – 公务电话设备配线检验批质量验收记录	DT（GZ）T0418
	20	公务电话系统 – 公务电话系统指标检测及功能检验检验批质量验收记录	DT（GZ）T0419
	21	公务电话系统 – 公务电话系统网管功能检验检验批质量验收记录	DT（GZ）T0420
	22	专用电话设备安装检验批质量验收记录	DT（GZ）T0421
	23	专用电话设备配线检验批质量验收记录	DT（GZ）T0422
	24	专用电话系统指标检测及功能检验检验批质量验收记录（一） 专用电话系统指标检测及功能检验检验批质量验收记录（二）	DT（GZ）T0423 DT（GZ）T0423/1
	25	专用电话系统网管功能检验检验批质量验收记录	DT（GZ）T0424
	26	铁塔安装检验批质量验收记录（一） 铁塔安装检验批质量验收记录（二）	DT（GZ）T0425 DT（GZ）T0425/1
	27	天馈线检验批质量验收记录（一） 天馈线检验批质量验收记录（二）	DT（GZ）T0426 DT（GZ）T0426/1
	28	漏泄同轴电缆检验批质量验收记录（一） 漏泄同轴电缆检验批质量验收记录（二）	DT（GZ）T0427 DT（GZ）T0427/1
	29	无线通信设备安装检验批质量验收记录	DT（GZ）T0428
	30	无线通信系统指标检测检验批质量验收记录（一） 无线通信系统指标检测检验批质量验收记录（二）	DT（GZ）T0429 DT（GZ）T0429/1

续表

工程控制资料	序号	文件题名	表格索引编码
分项工程及检验批质量验收记录	31	无线通信系统功能检验检验批质量验收记录	DT（GZ）T0430
	32	无线通信系统网管功能检验检验批质量验收记录	DT（GZ）T0431
	33	闭路电视监视设备安装检验批质量验收记录	DT（GZ）T0432
	34	闭路电视监视设备配线检验批质量验收记录	DT（GZ）T0433
	35	闭路电视监视系统指标检测及功能检验检验批质量验收记录（一） 闭路电视监视系统指标检测及功能检验检验批质量验收记录（二）	DT（GZ）T0434 DT（GZ）T0434/1
	36	闭路电视监视系统网管功能检验检验批质量验收记录	DT（GZ）T0435
	37	广播设备安装检验批质量验收记录（一） 广播设备安装检验批质量验收记录（二）	DT（GZ）T0436 DT（GZ）T0436/1
	38	广播设备配线检验批质量验收记录	DT（GZ）T0437
	39	广播系统指标检测及功能检验检验批质量验收记录（一） 广播系统指标检测及功能检验检验批质量验收记录（二） 广播系统指标检测及功能检验检验批质量验收记录（三）	DT（GZ）T0438 DT（GZ）T0438/1 DT（GZ）T0438/2
	40	广播系统网管功能检验检验批质量验收记录	DT（GZ）T0439
	41	乘客信息显示设备安装检验批质量验收记录	DT（GZ）T0440
	42	乘客信息显示设备配线检验批质量验收记录	DT（GZ）T0441
	43	乘客信息显示系统指标检测及功能检验检验批质量验收记录（一） 乘客信息显示系统指标检测及功能检验检验批质量验收记录（二）	DT（GZ）T0442 DT（GZ）T0442/1
	44	乘客信息显示系统网管功能检验检验批质量验收记录	DT（GZ）T0443
	45	时钟设备安装检验批质量验收记录	DT（GZ）T0444
	46	时钟设备配线检验批质量验收记录	DT（GZ）T0445
	47	时钟系统指标检测及功能检验检验批质量验收记录	DT（GZ）T0446
	48	时钟系统网管功能检验检验批质量验收记录	DT（GZ）T0447
	49	电源系统设备安装检验批质量验收记录	DT（GZ）T0448
	50	电源系统设备配线检验批质量验收记录	DT（GZ）T0449
	51	电源系统指标检测及功能检验检验批质量验收记录	DT（GZ）T0450
	52	电源监控系统功能检验检验批质量验收记录（一） 电源监控系统功能检验检验批质量验收记录（二）	DT（GZ）T0451 DT（GZ）T0451/1
	53	接地装置检验批质量验收记录（一） 接地装置检验批质量验收记录（二）	DT（GZ）T0452 DT（GZ）T0452/1

十七、轨道工程

工程控制资料	序号	文件题名	表格索引编码
验收记录	1	单位（子单位）工程竣工验收报审表	GD-E1-91
	2	单位（子单位）工程质量控制资料核查记录	GD-E1-92
	3	单位（子单位）工程安全和功能检验资料核查及主要功能抽查记录	GD-E1-93
	4	单位（子单位）工程观感质量检查记录	GD-E1-94
产品质量证明文件	1	施工物资产品质量证明文件汇总核查表	GD-C2-43
	2	设备及主要材料（配件）产品质量证明文件	厂家提供
	3	进场产品见证检验（复验）抽检计划表	GD-C2-42
	4	施工物资产品合格证收集整理表	GD-C2-41
	5	设备及主要材料（配件）进场复验、抽检报告（第三方检测机构出具的检测报告）	第三方出具
施工记录	1	隐蔽工程验收记录	GD-C4-611
	2	专业工种 / 工序之间交接验收记录	GD-C4-612
	3	中间交接验收记录	GD-C4-613
分项工程及检验批质量验收记录	1	分项工程质量验收记录	GD-C5-721
	2	CP Ⅲ 测设检验批质量验收记录	DT（GZ）G401
	3	轨道架设及安装检验批质量验收记录	DT（GZ）G402
	4	钢轨铺设及调整检验批质量验收记录	DT（GZ）G403
	5	道床钢筋检验批质量验收记录	DT（GZ）G404
	6	道床模板安装检验批质量验收记录	DT（GZ）G405
	7	道床混凝土灌注检验批质量验收记录	DT（GZ）G406
	8	轨道架设及轨枕安装检验批质量验收记录	DT（GZ）G407
	9	轨道调整检验批质量验收记录	DT（GZ）G408
	10	隔振器就位检验批质量验收记录	DT（GZ）G409
	11	道岔铺设检验批质量验收记录	DT（GZ）G410
	12	道岔调整检验批质量验收记录	DT（GZ）G411
	13	道岔钢筋检验批质量验收记录	DT（GZ）G412
	14	道岔模板安装检验批质量验收记录	DT（GZ）G413
	15	道岔混凝土灌注检验批质量验收记录	DT（GZ）G414
	16	钢轨焊接检验批质量验收记录	DT（GZ）G415
	17	线路锁定检验批质量验收记录	DT（GZ）G416
	18	轨道整理检验批质量验收记录	DT（GZ）G417
	19	线路、信号标志检验批质量验收记录	DT（GZ）G418
	20	车档检验批质量验收记录	DT（GZ）G419

续表

工程控制资料	序号	文件题名	表格索引编码
分项工程及检验批质量验收记录	21	卷材防水层工程检验批质量验收记录	DT（GZ）G420
	22	涂料防水层工程检验批质量验收记录	DT（GZ）G421
	23	轨排井钢筋加工工程检验批质量验收记录	DT（GZ）G422
	24	钢筋安装工程检验批质量验收记录	DT（GZ）G423
	25	现浇结构模板安装工程检验批质量验收记录	DT（GZ）G424
	26	混凝土施工工程检验批质量验收记录	DT（GZ）G425
	27	现浇混凝土结构观感质量及尺寸偏差检验批质量验收记录	DT（GZ）G426
	28	模板拆除工程检验批质量验收记录	DT（GZ）G427